Kartelle und Staat

Europäische Hochschulschriften

European University Studies

Publications Universitaires Européennes

Reihe II **Rechtswissenschaft**

Series II Law

Série II Droit

Band/Volume 5792

Barbara Galke

Kartelle und Staat

Die Entstehung von Kartellrechtsregimen und Kartellbehörden in der Bundesrepublik Deutschland, Europa und Frankreich nach dem Zweiten Weltkrieg

PL ACADEMIC RESEARCH

Bibliografische Information der Deutschen Nationalbibliothek
Die Deutsche Nationalbibliothek verzeichnet diese Publikation in der Deutschen Nationalbibliografie; detaillierte bibliografische Daten sind im Internet über http://dnb.d-nb.de abrufbar.

Zugl.: Frankfurt (Main), Univ., Diss., 2015

D 30
ISSN 0531-7312
ISBN 978-3-631-66726-2 (Print)
E-ISBN 978-3-653-06294-6 (E-Book)
DOI 10.3726/978-3-653-06294-6

PL Academic Research ist ein Imprint der Peter Lang GmbH.
Peter Lang – Frankfurt am Main · Bern · Bruxelles · New York · Oxford · Warszawa · Wien

Diese Publikation wurde begutachtet.

www.peterlang.com

Meinen Eltern

Inhaltsverzeichnis

Literaturverzeichnis

Albrecht, Karl: Planifikateure beim Werk. Wirtschaft zwischen Zwang und Freiheit, Düsseldorf/Wien 1964.

Andrieu, Claire/Le Van, Lucette/Prost, Antoine (Hrsg.): Les nationalisations de la Libération. De l'utopie au compromis, Paris 1987.

Andrieu, Claire: La France à gauche de l'Europe. In: Le Mouvement Social, Nr. 134, Jan.-März 1986, S. 131–153.

Arbeitskreis Kartellgesetz im Ausschuß für Wettbewerbsordnung des Bundesverbandes der Deutschen Industrie (Hrsg.): 10 Jahre Kartellgesetz 1958–1968. Eine Würdigung aus der Sicht der deutschen Industrie, Bergisch-Gladbach 1968.

Auby, Jean-Marie: Limitations apportées à l'exercice par le Gouvernement, de pouvoirs spéciaux. A propos de la légalité du décret du 24 juin 1958 modifiant certaines dispositions de l'ordonnance n° 45–1483 du 30 juin 1945 relatives au maintien de la libre concurrence, in: D. 1960, Chronique IX, S. 45–50.

Azéma, J./Brault, D./Fourgoux, J.-C./Marchi, J. P.: Concurrence: Faut-il réformer les règles ou seulement aménager les procédures?, Gaz. Pal., 1982, 2ème semestre, Doctrine S. 361–367.

Bach, Albrecht: Reform des französischen Wettbewerbsrechts. In: RIW, Jg. 33, 1987, S. 419–428.

Balabkins, Nicholas: Germany Under Direct Controls. Economic Aspects of Industrial Disarmament 1945–1948, New Brunswick, N. J. 1964.

Barnickel, Hans-Heinrich: Die Anfänge. In: Maahs, Christiane u.a. (Hrsg.), 50 Jahre Bundeskartellamt. 50 Jahre Gesetz gegen Wettbewerbsbeschränkungen, Wernigerode 2008, S. 65–66.

Barnikel, Hans-Heinrich: Kartelle in Deutschland. Entwicklung, theoretische Ansätze und rechtliche Regelungen, in: Barnikel, Hans-Heinrich (Hrsg.), Theorie und Praxis der Kartelle. Darmstadt 1972, S. 1–64.

Barnikel, Hans-Heinrich: Die Konzentrationspolitik nach 1945. In: Pohl, Hans/Treue, Wilhelm (Hrsg.), Die Konzentration in der deutschen Wirtschaft seit dem 19. Jahrhundert. Wiesbaden 1978, S. 54–73.

Barnikel, Hans-Heinrich: Die Praxis der Kartellbehörden. In: Pohl, Hans (Hrsg.), Kartelle und Kartellgesetzgebung in Praxis und Rechtsprechung vom 19. Jahrhundert bis zur Gegenwart. Stuttgart 1985, S. 264–287.

Barth, Uli: 50 Jahre GWB. In: Möschel, Wernhard (Hrsg.), 50 Jahre Wettbewerbsgesetz in Deutschland und Europa. Baden-Baden 2010, S. 9–36.

Bartodziej, Peter: Reform der EG-Wettbewerbsaufsicht und Gemeinschaftsrecht. Eine Studie zu Vorbildern, Möglichkeiten und primärrechtlichen Gestaltungsgrenzen für ein Europäisches Kartellamt, Baden-Baden 1994.

Baudouin-Bugnet, Pierre: Der französische Kartellgesetzentwurf und die Strafvorschriften des Code Pénal. In: WuW, Jg. 2, 1952, S. 781–785.

Bauchet, Pierre: La Planification Française. Paris 1966.

Bauchet, Pierre: Le Plan dans l'Économie Française. Paris 1986.

Bazex, Michel: L'actualité du droit économique. La dérèglementation, in: AJDA, 1986, Doctrine, S. 635–642.

Becher, Gerd Wilfried: Die Rechtsstellung der verstaatlichten Wirtschaftsunternehmen in Frankreich. Diss. Köln 1967.

Becker, Helmut Paul: Die soziale Frage im Neoliberalismus. Analyse und Kritik, Heidelberg 1965.

Belke, Rolf: Das französische Wettbewerbsrecht im Finanzgesetz N° 63–628 vom 2. Juli 1963. In: ZHR, Bd. 127, 1965, S. 48–73.

Benisch, Werner: Die kartellrechtliche Lage nach dem Pariser Protokoll. In: WuW 1954, S. 786–790.

Berghahn, Volker: The Americanisation of West German Industry. 1945–1973, Leamington Spa/New York 1986.

Berghahn, Volker: Die Amerikanisierung der westdeutschen Wirtschaft. In: Herbst, Ludolf/Bührer, Werner/Sowade, Hanno (Hrsg.), Vom Marshallplan zur EWG. Die Eingliederung der Bundesrepublik Deutschland in die westliche Welt, München 1990, S. 227–253.

Bilger, François: Frankreich vor der ordnungspolitischen Wende? Die wirtschaftspolitischen Wahlprogramme der französischen Parteien, in: ORDO, Bd. 37, 1986, S. 3–43.

Birmes, Katrin: Fusionskontrolle und Diskriminierungsverbot im französischen Recht. Krefeld 1994 (zugl. Univ. Diss. Köln 1994).

Blum, Reinhard: Soziale Marktwirtschaft. Wirtschaftspolitik zwischen Neoliberalismus und Ordoliberalismus, Tübingen 1969.

Bock, Heinrich K./Korsch, Hans: Kartellauflösung und Konzernentflechtung in der westdeutschen Wirtschaft seit 1945. In: WuW, Jg. 7, 1957, S. 411–437.

Böhm, Franz: Wettbewerb und Monopolkampf. Eine Untersuchung zur Frage des wirtschaftlichen Kampfrechts und zur Frage der rechtlichen Struktur der geltenden Wirtschaftsordnung, Berlin 1933.

Böhm, Franz: Freiheitsordnung und soziale Frage. In: Grundsatzfragen der Wirtschaftsordnung, Ein Vortragszyklus veranstaltet von der Wirtschafts- und Sozialwissenschaftlichen Fakultät der Freien Universität Berlin Sommersemester 1953, Berlin 1953, S. 71–95.

Bolze, Christian: Les Dispositions du Nouveau Droit de la Concurrence applicable aux Concentrations d'Entreprises. In: Revue des Sociétés, Jg. 105, 1987, Doctrine, S. 163–187.

Bornkamm, Joachim: AMICUS CURIAE. In: Maahs, Christiane u.a. (Hrsg.), 50 Jahre Bundeskartellamt. 50 Jahre Gesetz gegen Wettbewerbsbeschränkungen, Wernigerode 2008, S. 36–37.

Bossuat, Gérard: La politique Française de libération des échanges en Europe et le Plan Schuman (1950–1951). In: Schwabe, Klaus (Hrsg.), Die Anfänge des Schuman-Plans 1950/51. Beiträge des Kolloquiums in Aachen, 28.-30. Mai 1986, Baden-Baden, 1988, S. 319–332.

Bossuat, Gérard: La vraie nature de la politique européenne de la France (1950–1957). In: Trausch, Gilbert (Hrsg.), Die Europäische Integration vom Schuman-Plan bis zu den Verträgen von Rom. Pläne und Initiativen, Enttäuschungen und Mißerfolge, Beiträge des Kolloquiums in Luxemburg 17.-19. Mai 1989, Baden-Baden 1993, S. 191–230.

Bouzat, Pierre: Droit pénal des affaires. In: RTDC Bd. VI, 1953, S. 992 ff. (998–999).

Bouzat, Pierre: Droit pénal des affaires. In: RDTC, Bd. 7, 1954, S. 433.

Bowie, Robert: Réflexions sur Jean Monnet. In: Fondation Jean Monnet pour l'Europe (Hrsg.), Témoignages à la mémoire de Jean Monnet. Lausanne 1989, S. 79–88 (Kurztitel: Témoignages).

Brault, Dominique: La Transparence du Marché ne serait-elle plus tabou? In: Gaz. Pal. vom 23.09.1978, II, Doctrine, S. 473–474.

Brog, Hildegard: Handel statt Hilfe. Die entwicklungspolitischen Vorstellungen in der Havanna-Charta 1947/48, Frankfurt a.M. 1990.

Brüggemeier, Gert (Hrsg.): Entwicklung des Rechts im organisierten Kapitalismus. Materialien zum Wirtschaftsrecht, 2. Bde.; Bd. 2: Vom Faschismus bis zur Gegenwart, Frankfurt a. M. 1979.

Bührer, Werner: Die deutsche Industrie und der Marshallplan 1947–1952. In: Girault, René/Lévy-Leboyer, Maurice (Hrsg.), Le Plan Marshall et le relèvement économique de l'Europe. Colloque tenu à Bercy les 21, 22 et 23 mars 1991, Paris 1993, S. 449–465.

Bührer, Werner: Die Montanunion – ein Fehlschlag? Deutsche Lehren aus der EGKS und die Gründung der EWG, in: Trausch, Gilbert (Hrsg.), Die Europäische Integration vom Schuman-Plan bis zu den Verträgen von Rom. Pläne und Initiativen, Enttäuschungen und Mißerfolge, Beiträge des Kolloquiums in Luxemburg 17.-19. Mai 1989, Baden-Baden 1993, S. 75–90.

Bührer, Werner: Ruhrstahl und Europa. Die Wirtschaftsvereinigung Eisen- und Stahlindustrie und die Anfänge der europäischen Integration 1945–1952, München 1986 (Vierteljahrshefte für Zeitgeschichte, Bd. 53).

Bullen, Roger: The British Government and the Schuman Plan. May 1950-March 1951, in: Schwabe, Klaus (Hrsg.), Die Anfänge des Schuman-Plans 1950/51. Beiträge des Kolloquiums in Aachen, 28.-30. Mai 1986, Baden-Baden, 1988, S. 199–210.

Calvo, Jean: La jurisprudence de la commission de la concurrence française en matière d'abus de position dominante. In: Gaz. Pal. du 16 juin 1987, 1er semestre, Doctrine, S. 445–449.

Cardon de Lichtbuer, Daniel: La Haute Autorité 1952–1967. Le fonctionnement du collège, in: Europäische Kommission (Hrsg.), Fünfzig Jahre Europäische Gemeinschaft für Kohle und Stahl, Luxemburg 2002, S. 77–82.

Chaput, Yves: Le droit de la concurrence. Paris 1988 (Reihe: Que sais-je?).

Chevallier, Jacques: Réflexions sur l'institution des autorités administratives indépendantes. In: JCP, 1988, Doctrine I, Nr. 3254.

Clay, Lucius D.: Entscheidung in Deutschland (Übersetzung der amerikanischen Originalausgabe „Decision in Germany" durch A. Langens). Frankfurt a. M. 1950.

Clément, Bernard: En particulier, le problème de la délimitation des compétences respectives de la Commission de la C.E.E. et des Autorités nationales compétentes en matière d'ententes. In: Institut für ausländisches und internationales Wirtschaftsrecht an der Johann-Wolfgang-Goethe-Universität Frankfurt a. M. in Verbindung mit Institute for International and Foreign Trade Law of the Georgetown University Law Center Washington D.C. (Hrsg.), Kartelle und Monopole im modernen Recht. Beiträge zum übernationalen und nationalen europäischen Recht, erstattet für die internationale Kartellrechts-Konferenz in Frankfurt a. M. Juni 1960, Karlsruhe 1960, Bd. 1, S. 377–394.

Cox, Helmut/Hübener, Harald: Eine Einführung in die Wettbewerbstheorie und Wettbewerbspolitik. In: Cox, Helmut/Jens, Uwe/Markert, Kurt, Handbuch des Wettbewerbs. Wettbewerbstheorie, Wettbewerbspolitik, Wettbewerbsrecht, München 1981, S. 1–48.

David, François: Du traité de Versailles à Jean Monnet. John Foster Dulles est-il un père de l'Europe?, in: Barjot, Dominique/Réveillard, Christoph (Hrsg.), L'américanisation de l'Europe occidentale au XXe siècle. Mythe et réalité, Paris 2002, S. 57–71.

Dekeuwer-Défossez, Françoise: Droit commercial. Activités commerciales, commerçants, fonds de commerce, concurrence, consommation, 3. Aufl., Paris 1993.

Delvolvé, J.-L.: Le refus de vente. In: D. 1960, Chronique XXXII, S. 203–210.

Dichgans, Hans: Montanunion. Menschen und Institutionen, Düsseldorf/Wien 1980.

Donnedieu de Vabres, Jean: Die mit der Durchsetzung des Wettbewerbsrechts beauftragten Institutionen: Das Bundeskartellamt und der Wettberwerbsrat. In: Blaurock, Uwe (Hrsg), Institutionen und Grundfragen des Wettbewerbsrechts, Neuwied/Frankfurt 1988, S. 23–36.

Drago, Roland: Le Conseil de la Concurrence. In: JCP, 1987, Doctrine I, Nr. 3300.

Dulles, John Foster: Europe Must Federate or Perish. America must offer Inspiration and Guidance, in: Vital Speeches of the Day, Bd. 13 (2/1/1947), H. 8, S. 234–236.

Durquet, Françoise/Turek, Gerhard: Französische Gesetzgebung und Rechtsprechung zum Handels- und Wirtschaftsrecht. In: RIW, Jg. 33, 1986, S. 642–645.

Ehrmann, Henry W.: Organized Business In France. Princeton, New Jersey 1957.

Eucken, Walter: Die Wettbewerbsordnung und ihre Verwirklichung. In: ORDO, Bd. 2, 1949, S. 1–99.

Eucken, Walter: Staatliche Strukturwandlungen und die Krisis des Kapitalismus. In: Weltwirtschaftliches Archiv, Bd. 36, 1932/II, S. 20–321.

Eucken, Walter: Grundsätze der Wirtschaftspolitik (hg. von Eucken, Edith/Hensel, K. Paul). Bern/Tübingen 1952.

Fikentscher, Wolfgang: Die deutsche Kartellrechtswissenschaft 1945–1954. Eine kritische Übersicht, in: WuW 1955, Jg. 5, S. 205–229.

Fikentscher, Wolfgang: Rechtstechnische Aspekte der französischen planification in wettbewerblicher Sicht. In: Fikentscher, Wolfgang/Hoffmann, Gerhard/Kugler, K.-F. (Hrsg.), Rechtsfragen der Planifikation. Stuttgart 1967, S. 55–80.

Fourgoux, Jean-Claude/Marchi, Jean-Pierre: Réglementation des prix. Droit interne – droit communautaire, Paris 1985.

Fourgoux, Jean-Claude: Droit de la concurrence: Les chemins de la liberté. In: Gaz. Pal. 1986, 2ème semestre, Doctrine, S. 451–456.

Fourgoux, Jean-Claude/Marchi, Jean-Pierre: Réflexions sur le projet d'ordonnance relative à la liberté des prix et de la concurrence. In: Gaz. Pal. du 15 novembre 1986, 2ème semestre, Doctrine, S. 702–705.

Fourgoux, Jean-Claude/Marchi, Jean-Pierre: Réflexions provisoires sur la nouvelle règlementation de la concurrence. In: Gaz. Pal. du 15 janvier 1987, 1er semestre, Doctrine, S. 23–26.

Franck, Louis: 697 ministres. Souvenirs d'un directeur général des prix 1947–1962, Paris 1990.

Freitag, Gudrun: Konzentrationspolitik in Frankreich. Tübingen 1972.

Fridenson, Patrick: Atouts et limites de la modernisation par en haut: les entreprises publiques face à leurs critiques (1944–1986). In: Fridenson, Patrick/Straus, André (Hrsg.), Le Capitalisme Français XIXe–XXe siècle. Blocages et Dynamismes d'une Croissance, Paris 1987, S. 175–194.

Gaudemet, Yves: L'Ordonnance du 1er décembre 1986 sur la concurrence est-elle législative ou réglementaire? (A propos des ratifications implicites), in: JCP 1991, Doctrine I, Nr. 3486.

Gerber, David: Law and Competition in Twentieth Century-Europe. Protecting Prometheus, Oxford/New York 2001.

Giersch, Herbert: Aufgaben der Strukturpolitik. In: Ortlieb, Heinz-Dietrich (Hrsg.), Hamburger Jahrbuch für Wirtschaftspolitik, Jg. 9, Tübingen 1964, S. 61–90.

Gillingham, John: Coal, steel, and the rebirth of Europe, 1945–1955. The Germans and French from Ruhr conflict to economic community, Cambridge u.a. 1991.

Girault, René: Der kulturelle Hintergrund der französischen Integrationspolitik. In: Herbst, Ludolf/Bührer, Werner/Sowade, Hanno (Hrsg.), Vom Marshallplan zur EWG. Die Eingliederung der Bundesrepublik Deutschland in die westliche Welt, München 1990, S. 561–576.

Gleiss, Alfred/Fikentscher, Wolfgang: Weitergeltung des Dekartellierungsrechts. In: WuW, Jg. 5, 1955, S. 525–533.

Gith, Rainer: Die Entstehungsgeschichte des europäischen Kartellrechts. Münster 2003.

Glais, Michel: Six ans de répression des ententes illicites et des abus de position dominante. Un bilan d'activité de la commission de la concurrence, in: RTDC, Bd. 37, 1984, S. 419–446.

Gombert, Elodie: La vision du Conseil National du Patronat Français sur l'envoi des missions françaises de productivité aux États-Unis au début des années 1950. In: Barjot, Dominique/Réveillard, Christoph (Hrsg.), L'américanisation de l'Europe occidentale au XXe siècle. Mythe et réalité, Paris 2002, S. 73–85.

Graf Lambsdorff, Otto: 50 Jahre Bundeskartellamt. In: Maahs, Christiane u.a. (Hrsg.), 50 Jahre Bundeskartellamt. 50 Jahre Gesetz gegen Wettbewerbsbeschränkungen, Wernigerode 2008, S. 34–36.

Griffiths, Richard T.: The Schuman Plan Negotiations: The Economic Clauses, in: Schwabe, Klaus (Hrsg.), Die Anfänge des Schuman-Plans 1950/51. Beiträge des Kolloquiums in Aachen, 28.-30. Mai 1986, Baden-Baden, 1988, S. 35–71.

Griffiths, Richard T.: Die Benelux-Staaten und die Schumanplan-Verhandlungen. In: Herbst, Ludolf/Bührer, Werner/Sowade, Hanno (Hrsg.), Vom Marshallplan zur EWG. Die Eingliederung der Bundesrepublik Deutschland in die westliche Welt, München 1990, S. 263–278.

von der Groeben, Hans: Aufbaujahre der Europäischen Gemeinschaft. Das Ringen um den Gemeinsamen Markt und die Politische Union (1958–1966), Baden-Baden 1982.

von der Groeben, Hans: Das Kartellrecht der Europäischen Wirtschaftsgemeinschaft im Lichte zweieinhalbjähriger Erfahrungen. In: Institut für ausländisches und internationales Wirtschaftsrecht an der Johann-Wolfgang-Goethe-Universität Frankfurt a. M. in Verbindung mit Institute for International and Foreign Trade Law of the Georgetown University Law Center Washington D.C. (Hrsg.), Kartelle und Monopole im modernen Recht. Beiträge zum übernationalen und nationalen europäischen Recht, erstattet für die internationale Kartellrechts-Konferenz in Frankfurt a. M. Juni 1960, Karlsruhe 1960, Bd. 1, S. 47–62.

Gruhler, Wolfram: Kartelle, Fusionen und multinationale Unternehmen in Großbritannien, Frankreich, Deutschland, den USA und einigen Staaten der übrigen Welt von 1945 bis zur Gegenwart. In: Pohl, Hans (Hrsg.), Wettbewerbsbeschränkungen auf internationalen Märkten, Stuttgart 1988, S. 271–281.

Günther, Eberhard: Entwurf eines deutschen Gesetzes gegen Wettbewerbsbeschränkungen. In: WuW, Jg. 1, 1951, S. 17–40.

Günther, Eberhard: Europäische Konvention zur Kontrolle internationaler Kartelle. In: WuW 1952, S. 243–251.

Günther, Eberhard: Die ordnungspolitischen Grundlagen des EWG-Vertrages. In: WuW, Jg. 13, 1963, S. 191–202.

Günther, Eberhard: Die Aufgaben des Bundeskartellamtes in der Wettbewerbspolitik. In: ZHR, 1963, S. 38–52.

Günther, Eberhard: Das neue Wettbewerbsrecht und die Havanna-Charta. In: BB, Jg. 4, 1949, S. 713–718.

Günther, Eberhard: Der Stand der deutschen Kartellgesetzgebung. In: BB, Jg. 5, 1950, S. 297–301.

Günther, Eberhard: Brauchen wir eine neue Wettbewerbspolitik? In: WuW, Jg. 17, 1967, Nr. 2, S. 91–100.

Günther, Eberhard: Die geistigen Grundlagen des sogenannten Josten-Entwurfs. In: Sauermann, Heinz/Mestmäcker, Ernst-Joachim (Hrsg.), Wirtschaftsordnung und Staatsverfassung. Festschrift für Franz Böhm zum 80. Geburtstag, Tübingen 1975, S. 183–204.

Günther, Eberhard: 10 Jahre Bundeskartellamt. Rückblick und Ausblick, in: Günther, Eberhard (Hrsg.), Zehn Jahre Bundeskartellamt. Beiträge zu Fragen und Entwicklungen auf dem Gebiet des Kartellrechts, Köln u.a. 1968, S. 11–37.

Günther, Eberhard: Wege zur Europäischen Wettbewerbsordnung. Baden-Baden 1968.

Günther, Eberhard: Zweieinhalb Jahre Antikartellpolitik in Deutschland. In: Institut für ausländisches und internationales Wirtschaftsrecht an der Johann-Wolfgang-Goethe-Universität Frankfurt a. M. in Verbindung mit Institute for International and Foreign Trade Law of the Georgetown University Law Center Washington D.C. (Hrsg.), Kartelle und Monopole im modernen Recht. Beiträge zum übernationalen und nationalen europäischen Recht, erstattet für die internationale Kartellrechts-Konferenz in Frankfurt a. M. Juni 1960, Karlsruhe 1960, Bd. 1, S. 77–94.

Günther, Eberhard: Die Auslegung unbestimmter Rechtsbegriffe des GWB. In: FIW (Hrsg.), Wettbewerbsordnung im Spannungsfeld von Wirtschafts- und Rechtswissenschaft. Festschrift für Gunther Hartmann, Köln u.a. 1976, S. 123–132.

Gutzler, Helmut: Zehn Jahre Kartellrecht in der EWG. In: Günther, Eberhard (Hrsg.), Zehn Jahre Bundeskartellamt. Beiträge zu Fragen und Entwicklungen auf dem Gebiet des Kartellrechts, Köln u.a. 1968, S. 181–203.

Guyénot, Jean: Commentaire de l'Ordonnance n° 67–835 du 28 septembre 1967. In: D. 1967, Législation, S. 431–436 .

Haas, Ernst B.: The Uniting of Europe. Political, Social and Economical Forces 1950–1957, London 1958.

Hallstein, Walter: Präsident der Kommission der Europäischen Wirtschaftsgemeinschaft. In: Institut für ausländisches und internationales Wirtschaftsrecht an der Johann-Wolfgang-Goethe-Universität Frankfurt a. M. in Verbindung mit Institute for International and Foreign Trade Law of the Georgetown University Law Center Washington D.C. (Hrsg.), Kartelle und Monopole im modernen Recht. Beiträge zum übernationalen und nationalen europäischen Recht, erstattet für die internationale Kartellrechts-Konferenz in Frankfurt a. M. Juni 1960, Karlsruhe 1960, Bd. 2, S. 1005–1009.

Hartwich, Hans-Hermann: Sozialstaatspostulat und gesellschaftlicher status quo. Köln/Opladen 1970.

Hedtkamp, Günter: Planification in Frankreich. Grundlage, Technik und Erfahrungen, Köln u.a. 1966.

Heistermann, Franz: Das Bundeskartellamt im Spannungsfeld zwischen Wettbewerbsrecht und Wettbewerbspolitik. Referat im Rahmen der Vortragsreihe „Rechtsfragen der europäischen Integration" (Zentrum für Europäisches Wirtschaftsrecht (Hrsg.), Vorträge und Berichte Nr. 121), Bonn 2002.

Hémard, Jean: Ventes, transports et autres contrats commerciaux. In: RTDC, Bd. 13, 1960, S. 130–148.

Herbst, Ludolf: Zur Entstehungsgeschichte einer europäischen Bürokratie. Das Beispiel der Montanunion, in: Trausch, Gilbert (Hrsg.), Die Europäische Integration vom Schuman-Plan bis zu den Verträgen von Rom. Pläne und Initiativen, Enttäuschungen und Mißerfolge, Beiträge des Kolloquiums in Luxemburg 17.–19. Mai 1989, Baden-Baden 1993, S. 163–188.

Hidien, Jürgen W.: Investieren in Frankreich. Öffentliches Recht für die deutsch-französischen Geschäftsbeziehungen, Köln u.a. 1991.

High, Jack C./Gable, Wayne E. (Hrsg.): A century of The Sherman Act. American economic opinion, 1890–1990, Fairfax 1992.

Hitzler, Gerhard: Systeme der Fusionskontrolle. Ein Vergleich der Fusionskontrolle nach französischem und europäischem Recht mit der Fusionskontrolle nach dem Gesetz gegen Wettbewerbsbeschränkungen, München 1979.

Hoffmann, Dieter: Die Spruchpraxis der französischen Kartellkommission zu wettbewerbsbeschränkenden Absprachen im Vergleich zum deutschen Recht. Hamburg 1976.

Hoffmann, Dieter: Einführung einer Fusionskontrolle in Frankreich. Verschärfung des Rechts der Wettbewerbsbeschränkungen, in: RIW, Jg. 27, 1978, S. 566–572.

Hoffmann, Gerhard: Planification und Wettbewerbsordnung im Hinblick auf den EWG-Vertrag. In: Fikentscher, Wolfgang/Hoffmann, Gerhard/Kugler, K.-F. (Hrsg.), Rechtsfragen der Planifikation. Stuttgart 1967, S. 26–54.

Hogan, Michael J.: The Marshall Plan. America, Britain, and the reconstruction of Western Europe, 1947–1952, Cambridge u.a. 1987.

Huber, Ernst Rudolf: Wirtschaftsverwaltungsrecht. Bd. 1, 2. Aufl., Tübingen 1953.

Hübner, Ulrich/Constantinesco, Vlad: Einführung in das französische Recht. 2. Aufl., München 1984.

Ipsen, Hans Peter: Europäisches Gemeinschaftsrecht. Tübingen 1972.

Jeanneney, Jean-Noël: L'argent caché. Milieux d'affaires et pouvoirs politiques dans la France du XXe siècle, 2. Aufl., Paris 1984.

Jeantet, Fernand Charles: Observations. In: JCP, 1967, II Jur. N° 13616.

Jeantet, Fernand Charles: L'esprit du nouveau droit de la concurrence. In: JCP, 1987, Doctrine I, Nr. 3277.

Jeantet, Fernand Charles: Réflexions sur les injonctions et exemptions du droit de la concurrence. In: JCP, 1988, Doctrine I, Nr. 3348.

Jenny, Frédéric/Weber, André-Paul: French Antitrust Legislation: An Exercise in Futility? In: The Antitrust Bulletin, Bd. 20, 1975, S. 597–639.

Jenny, Frédéric: From Price Controls to Competition Policy in France. The Uneasy Alliance of Economical and Political Considerations, in: Annals of Public and Cooperative Economics, Bd. 52, Dez. 1981, Nr. 4, S. 477–490.

Jenny, Frédéric/Weber, André-Paul: Aggregate Welfare Loss Due to Monopoly Power in the French Economy: Some Tentative Estimates, in: The Journal of Industrial Economics, Bd. 31, Nr. 2, Dez. 1983, S. 113–130.

Kaplan, Lawrence S.: The United States and NATO. The Formative Years, Lexington, Kentucky 1984.

Kartte, Wolfgang: Ein neues Leitbild für die Wettbewerbspolitik. Köln u.a. 1969.

Kartte, Wolfgang/Holtschneider, Rainer: Konzeptionelle Ansätze und Anwendungsprinzipien im Gesetz gegen Wettbewerbsbeschränkungen. Zur Geschichte des GWB, in: Cox, Helmut/Jens, Uwe/Markert, Kurt, Handbuch des Wettbewerbs. Wettbewerbstheorie, Wettbewerbspolitik, Wettbewerbsrecht, München 1981, S. 193–224.

Kerber, Markus: Zur Reform des französischen Wettbewerbsrechts. In: WuW, Jg. 36, 1986, S. 373–378.

Kestner, Fritz/Lehnich, Oswald: Der Organisationszwang. Eine Untersuchung über die Kämpfe zwischen Kartellen und Außenseitern, 2. Aufl., Berlin 1927.

Kipping, Matthias: Zwischen Kartellen und Konkurrenz. Der Schuman-Plan und die Ursprünge der europäischen Einigung 1944–1952, Berlin 1996.

Kleemann, Dietrich: Das neue französische Wettbewerbsrecht. In: WuW, Jg. 37, 1987, S. 628–635.

Kleps, Karlheinz: Zur Konkurrenz wirtschaftspolitischer Konzeptionen der Europäischen Wirtschaftsgemeinschaft. In: ORDO, Doppelband 15/16, 1965, S. 275–332.

Klocker, Peter: Geschichte und Perspektiven. In: Maahs, Christiane u.a. (Hrsg.), 50 Jahre Bundeskartellamt. 50 Jahre Gesetz gegen Wettbewerbsbeschränkungen, Wernigerode 2008, S. 11–31.

Knöpfle, Robert: Organisation und Arbeitsweise der Gemeinsamen Kommission der Europäischen Gemeinschaften. In: Europarecht, Jg 3, 1968, Heft 1, S. 30–62.

Krawielicki, Robert: Das Monopolverbot im Schumanplan. Tübingen 1952.

Krelle, Wilhelm: Volkswirtschaftliche Kriterin zur Beurteilung von Kartellen. In: Barnikel, Hans-Heinrich (Hrsg.), Theorie und Praxis der Kartelle. Darmstadt 1972, S. 245–278.

Krenzler, Horst Günter: Die Rolle der Kabinette in der Kommission der Europäischen Gemeinschaften. In: Europarecht, Jg. 9, 1974, Heft 1, S. 75–79.

Kronstein, Heinrich: Die Bedeutung der Wettbewerbsregeln im Gesamtrahmen des Montanvertrages und des Vertrages über die Europäische Wirtschaftsgemeinschaft. In: Institut für ausländisches und internationales Wirtschaftsrecht an der Johann-Wolfgang-Goethe-Universität Frankfurt a. M. in Verbindung mit Institute for International and Foreign Trade Law of the Georgetown University Law Center Washington D.C. (Hrsg.), Kartelle und Monopole im modernen Recht. Beiträge zum übernationalen und nationalen europäischen Recht, erstattet für die internationale Kartellrechts-Konferenz in Frankfurt a. M. Juni 1960, Karlsruhe 1960, Bd. 1, S. 111–130.

Küsters, Hanns Jürgen: Die Verhandlungen über das institutionelle System zur Gründung der Europäischen Gemeinschaft für Kohle und Stahl. In: Schwabe, Klaus (Hrsg.), Die Anfänge des Schuman-Plans 1950/51. Beiträge des Kolloquiums in Aachen, 28.-30. Mai 1986, Baden-Baden 1988, S. 73–102.

Küsters, Hanns Jürgen: Zwischen Vormarsch und Schlaganfall. Das Projekt der Europäischen Politischen Gemeinschaft und die Haltung der Bundesrepublik Deutschland (1951–1954), in: Trausch, Gilbert (Hrsg.), Die Europäische Integration vom Schuman-Plan bis zu den Verträgen von Rom. Pläne und Initiativen, Enttäuschungen und Mißerfolge, Beiträge des Kolloquiums in Luxemburg 17.–19. Mai 1989, Baden-Baden 1993, S. 259–293.

Küsters, Hans Jürgen: Konrad Adenauer und die Idee einer wirtschaftlichen Verflechtung mit Frankreich. In: Beihefte der Francia, Bd. 42, 1997, S. 63–84.

Kuisel, Richard F.: Capitalism and the state in modern France. Renovation and economic management in the twentieth century, Cambridge 1981.

Labudek, Bernhard: Die Behandlung von Diskriminierung und Behinderung im französischen Kartellrecht. Frankfurt a. M. u.a. 1992.

Lacroix-Riz, Annie: Paris et Washington au début du Plan Schuman (1950–1951). In: Schwabe, Klaus (Hrsg.), Die Anfänge des Schuman-Plans 1950/51. Beiträge des Kolloquiums in Aachen, 28.-30. Mai 1986, Baden-Baden 1988, S. 241–268.

Lacroix-Riz, Annie: Le choix de Marianne. Les relations franco-américaines de la Libération aux débuts du plan Marshall 1944–1948, Paris 1985.

Lagrange, Maurice: Contrôle judiciaire des décisions prises par les autorités compétentes en matière des cartels. In: Institut für ausländisches und internationales Wirtschaftsrecht an der Johann-Wolfgang-Goethe-Universität Frankfurt a. M. in Verbindung mit Institute for International and Foreign Trade Law of the Georgetown University Law Center Washington D.C. (Hrsg.), Kartelle und Monopole im modernen Recht. Beiträge zum übernationalen und nationalen europäischen Recht, erstattet für die internationale Kartellrechts-Konferenz in Frankfurt a. M. Juni 1960, Karlsruhe 1960, Bd. 2, S. 889–908.

Lange, Knut Werner/Pries, Thorsten: Einführung in das europäische und deutsche Kartellrecht. 2. Aufl., Frankfurt a. M. 2011.

Langer, Jörg: Das französische Wettbewerbsrecht. In: WRP, 1991, S. 11–17.

Lappenküper, Ulrich: Die deutsch-französischen Beziehungen. Von der „Erbfeindschaft" zur „Entente élémentaire", Bd. 1: 1949–1958, München 2001.

De Lattre, André: Le Plan Marshall et la Transition de l'Economie Française. In: Girault, René/Lévy-Leboyer, Maurice (Hrsg.), Le Plan Marshall et le relèvement économique de l'Europe. Colloque tenu à Bercy les 21, 22 et 23 mars 1991, Paris 1993, S. 723–727.

Lehnich, Oswald: Die Wettbewerbsbeschränkung. Eine Grundlegung, Köln/Berlin 1956.

Lob, Harald: Die Entwicklung der französischen Wettbewerbspolitik bis zur Verordnung Nr. 86–1243 vom 01. Dezember 1986. Eine exemplarische Untersuchung der Erfassung der Behinderungsstrategie auf der Grundlage des Konzepts eines wirksamen Wettbewerbs, Frankfurt a. M. u.a. 1988 (zugl. Diss. Hohenheim 1987).

Lob, Harald: Der Jahresbericht 1984 der französischen Commission de la Concurrence. In: RIW, Jg. 31, 1985, S. 858–862.

Lob, Harald: Der Jahresbericht 1985 der französischen Commission de la Concurrence. In: RIW, Jg. 32, 1986, S. 672–677.

Lob, Harald: Das neue französische Recht der Wettbewerbsbedingungen. In: RIW, 1988, Jg. 34, 1988, S. 92–98.

Lob, Harald: Der Jahresbericht des französischen Wettbewerbsrates für 1988. In: RIW, 1989, Jg. 35, S. 936–942.

Lob, Harald: Wettbewerbspolitik in Frankreich nach altem und neuem Recht. In: RIW, 1990, Jg. 36, S. 530–537.

Löffler, Bernhard: Soziale Marktwirtschaft und administrative Praxis. Das Bundeswirtschaftsministerium unter Ludwig Erhard, Stuttgart 2002 .

Lowe, Philip: 50 Jahre Bundeskartellamt. In: Maahs, Christiane u.a. (Hrsg.), 50 Jahre Bundeskartellamt. 50 Jahre Gesetz gegen Wettbewerbsbeschränkungen, Wernigerode 2008, S. 56–57.

Lucas de Leyssac, Claude/Gavalda, Christian: Commentaire de la loi du 30 décembre 1985 « portant amélioration de la concurrence ». Fin ou lever de rideau?, in: D. 1986, Chronique Nr. XXXI, S. 187–196.

Luchaire, François: Note. In: D. 1988, Jurisprudence, S. 117–122.

Lynch, Frances: The Role of Jean Monnet in Setting up the European Coal and Steel Community. In: Schwabe, Klaus (Hrsg.), Die Anfänge des Schuman-Plans 1950/51. Beiträge des Kolloquiums in Aachen, 28.-30. Mai 1986, Baden-Baden 1988, S. 117–129.

Macmillan, Harold: Tides of Fortune. 1945–1955, London u.a. 1969.

Maier, Charles S.: Premises of the Recovery Program. In: Girault, René/Lévy-Leboyer, Maurice (Hrsg.), Le Plan Marshall et le relèvement économique de l'Europe. Colloque tenu à Bercy les 21, 22 et 23 mars 1991, Paris 1993, S. 15–30.

Mainguy, Daniel/Respaud, Jean-Louis/Depincé, Malo: Droit de la Concurrence. Paris 2010.

Malaurie-Vignal, Marie: Droit de la concurrence interne et européen. 5. Aufl., Paris 2011.

Margairaz, Michel: Les Finances, le Plan Monnet et le Plan Marshall. Entre contraintes, controverses et convergences, in: Girault, René/Lévy-Leboyer, Maurice (Hrsg.), Le Plan Marshall et le relèvement économique de l'Europe. Colloque tenu à Bercy les 21, 22 et 23 mars 1991, Paris 1993, S. 145–161.

Markert, Kurt: Die Rolle des Bundeskartellamtes bei der Durchsetzung des Wettbewerbsrechts in Deutschland. In: Blaurock, Uwe (Hrsg), Institutionen und Grundfragen des Wettbewerbsrechts, Neuwied/Frankfurt 1988, S. 9–22.

Martin, Raymond: La fonction juridictionnelle du Conseil de la concurrence. In: JCP, 1990, Doctrine I, Nr. 3469.

Martino, Horst-Dieter: Preisfreiheit und Wettbewerbsfreiheit. Das neue französische Wettbewerbsgesetz, in: Der Markenartikel, Jg. 49, 1987, S. 161–162.

Mason, Edward: Controlling World Trade. Cartels and Commodity Agreements (Committee for Economic Development Research Study), New York/London 1946.

Melandri, Pierre: L'Intégration contre la Désintégration. In: Girault, René/Lévy-Leboyer, Maurice (Hrsg.), Le Plan Marshall et le relèvement économique de l'Europe. Colloque tenu à Bercy les 21, 22 et 23 mars 1991, Paris 1993, S. 625–639.

Mello, Xavier de: Une nouvelle concurrence? In: Gaz. Pal. du 15 avril 1986, 1er semestre, Doctrine, S. 240–246.

Mello, Xavier de: L'ordonnance (modifiée) sur la concurrence et la constitution. In: Gaz. Pal. du 15 janvier 1987, 1er semestre, Doctrine, S. 27–32.

Metzner, Max: Die Kartellpolitik in Deutschland. In: Jahn, Georg/Junckerstorff, Kurt (Hrsg.), Internationales Handbuch der Kartellpolitik. Berlin 1958, S. 89–155.

Metzner, Max: Kartelle und Kartellpolitik. Berlin 1926.

Miksch, Leonhard: Wettbewerb als Aufgabe. Grundsätze einer Wettbewerbsordnung, Godesberg 1947.

Milward, Alan S.: The Reconstruction of Western Europe 1945–51, Berkeley/Los Angeles 1984.

Mioche, Philippe: Le patronat de la sidérurgie française et le Plan Schuman en 1950–1952: les apparences d'un combat et la réalité d'une mutation. In: Schwabe, Klaus (Hrsg.), Die Anfänge des Schuman-Plans 1950/51. Beiträge des Kolloquiums in Aachen, 28.-30. Mai 1986, Baden-Baden 1988, S. 305–318.

Mioche, Philippe: Le patronat français et les projets d'intégration économique européenne dans les années cinquante. In: Trausch, Gilbert (Hrsg.), Die Europäische Integration vom Schuman-Plan bis zu den Verträgen von Rom. Pläne und Initiativen, Enttäuschungen und Mißerfolge, Beiträge des Kolloquiums in Luxemburg 17.–19. Mai 1989, Baden-Baden 1993, S. 241–257.

Mishiro, Michiyoshi: Die Annäherung des Wettbewerbsverfahrens an das Gerichtsverfahren. Die Unabhängigkeit der Wettbewerbsbehörde und die Trennung von Ermittlungs- und Entscheidungsfunktion im Wettbewerbsrecht Japans, Deutschlands und der Europäischen Gemeinschaft, Berlin 2004.

Mösbauer, Heinz: Staatsaufsicht über die Wirtschaft. Köln u.a. 1990.

Möschel, Wernhard: Die Unabhängigkeit des Bundeskartellamtes. In: ORDO, Bd. 48, 1997, S. 241–251.

Monti, Mario: The Bundeskartellamt and the fight for Competition in Europe. In: Maahs, Christiane u.a. (Hrsg.), 50 Jahre Bundeskartellamt. 50 Jahre Gesetz gegen Wettbewerbsbeschränkungen, Wernigerode 2008, S. 33.

Monti, Mario: Competition and the ECSC Treaty. The regulation of anti-trust, concentrations and State aid, in: Europäische Kommission (Hrsg.), Fünfzig Jahre Europäische Gemeinschaft für Kohle und Stahl, Luxemburg 2002, S. 157–166.

Müller-Ohlsen, Lotte: Wirtschaftsplanung und Wirtschaftswachstum in Frankreich. Tübingen 1967.

Murach-Brand, Lisa: Antitrust auf deutsch. Tübingen 2004.

Niederleithinger, Ernst: Aufgabendelegation als bewährtes Organisationsprinzip. In: Maahs, Christiane u.a. (Hrsg.), 50 Jahre Bundeskartellamt. 50 Jahre Gesetz gegen Wettbewerbsbeschränkungen, Wernigerode 2008, S. 63–64.

Nörr, Knut Wolfgang: Die Leiden des Privatrechts. Kartelle in Deutschland von der Holzstoffkartellentscheidung zum Gesetz gegen Wettbewerbsbeschränkungen, Tübingen 1994.

Nörr, Knut Wolfgang: Zwischen den Mühlsteinen. Eine Privatrechtsgeschichte der Weimarer Republik, Tübingen 1988.

Novella, Jean Paul/Ferrier, Didier: Liberté des prix et nouveau droit de la concurrence. Paris 1987.

Ophüls, C. F.: Juristische Grundgedanken des Schuman-Plans. In: NJW, Jg. 4, 1951, S. 289–292.

Ortwein, Edmund: Das Bundeskartellamt. Eine politische Ökonomie deutscher Wettbewerbspolitik, Baden-Baden 1998.

Peters, Heribert: Zur Neuordnung des französischen Kartellrechts durch die Verordnung vom 24.06.1958. In: WuW, Jg. 6, 1959, S. 439–441.

Phlips, Louis: Competition Policy. A Game-Theoretic Perspective, Cambridge/Glasgow 1995.

Phillips, Charles F.: Vorteile und Risiken des freien Wettbewerbs. In: Stiftung „Im Grüene" (Hrsg.), Kartelle und Verbände in unserer Zeit, Rüschlikon (Zürich) 1956, S. 15–27.

Plaisant, Robert/Lassier, Jacques: Die Trusts und die Wirtschaftsverbände im französischen Recht. In: Jahn, Georg/Junckerstorff, Kurt (Hrsg.), Internationales Handbuch der Kartellpolitik. Berlin 1958, S. 177–205.

Plaisant, Robert/Lassier, Jacques: L'ordonnance n° 67–835 du 28 septembre 1967 relative au respect de la loyauté en matière de concurrence. In: JCP, 1968, Doctrine, I, N° 2148.

Plaisant, Robert: Die Verordnung Nr. 67–835 vom 28. September 1967 über den lauteren Wettbewerb. In: WuW, Jg. 18, 1968, S. 360–367.

Plumpe, Werner: Vom Plan zum Markt. Wirtschaftsverwaltung und Unternehmerverbände in der britischen Zone, Düsseldorf 1987.

Poeche, Jürgen: Schutzgesetz für Handel und Handwerk in Frankreich. In: WuW, Jg. 24, 1974, S. 478–480.

Poidevin, Raymond: Der Faktor Europa in der Deutschland-Politik Robert Schumans (Sommer 1948 bis Frühjahr 1949). In: Vierteljahrshefte für Zeitgeschichte, Jg. 33, 1985, H. 3, S. 406–419.

Poidevin, Raymond: Plan Marshall et Problème Allemand: Les inquiétudes françaises (1947–1948), in: Girault, René/Lévy-Leboyer, Maurice (Hrsg.), Le Plan Marshall et le relèvement économique de l'Europe. Colloque tenu à Bercy les 21, 22 et 23 mars 1991, Paris 1993, S. 87–96.

Poidevin, Raymond: Le rôle personnel de Robert Schuman dans les négociations C.E.C.A. (juin 1950-avril 1951). In: Schwabe, Klaus (Hrsg.), Die Anfänge des Schuman-Plans 1950/51. Beiträge des Kolloquiums in Aachen, 28.-30. Mai 1986, Baden-Baden, 1988, S. 105–115.

Poidevin, Raymond: Die europapolitischen Initiativen Frankreichs des Jahres 1950 – aus einer Zwangslage geboren? In: Herbst, Ludolf/Bührer, Werner/Sowade, Hanno (Hrsg.), Vom Marshallplan zur EWG. Die Eingliederung der Bundesrepublik Deutschland in die westliche Welt, München 1990, S. 257–262.

Poidevin, Raymond: Robert Schuman. Témoignage de Raymond Barre, Paris 1988.

Raiser, Thomas: Ökonomen im Bundeskartellamt und in den Kartellgerichten. In: Der Betriebsberater, Jg. 27, 1972, S. 471–475.

Rasch, Harold: Wettbewerbsbeschränkungen. Kartell- und Monopolrecht, Kommentar zum Gesetz gegen Wettbewerbsbeschränkungen, Berlin 1957.

Rasch, Harold: Grundfragen der Wirtschaftsverfassung. Godesberg 1948.

Du Réau, Élisabeth: Le Gouvernement Français, le Quai d'Orsay et la Préparation des Conférences de Paris. Juin-septembre 1947, in: Girault, René/Lévy-Leboyer, Maurice (Hrsg.), Le Plan Marshall et le relèvement économique de l'Europe. Colloque tenu à Bercy les 21, 22 et 23 mars 1991, Paris 1993, S. 45–58.

Reuter, Paul: La Communauté Européenne du Charbon et de l'Acier. Avec une préface de M. Robert Schuman, Ancien Président du Conseil, Paris 1953.

Réveillard, Christophe: La Communauté Politique européenne (1952–1954). L'américanisation par la fédération?, in: Barjot, Dominique/Réveillard, Christoph (Hrsg.), L'américanisation de l'Europe occidentale au XXe siècle. Mythe et réalité, Paris 2002, S. 101–119.

Rittner, Fritz: Wettbewerbs- und Kartellrecht. Eine systematische Darstellung des deutschen und europäischen Rechts für Studium und Praxis, 5. Aufl., Heidelberg 1995.

Rives, in: In: Stiftung „Im Grüene" (Hrsg.), Kartelle und Verbände in unserer Zeit, Rüschlikon (Zürich) 1956 *(Diskussionsbeitrag).*

Röpke, Wilhelm: Die Lehre von der Wirtschaft. 9. Aufl., Erlenbach-Zürich (u.a.) 1961.

Robert, Rüdiger: Konzentrationspolitik in der Bundesrepublik. Das Beispiel der Entstehung des Gesetzes gegen Wettbewerbsbeschränkungen, Berlin 1976.

Rodrega, Jürgen: Zum Problem aufsichtsfreier Verwaltung durch das Bundeskartellamt untersucht am Beispiel des Fusionskontrollverfahrens. Frankfurt a. M. (u.a.) 1992.

Rohlfing, Stephanie: Das kartellrechtliche Untersuchungsverfahren nach deutschem, französischem und europäischem Kartellrecht – und die Berücksichtigung der Verteidigungsrechte. Frankfurt a.M. (u.a.) 1989.

Rosa, Jean-Jacques: Denationalization and Deregulation of Industry. The French Experience 1976–1981, in: ORDO, Bd. 33, 1982, S. 81–94 .

Roudard, Isabelle: Schwerpunkte des neuen französischen Kartellrechts. In: GRUR International, 1989, S. 647–659.

Rowedder, Heinz: Kartellrecht. Texte der jetzt in der Bundesrepublik und in West-Berlin geltenden Bestimmungen einschließlich der Texte zum Kartellrecht der Montanunion, Heidelberg 1954.

Rüstow, Alexander: Das Versagen des Wirtschaftsliberalismus als religionsgeschichtliches Problem. Istanbul 1945.

Rüstow, Alexander: Das Versagen des Wirtschaftsliberalismus. 3. Aufl. (hg. von Maier-Rigaud, Frank P./Maier-Rigaud, Gerhard, Das neoliberale Projekt), Marburg 2001.

Ryziger, Paul-François: Le décret du 24 Juin 1958 (Gaz. Pal. 1958.2.9) est-il l'œuvre d'un gouvernement régulièrement habilité?, in: Gaz. Pal. 1960, 2ème semestre, Doctrine, S. 6–10.

Safferling, Joseph: Kartellrecht in Frankreich. In: WuW, Jg. 10, 1962, S. 661–672.

Salinger, H. D.: Das Gesetz zur Schaffung der Diktatur eines Bundeskartellamtes. Eine Streitschrift gegen das beantragte „Gesetz gegen Wettbewerbsbeschränkungen", Düsseldorf 1952.

Satzky, Horst: Grundsätze, Entstehung und Novellierungen des Gesetzes gegen Wettbewerbsbeschränkungen (GWB). In: Pohl, Hans (Hrsg.), Kartelle und Kartellgesetzgebung in Praxis und Rechtsprechung vom 19. Jahrhundert bis zur Gegenwart. Stuttgart 1985, S. 229–243.

Sauter, Herbert: Der Beratende Ausschuss für Kartell- und Monopolfragen. In: Maahs, Christiane u.a. (Hrsg.), 50 Jahre Bundeskartellamt. 50 Jahre Gesetz gegen Wettbewerbsbeschränkungen, Wernigerode 2008, S. 67–68.

Schatz, Ulrich Jakob: Die Zulässigkeit wettbewerbsbeschränkender Vereinbarungen nach den innerstaatlichen Rechtsvorschriften Frankreichs. München 1964.

Scherer, F. M.: Industrial Market Structure and Economic Performance. Chicago 1970.

Schierwater, Hans-Viktor: Parlament und Hohe Behörde der Montanunion. Heidelberg 1961.

Schlitt, Adalbert: Wesen und Bedeutung der Kartellaufsicht unter der Weimarer Reichsverfassung und dem Bonner Grundgesetz. Diss. Mainz 1958.

Schlochauer, Hans-Jürgen: Der übernationale Charakter der Europäischen Gemeinschaft für Kohle und Stahl. In: JZ, 1951, S. 289–290.

Schmidt, Heinrich (Hrsg.): Der Reichtum der Nationen von Adam Smith nach der Übersetzung von Max Stirner und der englischen Ausgabe von Cannan (1904), Bd. 1, Leipzig 1924 (Kurztitel: Smith, Reichtum der Nationen, 1924).

Schmidt, Ingo: Markttransparenz als Voraussetzung für Wettbewerbsbeschränkungen. In: WuW, Jg. 13, 1963, S. 97–106.

Schmidt, Ingo: Wettbewerbspolitik und Kartellrecht. Eine interdisziplinäre Einführung, 7. Aufl., Stuttgart 2001.

Schneider, Werner: Aufgaben, Organisation und bisherige Praxis des deutschen Bundeskartellamtes, Frankfurt a.M. 1966.

Scholz, Rupert: Wirtschaftsaufsicht und subjektiver Konkurrentenschutz. Insbesondere dargestellt am Beispiel der Kartellaufsicht, Berlin 1971.

Schwabe, Klaus: „Ein Akt konstruktiver Staatskunst" – die USA und die Anfänge des Schuman-Plans. In: Schwabe, Klaus (Hrsg.), Die Anfänge des Schuman-Plans

1950/51. Beiträge des Kolloquiums in Aachen, 28.-30. Mai 1986, Baden-Baden 1988, S. 211–239.

Schwabe, Klaus: Die Vereinigten Staaten und die Europäische Integration: Alternativen der amerikanischen Außenpolitik (1950–1955). In: Trausch, Gilbert (Hrsg.), Die Europäische Integration vom Schuman-Plan bis zu den Verträgen von Rom. Pläne und Initiativen, Enttäuschungen und Mißerfolge, Beiträge des Kolloquiums in Luxemburg 17.-19. Mai 1989, Baden-Baden 1993, S. 41–54.

Schwabe, Klaus: Fürsprecher Frankreichs? John McCloy und die Integration der Bundesrepublik, in: Herbst, Ludolf/Bührer, Werner/Sowade, Hanno (Hrsg.), Vom Marshallplan zur EWG. Die Eingliederung der Bundesrepublik Deutschland in die westliche Welt, München 1990, S. 517–533.

Schwarz, Hans-Peter: Vom Reich zur Bundesrepublik. Deutschland im Widerstreit der außenpolitischen Konzeptionen in den Jahren der Besatzungsherrschaft 1945–1949, Neuwied/Berlin 1966.

Schwarz, Jürgen: Der Aufbau Europas. Pläne und Dokumente 1945–1980, Bonn 1980.

Schwend, Franz: Der Leistungswettbewerb als ein geschütztes Rechtsgut des deutschen und französischen Wettbewerbsrechts? Ein rechtsvergleichender Beitrag zu den Anforderungen des gemeinsamen Binnenmarktes, Frankfurt a. M. 1991.

Seliger, Bernhard: Ein unabhängiges Kartellamt für Europa – ordnungs- und wettbewerbspolitische Aspekte. In: WuW 1997, S. 874–881.

Sennewald, Helmut: Kartelle und vertikale Wettbewerbsbeschränkungen in Frankreich. Karlsruhe 1964.

Sestier, J.-F.: Observations. In: JCP, 1987, Jurisprudence II, Nr. 20854.

Sieber, Günter: Die Rekonzentration der eisenschaffenden Industrie in Westdeutschland. In: WWI-Mitteilungen, Jg. 11, 1958, S. 46–55.

Sonnenberger, Hans Jürgen/Dammann, Reinhard: Französisches Handels- und Wirtschaftsrecht. 3. Aufl., Frankfurt a. M. 2008.

Sonnenberger, Hans Jürgen: Die Konzentrationskontrolle nach der französischen Kartellrechtsnovelle 1977. In: ZHR, Bd. 142, 1978, S. 367–381.

Souleau, Philippe: La réglementation des ententes professionnelles dans le décret-loi du 9 août 1953. In: Droit Social, 1953, S. 577–584.

Spierenburg, Dirk/Poidevin, Raymond: The History of the High Authority of the European Coal and Steel Community. Supranationality in Operation, London 1994.

Srinivasan, Thirukodikaval Nilakanta: Developing Countries and the Multilateral Trading System. From the GATT to the Uruguay Round and the Future, Colorado 1998.

Stegemann, Klaus: Price Competition and Output Adjustment in the European Steel Market. Tübingen 1977 (Kieler Studien, Nr. 147).

Steindorff, Ernst: Das Wettbewerbsrecht der Europäischen Gemeinschaften und das nationale Recht. In: Institut für ausländisches und internationales Wirtschaftsrecht an der Johann-Wolfgang-Goethe-Universität Frankfurt a. M. in Verbindung mit Institute for International and Foreign Trade Law of the Georgetown University Law Center Washington D.C. (Hrsg.), Kartelle und Monopole im modernen Recht. Beiträge zum übernationalen und nationalen europäischen Recht, erstattet für die internationale Kartellrechts-Konferenz in Frankfurt a. M. Juni 1960, Karlsruhe 1960, Bd. 1, S. 157–190.

Steinert, Marlies: Un saut dans l'inconnu. La République fédérale de l'Allemagne face au plan Schuman, de la déclaration du 9 mai 1950 à la signature du traité du 18 avril 1951, in: Relations internationales, 1975, Nr. 4, S. 155–178.

Steltzner, Holger: Im Dienste des Wettbewerbs. In: Maahs, Christiane u.a. (Hrsg.), 50 Jahre Bundeskartellamt. 50 Jahre Gesetz gegen Wettbewerbsbeschränkungen, Wernigerode 2008, S. 45–46.

Stiftung "Im Grüene" (Hrsg.): Die Kartelle und Verbände in unserer Zeit. Rüschlikon (Zürich) 1956.

Stocker, Erwin: Die Monopolpolitik des Neoliberalismus. Winterthur 1957.

Stoffaes, Christian: La Révolution Invisible. Une Mise en Perspective de l'Expérience des Missions de Productivité, in: Girault, René/Lévy-Leboyer, Maurice (Hrsg.), Le Plan Marshall et le relèvement économique de l'Europe. Colloque tenu à Bercy les 21, 22 et 23 mars 1991, Paris 1993, S. 755–762.

Stolper, Gustav: Die Deutsche Wirklichkeit. Ein Beitrag zum künftigen Frieden Europas, Hamburg 1949.

Sullivan, Edward T. (Hrsg.): The political economy of the Sherman Act. The first one hundred years, New York 1991.

Tholl, Gerhard: Die französische Planification – ein Vorbild? In: ORDO, Doppelbd. 15/16, 1965, S. 197–274.

Thumann, Jürgen R.: Standort Deutschland sichern, Wettbewerb gestalten – Zum 50. Geburtstag des Gesetzes gegen Wettbewerbsbeschränkungen und des Bundeskartellamts. In: Maahs, Christiane u.a. (Hrsg.), 50 Jahre Bundeskartellamt. 50 Jahre Gesetz gegen Wettbewerbsbeschränkungen, Wernigerode 2008, S. 38–40.

von Tirpitz: Französische Ausführungsvorschriften zu Fragen der Preisbindung der zweiten Hand und der Diskriminierung. In: WuW, Jg. 11, 1961, 261–262.

Toeche-Mittler, Klaus: Das Verbandskartell als Instrument der Wirtschaftsplanung (Planungsstudien 4, hrsg. von J. H. Kaiser). Frankfurt/Berlin 1969.

Tonke, Christian: Das neue französische Wettbewerbsrecht im ersten Jahr seiner Anwendung. In: WuW, Jg. 38, 1988, S. 952–953.

Touffait, Adolphe/Herzog, Jacques-Bernard: Le problème de la répression pénale des ententes économiques en droit français. In: JCP, 1967, Doctrine, I, N° 2047.

Tschierschky, S.: Das Problem der staatlichen Kartellaufsicht. Mannheim u.a. 1923.

Ullmo, Yves: La Planificaton en France. Paris 1974.

Venturini, V. G.: Monopolies and Restrictive Trade Practices in France. Leyden 1971.

Vogel, Louis: Les tendances actuelles du droit de la concurrence en France. Bilan d'une année d'activité du Conseil de la concurrence et de la Cour d'appel de Paris, section concurrence, in: JCP, 1990, Doctrine I, Nr. 3470.

Volnay, Sylvie J.: Examen du nouveau droit de la concurrence. In: Gaz. Pal. du 20 décembre 1986, 2ème semestre, Doctrine, S. 788–790.

Wagner, Klaus: Die Diskussion über ein Gesetz gegen Wettbewerbsbeschränkungen in Westdeutschland nach 1945. Zürich 1956.

Wank, Rolf: Die alliierten Entflechtungsmaßnahmen. Politische und juristische Aspekte, in: Pohl, Hans (Hrsg.), Kartelle und Kartellgesetzgebung in Praxis und Rechtsprechung vom 19. Jahrhundert bis zur Gegenwart. Stuttgart 1985, S. 202–209.

Wall, Irwin M.: The American Marshall Plan Mission in France. In: Girault, René/ Lévy-Leboyer, Maurice (Hrsg.), Le Plan Marshall et le relèvement économique de l'Europe. Colloque tenu à Bercy les 21, 22 et 23 mars 1991, Paris 1993, S. 133–143.

Wall, Irwin: The United States and the Making of Postwar France 1945–1954. Cambridge 1991.

Wallich, Henry C.: Triebkräfte des deutschen Wiederaufstiegs (deutsche Übersetzung von Karl Lanz nach dem englischen Manuskript „The Mainsprings of the German Revival"), Frankfurt a. M. 1955.

Warner, Isabel: Steel and Sovereignty. The Deconcentration of the West German Steel Industry 1945–54, Mainz 1996.

Weber, Klaus: Geschichte und Aufbau des Bundeskartellamtes. In: Günther, Eberhard (Hrsg.), Zehn Jahre Bundeskartellamt. Beiträge zu Fragen und Entwicklungen auf dem Gebiet des Kartellrechts, Köln u.a. 1968, S. 263–270.

Weber, Henri: Le parti des patrons. Le CNPF (1946–1986), 2. Aufl., Paris 1991.

Weisz, Christoph (Hrsg.): OMGUS-Handbuch. Die amerikanische Militärregierung in Deutschland 1945–1949, München 1994.

Wild, Hans-Peter: Das marktbeherrschende Unternehmen im Französischen Recht. Düsseldorf 1969.

Wilks, Stephen/McGowan, Lee: Disarming the Commission. The Debate over a European Cartel Office, in: Journal of Common Market Studies, Bd. 32, Nr. 2, 1995, S. 259–273 (Permalink: http://search.ebscohost.com/login.aspx?direct=true&db=buh&AN=9508160453&lang=de&site=ehost-live, Entnahme am 22.05.2013).

Williams, Philip M.: Crisis and compromise. Politics in the Fourth Republic, 2. Aufl., Aylesbury 1972.

Witschke, Tobias: Gefahr für den Wettbewerb? Die Fusionskontrolle der Europäischen Gemeinschaft für Kohle und Stahl und die „Rekonzentration" der Ruhrstahlindustrie 1950–1963, Berlin 2009.

Wolf, Dieter: Organisation der Aufsicht über Wettbewerbsbeschränkungen. Podiumsdiskussion, in: Forschungsinstitut für Wirtschaftsverfassung und Wettbewerb (Hrsg.), Umbruch der Wettbewerbsordnung in Europa. Referate des XXVIII. FIW-Symposiums, Köln u.a. 1995, S. 74–76.

Zéraffa-Dray, Danièle: Le Mouvement Républicain Populaire et la construction de l'Europe. In: Trausch, Gilbert (Hrsg.), Die Europäische Integration vom Schuman-Plan bis zu den Verträgen von Rom. Pläne und Initiativen, Enttäuschungen und Mißerfolge, Beiträge des Kolloquiums in Luxemburg 17.-19. Mai 1989, Baden-Baden 1993, S. 231–239.

Ziersch, Guido: Der BDI-Ausschuß für Wettbewerbsordnung und das Gesetz gegen Wettbewerbsbeschränkungen. In: Arbeitskreis Kartellgesetz im Ausschuß für Wettbewerbsordnung des Bundesverbandes der Deutschen Industrie (Hrsg.), 10 Jahre Kartellgesetz 1958–1968. Eine Würdigung aus der Sicht der deutschen Industrie, Bergisch-Gladbach 1968, S 444–450.

Quellenverzeichnis

Adenauer, Konrad: Erinnerungen 1945–1953. Stuttgart 1965.

Auriol, Vincent: Journal du Septennat. 1947–1954, 7 Bde.; Bd. 1: 1947, Paris 1970.

Bundeskartellamt (Hrsg.): Das Bundeskartellamt in Bonn. Organisation, Aufgaben und Tätigkeit, http://www.bundeskartellamt.de/wDeutsch/download/pdf/Infobroschuere/1110_BKartA_Infobroschuere_web_bf.pdf, Entnahme am 20.10.2013 (Zit. Bundeskartellamt Informationsbroschüre).

Bundesministerium für Wirtschaftliche Zusammenarbeit (Hrsg.): OEEC. Der Europäische Wirtschaftsrat, Handbuch 1956, Bad Godesberg 1956.

Christlich-Demokratische Union: Düsseldorfer Leitsätze über Wirtschaftspolitik, Landwirtschaftspolitik, Sozialpolitik, Wohnungsbau. Hamburg 1949.

Commission de la Concurrence: Rapport au Ministre d'Etat, Ministre de l'Economie, des Finances et de la Privatisation pour l'année 1986. Paris 1987.

Commission of the European Communities: Tenth Report on Competition Policy (Published in conjunction with the "Fourteenth General Report on the Activities of the European Communities in 1980"). Brüssel/Luxemburg 1981 (Kurztitel: EG-Wettbewerbsbericht 1980).

Commission of the European Communities: Eleventh Report on Competition Policy (Published in conjunction with the "Fifteenth General Report on the Activities of the European Communities in 1981"). Brüssel/Luxemburg 1982 (Kurztitel: EG-Wettbewerbsbericht 1981).

Commission of the European Communities: Twelth Report on Competition Policy (Published in conjunction with the "Sixteenth General Report on the Activities of the European Communities in 1982"). Brüssel/Luxemburg 1983 (Kurztitel: EG-Wettbewerbsbericht 1982).

Conseil de la Concurrence: Onzième Rapport d'Activité. Année 1997, URL: http://www.autoritedelaconcurrence.fr/user/standard.php?id_rub=57 (Entnahme: 23.08.2014).

Conseil de la Concurrence: Rapport d'Activité. Année 1998, URL: http://www.autoritedelaconcurrence.fr/user/standard.php?id_rub=50 (Entnahme: 23.08.2014).

Conseil de la Concurrence: Rapport d'Activité. Année 1999, URL: http://www.autoritedelaconcurrence.fr/user/standard.php?id_rub=35 (Entnahme: 24.08.2014).

Conseil de la Concurrence: Rapport d'Activité. Année 2000, URL: http://www.autoritedelaconcurrence.fr/user/standard.php?id_rub=32 (Entnahme: 24.08.2014).

Cornides, Wilhelm/Volle, Hermann: Um den Frieden mit Deutschland. Dokumente zum Problem der deutschen Friedensordnung 1941–1948 mit einem Bericht über die Londoner Außenministerkonferenz vom 25. November bis 15. Dezember 1947 (Dokumente und Berichte des Europa-Archivs, Bd. 6), Oberursel (Taunus) 1948.

Department of State, United States of America (Hrsg.): Havana Charter For an International Trade Organization and Final Act and Related Documents. United Nations Conference on Trade and Employment Havana, Cuba, November 21, 1947, to March 24, 1948, Washington 1948 .

Department of State, United States of America (Hrsg.): Germany 1947–1949. The Story in Documents, Washington 1950.

Deutscher Bundestag: Plenarprotokoll. Stenographische Berichte der 5. Sitzung der 1. Wahlperiode (20.09.1949), S. 19–30.

Deutscher Bundestag: Plenarprotokoll. Stenographischer Bericht der 222. Sitzung der 2. Wahlperiode (3.07.1957), S. 13161–13174.

Deutsche Kommission zum Studium von Kartell- und Monopolfragen in den Vereinigten Staaten: Vorläufiger Bericht. In: Beilage zum Bundesanzeiger Nr. 250, 29.12.1950, S. 2–24.

Dobney, Fredrick J.: Selected Papers of Will Clayton. Baltimore/London 1971.

Ententes et Monopoles dans le Monde. France, Les Ententes Professionnelles devant la loi, in: Présidence du Conseil/Ministère des Affaires Économiques (Hrsg.), La Documentation Française, 1953, 1er fascicule v. 5.05.1953, N° 1.736 und 2ème fascicule v. 6.05.1953, N° 1.737.

Entwurf zu einem Gesetz zur Sicherung des Leistungswettbewerbs und zu einem Gesetz über das Monopolamt mit Stellungnahme des Sachverständigen-Ausschusses und Minderheitsgutachten. Die Entwürfe wurden dem Direktor der Verwaltung für Wirtschaft, Herrn Professor Dr. Erhard, am 5.7.1949 vorgelegt (hg. von den Mitgliedern des Sachverständigen-Ausschusses Bauer, Böhm, Fischer, Josten, Köppel, Kromphardt, Pfister), Frankfurt a. M. 1949.

Erhard, Ludwig: Gedanken aus fünf Jahrzehnten. Reden und Schriften (hg. von Karl Hohmann), Düsseldorf u.a. 1988.

European Coal and Steal Community: The Activities of the European Community. General Report of the High Authority (10.08.1952–12.04.1953). Luxemburg 1953 (Kurztitel: EGKS-Tätigkeitsbericht 1952).

European Coal and Steal Community, The High Authority: Second General Report on the Activities of the Community (13.04.1953–11.04.1954). Luxemburg 1954 (Kurztitel: EGKS-Tätigkeitsbericht 1953).

European Coal and Steal Community, The High Authority: Third General Report on the Activities of the Community (12.04.1954–10.04.1955). Luxemburg 1955 (Kurztitel: EGKS-Tätigkeitsbericht 1954).

European Coal and Steal Community, The High Authority: Fourth General Report on the Activities of the Community (11.04.1955–8.04.1956). Luxemburg 1956 (Kurztitel: EGKS-Tätigkeitsbericht 1955).

European Coal and Steal Community, The High Authority: Fifth General Report on the Activities of the Community (9.04.1956–13.04.1957). Luxemburg 1957 (Kurztitel: EGKS-Tätigkeitsbericht 1956).

European Coal and Steal Community, The High Authority: Sixth General Report on the Activities of the Community. Bd. 1: The Policy of the High Authority, Luxemburg 1958 (Kurztitel: EGKS-Tätigkeitsbericht 1957, Bd. 1).

European Coal and Steal Community, The High Authority: Sixth General Report on the Activities of the Community. Bd. 2: The Economic and Social Situation of the Community and the Activities of the High Authority, Luxemburg 1958 (Kurztitel: EGKS-Tätigkeitsbericht 1957, Bd. 2).

European Coal and Steal Community, The High Authority: Seventh General Report on the Activities of the Community. Luxemburg 1959 (Kurztitel: EGKS-Tätigkeitsbericht 1958).

European Coal and Steal Community, High Authority: Eighth General Report on the Activities of the Community (1.02.1959–31.01.1960). Luxemburg 1960 (Kurztitel: EGKS-Tätigkeitsbericht 1959).

European Coal and Steal Community, High Authority: Ninth General Report on the Activities of the Community (1.02.1960–31.01.1961). Luxemburg 1961 (Kurztitel: EGKS-Tätigkeitsbericht 1960).

European Coal and Steal Community, The High Authority: Tenth General Report on the Activities of the Community (1.02.1961–31.01.1962). Luxemburg 1962 (Kurztitel: EGKS-Tätigkeitsbericht 1961).

European Coal and Steal Community, The High Authority: 11th General Report on the Activities of the Community (1.02.1962–31.01.1963). Luxemburg 1963 (Kurztitel: EGKS-Tätigkeitsbericht 1962).

European Coal and Steal Community, The High Authority: 12th General Report on the Activities of the Community (1.02.1963–31.01.1964). Luxemburg 1964 (Kurztitel: EGKS-Tätigkeitsbericht 1963).

European Coal and Steal Community, The High Authority: 13th General Report on the Activities of the Community (1.02.1964–31.01.1965). Luxemburg 1965 (Kurztitel: EGKS-Tätigkeitsbericht 1964).

European Coal and Steal Community, The High Authority: 14th General Report on the Activities of the Community (1.02.1965–31.01.1966). Luxemburg 1966 (Kurztitel: EGKS-Tätigkeitsbericht 1965).

European Coal and Steal Community, The High Authority: 15th General Report on the Activities of the Community (1.02.1966–31.01.1967). Luxemburg 1967 (Kurztitel: EGKS-Tätigkeitsbericht 1966).

European Coal and Steel Community, European Economic Community, European Atomic Energy Community, Commission: First General Report on the Activities of the Communities 1967. Brüssel/Luxemburg 1968 (Kurztitel: EGKS/EWG/EAG-Tätigkeitsbericht 1967).

European Coal and Steel Community, European Economic Community, European Atomic Energy Community, Commission: Second General Report on the Activities of the Communities 1968. Brüssel/Luxemburg 1969 (Kurztitel: EGKS/EWG/EAG-Tätigkeitsbericht 1968).

European Coal and Steel Community, European Economic Community, European Atomic Energy Community, Commission: Third General Report on the Activities of the Communities 1969. Brüssel/Luxemburg 1970 (Kurztitel: EGKS/EWG/EAG-Tätigkeitsbericht 1969).

European Coal and Steel Community, European Economic Community, European Atomic Energy Community, Commission: Fourth General Report on the Activities of the Communities 1970. Brüssel/Luxemburg 1971 (Kurztitel: EGKS/EWG/EAG-Tätigkeitsbericht 1970).

European Coal and Steel Community, European Economic Community, European Atomic Energy Community, Commission: First Report on Competition Policy (annexed to the "Fifth General Report on the Activities of the Communities"). Brüssel/Luxemburg 1972 (Kurztitel: EGKS/EWG/EAG-Wettbewerbsbericht 1971).

European Coal and Steel Community, European Economic Community, European Atomic Energy Community, Commission: Second Report on Competition Policy (annexed to the "Sixth General Report on the Activities of the Communities"). Brüssel/Luxemburg 1973 (Kurztitel: EGKS/EWG/EAG-Wettbewerbsbericht 1972).

European Coal and Steel Community, European Economic Community, European Atomic Energy Community, Commission: Third Report on Competition Policy (annexed to the "Seventh General Report on the Activities of the Communities"). Brüssel/Luxemburg 1974 (Kurztitel: EGKS/EWG/EAG-Wettbewerbsbericht 1973).

European Coal and Steel Community, European Economic Community, European Atomic Energy Community, Commission: Fourth Report on Competition Policy (Addendum to the "Eighth General Report on the Activities of the Communities"). Brüssel/Luxemburg 1975 (Kurztitel: EGKS/EWG/EAG-Wettbewerbsbericht 1974).

European Coal and Steel Community, European Economic Community, European Atomic Energy Community, Commission: Fifth Report on Competition Policy (Published in conjunction with the "Ninth General Report on the Activities of the Communities"). Brüssel/Luxemburg 1976 (Kurztitel: EGKS/EWG/EAG-Wettbewerbsbericht 1975).

European Coal and Steel Community, European Economic Community, European Atomic Energy Community, Commission: Sixth Report on Competition Policy (Published in conjunction with the "Tenth General Report on the Activities of the European Communities"). Brüssel/Luxemburg 1977 (Kurztitel: EGKS/EWG/EAG-Wettbewerbsbericht 1976).

European Coal and Steel Community, European Economic Community, European Atomic Energy Community, Commission: Seventh Report on Competition Policy (Published in conjunction with the "Eleventh General Report on the Activities of the European Communities"). Brüssel/Luxemburg 1978 (Kurztitel: EGKS/EWG/EAG-Wettbewerbsbericht 1977).

European Coal and Steel Community, European Economic Community, European Atomic Energy Community, Commission: Eighth Report on Competition Policy (Published in conjunction with the "Twelth General Report on the Activities of the European Communities"). Brüssel/Luxemburg 1979 (Kurztitel: EGKS/EWG/EAG-Wettbewerbsbericht 1978).

Europäische Gemeinschaft für Kohle und Stahl, Europäische Wirtschaftsgemeinschaft, Europäische Atomgemeinschaft, Kommission: Neunter Bericht über die Wettbewerbspolitik (Im Zusammenhang mit dem „Dreizehnten Gesamtbericht über die Tätigkeit der Europäischen Gemeinschaften" veröffentlichter Bericht). Brüssel/Luxemburg 1980 (Kurztitel: EGKS/EWG/EAG-Wettbewerbsbericht 1979).

Europäische Kommission: XXIII. Bericht über die Wettbewerbspolitik 1993 (Im Zusammenhang mit dem „XXVII. Gesamtbericht über die Tätigkeit der Europäischen Gemeinschaften 1993" veröffentlichter Bericht). Brüssel/Luxemburg 1994 (Kurztitel: EG-Wettbewerbsbericht 1993).

Europäische Kommission: XXIV. Bericht über die Wettbewerbspolitik 1994 (Im Zusammenhang mit dem „Gesamtbericht über die Tätigkeit der Europäischen Union 1994" veröffentlichter Bericht). Brüssel/Luxemburg 1995 (Kurztitel: EU-Wettbewerbsbericht 1994).

Europäische Kommission: XXV. Bericht über die Wettbewerbspolitik 1995 (Im Zusammenhang mit dem „Gesamtbericht über die Tätigkeit der Europäischen Union 1995" veröffentlichter Bericht). Brüssel/Luxemburg 1996 (Kurztitel: EU-Wettbewerbsbericht 1995).

Europäische Kommission: XXVI. Bericht über die Wettbewerbspolitik 1996 (Im Zusammenhang mit dem „Gesamtbericht über die Tätigkeit der Europäischen Union 1996" veröffentlichter Bericht). Brüssel/Luxemburg 1997 (Kurztitel: EU-Wettbewerbsbericht 1996).

Europäische Kommission: XXVII. Bericht über die Wettbewerbspolitik 1997 (Im Zusammenhang mit dem „Gesamtbericht über die Tätigkeit der Europäischen Union – 1997"). Brüssel/Luxemburg 1998 (Kurztitel: EU-Wettbewerbsbericht 1997).

Europäische Kommission: XXVIII. Bericht über die Wettbewerbspolitik 1998 (Im Zusammenhang mit dem „Gesamtbericht über die Tätigkeit der Europäischen Union 1998" veröffentlichter Bericht). Brüssel/Luxemburg 1999 (Kurztitel: EU-Wettbewerbsbericht 1998).

Europäische Kommission: XXIX. Bericht über die Wettbewerbspolitik 1999 (In Zusammenhang mit dem „Gesamtbericht über die Tätigkeit der Europäischen Union

1999“ veröffentlichter Bericht). Brüssel/Luxemburg 2000 (Kurztitel: EU-Wettbewerbsbericht 1999).

Gaulle, Charles de: Lettres, Notes et Carnets. Mai 1945 – Juin 1951, Paris 1984.

Gide, Pierre: Le projet français de loi anti-trust et les expériences étrangères. État-Unis – Angleterre – Allemagne, Paris 1952.

Institut für Besatzungsfragen Tübingen (Hrsg.): Einwirkungen der Besatzungsmächte auf die westdeutsche Wirtschaft. Dargestellt im Auftrag des Deutschen Büros für Friedensfragen mit Unterstützung des Büros der Ministerpräsidenten (Nur für den Dienstgebrauch), Stand 1. Mai 1949 .

Isay, Rudolf: Entwurf eines Gesetzes zur Verhütung des Mißbrauchs wirtschaftlicher Machtstellungen. Köln/Berlin 1954.

Jeanneney, J.-M./Perrot, Marguerite: Textes de Droit Économique et Social Français. 1789–1957, Paris 1957.

Kommission der Europäischen Wirtschaftsgemeinschaft: Erster Gesamtbericht über die Tätigkeit der Gemeinschaft. 1. Januar 1958 – 17. September 1958, Brüssel 1958.

Kommission der Europäischen Wirtschaftsgemeinschaft: Zweiter Gesamtbericht über die Tätigkeit der Gemeinschaft. 18. September 1958 – 20. März 1959, Brüssel 1959.

Kommission der Europäischen Gemeinschaften: Dreizehnter Bericht über die Wettbewerbspolitik (Im Zusammenhang mit dem „Siebzehnten Gesamtbericht über die Tätigkeit der Europäischen Gemeinschaften 1983“ veröffentlichter Bericht). Brüssel/Luxemburg 1984 (Kurztitel: EG-Wettbewerbsbericht 1983).

Kommission der Europäischen Gemeinschaften: Vierzehnter Bericht über die Wettbewerbspolitik (Im Zusammenhang mit dem „Achtzehnten Gesamtbericht über die Tätigkeit der Europäischen Gemeinschaften 1984“ veröffentlichter Bericht). Brüssel/Luxemburg 1985 (Kurztitel: EG-Wettbewerbsbericht 1984).

Kommission der Europäischen Gemeinschaften: Vollendung des Binnenmarktes. Weißbuch der Kommission an den Europäischen Rat, Mailand 1985.

Kommission der Europäischen Gemeinschaften: Fünfzehnter Bericht über die Wettbewerbspolitik (Im Zusammenhang mit dem „Neunzehnten Gesamtbericht über die Tätigkeit der Europäischen Gemeinschaften 1985“ veröffentlichter Bericht). Brüssel/Luxemburg 1986 (Kurztitel: EG-Wettbewerbsbericht 1985).

Kommission der Europäischen Gemeinschaften: Sechzehnter Bericht über die Wettbewerbspolitik (Im Zusammenhang mit dem „Zwanzigster Gesamtbericht über die Tätigkeit der Europäischen Gemeinschaften 1986“ veröffentlichter Bericht). Brüssel/Luxemburg 1987 (Kurztitel: EG-Wettbewerbsbericht 1986).

Kommission der Europäischen Gemeinschaften: Siebzehnter Bericht über die Wettbewerbspolitik (Im Zusammenhang mit dem „XXI. Gesamtbericht über die Tätigkeit der Europäischen Gemeinschaften 1987“ veröffentlichter Bericht). Brüssel/Luxemburg 1988 (Kurztitel: EG-Wettbewerbsbericht 1987).

Kommission der Europäischen Gemeinschaften: Achtzehnter Bericht über die Wettbewerbspolitik (Im Zusammenhang mit dem „XXII. Gesamtbericht über die Tätigkeit der Europäischen Gemeinschaften 1988“ veröffentlichter Bericht). Brüssel/Luxemburg 1989 (Kurztitel: EG-Wettbewerbsbericht 1988).

Kommission der Europäischen Gemeinschaften: Neunzehnter Bericht über die Wettbewerbspolitik (Im Zusammenhang mit dem „XXIII. Gesamtbericht über die Tätigkeit der Europäischen Gemeinschaften 1989“ veröffentlichter Bericht). Brüssel/Luxemburg 1990 (Kurztitel: EG-Wettbewerbsbericht 1989).

Kommission der Europäischen Gemeinschaften: XX. Bericht über die Wettbewerbspolitik (Im Zusammenhang mit dem „XXIV. Gesamtbericht über die Tätigkeit der Europäischen Gemeinschaften 1990“ veröffentlichter Bericht). Brüssel/Luxemburg 1991 (Kurztitel: EG-Wettbewerbsbericht 1990).

Kommission der Europäischen Gemeinschaften: XXI. Bericht über die Wettbewerbspolitik (Im Zusammenhang mit dem „XXV. Gesamtbericht über die Tätigkeit der Europäischen Gemeinschaften 1991“ veröffentlichter Bericht). Brüssel/Luxemburg 1992 (Kurztitel: EG-Wettbewerbsbericht 1991).

Kommission der Europäischen Gemeinschaften: XXII. Bericht über die Wettbewerbspolitik (Im Zusammenhang mit dem „XXVI. Gesamtbericht über die Tätigkeit der Europäischen Gemeinschaften 1992“ veröffentlichter Bericht). Brüssel/Luxemburg 1993 (Kurztitel: EG-Wettbewerbsbericht 1992).

Lasserre, Bruno: 50 Years Bundeskartellamt. The look from across the Rhine: a story of brotherhood, Rede im World Conference Center am 15.01.2008, URL: http://www.autoritedelaconcurrence.fr/doc/50_jhr_bkarta_speech_bl.pdf (Entnahme: 8.05.2013).

Lasserre, Bruno: L'âge des projets. 20ème anniversaire du Conseil de la concurrence – Quel statut et quels moyens pour les autorités de la concurrence? Tagung in Paris am 15.03.2007, organisiert von « La lettre des juristes d'affaires » und der « Revue Lamy de la concurrence », Auszug aus Revue Lamy de la Concurrence 2007/12, URL: http://www.autoritedelaconcurrence.fr/doc/intervention_lasserre_2007_03_15_lamy.pdf (Entnahme: 8.05.2013).

Lasserre, Bruno: Vingt ans après. AFEC – 20ème anniversaire de l'ordonnance du 1er décembre 1986, Rede Lasserres beim Kolloquium der AFEC (= Association Française d'Etude de la Concurrence) in Paris am 1.12.2006, URL: http://www.autoritedelaconcurrence.fr/doc/intervention_lasserre_2006_12_01_afec.pdf (Entnahme: 8.05.2013).

Lasserre, Bruno: Der Blick über die Grenzen. In: Maahs, Christiane u.a. (Hrsg.), 50 Jahre Bundeskartellamt. 50 Jahre Gesetz gegen Wettbewerbsbeschränkungen, Wernigerode 2008, S. 51–52.

Lefort, Bernard: Une Europe inédite. Documents des Archives Jean Monnet réunis et introduits par Bernard Leford, Préface de Louis Michel, Villeneuve d'Ascq (Nord) 2001.

Long, Marceau/Weil, Prosper/Braibant, Guy/Delvolvé, Pierre/Genevois, Bruno: Les grands arrêts de la jurisprudence administrative. Paris 2003 (Zit. GAJA).

Martin, James: All honorable men. Boston 1950.

Möller, Horst/Hildebrand, Klaus (Hrsg.): Die Bundesrepublik Deutschland und Frankreich. Dokumente 1949–1963, Bd. 1: Außenpolitik und Diplomatie (bearbeitet von Ulrich Lappenküper), München 1997.

Möller, Horst/Hildebrand, Klaus (Hrsg.): Die Bundesrepublik Deutschland und Frankreich. Dokumente 1949–1963, Bd. 2: Wirtschaft (bearbeitet von Andreas Wilkens), München 1997.

Monnet, Jean: Mémoires. Le Livre de Poches, Paris 1976 (Taschenbuch).

Monnet, Jean: Mémoires. Paris 1976.

Monnet, Jean/Schuman, Robert: Correspondance 1947–1953. Lausanne 1986.

Morgenthau, Henry: Germany Is Our Problem. New York/London 1945.

Mosler, Hermann: Die Entstehung des Modells supranationaler und gewaltenteilender Staatenverbindungen in den Verhandlungen über den Schuman-Plan. In: Caemmerer, Ernst von/Schlochauer, Hans-Jürgen/Steindorff, Ernst (Hrsg.), Probleme des Europäischen Rechts. Festschrift für Walter Hallstein zu seinem 65. Geburtstag, Frankfurt a. M. 1966, S. 355–386.

Murphy, Robert: Diplomat unter Kriegern. Zwei Jahrzehnte Weltpolitik in besonderer Mission, 2. Aufl., Berlin 1966.

Poinso-Chapuis, Germaine: Le contrôle des ententes professionnelles et le problème de la liberté des ententes. In: Droit Social, 1953, S. 576–577.

Schulze, Reiner/Hoeren, Thomas: Dokumente zum Europäischen Recht. Bd. 3: Kartellrecht (bis 1957), Berlin u.a. 2000.

Schwabe, Klaus (Hrsg.): Konrad Adenauer und der Schuman-Plan. Ein Quellenzeugnis, In: Schwabe, Klaus (Hrsg.), Die Anfänge des Schuman-Plans 1950/51. Beiträge des Kolloquiums in Aachen, 28.-30. Mai 1986, Baden-Baden 1988, S. 131–140 .

Spierenburg, Dirk, in: Fondation Jean Monnet pour l'Europe (Hrsg.), Témoignages à la mémoire de Jean Monnet, Lausanne 1989, S. 507–511 (Kurztitel: Témoignages).

Die Wiedergesundung Europas. Schlußbericht der Pariser Wirtschaftskonferenz der sechzehn Nationen (Dokumente und Berichte des Europa-Archivs, Bd. 4). Teil 1: Allgemeiner Teil, Oberursel (Taunus) 1948.

Wissenschaftlicher Beirat beim Bundeswirtschaftsministerium: Gutachten zum Wettbewerbsproblem. Sonderband, Göttingen 1962.

Wissenschaftlicher Beirat beim Bundeswirtschaftsministerium, Gutachten „Frage des gemeinsamen Marktes innerhalb der Europäischen Gemeinschaft für Kohle und Stahl“ v. 14.12.1952, in: Der Wissenschaftliche Beirat beim Bundesministerium für Wirtschaft, Sammelband der Gutachten von 1948–1972, Göttingen 1973, S. 163–167.

Wissenschaftlicher Beirat beim Bundeswirtschaftsministerium, Gutachten „Frage der wirtschaftlichen Integration Europas“ v. 1.5.1953, in: Der Wissenschaftliche Beirat beim Bundesministerium für Wirtschaft, Sammelband der Gutachten von 1948–1972, Göttingen 1973, S. 177–192.

Wissenschaftlicher Beirat beim Bundeswirtschaftsministerium, Gutachten „Fragen des gemeinsamen Marktes“ v. 11.10.1953, in: Der Wissenschaftliche Beirat beim Bundesministerium für Wirtschaft, Sammelband der Gutachten von 1948–1972, Göttingen 1973, S. 199–211.

Abkürzungsverzeichnis

Abs.	Absatz
AEUV	Vertrag über die Arbeitsweise der Europäischen Union
AHK	Alliierte Hohe Kommission
AJDA	L'actualité juridique/Droit administratif
al.	alinéa
Art.	Artikel
BB	Der Betriebsberater
BDI	Bundesverband der deutschen Industrie e.V.
BICO	Bipartite Control Office
BTDrs.	Bundestagsdrucksachen
BGBl.	Bundesgesetzblatt
CEEC	Committee for European Economic Cooperation
CNPF	Conseil National du Patronat Français
CSSF	Chambre Syndicale de la Sidérurgie Française
D.	Recueil Dalloz Sirey
D.B.P.O.	Documents on British Policy Overseas
DICEA	Division of Investigation of Cartels and External Assets under the general direction and supervision of the Legal Adviser
DIDEG	Decartelization and Industrial Deconcentration Group
DGCCRF	Direction Générale de la Concurrence, de la Consommation et de la Répression de Fraudes
d.h.	das heißt
DKV	Deutscher Kohlenverkauf
Doc.	Doctrine
EAG	Europäische Atomgemeinschaft
ECA	European Competition Authorities
ECN	European Competition Network
EGKS	Europäische Gemeinschaft für Kohle und Stahl
EGMR	Europäischer Gerichtshof für Menschenrechte
EMRK	Europäische Menschenrechtskonvention
EPG	Europäische Politische Gemeinschaft
ERP	European Recovery Program
EU	Europäische Union
EuGH	Gerichtshof der Europäischen Union
EuR	Europarecht
EVG	Europäische Verteidigungsgemeinschaft
EWG	Europäische Wirtschaftsgemeinschaft
FAZ	Frankfurter Allgemeine – Zeitung für Deutschland
FRUS	Foreign Relations of the United States

Gaz. Pal.	Gazette du Palais
GD Wettbewerb	Generaldirektion Wettbewerb
GEDAG	German Decartelization Agency
GRUR	Gewerblicher Rechtsschutz und Urheberrecht
GWB	Gesetz gegen Wettbewerbsbeschränkungen
JCP	Juris-Classeur Périodique – La Semaine Juridique
JEIA	Joint Export Import Agency
JO	Journal Officiel de la République Française
Lég.	Législation
NJW	Neue Juristische Wochenschrift
MRP	Mouvement pour un Rassemblement Populaire
OECD	Organisation for Economic Cooperation and Development
ORDO	Jahrbuch für die Ordnung von Wirtschaft und Gesellschaft
RG	Reichsgericht
RGBl.	Reichsgesetzblatt
RGZ	Entscheidungen des Reichsgerichts in Zivilsachen
RIW	Recht der internationalen Wirtschaft
RPR	Rassemblement pour la République
RTDC	Revue trimestrielle de droit commercial
s.	siehe
UDF	Union pour la Démocratie Française
UWG	Gesetz gegen den unlauteren Wettbewerb
WRP	Wettbewerb in Recht und Praxis
WuW	Wirtschaft und Wettbewerb
WVESI	Wirtschaftsvereinigung Eisen- und Stahlindustrie
z.B.	zum Beispiel
ZHR	Zeitschrift für das gesamte Handelsrecht und Wirtschaftsrecht

Einleitung

I. Fragestellung

In Europa liegt heute die Zuständigkeit für die Kartellaufsicht allein bei den Kartellbehörden; ihnen ist umfassend die Aufgabe übertragen, Verstöße gegen das Kartellrecht zu verhindern und gegebenenfalls zu sanktionieren.[1] Selbständige Kartellbehörden – oder erste Ansätze solcher Behörden – entstanden im Zuge der Kartellgesetzgebung in Europa erst nach 1945. Eine entscheidende Bedeutung für die Entwicklung kam den USA zu, die mit dem Sherman Act von 1890 und der Errichtung unterschiedlicher Wettbewerbsbehörden weit vor 1945 begonnen haben.[2] Dagegen wurde in der Bundesrepublik Deutschland erst 1958 ein Bundeskartellamt eingerichtet. Zwar hatte der Gesetzgeber der Weimarer Republik bereits 1923 erste Regelungen über Kartelle erlassen.[3] Vor 1958 gab es in Deutschland aber keine eigenständige Behörde, die für eine Aufsicht oder Kontrolle der Kartelle zuständig gewesen wäre.[4] In Frankreich entstand eine selbständige, entscheidungsbefugte Kartellbehörde sogar erst 1986.[5]

---

1 *Bechtold*, Kartellgesetz, 2010, Einführung Rn. 52; § 48 Rn. 1 ff. (Bechtold); *Emmerich*, Kartellrecht, 2008, S. 531 Rn. 1 u. S. 536 f. Rn. 1 ff.; *Mishiro*, Die Annäherung des Wettbewerbsverfahrens an das Gerichtsverfahren, 2004, S. 26; vgl. zum GWB: *Rauschenbach*, in: Kartelle und Monopole im modernen Recht, Bd. 2, 1960/1961, S. 767; *Schlitt*, Wesen und Bedeutung der Kartellaufsicht unter der Weimarer Reichsverfassung und dem Bonner Grundgesetz, 1958, S. 15 f.; *Scholz*, Wirtschaftsaufsicht und subjektiver Konkurrentenschutz, 1971, S. 24 f.; *Schulte/Just*, Kartellrecht, 2012, Einl. Rn. 19 f., 24, 27 ff.; *Wiedemann*, Kartellrecht, 2008, § 1 Rn. 1 (Wiedemann).

2 *High/Gable*, A century of the Sherman Act, 1992; *Kipping*, Zwischen Kartellen und Konkurrenz, 1996, S. 23 f.; Sullivan, The political economy of the Sherman Act, 1991.

3 Verordnung gegen Missbrauch wirtschaftlicher Machtstellungen vom 2.11.1923 (sog. Kartellverordnung), RGBl. 1923, I, Nr. 112, S. 1067 ff.

4 Dem deutschen Kartellgericht, das aufgrund der Verordnung gegen Missbrauch wirtschaftlicher Machtstellungen vom 2.11.1923 (sog. Kartellverordnung) geschaffen wurde, oblag nur eine Missbrauchsaufsicht, so dass es mit den nach 1945 geschaffenen Kartellbehörden, die zur Durchsetzung eines strengen Kartellverbots befugt sind, nicht vergleichbar ist. Vgl. *Nörr*, Leiden des Privatrechts, 1994, S. 62 ff.; *Schlitt*, Wesen und Bedeutungswandel der Kartellaufsicht unter der Weimarer Reichsverfassung und dem Bonner Grundgesetz, 1958, S. 58 ff. (58): „Ziel der Kartellaufsicht war daher stets eine rechtliche Gestaltung der Kartelle in der Weise, dass die Grenze der den Kartellen durch den Staat eingeräumten Betätigungsfreiheit eingehalten wurde."

5 Ordonnance n° 86–1243 du 1er décembre 1986 relative à la liberté des prix et de la concurrence, JO v. 9.12.1986, S. 14773 ff. – *Schmidt*, Wettbewerbspolitik und Kartellrecht, 2001, S. 195 f.: „Mitte der 80er Jahre vollzog sich sowohl in der sozialistischen Partei als auch in den bürgerlichen Parteien ein ordnungspolitischer Wandel in Richtung einer

Diese – verglichen mit den USA – späte Entwicklung von staatlichen Kartellaufsichtsmechanismen beruht darauf, dass u.a. in Deutschland und Frankreich Kartelle noch bis zum Ende des Zweiten Weltkriegs als notwendiger Bestandteil der Wirtschaftsordnung angesehen wurden.[6] Das Reichsgericht hatte 1897 im Fall des Sächsischen Holzstoff-Fabrikanten-Verbandes exemplarisch entschieden, dass Kartelle weder die Vertragsfreiheit noch die Gewerbefreiheit verletzten.[7] Sie seien nicht schlechthin volkswirtschaftlich schädlich und mit den Interessen der Allgemeinheit unvereinbar.[8] Deutschland galt in den 1920er Jahren sogar als das „Land der Kartelle".[9] Teilweise sah man in der Kartellierung eine notwendige Voraussetzung für die Modernisierung der Wirtschaft.[10] Eine ähnliche Entwicklung war in den Nachbarländern Deutschlands, insbesondere in Frankreich zu beobachten.

Die Erkenntnis, dass eine Kartellaufsicht erforderlich ist, hat sich im 20. Jahrhundert erst allmählich durchgesetzt, obgleich die Risiken wettbewerbsbeeinträchtigender Absprachen der klassischen Ökonomie bekannt sind. Schon der bedeutendste Vertreter einer liberalen Wirtschaftsordnung Adam Smith erkannte die Neigung der Geschäftsleute, sich zum Zwecke der Einschränkung des Handels zusammenzuschließen.[11] Würde man der Monopolisierungstendenz der Menschen keine Grenzen ziehen, so hätte dies rasch das Verschwinden des Freiheitsmoments im

---

stärker marktwirtschaftlich orientierten Wirtschaftspolitik. Im März 1986 kündigte die neue Regierung unter J. Chirac umfassende Liberalisierungsmaßnahmen an."; *Sonnenberger/Dammann*, Französisches Handels- und Wirtschaftsrecht, S. 293 und 296.

6 Z. B. *Friedländer*, Die Rechtspraxis der Kartelle und Konzerne in Europa, 1938, S. 57 ff. (Deutschland) und 162 ff. (Frankreich); *Liefmann*, Schutzzoll und Kartelle, 1903, S. 63.

7 RG, Urt. v. 04.02.1897, RGZ 38, 155–162 (158).

8 RG, Urt. v. 04.02.1897, RGZ 38, 155–162 (158).

9 *Metzner*, Kartelle und Kartellpolitik, 1926, S. 10 f.; *Tschierschky*, Das Problem der staatlichen Kartellaufsicht, 1923, S. 9 f. – *Satzky*, in: Kartelle und Kartellgesetzgebung in Praxis und Rechtsprechung vom 19. Jahrhundert bis zur Gegenwart, 1985, S. 229.

10 *Nörr*, Zwischen den Mühlsteinen, 1988, S. 143: „Vor und während der Weimarer Zeit galt auf dem Hintergrund evolutionärer Gedankengänge die Organisation überhaupt und das Kartell im besonderen als fortgeschrittenere Wirtschaftsform und höhere Ordnungsstufe gegenüber der individualistischen Wirtschaftsbetätigung."

11 *Smith*, Wealth of Nations, 1776, S. 99: „[...] yet the corporation spirit, the jealousy of strangers, the aversion to take apprentices, or to communicate the secret of their trade, generally prevail in them, and often teach them, by voluntary associations and agreements, to prevent that free competition which they cannot prohibit by bye-laws." und S. 101: „People of the same trade seldom meet together, even for merriment and diversion, but the conversation ends in a conspiracy against the public, or in some contrivance to raise prices. [...] But though the law cannot hinder people of the same trade from sometimes assembling together, it ought to do nothing to facilitate such assemblies, much less to render them necessary." deutsche Übersetzung in *Smith*, Reichtum der Nationen, 1924, S. 130 u. S. 133. – *Cox/Hübener*, in: Handbuch des Wettbewerbs, 1981, S. 10; *Phillips*, in: Kartelle und Verbände in unserer Zeit, 1956, S. 20.

Wirtschaftsleben zur Folge.[12] Aufgrund der Verkrustung des Marktes durch Monopole und Kartelle hätten neue Unternehmen in diesen gefestigten Strukturen keine Aufstiegschance. Es entstünde leicht die Gefahr des Machtmissbrauchs durch diejenigen, die den Markt beherrschen und steuern.[13]

Heute gewährleisten anerkanntermaßen staatliche Stellen die Aufrechterhaltung des Wettbewerbs in Deutschland, Frankreich und auf europäischer Ebene. Dagegen war Ende des 19. bis Anfang des 20. Jahrhunderts die öffentliche Meinung noch nicht im Sinne einer strengen Kartellaufsicht gefestigt.[14] Erst nach dem Ersten Weltkrieg setzte sich in Deutschland die Erkenntnis durch, dass der Staat Eingriffe in den Wettbewerb durch eine staatliche Kartellaufsicht verhindern musste.[15] Der Staat beschränkte sich in Deutschland – ähnlich wie in Frankreich – allerdings zunächst auf eine reine Missbrauchsaufsicht.[16] Erst nach dem Zweiten Weltkrieg entstanden in Europa Kartellämter.[17] Hintergrund hierfür war die Verpflichtung der Teilnehmerländer des Marshall-Plans, gemäß der Havanna-Charta der Vereinten Nationen[18] Wettbewerbsbeschränkungen durch Kartelle einzudämmen.[19] Die Havanna-Charta war ein Entwurf von 1948 zur Schaffung einer Welthandelsorganisation, International Trade Organization (ITO).[20] Kapitel V der Havanna-Charta („Restrictive business practices") zählte in Artikel 46 Nr. 2 und Nr. 3 Verhaltensweisen auf, die als „restrictive business practice" zu bewerten waren.[21] Wenn aus Sicht eines Mitgliedstaates

---

12 *Stiftung „Im Grüene" Rüschlikon* (Hrsg.), in: Die Kartelle und Verbände in unserer Zeit, 1956, S. 138.

13 *Stiftung „Im Grüene" Rüschlikon* (Hrsg.), in: Die Kartelle und Verbände in unserer Zeit, 1956, S. 139; *Weiß*, Die neuesten Formen der Staatsaufsicht über Kartelle, 1932, S. 48.

14 *Nörr*, Die Leiden des Privatrechts, 1994, S. 20 ff., 65 ff.

15 *Mösbauer*, Staatsaufsicht über die Wirtschaft, 1990, S. 19.

16 *Schmidt*, Wettbewerbspolitik und Kartellrecht, 2001, S. 163.

17 *Metzner*, in: Internationales Handbuch der Kartellpolitik, 1958, S. 95: „Obwohl schon zu Beginn des Jahrhunderts die Kartelle [...] kritisiert wurden, [...] dachte man in damaliger freiheitlicher Zeit nicht ernstlich an die Einführung einer Kartellaufsicht."

18 Die Havanna-Charta ist abgedruckt in: *Department of State*, Havana Charter, 1948 (Kapitel V: S. 35–38).

19 Artikel 6 der Convention for European Economic Cooperation vom 16. April 1948 lautet: „The Contracting Parties will co-operate with one another and with other like-minded countries in reducing tariff and other barriers to the expansion of trade, with a few to achieving a sound and balanced multilateral trading system such as will accord with the principles of the Havana Charter.", einzusehen unter: URL: http://www.cvce.eu/obj/convention_for_european_economic_cooperation_paris_16_april_1948-en-769de8b7-fe5a-452c-b418-09b068bd748d.html (entnommen am 8.03.2015)

20 Zur Entwicklungsgeschichte der Havanna-Charta s. *Brog*, Handel statt Hilfe, 1989, S. 7–59, 83–95.

21 „Article 46 [...] 1. Each Member shall take appropriate measures and shall co-operate with the Organization to prevent, on the part of private or public commercial enterprises, business practices affecting International trade which restrain competition, limit access to markets, or foster monopolistic control, whenever such practices

einer der Tatbestände erfüllt war, konnte er die Welthandelsorganisation anrufen und eine Untersuchung der Angelegenheit beantragen (Artikel 48 der Havanna-Charta).[22] Bei Verstoß gegen Artikel 46 Nr. 2 oder Nr. 3 sollte die Welthandelsorganisation die Mitgliedstaaten auffordern, geeignete Gegenmaßnahmen zu treffen (Artikel 48 Nr. 7).[23] Die Welthandelsorganisation hätte damit die Funktion einer internationalen Kartellaufsicht wahrgenommen. Diese weitreichenden Kompetenzen der Welthandelsorganisation waren mitursächlich dafür, dass die Charta mangels Ratifizierung durch die USA nie in Kraft trat.[24]

Die Entstehung von Kartellämtern bewirkte aber nicht ohne weiteres den Abbau von kartellbedingten Wettbewerbsbeschränkungen. Zwar konnten sich Kartellbehörden auf wettbewerbsrechtliche Regelungen stützen. Diese mussten aber gegen Widerstände in Politik und Wirtschaft durchgesetzt werden; die praktische Wirksamkeit der Kartellgesetzgebung hing also von ihrer Anwendung durch die Behörden und Gerichte ab.[25] Ihnen kam insofern eine Schlüsselfunktion zu. Erst anhand der Betrachtung der in der Nachkriegszeit tatsächlich bestehenden Kartellaufsichtsmechanismen kann somit eine vollständige Bewertung der Kartellrechtsregime erfolgen. Gesetzliche Regelwerke, wie etwa das deutsche Gesetz gegen Wettbewerbsbeschränkungen (GWB) vom 1.01.1958[26], lassen sich in ihrer Wirkungsmacht daher nur abschließend bewerten, wenn Art und Weise der Durchsetzung und die Stärke des Kontrollapparates in die Betrachtung Eingang finden.[27]

Das heute selbstverständlich erscheinende strenge Vorgehen gegen Kartelle und andere wettbewerbsbeschränkende Verhaltensweisen durch den Staat hat sich nicht gleichzeitig und auch nicht nach einheitlichen Mustern ausgebildet. Vielmehr zeichnen sich in der Nachkriegszeit bis in die 1980er Jahre drei exemplarische

---

have harmful effects on the expansion of production or trade and interfere with the achievement of any of the other objectives set forth in Article 1. […]", abgedruckt in: *Department of State*, Havana Charter, 1948, S. 35.

22 *Department of State*, Havana Charter, 1948, S. 35 f.

23 „Article 48 […] 7. The Organization decides that in any particular case the condition specified in paragraphs 2 and 3 of Article 46 are present and that the practice in question has had, has or is about to have the effect indicated in paragraph 1 of that Article, it shall request each Member concerned to take every possible remedial action, and may also recommend to the Members concerned, remedial measures to be carried out in accordance with their respective laws and procedures. […]", abgedruckt in: *Department of State*, Havana Charter, 1948, S. 36.

24 *Srinivasan*, Developing Countries, 1998, S. 11, *Brog*, Handel statt Hilfe, 1989, S. 221–232.

25 Zur Wirksamkeit des GWB: *Günther*, in: Kartelle und Monopole im modernen Recht, Bd. 1, 1960/1961, S. 87.

26 BGBl. 1957, I, Nr. 41, S. 1081 ff.

27 *Günther*, Wege zur Europäischen Wettbewerbsordnung, 1968, S. 10 zitiert aus der Begründung des Josten-Entwurfs (Vorentwurf zum GWB) durch den Sachverständigenausschuss: „Die Behörde, der die Durchführung dieser Gesetzgebung obliegt, hat grundsätzlich wirtschaftspolitische Entscheidungen zu fällen, nicht Recht zu sprechen."

Entwicklungen ab. Die vorliegende Arbeit geht der Frage nach, ob und inwieweit sich in Westdeutschland, Frankreich und auf europäischer Ebene eigenständige oder besondere Entwicklungsverläufe in der Etablierung selbständiger Kartellbehörden herausarbeiten lassen.

Jede Kartellbehörde dieser drei Wettbewerbsregime durchlief ihre jeweils eigene Geschichte. Zwar handelte es sich von Anfang an bei den untersuchten Rechtskreisen um eher westlich und nicht sozialistisch-planwirtschaftlich geprägte Wirtschaftsformen. Letztere sollen in dieser Arbeit daher auch unberücksichtigt bleiben. Untersuchungsgegenstand des deutschen Wettbewerbsregimes ist somit nur Westdeutschland, d.h. die alliierten Besatzungszonen auf dem Staatsgebiet des ehemaligen Deutschen Reiches und ab 1948 die Bundesrepublik Deutschland unter Ausschluss des Wettbewerbsrechts der Deutschen Demokratischen Republik.

Die wirtschafts- und wettbewerbspolitischen Vorstellungen nach 1945 waren in Westeuropa unterschiedlich ausgeprägt; planwirtschaftliche, sozialistische und liberale Ideen standen zunächst gleichwertig nebeneinander. Erst in den 1960er und den 1970er Jahren bekannten sich die westeuropäischen Staaten zunehmend zu einer auf freiem Wettbewerb fußenden Wirtschaftsform. Dies war auch Folge und Teil der Blockbildung zwischen dem sowjetisch beherrschten Osten und dem unter dem hegemonialen Einfluss der USA stehenden marktwirtschaftlichen Westen Europas. Der Untersuchungszeitraum dieser Arbeit orientiert sich dementsprechend an den Anfängen der Blockbildung in der unmittelbaren Nachkriegszeit nach dem Zweiten Weltkrieg und zeigt die Entwicklung der Kartellaufsicht in Westdeutschland, Frankreich und auf europäischer Ebene bis zum Fall des „eisernen Vorhangs" im Zuge der deutschen Wiedervereinigung 1989 auf.

Die kartellrechtlichen Regularien entwickelten sich in den westeuropäischen Wirtschaften dabei nicht gleichförmig. Frankreich und die Europäische Gemeinschaft für Kohle und Stahl (1952–1967) befürworteten zunächst den regelnden Eingriff in die Wirtschaft, während Deutschland und die Europäische Gemeinschaft (Dachorganisation von EGKS, EAG und EWG) ab 1967 mitsamt ihren Nachfolgeorganisationen sehr bald einen marktwirtschaftlichen Kurs einschlugen. Im weiteren Verlauf beeinflussten sich Deutschland, Frankreich und die von diesen Staaten mitgetragenen europäischen Staatenverbünde an einigen Stellen wechselseitig.

Deutschland schritt den übrigen europäischen Staaten voraus, was die Schaffung einer schlagkräftigen Kartellaufsicht anging.[28] Mitbestimmend für die Vorreiterrolle Deutschlands in dieser Frage war – wie zu zeigen sein wird – die Einflussnahme der USA.[29] Durch das bereits genannte Gesetz gegen Wettbewerbsbeschränkungen wurde das Bundeskartellamt 1958 als selbständige Bundesoberbehörde, das den Weisungen des Bundesministers für Wirtschaft unterstand

---

28 *Günther*, Wege zur Europäischen Wettbewerbsordnung, 1968, S. 14: „Integrationswirkungen der deutschen Kartellgesetzgebung".

29 *Robert*, Konzentrationspolitik in der Bundesrepublik, 1976, S. 366–368.

(§ 51 Abs. 1 GWB 1958), errichtet.[30] Es entwickelte sich schnell zu einer angesehenen Aufsichtsbehörde[31] und nahm bei der Anwendung und Auslegung des Gesetzes gegen Wettbewerbsbeschränkungen eine wirtschaftspolitische Aufgabe wahr.[32] Wie und warum – trotz oder wegen des Einflusses der USA – das Bundeskartellamt im Vergleich mit den französischen und den europäischen Behörden hervorstach, untersucht diese Arbeit.

Die Gründerväter der sog. Hohen Behörde der Europäischen Gemeinschaft für Kohle und Stahl (EGKS, gegründet 1952) sahen vor allem aus politischen Motiven kartellaufsichtsrechtliche Befugnisse vor, sie verfolgten damit nur subsidiär das Ziel der Sicherung des Wettbewerbs.[33] Nach Entstehung der Europäischen Wirtschaftsgemeinschaft (EWG) und der Europäischen Atomgemeinschaft (EAG) am 1.01.1958 fusionierte am 1.07.1967 die EGKS mit der EWG und der EAG zur Europäischen Gemeinschaft (EG).[34] Die Hohe Behörde der EGKS sowie die Kommissionen der EWG und der EAG gingen dabei in der Europäischen Kommission auf. Zuständig für alle Fragen des Wettbewerbs innerhalb der Europäischen Gemeinschaft war fortan die Generaldirektion Wettbewerb[35] der Europäischen

30 *Emmerich*, Kartellrecht, 2008, S. 537, Rn. 4; *Günther*, in: Zehn Jahre Bundeskartellamt, 1968, S. 33 f.; *Lange/Pries*, Einführung in das europäische und deutsche Kartellrecht, 2011, S. 239 Rn. 622 und S. 240 Rn. 625.

31 *Schiller*, in: Zehn Jahre Bundeskartellamt, 1968, S. 9: „Es ist ein weiterer Verdienst des Bundeskartellamtes, den rechten Mittelweg zwischen strikter Anwendung der Verbotsvorschriften und einer allmählichen Gewöhnung der Wirtschaft an den neuen Rechtszustand gefunden zu haben.". – *Barnikel*, in: Kartelle und Kartellgesetzgebung in Praxis und Rechtsprechung vom 19. Jahrhundert bis zur Gegenwart, 1985, S. 264–287; *Barth*, in: 50 Jahre Wettbewerbsgesetz in Deutschland und in Europa, 2010, S. 18 ff.; *Günther*, in: Zehn Jahre Bundeskartellamt, 1968, S. 32–34, 37; *Weber*, in: Zehn Jahre Bundeskartellamt, 1968, S. 263 ff.

32 *Günther*, in: Kartelle und Monopole im modernen Recht, Bd. 1, 1960/1961, S. 83 f.

33 *Dichgans*, Montanunion, 1. Auflage, 1980, S. 28, 35 – zur Hohen Behörde und ihren Mitgliedern s. insb. S. 79–80, S. 175–187 und zu den Brüsseler Kommissaren s. insb. S. 192–200; *Poidevin*, in: Vom Marshallplan zur EWG, 1990, S. 258–262; ausführlich zur Praxis der Hohen Behörde im Bereich der Fusionskontrolle s. auch *Witschke*, Gefahr für den Wettbewerb? 2009.

34 Fusionsvertrag vom 8.04.1965, in Kraft getreten am 1.07.1967, in: BGBl. 1965, Teil II, Nr. 43 vom 27.10.1965, S. 1453 ff. – *Groeben*, Aufbaujahre der Europäischen Gemeinschaft, 1982, S. 157: „[...] die europäische Wettbewerbsordnung, die für die weitere Entwicklung der Europäischen Wirtschaftsgemeinschaft von viel größerer Bedeutung war und zur dauerhaften positiven Grundlage des europäischen Integrationssystems wurde."; *Gutzler*, in: Zehn Jahre Bundeskartellamt, 1968, S. 201–203.

35 Zu den Aufgaben der Generaldirektion Wettbewerb in den Anfangsjahren: *Groeben*, in: Kartelle und Monopole im modernen Recht, Bd. 1, 1960/1961, S. 56 ff.; Zum Aufbau der GD Wettbewerb: *Lange/Pries*, Einführung in das europäische und deutsche Kartellrecht, 2011, S. 238 Rn. 620.

Kommission.[36] Diese orientierte sich nicht, wie man hätte erwarten können, an der Spruchpraxis der Hohen Behörde, ihrer Vorgängerorganisation, sondern richtete sich nach der Verwaltungspraxis des Bundeskartellamtes. Die vorliegende Arbeit möchte auch die Gründe für diesen auffälligen Befund herausarbeiten.

Frankreich wurde wie fast alle anderen Länder der Europäischen Gemeinschaften ein „Opfer“ der Sogwirkung des europäischen Rechts.[37] Zunächst blieb es in Frankreich trotz der US-amerikanischen Einflussnahme nach dem Zweiten Weltkrieg, insbesondere im Rahmen des Marshall-Planes[38], bei einer reinen Missbrauchsaufsicht.[39] Erst im Zuge der Harmonisierung des Rechts der Mitgliedstaaten mit dem Gemeinschaftsrecht sah sich Frankreich gezwungen, eine unabhängige Kartellbehörde mit Entscheidungsbefugnissen einzurichten.[40] Mit der Verordnung über Preis- und Wettbewerbsfreiheit Nr. 86–1243 vom 1.12.1986 gingen Entscheidungsbefugnisse in Kartellsachen zum Teil vom Wirtschaftsminister auf eine eigenständige Kartellbehörde über.[41] Zuvor war den Kartellbehörden lediglich eine rein beratende Rolle zugekommen.[42] Vor diesem Hintergrund geht die Arbeit der Frage nach, warum Frankreich später als Deutschland oder der europäische Staatenverbund eine eigenständige Kartellbehörde einrichtete.

In den analysierten Wettbewerbsregimen wurde die Kartellaufsicht unterschiedlich ausgestaltet: In Deutschland wurde bereits 1958 eine unabhängige nachgeordnete Verwaltungsbehörde errichtet, in der Montanunion und in der Europäischen Gemeinschaft bestand bzw. besteht ein Kollegialorgan auf oberster Exekutivebene,[43] und in Frankreich gab es bis in die 1980er Jahre ein nicht entscheidungsbefugtes Beratungsgremium mit Vorschlagsrecht gegenüber einem politischen Entscheidungsträger, dem Wirtschaftsminister, der erst 1986 die Zuständigkeit für die Wettbewerbsaufsicht zum Teil verlor.[44]

---

36 *Groeben*, in: Kartelle und Monopole im modernen Recht, Bd. 1, 1960/1961, S. 58 ff.; Kritisch zur Generaldirektion Wettbewerb/Kommission: *Günther*, Wege zur Europäischen Wettbewerbsordnung, 1968, S. 61, 133 ff.

37 *Sonnenberger/Dammann*, Französisches Handels- und Wirtschaftsrecht, 2008, S. 293, IV 95.

38 *Kipping*, Zwischen Kartellen und Konkurrenz, 1996, S. 350.

39 *Schmidt*, Wettbewerbspolitik und Kartellrecht, 2001, S. 195.

40 *Günther*, Wege zur Europäischen Wettbewerbsordnung, 1968, S. 109; *Lagrange*, in: Kartelle und Monopole im modernen Recht, Bd. 2, 1960/1961, S. 889; *Schmidt*, Wettbewerbspolitik und Kartellrecht, 2001, S. 200 f.; *Sonnenberger/Dammann*, Französisches Handels- und Wirtschaftsrecht, 2008, S. 293, IV 96.

41 Ordonnance n° 86–1243 du 1er décembre 1986 relative à la liberté des prix et de la concurrence, JO v. 9.12.1986, S. 14773 ff.

42 *Sonnenberger/Dammann*, Französisches Handels- und Wirtschaftsrecht, 2008, S. 296, IV 99.

43 Kritisch *Gutzler*, in: Zehn Jahre Bundeskartellamt, 1968, S. 184 f.

44 Loi n° 2008–776 du 4 août 2008 de modernisation de l’économie, in: JO v. 5.08.2008, S. 12471 ff., Text Nr. 1.

Ziel dieser Arbeit ist es, die Einrichtung der Kartellaufsicht zu der geschichtlichen Entwicklung in den drei oben genannten, die Errichtung der Kartellaufsicht in der Nachkriegszeit maßgeblich mitbestimmenden Rechtskreisen in Beziehung zu setzen, Widersprüche offen zu legen und weitere Faktoren, die maßgeblich zur Schaffung eines freien Wettbewerbs historisch belegbar beigetragen haben können, zu identifizieren.

Als Grundlage meiner Arbeit dienten gedruckte Quellen[45] zur Entwicklung der Kartellbehörden von ca. 1945 bis zu ihrer jeweiligen Etablierung. Die Entstehung der Kartellbehörden war notwendigerweise vor dem Hintergrund der Entwicklung des Kartellrechts im fraglichen Zeitraum darzustellen. Der Untersuchungsschwerpunkt lag jedoch bei der institutionellen Organisation der Aufsicht, d.h. den Wettbewerbsbehörden. Die Schritte, die zu dem Aufbau einer staatlichen Kartellaufsicht führten, waren zu analysieren und zu bewerten. Darüber hinaus wurde die Entwicklung in Deutschland, Frankreich und auf europäischer Ebene rechtshistorisch verglichen.

Bei der Darstellung der Geschichte und Funktionsweise der Kartellbehörden in Deutschland, Frankreich und in Europa soll die Analyse des materiellen Kartellrechts auf das notwendige Maß beschränkt werden. Zwar lassen sich manche Entwicklungen bei den Kartellbehörden und deren Wirkmöglichkeiten nur erklären, wenn man zugleich den Wandel im materiellen Recht und im Verfahrensrecht nachzeichnet. Das Hauptgewicht wird aber eindeutig auf der Organisation der Kartellbehörden, z.B. auf deren personeller Zusammensetzung, Zuständigkeiten, rechtlicher Stellung, liegen. Ferner konzentriert sich diese Arbeit auf die zweite Hälfte des 20. Jahrhunderts, d.h. auf die Zeit von 1945 bis 1989, d.h. der Zeitraum der Einrichtung

45 Besonders hilfreich waren für meine Arbeit folgende Dokumente: Foreign Relations of the United States (FRUS); Documents on British Policy Overseas (D.B.P.O.); Journal Officiel de la République Française inkl. der Protokolle von Assemblée Nationale und Sénat; gedruckte Dokumente der Gesetzgebungsorgane der Militärregierungen der alliierten Westmächte (für die USA: Military Government Gazette Germany, United States Area of Control; für Großbritannien: Military Government Gazette Germany, British Zone of Control; für Frankreich: Journal Officiel du Commandement en Chef Français en Allemagne, Gouvernement Militaire de la Zone Française d'Occupation) sowie, nach Verabschiedung des Besatzungsstatuts, das Gesetzesblatt der Alliierten Hohen Kommission (Official Gazette of the Allied High Commission for Germany); gedruckte Dokumente des Vorläufers des Wirtschaftsministeriums der Bundesrepublik (Drucksachen des Wirtschaftsrates des Vereinigten Wirtschaftsgebietes); Zeitungen (z. B. Industriekurier, FAZ, Deutsche Zeitung, Handelsblatt) und Dokumentensammlungen: *Cornides/Volle,* Um den Frieden mit Deutschland. Dokumente zum Problem der deutschen Friedensordnung 1941–1948 mit einem Bericht über die Londoner Außenministerkonferenz vom 25. November bis 15. Dezember 1947, 1948; *Möller/Hildebrand,* Die Bundesrepublik Deutschland und Frankreich. Dokumente 1949–1963, Bd. 1: Außenpolitik und Diplomatie (bearbeitet von Ulrich Lappenküper) und Bd. 2: Wirtschaft (bearbeitet von Andreas Wilkens), 1997.

der Behörden in Westdeutschland, Frankreich und auf europäischer Ebene. Die Zeit vor dem Zweiten Weltkrieg wird nur dann in den Blick genommen, wenn dies zum Verständnis neuzeitlicher Entwicklungen unentbehrlich ist.[46]

Zeitzeugnissen wurde bei der Bewertung und Einordnung meiner Forschungsergebnisse ein großer Wert beigemessen. Trotz der Subjektivität der Zeitzeugenberichte, die ein besonders quellenkritisches Auge erforderten, lieferten sie wichtige Hintergrundinformationen. Schriftliche Zeugnisse bedeutender Staatsmänner des untersuchten Forschungszeitraums beeinflussten daher nachhaltig meine Darstellung, im deutschen Rechtskreis insbesondere die Erinnerungen von Konrad Adenauer[47], die Reden von Ludwig Erhard[48] und Beiträge von Walter Hallstein[49]. In Lucius D. Clays[50] und Henry Morgenthaus[51] Autobiographien wird die amerikanische Sicht der Dinge äußerst anschaulich. Von besonderer Bedeutung waren für mich die Memoiren Jean Monnets[52], die sowohl die europäische als auch die französische Kartellrechtsentwicklung beschreiben. Die Briefe und Aufzeichnungen von Vincent Auriol[53], Charles de Gaulle[54] und Robert Schumann[55] vervollständigten den Blick auf die französische Kartellpolitik.

Darüber hinaus trugen die Beiträge der Behördenleiter in den untersuchten Rechtskreisen dazu bei, die (Aufbau-)Arbeit in den Kartellbehörden besser zu verstehen.[56]

---

46 *Satzky*, in: Kartelle und Kartellgesetzgebung in Praxis und Rechtsprechung vom 19. Jahrhundert bis zur Gegenwart, 1985, S. 229: „Die Entwicklung der Wettbewerbspolitik in Deutschland nach dem Zweiten Weltkrieg begann praktisch bei Null. Das GWB sollte ein Gesetz ohne Vorläufer werden."

47 *Adenauer*, Erinnerungen, 1965.

48 *Erhard*, Gedanken, 1988.

49 *Hallstein*, in: Kartelle und Monopole im modernen Recht, 1960, Bd. 2, S. 1005–1009.

50 *Clay*, Entscheidung in Deutschland, 1950.

51 *Morgenthau*, Germany Is Our Problem, 1945.

52 *Monnet*, Mémoires, 1976.

53 *Auriol*, Journal du Septennat, Bd. 1: 1947, 1970.

54 *Gaulle*, Lettres, Mai 1945 – Juin 1951, 1984.

55 *Monnet/Schuman*, Correspondance, 1986.

56 Für Deutschland: *Günther*, in: WuW, Jg. 1, 1951, S. 17–40; *ders.*, in: WuW 1952, S. 243–251; *ders.*, in: WuW, Jg. 13, 1963, S. 191–202; *ders.*, in: ZHR, 1963, S. 38–52; *ders.*, in: BB, Jg. 4, 1949, S. 713–718; *ders.*, in: BB, Jg. 5, 1950, S. 297–301; *ders.*, in: WuW, Jg. 17, 1967, Nr. 2, S. 91–100; *ders.*, in: Festschrift für Franz Böhm zum 80. Geburtstag, 1975, S. 183–204; *ders.*, in: Zehn Jahre Bundeskartellamt, 1968, S. 11–37; *ders.*, Wege zur Europäischen Wettbewerbsordnung, 1968; *ders.*, in: Kartelle und Monopole im modernen Recht, 1960, Bd. 1, S. 77–94; *ders.*, in: Festschrift für Gunther Hartmann, 1976, S. 123–132; *Kartte*, Ein neues Leitbild für die Wettbewerbspolitik, 1969; *ders.*/Holtschneider, in: Handbuch des Wettbewerbs, 1981, S. 193–224; für Frankreich: *Donnedieu de Vabres*, in: Institutionen und Grundfragen des Wettbewerbsrechts, 1988, S. 23–36; *Lasserre*, 50 Years Bundeskartellamt, 2008; *ders.*, in: Concurrence, Revue des droits de la Concurrence, No. 1/2009; *ders.*, La transformation du Conseil de la concurrence en Autorité de la concurrence. Clé de voûte d'une régulation

Jubiläumsausgaben des Bundeskartellamtes[57] und der Hohen Behörde[58] mit Beiträgen von führenden Behördenangehörigen und Politikern sowie die Tätigkeitsberichte der untersuchten Kartellaufsichtsbehörden[59] rundeten das Bild ab.

II. Forschungsstand

Die Kartell*rechts*geschichte in Deutschland und auf europäischer Ebene war bereits vielfach Gegenstand wissenschaftlicher Untersuchungen. In Deutschland wurde die Entwicklung des Kartellrechts seit langem kontrovers diskutiert; Ökonomen und Juristen beschäftigten sich schon vor dem Zweiten Weltkrieg mit diesem Thema und führten die Diskussion in der Nachkriegszeit unvermindert fort.[60] Zur Dekartellierung durch die Alliierten, zur Schaffung des GWB, seinen Novellen und seinem Verhältnis zum europäischen Recht lassen sich zahlreiche Nachweise finden. Hervorheben möchte ich das Werk von Rüdiger Robert[61], das sehr detailliert und umfassend die deutsche kartellrechtliche Nachkriegsgeschichte nachzeichnet. Robert verzichtete allerdings auf eine Darstellung der Entwicklung über die (unmittelbare) deutsche Nachkriegszeit hinaus. Der Schwerpunkt liegt nicht auf der Schaffung des Bundeskartellamtes, sondern darauf, wie sich der parlamentarische Wille zum Erlass des Gesetzes gegen Wettbewerbsbeschränkungen bildete. Ebenfalls von großem

---

de la concurrence moderne, juste et efficace, Aktualisierte Fassung eines Artikels, ursprünglich im Journal des Sociétés, Nr. 61 (Januar 2009) veröffentlicht; *ders.*, L'âge des projets. 20ème anniversaire du Conseil de la concurrence – Quel statut et quels moyens pour les autorités de la concurrence? Auszug aus Revue Lamy de la Concurrence 2007/12; *ders.*, Vingt ans après, 2006; für Europa: *von der Groeben*, Aufbaujahre, 1982; *ders.*, in: Kartelle und Monopole im modernen Recht. 1960, Bd. 1, S. 47–62.

57 *Bundeskartellamt* Informationsbroschüre; *Maahs* u.a. (Hrsg.), 50 Jahre Bundeskartellamt, 2008; als behördeninterner Chronist ist Barnikel zu nennen, der in zahlreichen Beiträgen die Arbeit des Bundeskartellamtes charakterisierte: *Barnikel*, in: 50 Jahre Bundeskartellamt, 2008, S. 65–66; *ders.*, in: Theorie und Praxis der Kartelle, 1972, S. 1–64; *ders.*, in: Die Konzentration in der deutschen Wirtschaft seit dem 19. Jahrhundert, 1978, S. 54–73; *ders.*, in: Kartelle und Kartellgesetzgebung in Praxis und Rechtsprechung vom 19. Jahrhundert bis zur Gegenwart, 1985, S. 264–287.

58 *Europäische Kommission (Hrsg.)*, Fünfzig Jahre Europäische Gemeinschaft für Kohle und Stahl, 2002.

59 Tätigkeitsberichte des Bundeskartellamtes, der Hohen Behörde, der Europäischen Kommission und den jeweiligen französischen Kartellbehörden.

60 Z.B. *Böhm*, Wettbewerb und Monopolkampf, 1933; *ders.*, in: Grundsatzfragen der Wirtschaftsordnung, 1953, S. 71–95; *Eucken*, in: ORDO, Bd. 2, 1949, S. 1–99; *ders.*, in: Weltwirtschaftliches Archiv, Bd. 36, 1932/II, S. 20–321; *ders.*, Grundsätze der Wirtschaftspolitik 1952; *Isay*, Entwurf eines Gesetzes zur Verhütung des Mißbrauchs wirtschaftlicher Machtstellungen, 1954; *Kestner/Lehnich*, Der Organisationszwang, 1927; *Lehnich*, Die Wettbewerbsbeschränkung, 1956.

61 *Robert*, Konzentrationspolitik, 1976.

Wert ist die Untersuchung von Murach-Brand[62], die sich vor allem mit dem amerikanischen Einfluss auf die deutsche Kartellrechtsentwicklung in der Nachkriegszeit beschäftigt. Die Wirkungsmacht des Bundeskartellamtes steht dort aber nicht im Vordergrund. Murach-Brand zieht keine vertieften Parallelen zur Entwicklung des Wettbewerbsrechts auf europäischer Ebene und untersucht nicht das französische Wettbewerbsrecht. Ferner stützte ich mich auf Ortwein[63], der aus polit-ökonomischer Perspektive das Wirken des deutschen Bundeskartellamtes erforschte. Die juristischen Aspekte eines Kartellrechtsregimes und einer Kartellaufsichtsbehörde behandelt Ortwein indes nicht vertieft. Wichtige Denkanstöße für meine Arbeit lieferte mir auch Witschke[64], der mit Fokus auf die Entstehung und Arbeit der Hohen Behörde der Montanunion zwar ausführlich die Entflechtungspolitik in Nachkriegsdeutschland untersucht hat. Gegenstand seiner Bearbeitung war aber nicht die Hohe Behörde als Kartellaufsichtsbehörde im engeren Sinne, d. h. als für die Verfolgung und Untersagung von Kartellen zuständige Behörde. Mein Bestreben war es, durch einen Vergleich dreier unterschiedlicher Rechtskreise – Deutschland, Frankreich und europäischer Staatenverbund – die bereits vorliegenden Forschungsergebnisse zu ergänzen und – schlußfolgernd – die sich aus der historischen Entwicklung ergebenden Grundlagen einer effizienten Kartellaufsicht herauszuarbeiten.

Auf europäischer Ebene spielte die Kartellpolitik von vornherein eine große Rolle, insbesondere im Wechselspiel mit der Kartellgesetzgebung der Mitgliedstaaten. Dies wurde in der Literatur erörtert. Zu nennen sind hier Gith[65], verschiedene Veröffentlichungen von Beiträgen auf kartellwissenschaftlichen Tagungen[66] und die umfassende Dokumentensammlung von Schulze/Hoeren[67]. Gith zeigt zusammenfassend die wichtigsten Kartellrechtsentwicklungen auf, legt dabei aber nicht den Schwerpunkt auf die Kartellaufsichtsorgane.

In Frankreich wurde das Kartellrecht weniger intensiv historisch behandelt als in Deutschland und auf europäischer Ebene. Es existiert zwar Literatur[68], insbesondere gibt es Lehrbücher zum französischen Wettbewerbsrecht. Erst in jüngerer Zeit wird

62 *Murach-Brand*, Antitrust auf deutsch, 2004.

63 *Ortwein*, Das Bundeskartellamt, 1998.

64 *Witschke*, Gefahr für den Wettbewerb? 2009.

65 *Gith*, Die Entstehungsgeschichte des europäischen Kartellrechts, 2003.

66 *Herbst/Bührer/Sowade* (Hrsg.), Vom Marshallplan zur EWG, 1990; *Schwabe* (Hrsg.), Die Anfänge des Schuman-Plans, 1988; *Institut für ausländisches und internationales Wirtschaftsrecht an der Johann-Wolfgang-Goethe-Universität Frankfurt a. M. in Verbindung mit Institute for International and Foreign Trade Law of the Georgetown University Law Center Washington D.C.* (Hrsg.), Kartelle und Monopole im modernen Recht, 2 Bde., 1960; *Trausch* (Hrsg.), Die Europäische Integration vom Schuman-Plan bis zu den Verträgen von Rom, 1993.

67 *Schulze/Hoeren*, Dokumente zum Europäischen Recht. Bd. 3: Kartellrecht (bis 1957), 2000.

68 *Chaput*, Le droit de la concurrence, 1988; *Gide*, Le projet français de loi anti-trust et les expériences étrangères, 1953; *Mousseron/Selinsky*, Le droit français nouveau de la concurrence, 1987.

aber dieses Thema intensiver durchdrungen.[69] Werke über die jüngere französische Kartellrechtsgeschichte sind dennoch selten. Herangezogen habe ich die Untersuchungen des Ökonomen Lob[70], der wertvolle Erkenntnisse zu französischen Kartellrechtsverfahren und -behörden gewann sowie einige Tätigkeitsberichte des Conseil de la Concurrence analysierte und für den deutschen Rechtskreis aufbereitete. Eine juristische Bewertung erfolgte allerdings nur am Rande. In der deutschen juristischen Literatur zeichneten bereits die Autoren Schatz[71], Freitag,[72] Sennewald,[73] Birmes[74] und Wild[75] Abrisse der französischen Kartellrechtsgeschichte, allerdings unter anderen Blickwinkeln, meist mit Schwerpunkt auf der Fusionskontrolle. Diesen Autoren ist gemeinsam, dass sie keinen Gesamtüberblick über die Kartellrechtsentwicklung nach dem Zweiten Weltkrieg bis 1989 lieferten, sondern entweder die aktuelle Lage darstellten oder nur den Zeitraum bis in die 1970er Jahre in den Blick nahmen. Zum besseren Verständnis des Verhältnisses der französischen Wirtschaft zur französischen Kartellrechtsentwicklung zog ich u.a. die Aufsätze von Tholl[76] und Roudard[77] sowie die Arbeiten von Hoffmann[78] heran, die Ausschnitte der französischen Kartellrechtsentwicklung nachzeichnen.

Die Kartellrechtsliteratur konzentriert sich zumeist auf das materielle Recht und die Entwicklung der Aufsichtsverfahren. Das gilt auch dann, wenn es sich um rechtsvergleichende Arbeiten handelt.[79] Rechtsvergleichende und zugleich rechtshistorische Literatur zu den Kartellbehörden Deutschlands, Frankreichs und der Montanunion und ihrer Nachfolgerin – der Europäischen Kommission – existiert dagegen – soweit ersichtlich – bislang kaum.

---

69 *Decocq/Decocq*, Droit de la concurrence interne et communautaire, 2002; *Malaurie-Vignal*, Droit de la concurrence interne et européenne, 2011; *Mainguy/Respaud/Depincé*, Droit de la concurrence, 2010; *Sonnenberger/Dammann*, Französisches Handels- und Wirtschaftsrecht, 2008.

70 *Lob*, Die Entwicklung der französischen Wettbewerbspolitik bis zur Verordnung Nr. 86–1243 vom 01. Dezember 1986, 1988; *ders.*, in: RIW, Jg. 31, 1985, S. 858–862; *ders.*, in: RIW, Jg. 32, 1986, S. 672–677; *ders.*, in: RIW, 1988, Jg. 34, 1988, S. 92–98; *ders.*, in: RIW, 1989, Jg. 35, S. 936–942; *ders.*, in: RIW, 1990, Jg. 36, S. 530–537.

71 *Schatz*, Die Zulässigkeit wettbewerbsbeschränkender Vereinbarungen nach den innerstaatlichen Rechtsvorschriften Frankreichs, 1964.

72 *Freitag*, Konzentrationspolitik in Frankreich, 1972.

73 *Sennewald*, Kartelle und vertikale Wettbewerbsbeschränkungen in Frankreich, 1964.

74 *Birmes*, Fusionskontrolle und Diskriminierungsverbot im französischen Recht, 1994.

75 *Wild*, Das marktbeherrschende Unternehmen im Französischen Recht, 1969.

76 *Tholl*, in: ORDO, Doppelbd. 15/16, 1965, S. 197–274.

77 *Roudard*, in: GRUR International, 1989, S. 647–659.

78 *Hoffmann*, Die Spruchpraxis der französischen Kartellkommission, 1976; *ders.*, in: RIW, Jg. 27, 1978, S. 566–572; *ders.*, in: Rechtsfragen der Planifikation, 1967, S. 26–54.

79 *Hitzler*, Systeme der Fusionskontrolle, 1979; *Labudek*, Die Behandlung, 1992; *Mishiro*, Die Annäherung des Wettbewerbsverfahrens an das Gerichtsverfahren, 2004; *Murach-Brand*, Antitrust auf deutsch, 2004; *Rittner*, Wettbewerbs- und Kartellrecht, 1995; *Schwend*, Der Leistungswettbewerb, 1991.

Teil 1: Entstehung des Bundeskartellamtes in Deutschland

Deutsches Kartellrecht und deutsche Kartellbehörden stehen in engem Zusammenhang mit der gesamtdeutschen Entwicklung in der Nachkriegszeit. Bestimmend war zunächst der Einfluss der Besatzungsmächte. Mit zunehmender Souveränität emanzipierte sich der deutsche Gesetzgeber und prägte das spätere Gesetz gegen Wettbewerbsbeschränkungen maßgeblich nach seinen Vorstellungen. Das neu gegründete Bundeskartellamt folgte in den Nachkriegsjahren keinem speziellen Vorbild, sondern musste seinen Weg in der deutschen und europäischen Wirtschaft selbst finden.

Kapitel 1: Deutschland unter dem Einfluss der Besatzungsmächte

I. Der Morgenthau-Plan als Grundlage eines Kartellverbotes

Noch vor Ende des Zweiten Weltkrieges nahmen die USA Stellung zum zukünftigen deutschen Wirtschaftssystem. Der amerikanische Finanzminister Henry Morgenthau entwickelte mit Billigung von Präsident Roosevelt 1944 einen Plan, der die Umwandlung Nachkriegsdeutschlands von einer fortschrittlichen Industrienation zu einem Agrarstaat zum Ziel hatte.[80] Danach sollten alle Maßnahmen unterlassen werden, die die deutsche Wirtschaftskraft erhalten oder stärken könnten, und durch Auflösung der deutschen Kartelle und monopolartigen Zusammenschlüsse sollte das Wirtschaftspotential Deutschlands zerstört werden.[81]

Präsident Roosevelt äußerte sich bereits 1944 öffentlich im Hinblick auf die Kartelle in Deutschland und forderte ihre Auslöschung durch die Alliierten nach dem Kriegsende:[82] „Moreover, cartels were utilized by the Nazis as governmental instrumentalities to achieve political ends. [...] Defeat of the Nazi armies will have

80 *Morgenthau-Plan* (abgedruckt in *Morgenthau,* Germany Is Our Problem, 1945, nicht nummerierte Anfangsseiten): „[...] Nr. 10 Agrarian program: All large estates should be broken up and divided among the peasants and the system of primogeniture and entail should be abolished. [...]". – *Blum,* Soziale Marktwirtschaft, 1969, S. 157 ff., 184; *Morgenthau,* Germany Is Our Problem, 1945, S. 19, 24, 48 ff.

81 *Morgenthau-Plan* (abgedruckt a.a.O.): „[...] Nr. 1 Demilitarization of Germany: [...] the total destruction of the whole German armament industry, and the removal or destruction of other key industries which are basic to military strength [...] Nr. 4 The Ruhr Area: [...] Here lies the heart of German industrial power. This area should not only be stripped of all presently existing industries but so weakened and controlled that it can not in the foreseeable future become an industrial area. [...] Nr. 9 Controls over Development of German Economy: [...] During a period of at least twenty years after surrender adequate controls [...] shall be maintained [...] to prevent in the newly-established states the establishment or expansion of key industries basic to the German military potential and to control other key industries [...]". – *Berghahn,* The Americanisation of West German Industry, 1986, S. 86: „Morgenthau-Doktrin: aimed at a farreaching reduction of Germany's industrial potential." und „Proposals on postwar industrial policies in Washington in 1944 agreed that the German cartels were to be abolished and that monopolistic or quasi-monopolistic market positions were to be broken up."; *Blum,* Soziale Marktwirtschaft, 1969, S. 164; *Morgenthau,* Germany Is Our Problem, 1945, S. 16.

82 *Lehnich,* Die Wettbewerbsbeschränkung, 1956, S. 465.

to be followed by the eradication of these weapons of economic warfare."[83] Die Meinung Roosevelts stimmte mit dem damals gängigem Schlagwort überein, wonach „Cartels made Hitler and Hitler made war".[84] Nach Ansicht des amerikanischen Justizministeriums und Morgenthaus hatte die Beteiligung von amerikanischen Firmen in internationalen, von Deutschen beherrschten Kartellen die amerikanische Sicherheit unterminiert. Nach 1941 habe dies sogar die Versorgung der USA mit Kriegsmaterial gefährdet.[85]

II. Die Neugestaltung der deutschen Wirtschaft 1945

Nach dem Ende des Zweiten Weltkrieges übernahmen die Alliierten in Deutschland die staatliche Gewalt. Die Gestaltung der deutschen Nachkriegspolitik lag somit nicht in deutschen Händen, sondern im Verantwortungsbereich der Alliierten. Da die USA eine Demokratisierung der Wirtschaft als unerlässlich ansahen, nahmen sie unter den Westalliierten nicht nur eine politische, sondern auch eine wirtschaftliche Führungsrolle ein. England und Frankreich räumten der politischen und wirtschaftlichen Neuordnung Deutschlands nicht denselben Stellenwert ein wie die USA, was daran lag, dass sie zunächst die Kriegsfolgen im eigenen Lande überwinden mussten.[86]

Die von Washington nach 1945 für das Besatzungsgebiet bestimmte Kartellpolitik stand noch ganz unter dem Eindruck des Zweiten Weltkrieges. Die USA befürchteten, dass das Verharren der deutschen Industrie in den Kartellen und Zusammenschlüssen der Vorkriegszeit zu einem Wiederaufleben der alten Machtstrukturen führen könnte.[87] Die westdeutsche Industrie distanzierte sich nicht mehrheitlich von

83 Zitiert aus *Berghahn*, The Americanisation of West German Industry, 1986, S. 89; *Berghahn*, in: Vom Marshallplan zur EWG, 1990, S. 236.

84 *Berghahn*, The Americanisation of West German Industry, 1986, S. 86; *Wallich*, Triebkräfte des deutschen Wiederaufstiegs, 1955, S. 356.

85 *Berghahn*, The Americanisation of West German Industry, 1986, S. 84 f.: „Justice Department postulated that the prewar participation of American firms in international cartels and allegedly German-dominated cartels had undermined American security and defense and, after 1941, had even been detrimental to the production of war materials."; *Blum* spricht von einem „ökonomischen Alptraum" der Amerikaner, s. *Blum*, Soziale Marktwirtschaft, 1969, S. 186 Fn. 18: „[...] die deutsche Wirtschaft, insbesondere die Großunternehmen und Kartelle, [hätte] bei der Wiederherstellung des Militärpotentials eine bedeutende Rolle gespielt und sogar versucht [...] – in einigen Fällen mit Erfolg –, die amerikanische Wirtschaft zur Vorbereitung des zweiten Weltkrieges zu schwächen."; *Morgenthau*, Germany Is Our Problem, 1945, S. 27 f., 36 ff.; *Wallich*, Triebkräfte des deutschen Wiederaufstiegs, 1955, S. 356.

86 *Blum*, Soziale Marktwirtschaft, 1969, S. 226; *Wallich*, Triebkräfte des deutschen Wiederaufstiegs, 1955, S. 329 f.

87 *Institut für Besatzungsfragen (Hrsg.)*, Einwirkungen der Besatzungsmächte auf die westdeutsche Wirtschaft, 1949, S. 56; *Plumpe*, Vom Plan zum Markt, 1987, S. 310; *Stolper*, Die Deutsche Wirklichkeit, 1949, S. 207.

den Kartellen der Vorkriegszeit, so dass sich die Amerikaner gezwungen sahen, die Entkartellierung und Entflechtung selbst in die Hand zu nehmen.[88] Die Entmilitarisierung Deutschlands sollte auch auf dem Wege der Entkartellierung und der Entflechtung der Ruhrindustrie, die als die deutsche „Waffenschmiede“ galt, erfolgen.[89]

Zwar zielte die „Umerziehung“ der Deutschen auf die Schaffung einer liberalen und wettbewerbsorientierten Wirtschaft und eines freien Unternehmertums als Garant von Freiheit und Wohlstand ab.[90] Die USA ermutigten aber nicht nur aus ideologischen Gründen die Einführung einer freien Marktwirtschaft in Deutschland. Die Wirtschaftspolitik der USA war zugleich Teil der „containment“- („Eindämmungs“)-Politik. Sie kämpften mit ökonomischen Mitteln gegen den Kommunismus und den zunehmenden Einfluss der Sowjetunion.[91] Die Vereinigten Staaten beabsichtigten daher, Deutschland nach den Prinzipien einer bürgerlich-kapitalistischen Gesellschaft zu formen.[92] Da im Rahmen einer freien Wettbewerbswirtschaft grundsätzlich der Verbraucher über Erfolg oder Misserfolg eines Unternehmens entscheidet, wurde im Zusammenhang mit einer rigorosen Durchsetzung der Antitrust-Politik zugleich eine „Demokratisierung“ der Wirtschaft erwartet.[93]

Frankreich hingegen entwickelte keinen Ehrgeiz, seine Zone wirtschaftlich neu zu ordnen.[94] Sicherheitsbedenken prägten die Haltung Frankreichs. Es ging ihm um Reparationen und um alte Gebietsansprüche; aus Angst vor einer Wiedererstarkung Deutschlands spielte Frankreich seine Rolle als Siegermacht voll aus und sperrte

---

88 *Berghahn*, The Americanisation of West German Industry, 1986, S. 155.

89 *Brüggemeier*, Entwicklung des Rechts im organisierten Kapitalismus, Bd. 2, 1979, S. 280.

90 *Clay*, Entscheidung in Deutschland, 1950, S. 327: „Wir hielten uns zwischen den verschiedenen deutschen Parteien, die unterschiedliche Wirtschaftssysteme anstrebten, neutral, obwohl wir gemäß unserer Direktive verpflichtet waren, auf die Vorzüge eines freien Unternehmertums hinzuweisen.“ – *Blum*, Soziale Marktwirtschaft, 1969, S. 196, 279; *Wallich*, Triebkräfte des deutschen Wiederaufstiegs, 1955, S. 356.

91 *Blum*, Soziale Marktwirtschaft, 1969, S. 202, 279; *Robert*, Konzentrationspolitik, 1976, S. 86.

92 Ziff. III der Präambel zum Potsdamer Übereinkommen vom 2.08.1945, abgedruckt in *Cornides/Volle*, Um den Frieden mit Deutschland, 1948, S. 80: „[...] Es ist nicht die Absicht der Alliierten, das deutsche Volk zu vernichten oder zu versklaven. Die Alliierten wollen dem deutschen Volk die Möglichkeit geben, sich darauf vorzubereiten, sein Leben auf einer demokratischen und friedlichen Grundlage von neuem wiederaufzubauen. [...]“. – *Blum*, Soziale Marktwirtschaft, 1969, S. 213; *Brüggemeier*, Entwicklung des Rechts im organisierten Kapitalismus, Bd. 2, 1979, S. 250, 279 ff.; *Wallich*, Triebkräfte des deutschen Wiederaufstiegs, 1955, S. 351: „Schaustück der internationalen Freizügigkeit“.

93 *Brüggemeier*, Entwicklung des Rechts im organisierten Kapitalismus, Bd. 2, 1979, S. 281; *Institut für Besatzungsfragen (Hrsg.)*, Einwirkungen der Besatzungsmächte auf die westdeutsche Wirtschaft, 1949, S. 33.

94 *Institut für Besatzungsfragen (Hrsg.)*, Einwirkungen der Besatzungsmächte auf die westdeutsche Wirtschaft, 1949, S. 18 f.

sich zunächst gegen eine Zusammenarbeit mit den anderen Alliierten im Rahmen einer Trizone.[95] Frankreich teilte die Auffassung der US-Amerikaner im Hinblick auf die deutschen Kartelle nicht uneingeschränkt. Die französische Industrie schloss bald nach Kriegsende neue Kartellvereinbarungen ab.[96] Auch die Briten gingen unmittelbar nach dem Ende des Zweiten Weltkrieges wirtschaftspolitisch nicht konform mit den USA. Anders als die USA, die die bestehenden Eigentumsverhältnisse verteidigten, favorisierten sie eine Verstaatlichung der deutschen Wirtschaft.[97] Das verhinderte bei der Kartellgesetzgebung zunächst ein einheitliches Vorgehen in den drei westlichen Besatzungszonen.[98] Alle drei Westalliierten verband indes die gemeinsame Abneigung gegenüber der Sowjetunion, die in ihrer Besatzungszone – der späteren DDR – die sozialistische Planwirtschaft durchsetzte.[99]

III. Die amerikanische Direktive JCS 1067

Die USA versuchten zunächst, im Alleingang die Entkartellierung und Entflechtung in ihrer Zone voranzutreiben. Im April 1945 erging eine Direktive an den Oberbefehlshaber der Besatzungstruppen der Vereinigten Staaten General Dwight D. Eisenhower, die am 17.10.1945 veröffentlicht wurde. Es handelte sich hierbei um die sog. Direktive JCS 1067, die aus dem Morgenthau-Plan hervorging.[100] Danach galt z.B. das Verbot der Fraternisierung zwischen amerikanischen Soldaten und der deutschen Bevölkerung.[101] Es sollte zwar Hungersnöten, Krankheiten oder Unruhen, soweit diese eine Gefährdung der Besatzungsmacht darstellten, vorgebeugt werden,[102] im

---

95 *Blum*, Soziale Marktwirtschaft, 1969, S. 228; *Clay*, Entscheidung in Deutschland, 1950, S. 369–380; *Institut für Besatzungsfragen (Hrsg.)*, Einwirkungen der Besatzungsmächte auf die westdeutsche Wirtschaft, 1949, S. 18 f.; *Murach-Brand*, Antitrust auf deutsch, 2004, S. 54 f.

96 *Ententes et Monopoles dans le Monde/France*, in: La Documentation Française, 1953, Nr. 1736 S. 6, 10 ff. mit indikativer Auflistung der 1952 bestehenden Kartelle auf S. 11 – die Autoren der Studie, die im Auftrag des französischen Wirtschaftsministeriums durch ein staatliches Institut (INSEE) vorgenommen wurde, stufen die Anzahl der französischen Kartelle als schwerwiegend ein. – *Schatz*, Die Zulässigkeit, 1964, S. 18; *Wild*, Das marktbeherrschende Unternehmen, 1969, S. 17.

97 *Robert*, Konzentrationspolitik, 1976, S. 94.

98 *Berghahn*, in: Vom Marshallplan zur EWG, 1990, S. 228; *Blum*, Soziale Marktwirtschaft, 1969, S. 196; *Murach-Brand*, Antitrust auf deutsch, 2004, S. 48–58, 225.

99 *Wallich*, Triebkräfte des deutschen Wiederaufstiegs, 1955, S. 329.

100 *Blum*, Soziale Marktwirtschaft, 1969, S. 163; *Stolper*, Die Deutsche Wirklichkeit, 1949, S. 29.

101 Direktive JCS 1067, Part I, No. 4 b: „You will strongly discourage fraternization with the German officials and population." Abgedruckt in *Cornides/Volle*, Um den Frieden mit Deutschland, 1948, S. 60.

102 Direktive JCS 1067, Part I, No. 5 a: „[...] prevent starvation or such disease and unrest as would endanger these forces." Abgedruckt in *Cornides/Volle*, Um den Frieden mit Deutschland, 1948, S. 61. – *Robert*, Konzentrationspolitik, 1976, S. 87

Hinblick auf die Wirtschaft durften jedoch „keine Schritte [unternommen werden], die (a) zur wirtschaftlichen Wiederaufrichtung Deutschland führen könnten oder (b) geeignet sind, die deutsche Wirtschaft zu erhalten oder zu stärken."[103] Auf der Grundlage der Direktive JCS 1067 galt in der US-amerikanischen Besatzungszone ein striktes Kartellverbot, das mit hohen Geldbußen bewehrt war. Alle existierenden Kartelle waren danach null und nichtig.[104] Zur Durchführung dieser Vorschriften gründete die US-amerikanische Militärregierung im September 1945 eine erste amerikanische Kartellabteilung in Deutschland, die Division of Investigation of Cartels and External Assets (DICEA).[105] Mit ihrer Auflösung am 14.12.1945 war innerhalb der amerikanischen Besatzungsbehörden fortan hauptsächlich die „Decartelization Branch" der Wirtschaftsabteilung für die Entkartellierung zuständig.[106]

Aus der Direktive JCS 1067 ergab sich also das Ziel der USA, die deutsche Wirtschaft entscheidend zu schwächen.[107] Die Botschaft der Direktive JCS 1067 beeinflusste die Rezeption der amerikanischen Kartellpolitik in Deutschland nachhaltig. Die Deutschen argwöhnten, dass Entkartellierung und Entflechtung vornehmlich

---

beurteilt diese Vorschrift (Part I, No. 5 u. Part II No. 21, S. 23 u. 27) als „dubiosen Befehl".

103 Direktive JCS 1067, Part II, No. 16: „[...] you will take no steps (a) looking toward the economic rehabilitation of Germany, or (b) designed to maintain or strengthen the German economy." Abgedruckt in *Cornides/Volle*, Um den Frieden mit Deutschland, 1948, S. 65.

104 Direktive JCS 1067, Part II, No. 36: „You will prohibit all cartels or other private business arrangements and cartel-like organizations, including those of a public or quasi-public character such as the Wirtschaftsgruppen providing for the regulation of marketing conditions, including production, prices, exclusive exchange of technical information and processes, and allocation of sales territories. Such necessary public functions as have been discharged by these organizations shall be absorbed as rapidly as possible by approved public agencies.", No. 37: „It is the policy of your government to effect a dispersion of the ownership and control of German industry. To assist in carrying out this policy you will make a survey of combines and pools, mergers, holding companies and interlocking directorates and communicate the results, together with recommendations, to your government through the Joint Chiefs of Staff." und No. 42: „Both as member of the control Council and as zone commander you will adopt a policy which would forbid German firms to participate in international cartels or other restrictive contracts and arrangements and order the prompt termination of all existing German participations in such cartels, contracts and arrangements." Abgedruckt in *Cornides/Volle,* Um den Frieden mit Deutschland, 1948, S. 68 ff. – *Berghahn*, The Americanisation of West German Industry, 1986, S. 89 ff.

105 *Murach-Brand,* Antitrust auf deutsch, 2004, S. 43 ff.; *Weisz*, OMGUS-Handbuch, 1994, S. 27, 32, 103.

106 *Murach-Brand*, Antitrust auf deutsch, 2004, S. 46 f.; *Weisz*, OMGUS-Handbuch, 1994, S. 103.

107 *Robert*, Konzentrationspolitik, 1976, S. 87.

der Ausschaltung des deutschen Wirtschaftspotentials diente und somit der Wettbewerbsfähigkeit der Alliierten zugute kam.[108]

In Deutschland regte sich Widerstand, doch auch innerhalb der amerikanischen Regierungsstellen[109] war die Direktive JCS 1067 sehr umstritten.[110] Die amerikanischen Besatzungskräfte mussten vor Ort feststellen, dass die Industrie Deutschlands sehr viel stärker darniederlag, als Washington annahm.[111] So sagte Clay am 26. April 1945 zum späteren Hohen Kommissar der US-Regierung John Jay McCloy: „[...] the industry which remains, with few exceptions, even when restored will suffice barely for a very low minimum living standard in Germany."[112]

Trotz der klaren Signale aus Washington verfolgte die amerikanische Militärregierung unter Militärgouverneur General Lucius D. Clay einen pragmatischen Ansatz. Um eine Hungersnot in Deutschland zu verhindern, widersetzte sich Clay der harten Anwendung dieser Direktive und legte sie entgegen ihres strengen Wortlautes mildernd aus.[113] Ihm ging es vor allem um den Wiederaufbau und die Ankurbelung der deutschen Wirtschaft als Mittel der Bekämpfung des Schwarzmarktes und des Hungers. Das Interesse an wirtschaftlicher Effizienz überwog gegenüber dem Repressionsgedanken und ordnungspolitischen Erwägungen. Deshalb und auf Grund der Mangellage und Zerstörung der deutschen Wirtschaft unmittelbar nach dem Krieg schufen die Alliierten ein Bewirtschaftungssystem.[114] Entgegen ihrer in der Öffentlichkeit vertretenen kartellfeindlichen Haltung erklärte sich die

---

108 *Blum*, Soziale Marktwirtschaft, 1969, S. 186 f.; *Huber*, Wirtschaftsverwaltungsrecht, Bd. 1, 2. Aufl., 1953, S. 334; *Murach-Brand*, Antitrust auf deutsch, 2004, S. 225; *Robert*, Konzentrationspolitik, 1976, S. 88 f.; *Schwarz*, Vom Reich zur Bundesrepublik, 1966, S. 110 f; *Stolper*, Die Deutsche Wirklichkeit, 1949, S. 29: Es sei eine Zumutung Amerikas, „ein großer Teil Europas solle in eine primitive Landwirtschaft mit ewiger Leibeigenschaft zurückverwandelt werden. [...] Dieser selbe Geist erfüllt auch die politischen, sozialen und wirtschaftlichen Grundgedanken des JCS 1067-Erlasses vom 26. April 1945 (kundgemacht am 17. Oktober 1945) [...] Nicht vor Juni 1947 wurde dieses verhängnisvolle Dokument endlich durch eine neue Direktive ersetzt, nachdem es die amerikanische Politik gegenüber dem befreiten Europa – in vielen Beziehungen unrettbar – kompromittiert hatte." und S. 34: „Mehr als zwei Jahre lang hat, neben der Teilung Deutschlands in vier Zonen, diese Direktive die amerikanische Europapolitik vergiftet. Was Hitlers Verbrechen und Wahnsinn verschont hatte, das wurde durch diese Direktive zerstört."

109 *Blum*, Soziale Marktwirtschaft, 1969, S. 163; *Murphy*, Diplomat unter Kriegern, 2. Aufl., 1966, S. 305 ff.; *Robert*, Konzentrationspolitik, 1976, S. 87.

110 *Blum*, Soziale Marktwirtschaft, 1969, S. 163 ff.

111 *Berghahn*, The Americanisation of West German Industry, 1986, S. 91.

112 Abgedruckt in *Berghahn*, The Americanisation of West German Industry, 1986, S. 91.

113 *Clay*, Entscheidung in Deutschland, 1950, S. 33, 368; *Kartte/Holtschneider*, in: Handbuch des Wettbewerbs, 1981, S. 200 f.; *Robert*, Konzentrationspolitik, 1976, S. 89.

114 *Institut für Besatzungsfragen (Hrsg.)*, Einwirkungen der Besatzungsmächte auf die westdeutsche Wirtschaft, 1949, S. 59.

amerikanische Militärregierung erst nach erfolgreicher Durchführung der Währungsreform mit einem schrittweisen Übergang von der Zwangsbewirtschaftung zur Marktwirtschaft einverstanden.[115]

Auch inneramerikanische Widerstände regten sich gegen die vorbehaltlos wirtschafts- und industriefeindliche Haltung der amerikanischen Regierung. Eine Zerstörung der deutschen Wirtschaft und damit das Wegbrechen des deutschen Marktes entsprachen nicht dem Interesse der US-amerikanischen Industrie.[116]

IV. Das Potsdamer Abkommen

Die Direktive JCS 1067, die nur für die amerikanischen Streitkräfte galt, beeinflusste wiederum das Potsdamer Abkommen, das in der Zeit vom 17. Juli bis 2. August 1945 im Rahmen der Dreimächtekonferenz von Berlin (Teilnehmerstaaten waren die USA, die UdSSR und Großbritannien) entstand.[117] Das Potsdamer Abkommen bereitete die bedingungslose Kapitulation Deutschlands vor.[118] Es setzte neben einem Teil A „Politische Grundsätze" in einem Teil B sog. Wirtschaftliche Grundsätze fest. Danach war die deutsche Wirtschaft mit dem Ziel der Vernichtung der bestehenden übermäßigen Konzentration der Wirtschaftskraft zu dezentralisieren.[119] Inspiriert vom Morgenthau-Plan lag das Hauptgewicht auf der Entwicklung der Landwirtschaft und der Friedensindustrie durch Dezentralisierung der Wirtschaft

---

115 *Clay*, Entscheidung in Deutschland, 1950, S. 255: „In Deutschland wird der Konflikt zwischen gelenkter und freier Wirtschaft unvermeidbar, und er wird möglicherweise das schwierigste Problem sein, mit dem die Regierung zu tun haben wird. Ich würde die Vertagung dieser Frage begrüßen, denn die deutsche Wirtschaftsmaschine fängt gerade erst wieder zu laufen an; der Versuch, jetzt den Motor auszuwechseln oder die Richtung zu ändern, die man dem Wiederaufbau gegeben hat, könnte einen ersten wirtschaftlichen Rückschlag verursachen. Doch das deutsche Volk ist berechtigt, seine Entscheidung selbst zu fällen." – *Blum*, Soziale Marktwirtschaft, 1969, S. 214;

116 *Berghahn*, The Americanisation of West German Industry, 1986, S. 86, 101.

117 *Berghahn*, The Americanisation of West German Industry, 1986, S. 89.

118 Ziff. II der Präambel zum Potsdamer Übereinkommen vom 2.08.1945, abgedruckt in *Cornides/Volle*, Um den Frieden mit Deutschland, 1948, S. 80: „[...] Mit Genugtuung wurde festgestellt, daß die Kommission erfolgreich ihre Hauptaufgaben bewältigt hat, indem sie die Vorschläge betreffend die bedingungslose Kapitulation, die Besatzungszonen Deutschlands und Österreichs und das internationale Kontrollsystem in diesen Ländern vorlegte. [...]".

119 Potsdamer Abkommen, Part III B: „12. At the earliest practicable date, the German economy shall be decentralized for the purpose of eliminating the present excessive concentration of economic powers as exemplified in particular by cartels, syndicates, trusts and other monopolistic arrangements." Abgedruckt in *Cornides/Volle*, Um den Frieden mit Deutschland, 1948, S. 82.

und Umwandlung Deutschlands in ein Agrarland.[120] Problematisch gestaltete sich die vage Formulierung dieser Vorschriften. Über die Art und Weise der Auslegung und Anwendung zeigten sich daher immer wieder Konflikte.[121]

Die Grundsätze des Potsdamer Abkommens führten in erster Linie die Zonenbefehlshaber durch, die sich in den Westzonen anfangs darauf beschränkten, die bei Kriegsende vorhandenen, zentralwirtschaftlichen Kartellorganisationen aufzulösen.[122] Das Potsdamer Abkommen sah in Artikel 16 vor, dass ein im Folgenden noch zu schaffender deutscher Verwaltungsapparat die deutsche Wirtschaft kontrollieren sollte.[123]

Nach Gründung der Bizone am 1. Januar 1947[124] verzichtete Großbritannien auf eine eigene Sozialisierungspolitik und schloss sich der Wirtschafts- und Kartellpolitik der USA an.[125] Großbritannien als finanziell und politisch schwächere Partei setzte sich letztendlich mit seinem Bestreben der Verstaatlichung der deutschen Konzerne nicht durch. Innerhalb der bizonalen Verwaltung übten die USA als eigentliche Siegermacht maßgeblichen Einfluss aus.[126]

---

120 Potsdamer Abkommen, Part III B: „13. In organizing the German economy, primary emphasis shall be given to the development of agriculture and peaceful domestic industries." Abgedruckt in *Cornides/Volle*, Um den Frieden mit Deutschland, 1948, S. 82. – *Kartte*, Ein neues Leitbild für die Wettbewerbspolitik, 1969, S. 18; *Kartte/Holtschneider*, in: Handbuch des Wettbewerbs, 1981, S. 201; *Lehnich*, Die Wettbewerbsbeschränkung, 1956, S. 465.

121 *Berghahn*, The Americanisation of West German Industry, 1986, S. 89.

122 *Huber*, Wirtschaftsverwaltungsrecht, Bd. 1, 2. Aufl., 1953, S. 337.

123 Art. 16 des Potsdamer Abkommens vom 2.08.1945, abgedruckt in *Cornides/Volle*, Um den Frieden mit Deutschland, 1948, S. 82 f.: „Zur Einführung und Unterstützung der wirtschaftlichen Kontrolle, die durch den Kontrollrat errichtet worden ist, ist ein deutscher Verwaltungsapparat zu schaffen. Den deutschen Behörden ist in möglichst vollem Umfange die Verwaltung dieses Apparates zu fördern und zu übernehmen. So ist dem deutschen Volk klarzumachen, daß die Verantwortung für diese Verwaltung und deren Versagen auf ihm ruhen wird. Jede deutsche Verwaltung, die dem Ziel der Besatzung nicht entsprechen wird, wird verboten werden." – *Lehnich*, Die Wettbewerbsbeschränkung, 1956, S. 468; *Ortwein*, Das Bundeskartellamt, 1998, S. 60.

124 Bizonal Fusion Agreement v. 17.12.1947, abgedruckt in *Department of State*, Germany 1947–1949, 1950, S. 450 ff. – *Murach-Brand*, Antitrust auf deutsch, 2004, S. 63 f. m.w.N.

125 Amendment of the Bizonal Fusion Agreement v. 17.12.1947, abgedruckt in *Department of State*, Germany 1947–1949, 1950, S. 453 ff. (454 u. 458), s.o. S. 36 Fn. 53. – *Blum*, Soziale Marktwirtschaft, 1969, S. 232; *Hartwich*, Sozialstaatspostulat und gesellschaftlicher status quo, 1970, S. 71 ff., 81–84; *Murach-Brand*, Antitrust auf deutsch, 2004, S. 51 f.; *Robert*, Konzentrationspolitik, 1976, S. 90 f.

126 Amendment of the Bizonal Fusion Agreement v. 17.12.1947: „[...] And whereas the Government of the United Kingdom have represented that they are unable to continue to make payments in dollars in respect of such imports. [...] And whereas the representatives of the two Governments have entered into and completed

Gemäß Art. 16 des Potsdamer Abkommen schufen Großbritannien und die USA für die Bizone einen Wirtschaftsrat, der sich aus deutschen Abgeordneten der Länder zusammensetzte und über Kompetenzen im Bereich der deutschen Wirtschaft verfügte.[127]

V. Alliierte Dekartellierungsgesetze

Bis 1947 galt in der amerikanischen Besatzungszone – seit Mitte 1945 im Zusammenspiel mit dem Potsdamer Abkommen – die Direktive JCS 1067, in den übrigen Zonen allein das Potsdamer Abkommen. Anders als die amerikanische Direktive JCS 1067 enthielt das Potsdamer Abkommen kein striktes Kartellverbot. Erst 1947 traten in allen drei Westzonen einheitliche alliierte Dekartellierungsgesetze in Kraft, durch welche Kartelle und eine Beteiligung deutscher Unternehmen an internationalen Kartellen verboten wurden.[128] Es ging somit nicht mehr ausschließlich um die Zerschlagung der deutschen Wirtschaft, sondern um die Errichtung einer neuen Wirtschaftsordnung in Deutschland auf der Grundlage des freien Wettbewerbs.[129]

---

discussions regarding the revision of the terms of the Bizonal Fusion Agreement as requested by the Government of the United Kingdom, [...] No. 4 (d) The Joint Export-Import Agency and the Joint Foreign Exchange Agency [...] shall be governed by a board of directors, [...] Each group shall have a voting strength in relation to the other group equal to the proportion which the appropriated funds made available by their respective Governments [...]" Abgedruckt in *Department of State,* Germany 1947–1949, 1950, S. 453 ff. (454 u. 458); *Clay,* Entscheidung in Deutschland, 1950, S. 205: „Angesichts der finanziellen Lage hätten wir sie [die Briten, Anm. d. Verf.] in diese Position zwingen können, aber es lag nicht in unserem echten Interesse, das britische Ansehen in Europa zu schädigen. Dieser Standpunkt setzte sich durch." – *Blum,* Soziale Marktwirtschaft, 1969, S. 232; *Hartwich,* Sozialstaatspostulat und gesellschaftlicher status quo, 1970, S. 71 ff.; *Robert,* Konzentrationspolitik, 1976, S. 90 f.; *Schwarz,* Vom Reich zur Bundesrepublik, 1966, S. 125.

127 *Berghahn,* The Americanisation of West German Industry, 1986, S. 106; *Blum,* Soziale Marktwirtschaft, 1969, S. 226 f.; *Brüggemeier,* Entwicklung des Rechts im organisierten Kapitalismus, Bd. 2, 1979, S. 282 f.; *Clay,* Entscheidung in Deutschland, 1950, S. 201, 208 ff.; *Institut für Besatzungsfragen (Hrsg.),* Einwirkungen der Besatzungsmächte auf die westdeutsche Wirtschaft, 1949, S. 15; *Robert,* Konzentrationspolitik, 1976, S. 92.

128 *Barnikel,* in: Theorie und Praxis der Kartelle, 1972, S. 52; *Huber,* Wirtschaftsverwaltungsrecht, Bd. 1, 2. Aufl., 1953, S. 337.

129 Präambel zum amerikanischen Gesetz Nr. 56 und zur gleichlautenden britischen Verordnung Nr. 78: „Dieses Gesetz wird erlassen gemäß Ziffer 12 des Potsdamer Abkommens, I. um zu verhindern, daß Deutschland die Sicherheit seiner Nachbarn gefährdet und den internationalen Frieden von neuem bedroht; II. um Deutschlands wirtschaftliche Fähigkeit, Krieg zu führen, zu zerstören; III. um sicherzustellen, dass die für den Wiederaufbau Deutschlands ergriffenen Maßnahmen mit friedlichen und demokratischen Zielen in Einklang stehen; IV. Um die Grundlage für den Aufbau einer gesunden und demokratischen deutschen

Dem freien Wettbewerb sollte durch ein generelles Kartellverbot und das Verbot der deutschen Beteiligung an internationalen Kartellen der Weg geebnet und hiermit alle wirtschaftlichen Machtzusammenballungen („excessive concentrations of German economic power") zerstört werden.[130]

Vor Erlass der Dekartellierungsgesetze in den Zonen der USA, Großbritanniens und Frankreichs fanden Beratungen zwischen deutschen Stellen und der amerikanischen Militärregierung statt. Die amerikanische Militärregierung hatte im November 1946 den deutschen Stellen den Entwurf des amerikanischen Militärgesetzes Nr. 56, das die amerikanische Direktive JCS 1067 ersetzen sowie als Modell für alle drei Zonen dienen sollte, zur Stellungnahme vorgelegt.[131] Der Wirtschaftsrat des Länderrats lehnte sowohl am 04.12.1946 den ersten Entwurf des Militärgesetzes Nr. 56 als auch am 8.01.1947 den zweiten Entwurf ab mit der Begründung, dass durch ein bedingungsloses Kartellverbot das Wirtschaftspotential Deutschlands als ein hochindustrialisiertes Land beeinträchtigt würde und eine bloße Missbrauchsregelung daher vorzugswürdig wäre.[132] Die Amerikaner hatten allerdings nicht die Absicht, deutsche Vorstellungen bei der Fassung des Militärgesetzes Nr. 56 zu berücksichtigen. Die Weiterleitung zur Stellungnahme geschah vielmehr nur zu Zwecken der Kenntnisnahme.[133] Die Stellungnahmen des Wirtschaftsrates des

---

Wirtschaft zu schaffen." Amerikanisches Gesetz abgedruckt in *Kartte*, Ein neues Leitbild für die Wettbewerbspolitik, 1969, S. 19; Britische Verordnung abgedruckt in *Brüggemeier*, Entwicklung des Rechts im organisierten Kapitalismus, Bd. 2, 1979, S. 270 f. – *Wank*, in: Kartelle und Kartellgesetzgebung, 1985, S. 203.

130 Amerikanisches Gesetz Nr. 56 vom 12.02.1947: „Article 1, 1. Excessive concentrations of German economic power, whether within or without Germany and whatever their form or character, insofar as such concentrations or any part or activity thereof are subject to the jurisdiction of Military Government, are prohibited, their activities are declared illegal and they shall be eliminated, except as hereinafter provided in Article III. [...] 3. All economic enterprises having their headquarters located in the United States Zone (or Land Bremen) and employing [...] more than 10,000 persons shall be examined as prima facie constituting excessive concentrations of economic power, and shall be dealt with in accordance with the provisions of this law if Military Government or its designated agency determines that these enterprises do, in fact, constitute excessive concentrations of economic power [...], they shall be dealt with in accordance with the provisions of this law as excessive concentrations of economic power [...]." Abgedruckt in Military Government Gazette Germany, United States Area of Control, 1. April 1947, Issue C, S. 2–6 (3). – *Robert*, Konzentrationspolitik, 1976, S. 88.

131 *Kartte/Holtschneider*, in: Handbuch des Wettbewerbs, 1981, S. 202; *Murach-Brand*, Antitrust auf deutsch, 2004, S. 68 ff.; *Robert*, Konzentrationspolitik, 1976, S. 98 f.

132 *Kartte/Holtschneider*, in: Handbuch des Wettbewerbs, 1981, S. 202; *Robert*, Konzentrationspolitik, 1976, S. 98 f. m.w.N.

133 *Robert*, Konzentrationspolitik, 1976, S. 101.

Länderrates blieben dementsprechend folgenlos.[134] Allein die Präambel wurde um Ziffer IV ergänzt, worin der Aufbau einer gesunden und demokratischen deutschen Wirtschaft zu einem Ziel des Gesetzes erklärt wurde.[135]

Die Amerikaner wussten, dass die Einführung eines freien Wettbewerbs nur Erfolg hatte, wenn die öffentliche Meinung diesen Gedanken verinnerlichte;[136] insofern war eine „Umerziehung" erforderlich.[137] Die Amerikaner glaubten, dass die Deutschen niemals freiwillig ihrem Beispiel folgen würden.[138] Die amerikanische Militärregierung kam Deutschland insofern entgegen, als sie dem Länderrat im Januar 1947 mitteilte, dass es sich bei dem alliierten Dekartellierungsgesetz um ein Interimsgesetz handelte, d.h. es beanspruchte so lange Geltung, bis die Deutschen ein gleichwertiges deutsches Gesetz erließen.[139]

Großbritannien schloss sich im Rahmen der Bizone dem amerikanischen Militärgesetz Nr. 56 im Februar 1947 mit der Verordnung Nr. 78 an.[140] Die britische Verordnung Nr. 78 stimmte mit dem Militärgesetz Nr. 56 vom Januar 1947 inhaltlich überein,[141] die Auslegung der Vorschriften war indes in beiden Zonen nicht identisch.[142]

Frankreich erließ im Juni 1947 ein eigenes Dekartellierungsgesetz. Es legte bis dato keine kartellfeindliche Haltung an den Tag und unterstützte die amerikanische Dekartellierungs- und Entflechtungspolitik nur unter der Bedingung, dass

---

134 *Kartte/Holtschneider*, in: Handbuch des Wettbewerbs, 1981, S. 202; *Robert*, Konzentrationspolitik, 1976, S. 100.

135 *Murach-Brand*, Antitrust auf deutsch, 2004, S. 71 m.w.N.

136 *Mason*, Controlling World Trade, 1946, S. 132: „Of all the institutions and policies known to history, however, those imposed by victors on a vanquished enemy are likely to be the most impermanent. The only lasting structural changes that can be made in the German economic and political system will have to be made, in the absence of continuous occupation, by the Germans themselves." – *Berghahn*, The Americanisation of West German Industry, 1986, S. 102.

137 *Huber*, Wirtschaftsverwaltungsrecht, Bd. 1, 1953, S. 336.

138 *Berghahn*, The Americanisation of West German Industry, 1986, S. 102.

139 *Berghahn*, The Americanisation of West German Industry, 1986, S. 155 f.; *Berghahn*, in: Vom Marshallplan zur EWG, 1990, S. 238; *Murach-Brand*, Antitrust auf Deutsch, 2004, S. 107; *Robert*, Konzentrationspolitik, 1976, S.102; *Murach-Brand* und *Robert* verweisen hierfür auf ein Schreiben des Regional Government Coordinating Office an den Generalsekretär des Länderrates vom 29.01.1947, S. 1, abgedruckt in: Amtliche Materialien zum Gesetz gegen Wettbewerbsbeschränkungen, Berlin Bundeskartellamt, Aktenstück 23, BA B 102/316862.

140 Military Government Gazette Germany, British Zone of Control, 1947, Nr. 16, S. 412–415.

141 Vgl. für die britische Besatzungszone: Military Government Gazette Germany, British Zone of Control, 1947, Nr. 16, S. 412–415 und für die US-amerikanische Besatzungszone: Military Government Gazette Germany, United States Area of Control, 1. April 1947, Issue C, S. 2–6.

142 *Günther*, in: WuW 1951, S. 28.

damit kein Machtgewinn für Westdeutschland und seine Wirtschaft verbunden war.[143] Wirtschaftlich und politisch stark geschwächt aus dem Zweiten Weltkrieg hervorgegangen, konnte sich Frankreich eine solche strikte Position gegenüber den anderen Westalliierten aber auf Dauer nicht leisten.[144] Die Verschärfung des Ost-West-Konflikts im Frühjahr 1947 durch die sowjetische Blockade Westberlins machte Frankreich, das im blockierten West-Berlin ebenso wie die Vereinigten Staaten und Großbritannien einen eigenen Sektor hatte, zugänglich für eine gemeinsame Deutschlandpolitik mit den übrigen Westalliierten.[145]

Die aufgrund dieses Kurswechsels in der französischen Politik ergangene französische Verordnung Nr. 96 vom Juni 1947[146] erklärte in Artikel 1[147] übermäßige Machtanhäufungen auf wirtschaftlichem Gebiet für ungesetzlich. Allerdings standen alle Maßnahmen bei Zuwiderhandlungen gegen die Verordnung im Ermessen des französischen Oberbefehlshabers (Art. 8 der Verordnung Nr. 96).[148] Die von

143 Der französische Hohe Kommissar François-Poncet sprach am 24.01.1950 in Kassel von einem Mittelweg „zwischen dem Dschungel der unkontrollierten Freiheit der Marktteilnehmer und der Kaserne des Verbots jeder Marktabrede." Abgedruckt in: *Deutsche Zeitung*, Jg. 3, Nr. 38, 13.05.1950, „Europäische Lösung der Kartellfrage. Betrachtungen zum Kartellgesetzentwurf", S. 10. – *Berghahn*, The Americanisation of West German Industry, 1986, S. 108; *Hartwich*, Sozialstaatspostulat und gesellschaftlicher status quo, 1970, S. 81 ff.; *Institut für Besatzungsfragen (Hrsg.)*, Einwirkungen der Besatzungsmächte auf die westdeutsche Wirtschaft, 1949, S. 56; *Murach-Brand*, Antitrust auf deutsch, S. 51 ff.; *Robert*, Konzentrationspolitik, 1976, S. 96, 150 ff.

144 *Berghahn*, The Americanisation of West German Industry, 1986, S. 106.

145 *Berghahn*, The Americanisation of West German Industry, 1986, S. 107; *Blum*, Soziale Marktwirtschaft, 1969, S. 228; *Clay*, Entscheidung in Deutschland, 1950, S. 434 ff.

146 Journal Officiel du Commandement en Chef Français en Allemagne, Gouvernement Militaire de la Zone Française d'Occupation, Jg. 2 (1947), Nr 76–100, S. 784–785.

147 Journal Officiel du Commandement en Chef Français en Allemagne, Gouvernement Militaire de la Zone Française d'Occupation, Jg. 2 (1947), Nr 76–100, S. 784: „ART. 1er. – Toutes concentrations excessives de puissances économiques, sous quelque forme qu'elles se présentent, sont déclarées illégales et sont interdites dans les territoires soumis à l'autorité du Général Commandant en Chef."

148 Journal Officiel du Commandement en Chef Français en Allemagne, Gouvernement Militaire de la Zone Française d'Occupation, Jg. 2 (1947), Nr 76–100, S. 785: „ART. 8. – Le Commandant en Chef ou tout organisme créé ou habilité par lui à cet effet, prendra toute mesure visant à la suppression des organisations ou activités interdites par la présente ordonnance. Il pourra dans des conditions qui seront définies par arrêté: a) – fixer les principes et dresser les plans de déconcentration conformément à la présente ordonnance, b) – entreprendre et conduire toutes enquêtes nécessaires, c) – saisir et mettre sous séquestre tout ou partie des biens des entreprises ou organismes visés par la présente ordonnance, – dissoudre et liquider les personnes morales, – annuler les obligations résultant des ententes

dieser Vorschrift nicht erfassten Kartelle unterlagen lediglich der Prüfung durch den französischen Oberbefehlshaber (Art. 4 der Verordnung Nr. 96).[149]

Nach Inkrafttreten der Dekartellierungsgesetze war in der Bizone die „Bipartite Decartelization Commission" des Zweimächtekontrollrates für die Durchführung dieser Gesetze und der dazu ergangenen und noch zu ergehenden Ausführungsverordnungen zuständig,[150] wobei sie Aufgaben an deutsche Dekartellierungsstellen (German Decartelization Agency = GEDAG) delegierte.[151] In der französischen Zone nahm diese Rolle die „Commission de Déconcentration de l'Economie allemande" ein.[152] Die Auslegung der drei alliierten Dekartellierungsgesetze durch die Bipartite

---

financières, commerciales ou industrielles, – déterminer s'il y a lieu les modalités de redistribution des biens et des transferts de propriété."

149 Journal Officiel du Commandement en Chef Français en Allemagne, Gouvernement Militaire de la Zone Française d'Occupation, Jg. 2 (1947), Nr 76–100, S. 784. – *Günther*, in: WuW 1951, S. 28.

150 Ausführungsverordnung Nr. 1 zu Gesetz Nr. 56 der amerikanischen Militärregierung: „[...] Jedes betroffene Unternehmen hat bis 1. April 1947 Berichte in dreifachen Ausfertigung an „Chief of the Decartelization Branch, Economics Division, OMGUS, Berlin", einzureichen [...]." Abgedruckt in Military Government Gazette Germany, United States Area of Control, 1947, Issue C, S. 6 ff. (7) und Ausführungsverordnung Nr. 1 zur britischen Verordnung Nr. 78: „[...] Jedes betroffene Unternehmen hat bis 1. April 1947 einen Bericht in dreifacher Ausfertigung dem Office of the Economic Sub-Commission [Decartelization Branch], Berlin einzureichen [...]." Abgedruckt in Military Government Gazette Germany, British Zone of Control, 1947, Nr. 16, S. 416. – *Lehnich*, Die Wettbewerbsbeschränkung, 1956, S. 469; *Murach-Brand*, Antitrust auf deutsch, 2004, S. 87; *Ortwein*, Das Bundeskartellamt, 1998, S. 60; *Schneider*, Aufgaben, 1966, S. 17.

151 Abänderung Nr. 2 zur Ausführungsverordnung Nr. 1 zu Gesetz Nr. 56 der Militärregierung: „[...] Jedes betroffene Unternehmen hat bis zum 1. Juni 1947 dem Leiter der deutschen Kartell-Auflösungsstelle (Decartelization Agency) in dem Lande, in dem das Unternehmen seinen Sitz hat [...] [Meldung] zu erstatten. [...]" Abgedruckt in Military Government Gazette Germany, United States Area of Control, 1948, Issue I, S. 17 ff. (18) und Zweite Abänderung der Ausführungsverordnung Nr. 1 zur Verordnung Nr. 78 der britischen Militärregierung: „[...] Jedes betroffene Unternehmen hat bis zum 1. Juni 1947 dem Leiter der deutschen Kartell-Auflösungsstelle (Decartelization Agency) in dem Lande, in dem das Unternehmen seinen Sitz hat [...] [Meldung] zu erstatten. [...]" Abgedruckt in Military Government Gazette Germany, British Zone of Control, 1948, Nr. 23, S. 738 ff. (739). – *Lehnich*, Die Wettbewerbsbeschränkung, 1956, S. 469; *Murach-Brand*, Antitrust auf deutsch, 2004, S. 98 m.w.N.; *Ortwein*, Das Bundeskartellamt, 1998, S. 60; *Werner*, Aufgaben, 1966, S. 17.

152 Arrêté du Commandant en Chef No. 40 v. 12.08.1947 „portant création d'une commission de l'économie allemande", abgedruckt in Journal Officiel du Commandant en Chef français en Allemagne, 1947, Supplément au J. O. 100. – *Lehnich*, Die Wettbewerbsbeschränkung, 1956, S. 469; *Ortwein*, Das Bundeskartellamt, 1998, S. 60; *Schneider*, Aufgaben, 1966, S. 17.

Decartelization Commission in der Bizone und durch die Commission de Déconcentration de l'Economie allemande in der französischen Zone wich teilweise stark voneinander ab, so dass die (weitgehende) Vereinheitlichung der kartellrechtlichen Zielsetzungen nicht zu einem einheitlichen Umgang mit Kartellen in den Westzonen führte.[153]

VI. Der Vorrang des Wiederaufbaus

Der Ost-West-Konflikt führte nicht nur in Frankreich zu einem Umschwung in der Deutschlandpolitik. Mit den zunehmenden Spannungen zwischen den Blöcken seit 1947 wurde die von den Amerikanern befürwortete freie Unternehmerwirtschaft auch zur Abgrenzung gegenüber der Planwirtschaft des Ostens genutzt.[154] Seit 1947 förderten die USA aktiv den Wiederaufbau Westdeutschlands und zwar im Sinne des „free enterprise".[155] Die westdeutsche Industrie sollte – angepasst an das amerikanische Modell – als Motor für den Wiederaufbau eines freiheitlichen und demokratischen Westeuropas dienen, zugleich den amerikanischen Steuerzahler entlasten.[156]

---

153 Aufgrund der „Versteinerung" des Besatzungsrechts wurde dieser Rechtszustand selbst nach Gründung der Bundesrepublik Deutschland nicht geändert, s. *Benisch*, WuW 1954, S. 786 zitiert Teil 2 Art. 1 Überleitungsvertrag zum Generalvertrag: „Bis ein Bundesgesetz gegen Wettbewerbsbeschränkungen in Kraft tritt, [...] bleiben die folgenden Rechtsvorschriften in Kraft: a) Gesetz Nr. 56 der amerikanischen Militärregierung; b) VO Nr. 78 der britischen Militärregierung; c) VO Nr. 96 des französischen Oberkommandierenden für Deutschland; d) die zu den Unterabsatz a), b) und c) aufgeführten Vorschriften erlassenen Durchführungsverordnungen." – *Günther*, in: WuW 1951, S. 28.

154 *Berghahn*, The Americanisation of West German Industry, 1986, S. 88; *Blum*, Soziale Marktwirtschaft, 1969, S. 3: „Am bemerkenswertesten in der Besatzungspolitik von Ost und West ist die Feststellung, daß diese Politik zu einem wesentlichen Teil Wirtschaftspolitik ist. [...] Ganz offensichtlich soll die Wirtschaft zum Prüffeld der Systeme von Ost und West gemacht werden. [...] Was an Ordnungsvorstellungen in Deutschland vorhanden ist, muß sich in die Ost-West-Spannung einordnen."; *Günther*, in: Wirtschaftsordnung und Staatsverfassung, 1975, S. 187; *Kartte/Holtschneider*, in: Handbuch des Wettbewerbs, 1981, S. 201; *Robert*, Konzentrationspolitik, 1976, S. 91.

155 *Kartte/Holtschneider*, in: Handbuch des Wettbewerbs, 1981, S. 201; *Robert*, Konzentrationspolitik, 1976, S. 91.

156 *Industriekurier*, „USA und das deutsche Kartellproblem", Jg. 3, Nr. 69, 9.05.1950, S. 1: „(...) Mr. Hoffman [CED-Koordinator Marshall-Plan, Anm. d. Verf.] sagte u.a. folgendes: [...] Das ist das Problem der Dekartellisierung in Deutschland, welches eine der größten Hoffnungen für die Wiederherstellung der Wettbewerbsfähigkeit von Westeuropa via Deutschland darstellt. [...] Wenn das erfolgt, dann wird Westdeutschland eine sehr wirksame Wirtschaft entwickeln. Ihr Einfluß wird sich über Deutschland hinaus ausbreiten, weil das Konkurrieren mit einer wettbewerbsfähigen Wirtschaft die Einführung der Wettbewerbsfähigkeit auch in anderen Ländern erfordern [wird]. [...]". – *Berghahn*, The Americanisation of West German Industry,

Der amerikanische Kongress, der weiterhin eine scharfe Antitrustpolitik wünschte, setzte sich dagegen nicht durch.[157] Insbesondere Vertreter der amerikanischen Großindustrie zeigten sich als Gegner der amerikanischen Dekonzentrationspolitik in Westdeutschland.[158] Dieser Konflikt eskalierte innerhalb der amerikanischen Dienststellen in Westdeutschland, als James Martin, der Leiter der Entflechtungsabteilung, aus Protest gegen die laxe Anwendung der Direktive JCS 1067 durch Clay im Jahre 1947 zurücktrat.[159] Clay meinte, die Dekartellierungsgruppe bestünde aus Extremisten, „[...] die es zwar gut meinten, die aber fest entschlossen waren, die deutsche Industrie ohne Rücksicht auf ihre wirtschaftliche Lebensfähigkeit in kleine Einheiten zu zerlegen."[160] Er entschied sich zugunsten des wirtschaftlichen Wiederaufbaus und somit für eine Einbindung Deutschlands in den Westen.[161] Die Unstimmigkeiten innerhalb der amerikanischen Militärregierung über die Entkartellierung blieben indes nicht ohne Nachspiel. Am 8.12.48 schickte die amerikanische Regierung eine Untersuchungskommission unter Leitung des Federal Trade Commissioner Garland S. Ferguson nach Deutschland, um die amerikanische Kartellpolitik zu überprüfen (sog. Ferguson-Kommission).[162] In ihrem Abschlussbericht vom 15.04.49 rügte die Kommission die Kartellpolitik Clays als zu milde, was den Rücktritt der Leiter der Wirtschaftsabteilung und der Kartellabteilung zur Folge hatte.[163]

1986, S. 88; *Berghahn,* in: Vom Marshallplan zur EWG, 1990, S. 232; *Murach-Brand,* Antitrust auf deutsch, 2004, S. 79 ff.

157 *Robert,* Konzentrationspolitik, 1976, S. 95.

158 *Robert,* Konzentrationspolitik, 1976, S. 89, 95 f.

159 *Clay,* Entscheidung in Deutschland, 1950, S. 33, 368; *Martin,* All Honorable Men, 1950, S. 264 ff. (264): „[...] We had not been stopped in Germany by German business. We had been stopped in Germany by American business. [...]". – *Karte/Holtschneider,* in: Handbuch des Wettbewerbs, 1981, S. 200 f.; *Murach-Brand,* Antitrust auf deutsch, 2004, S. 86 ff.; *Robert,* Konzentrationspolitik, 1976, S. 87; *Schwarz,* Vom Reich zur Bundesrepublik, 1966, S. 100.

160 *Clay,* Entscheidung in Deutschland, 1950, S. 368; *Berghahn,* The Americanisation of West German Industry, 1986, S. 91.

161 Ausführlich zu den Streitigkeiten zwischen Clay und der Entkartellierungsabteilung im Frühjahr 1948, die zum Rücktritt einiger Mitglieder der Entkartellierungsabteilung sowie zu einem Protestbrief an den amerikanischen Präsidenten Truman führten *Murach-Brand,* Antitrust auf deutsch, 2004, S. 91 ff. m.w.N., 225 f.

162 *Martin,* All honorable men, 1950, S. 275 ff. – *Murach-Brand,* Antitrust auf deutsch, 2004, S. 94 ff.

163 *Handelsblatt,* „Arbeit am Dekartellisierungsgesetz. General Clay gegen eine übertriebene Entflechtung", Jg. 4, Nr. 33, 3.05.1949, S. 2: „[...] Der amerikanische Militärgouverneur General Clay vertritt in einer Antwort an die Kommission des US-Heeresministeriums, die vor einigen Monaten Westdeutschland bereiste und in einem Bericht besonders auf den nach ihrer Ansicht ungenügenden Stand der Dekartellisierung in der amerikanischen Zone hinwies, die Ansicht, daß gewisse deutsche Unternehmen auf dem Weltmarkt nicht mehr konkurrenzfähig sein werden, wenn die Entflechtung der deutschen Wirtschaft fortgesetzt wird.

Die Lockerung der amerikanischen Haltung gegenüber Deutschland kam auch in den „Richtlinien der amerikanischen Regierung an den Kommandierenden General der Besatzungsstreitkräfte der Vereinigten Staaten in Deutschland, General Lucius D. Clay“[164] vom 17.07.1947 zum Ausdruck. Darin wurde nun eine sich selbst erhaltende Wirtschaft anvisiert.[165] Das Primärziel der alliierten Wirtschaftspolitik bestand fortan in der Vermittlung der Vorzüge des freien Unternehmertums an die deutsche Bevölkerung sowie im Wiederaufbau.[166]

VII. Alliierte Dekartellierungsgesetze und deutsche Nachkriegsrealität

Insbesondere in den ersten beiden Jahren der Besatzung lehnten die Deutschen die strenge alliierte Dekartellierungspolitik als aufgezwungenes Besatzungsrecht ab.[167] Die Deutschen vertraten die Ansicht, dass die alleinige Zuständigkeit zur Regelung der Grundfragen der Wirtschaftsverfassung bei ihnen läge.[168] Sie

---

General Clay übernimmt in seiner Antwort die volle Verantwortung für alle in der amerikanischen Zone getroffenen Dekartellisierungsmaßnahmen. Er betont, daß die Entflechtung der deutschen Wirtschaft in einem Ausmaß verwirklicht wurde, das ohne Parallele sei. Eine noch weitergehende Auflösung könne jedoch nicht mehr mit Sicherheitsmaßnahmen gerechtfertigt werden, sondern sei als politische Entscheidung zu betrachten.“ – *Murach-Brand,* Antitrust auf deutsch, 2004, S. 95 ff.

164 Richtlinien der amerikanischen Regierung an General Clay, JCS 1779 v. 11.07.1947, abgedruckt in: *Cornides/Volle,* Um den Frieden mit Deutschland, 1948, S. 102.

165 Richtlinien der amerikanischen Regierung an General Clay, JCS 1779 v. 11.07.1947, Nr. 15 c: „Die Unterstützung des deutschen Volkes beim Aufbau eines Staates der sich selbst erhalten kann und friedliche Ziele hat und der sich in die europäische Wirtschaft eingliedert.“ Abgedruckt in *Cornides/Volle,* Um den Frieden mit Deutschland, 1948, S. 102.

166 Richtlinien der amerikanischen Regierung an General Clay, JCS 1779 v. 11.07.1947, Nr. 21 c: „Während es zwar Ihre Pflicht ist, dem deutschen Volke die Möglichkeit zu geben, die Grundsätze und Vorteile einer freien Wirtschaft kennenzulernen, werden Sie in der Frage des öffentlichen Besitzes nur einschreiten, wenn es sich darum handelt, sicherzustellen, daß jegliche Entscheidung für oder gegen das öffentliche Besitzverhältnis frei und durch das normale Vorgehen innerhalb einer demokratischen Regierungsform getroffen wird.“ Abgedruckt in *Cornides/Volle,* Um den Frieden mit Deutschland, 1948, S. 104. – *Robert,* Konzentrationspolitik, 1976, S. 91.

167 *Blum,* Soziale Marktwirtschaft, 1969, S. 194 f., 279; *Günther,* Wege zur Europäischen Wettbewerbsordnung, 1968, S. 9 f.; *Institut für Besatzungsfragen (Hrsg.),* Einwirkungen der Besatzungsmächte auf die westdeutsche Wirtschaft, 1949, S. 49; *Kartte,* Ein neues Leitbild für die Wettbewerbspolitik, 1969, S. 19.

168 *Rasch,* Grundfragen der Wirtschaftsverfassung, 1948, S. 134 f.: „Wir Deutsche haben aus verschiedenen Gründen keinen Anlaß, über die sog. Dekartellierungsgesetzgebung, die die amerikanische und britische Militärregierung erlassen hat,

empfanden das alliierte Dekartellierungsrecht als Fremdkörper im bisherigen deutschen Recht.[169] Die Widersprüchlichkeit der Ziele der Dekartellierung – einerseits die Schwächung der deutschen Wirtschaft, andererseits ihre Förderung durch Schaffung der Voraussetzungen für einen freien Wettbewerb – ließ Misstrauen aufkommen.[170] Folgenlos blieb indes der deutsche Vorwurf, dass die Umgestaltung der Wirtschaft durch die Alliierten gegen Völkerrecht, und zwar insbesondere Art. 43 und Art. 46 Abs. 2 der Haager Landkriegsordnung von 1907, verstoße.[171]

Zwar räumte das alliierte Dekartellierungsrecht den zuständigen Stellen umfassende Rechte zur Durchsetzung einer strengen Kartellpolitik ein, trotzdem kam es nur relativ selten zur Anwendung. In der Zeit vor der Währungsreform im Juni 1948 bildeten sich aufgrund der Mangellage ohnehin keine Kartelle, auf welche die alliierten Dekartellierungsgesetze hätten Anwendung finden können.[172] So beschränkten sich die Militärregierungen in den ersten Jahren der Nachkriegszeit auf Demontage und Entflechtung.[173] Darüber hinaus sah Artikel III der britischen Verordnung Nr. 78 Ausnahmen vom Kartellverbot vor.[174] In der britischen Zone, wo sich die meisten Kartelle befanden, nahmen die im Auftrag der britischen Militärregierung handelnden deutschen Behörden die Ausnahmeanträge zur Kenntnis, ohne

erfreut zu sein. Sie betrifft Grundfragen unserer Wirtschaftsverfassung, die von uns selbst geregelt, uns nicht von außen aufgezwungen werden sollten. Sie bedient sich der Rechtssprache und Gesetzestechnik des anglo-amerikanischen Rechts, die dem deutschen Juristen fremd sind. Und sie verquickt in wenig überzeugender Weise rein politisch-militärische mit wirtschaftspolitischen Zielsetzungen der Alliierten."

169 *Barnikel*, in: Die Konzentration in der deutschen Wirtschaft seit dem 19. Jahrhundert, 1978, S. 62; *Deutsche Zeitung*, Nr. 38 (13.5.1950), „Europäische Lösung der Kartellfrage", S. 10; *Rasch*, Wettbewerbsbeschränkungen, 1957, S. 6.

170 *Kartte*, Ein neues Leitbild für die Wettbewerbspolitik, 1969, S. 19.

171 *Bock/Korsch*, in: WuW, Jg. 7 (1957), S. 436 f.; *Huber*, Wirtschaftsverwaltungsrecht, Bd. 1, 2. Aufl., 1953, S. 437; *Stolper*, Die Deutsche Wirklichkeit, 1949, S. 34; *Wank*, in: Kartelle und Kartellgesetzgebung, 1985, S. 204.

172 *Lehnich*, Die Wettbewerbsbeschränkung, 1956, S. 475; *Rasch*, Wettbewerbsbeschränkungen, 1957, S. 5.

173 *Lehnich*, Die Wettbewerbsbeschränkung, 1956, S. 475.

174 „Article III. Exemptions 6. The agency designated by Military Government to enforce this law will consider, and in approved cases, grant exemptions in respect to any agreement, arrangement, act or purpose otherwise prohibited by this law, if it is considered that the character or activities of the enterprise under review: (a) Are not repugnant to the purposes of this law; or (b) Are required to further the declared objectives of Military Government." Abgedruckt in Military Government Gazette Germany, British Zone of Control, 1947, Nr. 16, S. 413.

Gegenmaßnahmen zu ergreifen.[175] Die Organisation der deutschen Industrie blieb in der britischen Zone bis 1947 de facto unangetastet.[176]

Hinzukam, dass das Zweimächtekontrollamt inzwischen die Notwendigkeit der traditionellen deutschen Wirtschaftsverbände beim Wiederaufbau anerkannte.[177] Nachdem die Alliierten die Wirtschaftsverbände, die im Dritten Reich als Zwangskartellen verbunden worden waren, zunächst verboten hatten, lebten sie als korporatistische Einheiten ab 1948 langsam wieder auf. Aufgrund der schlechten wirtschaftlichen Lage in der britischen Zone, die sogar die Währungsreform gefährdete, wollten die Militärregierungen der Bizone ab Anfang 1948 die Wirtschaftsverbände im Rahmen der „Demokratisierung der deutschen Wirtschaft" für eine effizientere Bewirtschaftung einsetzen.[178] Am 12. Februar 1948 wurde die Gründung von Geschäfts- und Berufsverbänden erlaubt, allerdings mit der Einschränkung, dass sie weder Exekutivfunktionen übernehmen noch als Kartelle tätig werden durften.[179] Das auf dem BICO/Memo 48/46 vom 9.06.1948 basierende Gesetz Nr. 38 zur Änderung des Bewirtschaftungsnotgesetzes vom 17.06.1948[180] forderte eine Liberalisierung des Bewirtschaftungssystems.[181]

---

175 *Rasch*, Wettbewerbsbeschränkungen, 1957, S. 5; *Ziersch*, in: 10 Jahre Kartellgesetz, 1968, S. 446.

176 *Kartte*, Ein neues Leitbild für die Wettbewerbspolitik, 1969, S. 20; *Rasch*, Wettbewerbsbeschränkungen, 1957, S. 5.

177 Gutachten vom 18.04.1948 des Wissenschaftlichen Beirats beim Bundeswirtschaftsministerium: „[...] 2. Die Währungsreform ist nur sinnvoll, wenn eine grundsätzliche Änderung der bisherigen Wirtschaftslenkung mit ihr verbunden wird." Abgedruckt in *Wissenschaftlicher Beirat beim Bundeswirtschaftsministerium*, Gutachten zum Wettbewerbsproblem, Sonderband, 1962, S. 31. – *Institut für Besatzungsfragen (Hrsg.)*, Einwirkungen der Besatzungsmächte auf die westdeutsche Wirtschaft, 1949, S. 57; *Plumpe*, Vom Plan zum Markt, 1987, S. 292 verweist auf den Bericht der Arbeitsgruppe „Working Party on Trade Associations" (Vorlage am 28.5.1948 beim Bipartite Board), wonach „die bisherigen Verfahren dem wirtschaftlichen Wiederaufbau schaden und die deutsche Verwaltung völlig überlasten [...]" und „mit den alliierten Funktionsverboten für Unternehmerverbände hart ins Gericht [gegangen wurde]".

178 *Institut für Besatzungsfragen (Hrsg.)*, Einwirkungen der Besatzungsmächte auf die westdeutsche Wirtschaft, 1949, S. 57; *Plumpe*, Vom Plan zum Markt, 1987, S. 291, 297.

179 *Institut für Besatzungsfragen (Hrsg.)*, Einwirkungen der Besatzungsmächte auf die westdeutsche Wirtschaft, 1949, S. 57.

180 S. hierzu die Drucksachen des Wirtschaftsrates des Vereinigten Wirtschaftsgebietes 1948 Nr. 336 und 341, sowie den Einspruch des Länderrates vom 23.06.1948 (Drucksachen des Wirtschaftsrates des Vereinigten Wirtschaftsgebietes 1948 Nr. 379) und das BICO/Memo (48) 56 vom 3.08.1948 (Drucksachen des Wirtschaftsrates des Vereinigten Wirtschaftsgebietes 1948 Nr. 433).

181 *Institut für Besatzungsfragen (Hrsg.)*, Einwirkungen der Besatzungsmächte auf die westdeutsche Wirtschaft, 1949, S. 57; *Plumpe*, Vom Plan zum Markt, 1987, S. 294 f.

Auch wenn seit der Währungsreform im Jahre 1948 die alliierten Dekartellierungsgesetze häufig übertreten wurden[182] und die USA in ihrer Zone versuchten, offensichtliche Gesetzesverstöße einzudämmen,[183] blieb nach Einschätzung von Ziersch – Mitglied des BDI – die Verfolgung von Verstößen gegen die Dekartellierungsgesetze eher zurückhaltend.[184] In den späten vierziger Jahren ging es den Amerikanern vielmehr um die sanfte Umerziehung der westdeutschen Industriellen unter Darstellung der Vorzüge des amerikanischen Modells und um ein aus eigener Überzeugung erlassenes deutsches Antitrustgesetz.[185] Ab 1948 nahm die Bereitschaft der Besatzungsmächte somit ab, die eigenen Wettbewerbsgesetze umzusetzen.[186] Bedeutsam war daher nicht die Anwendung der Dekartellierungsgesetze, sondern ihr Einfluss auf das erste deutsche Antitrustgesetz.[187]

VIII. Deutsche Vorstellungen von der Neuordnung der deutschen Wirtschaft

Nach dem Ende des Zweiten Weltkrieges, der den Zusammenbruch der zentral gelenkten Wirtschaft mit sich brachte, stellte sich die Frage, wie man Marktfreiheit und Unternehmerwirtschaft in Deutschland wiederherstellen könnte.[188]

1. Der Ordoliberalismus

In der Nachkriegszeit stand für die Westdeutschen die Beseitigung der unmittelbaren Kriegsfolgen im Vordergrund.[189] Die Schaffung einer freien Wettbewerbsordnung erschien demgegenüber zweitrangig.[190] Bestimmte Kreise sahen die Kartellkritik der USA indes als durchaus berechtigt an. Schon in der Zeit der Weimarer Republik

---

182 *Lehnich*, Die Wettbewerbsbeschränkung, 1956, S. 476 f.; *Rasch*, Wettbewerbsbeschränkungen, 1957, S. 6; *Ziersch*, in: 10 Jahre Kartellgesetz, 1968, S 446.

183 *Industriekurier*, „Dekartellisierung beendet", Jg. 2, Nr. 19, 16.02.1949, S. 1: „Clay hofft, daß das Dekartellisierungsgesetz der Militärregierungen in ein deutsches Gesetz umgewandelt werde. Es werde nach seiner Meinung immer wieder verletzt. Es handele sich nunmehr darum, diejenigen ausfindig zu machen und zu bestrafen, die das Gesetz verletzen." – *Berghahn*, The Americanisation of West German Industry, 1986, S. 102; *Berghahn*, in: Vom Marshallplan zur EWG, 1990, S. 237; *Murach-Brand*, Antitrust auf deutsch, 2004, S. 136; *Rasch*, Wettbewerbsbeschränkungen, 1957, S. 6.

184 *Ziersch*, in: 10 Jahre Kartellgesetz, 1968, S. 446.

185 *Berghahn*, The Americanisation of West German Industry, 1986, S. 102.

186 *Günther*, Wege zur Europäischen Wettbewerbsordnung, 1968, S. 10; *Kartte/Holtschneider*, in: Handbuch des Wettbewerbs, 1981, S. 202.

187 *Kartte*, Ein neues Leitbild für die Wettbewerbspolitik, 1969, S. 20; *Kartte/Holtschneider*, in: Handbuch des Wettbewerbs, 1981, S. 202.

188 *Günther*, in: WuW 1951, S. 23.

189 *Kronstein*, in: Kartelle und Monopole, 1960, Bd. 1, S. 120.

190 *Kronstein*, in: Kartelle und Monopole, 1960, Bd. 1, S. 120.

hatten sie den deutschen „Wirtschaftsstaat" angeprangert, der zur Verschmelzung von staatlicher Wirtschaftspolitik und Unternehmerinteressen im Rahmen der sog. Selbstverwaltung der Wirtschaft führte.[191] Die Überzeugung einiger westdeutscher Politiker von der Notwendigkeit des freien Wettbewerbs zum Wiederaufbau einer lebendigen Wirtschaft hatte ihre Ursache einerseits in der kaum vorhandenen oder jedenfalls zum Erhalt des Wettbewerbs nicht ausreichenden Antitrustgesetzgebung vor 1945.[192] Die Erfahrungen aus der Weimarer Zeit hätten gezeigt, dass eine freiheitliche Wirtschaftsordnung sich nicht selbst erhält, sondern geschützt werden müsse.[193] Diese Bestrebungen wurden durch die US-amerikanische, überwiegend neoliberal geprägte Besatzungsmacht, die in Ausübung der von ihr besetzten Ämter Einfluss auf die zukünftige Wirtschaftspolitik ausübte, verstärkt.[194]

Dieses Spannungsverhältnis zwischen neoliberaler Wirtschaftsordnung und staatlicher Lenkungswirtschaft versuchte die ordoliberale Schule um Walter Eucken zu lösen. Der Freiburger Professor für Volkswirtschaft Walter Eucken wies z.B. darauf hin, dass aufgrund der Fesselung des Staates durch die Wirtschaft jede schwere wirtschaftliche Depression auch eine Erschütterung des Staates bewirkte.[195] Walter Eucken gehörte ebenso wie der Frankfurter Professor für Bürgerliches, Handels- und Wirtschaftsrecht Franz Böhm zu den Vertretern des sog. Ordoliberalismus. Sie suchten einen „Dritten Weg" zwischen Planwirtschaft und freier Verkehrswirtschaft.[196]

Die Vertreter des Ordoliberalismus – auch bekannt als „Freiburger Schule" – zeichneten sich durch die Erkenntnis aus, dass die Selbststeuerung im Rahmen des „laisser faire" nicht a priori gemeinwohlfördernd ist.[197] Sie sprachen sich für ein Verbot von Kartellabsprachen trotz Vertragsfreiheit aus, „da sie den freien Leistungswettbewerb zum Nachteil der Konsumenten untergraben" würden.[198] Die ordoliberale Lehre kämpfte dagegen, dass wie vor dem Zweiten Weltkrieg die Wirtschaftspolitik in den Händen der kartellfreundlichen Unternehmer lag. Vielmehr sollte ein unparteiischer, demokratischer und starker Staat die Ordnung in der Wirtschaft herstellen.[199] Dabei gingen sie davon aus, dass Basis der Wirtschaftspolitik

191 *Blum*, Soziale Marktwirtschaft, 1969, S. 61; *Eucken*, in: Weltwirtschaftliches Archiv, Bd. 36 (1932/II), S. 307.

192 *Robert*, Konzentrationspolitik, 1976, S. 74.

193 *Barnikel*, in: Die Konzentration in der deutschen Wirtschaft seit dem 19. Jahrhundert, 1978, S. 58 f.

194 *Robert*, Konzentrationspolitik, 1976, S. 74.

195 *Eucken*, in: Weltwirtschaftliches Archiv, Bd. 36 (1932/II), S. 307.

196 *Blum*, Soziale Marktwirtschaft, 1969, S. 58 f. m.w.N.; *Eucken*, in: ORDO, Bd. 2 (1949), S. 92; *Rüstow*, Versagen des Wirtschaftsliberalismus, 1945, S. 90.

197 *Rüstow*, Das Versagen des Wirtschaftsliberalismus, 2001, S. 257.

198 *Rüstow*, Das Versagen des Wirtschaftsliberalismus, 2001, S. 257.

199 *Blum*, Soziale Marktwirtschaft, 1969, S. 58, 60, 63; *Eucken*, in: ORDO, Bd. 2 (1949), S. 93; *Kartte/Holtschneider*, in: Handbuch des Wettbewerbs, 1981, S. 197; *Miksch*, Wettbewerb als Aufgabe, 1947, S. 28 ff.; *Robert*, Konzentrationspolitik, 1976, S. 79;

eine Wettbewerbsordnung – die Marktform der „vollständigen Konkurrenz“ – war.[200] Vorteile einer auf dem freien Wettbewerb beruhenden Wirtschaftsordnung sahen sie darin, dass diese – anders als eine monopolisierte Wirtschaft – am effektivsten den wirtschaftlichen Fortschritt fördern, den Verbraucher schützen und dem Leistungsprinzip den Vorrang einräumen könnte.[201] Nach Vorstellung der ordoliberalen Lehre kam der obrigkeitlichen Aufsicht die Aufgabe zu, den durch den Wettbewerb entstehenden Auslesekampf mit Blick auf das Wohl des Kunden zu ordnen.[202] Zugleich ermöglichte es dem Staat, indem er Einschränkungen der Konkurrenz entgegentrat, die Entstehung von monopolistischen Machtgebilden zu verhindern.[203]

Das ordoliberale Modell forderte aber nicht nur ein Kartellverbot. Der Schutz des Wettbewerbs war ihrer Ansicht nach vielmehr das Fundament der staatlichen Wirtschafts- und Sozialpolitik.[204] Nach Eucken bestand eine Interdependenz des wirtschaftlichen Geschehens, wonach die Wirtschaftsordnung das allein geeignete Mittel einer sinnvollen Sozialpolitik darstellte.[205]

Eucken fasste das Schlagwort des „Mittelweges“ in folgender Formel zusammen: „Staatliche Planung der Formen – ja; staatliche Planung und Lenkung des Wirtschaftsprozesses – nein“.[206] Dahinter stand der Gedanke, dass der Staat zwar unfähig war, den alltäglichen Wirtschaftsprozess zu führen[207], zugleich aber wirtschaftliche Freiheit nur dann bestehen könne, wenn der Staat die Bedingungen für den Erhalt der freiheitlichen Wirtschaftsordnung festlegte und schützte.[208]

Zentrales Organ zur Verwirklichung der ordoliberalen Wettbewerbspolitik war ein staatliches Monopolamt, dem die ausschließliche Zuständigkeit für „die

---

Röpke, Die Lehre von der Wirtschaft, 1961, S. 303; *Rüstow*, Das Versagen des Wirtschaftsliberalismus, 1945, S. 94 ff.; *Rüstow*, Das Versagen des Wirtschaftsliberalismus, 2001, S. 256 f.

200 *Böhm*, in: Grundsatzfragen der Wirtschaftsordnung, 1953, S. 75; *Kartte/Holtschneider*, in: Handbuch des Wettbewerbs, 1981, S. 197.

201 *Böhm*, Wettbewerb und Monopolkampf, 1933, S. 1 f., 4 f.

202 *Böhm*, Wettbewerb und Monopolkampf, 1933, S. 73 f., 96, 109, 127.

203 *Eucken*, in: ORDO, Bd. 2 (1949), S. 65; *Röpke*, Die Lehre von der Wirtschaft, 1961, S. 303.

204 *Eucken*, in: ORDO, Bd. 2 (1949), S. 65 f.

205 *Becker*, Die soziale Frage im Neoliberalismus, 1965, S. 227 m.w.N.; *Blum*, Soziale Marktwirtschaft, 1969, S. 52, 55; *Böhm*, in: Grundsatzfragen der Wirtschaftsordnung, 1953, S. 75 ff., 84 ff.; *Eucken*, in: ORDO, Bd. 2 (1949), S. 1; *Eucken*, Grundsätze der Wirtschaftspolitik, 1952, S. 304 ff.; *Robert*, Konzentrationspolitik, 1976, S. 80.

206 *Blum*, Soziale Marktwirtschaft, 1969, S. 55; *Eucken*, in: ORDO, Bd. 2 (1949), S. 93; *Eucken*, Grundsätze der Wirtschaftspolitik, 1952, S. 336 f.; *Robert*, Konzentrationspolitik, 1976, S. 79; *Rüstow*, Das Versagen des Wirtschaftsliberalismus, 2001, S. 256 f.

207 *Eucken*, in: ORDO, Bd. 2 (1949), S. 92.

208 *Blum*, Soziale Marktwirtschaft, 1969, S. 49 ff., 58 m.w.N.; *Eucken*, in: ORDO, Bd. 2 (1949), S. 93; *Eucken*, Grundsätze der Wirtschaftspolitik, 1952, S. 242, 325; *Kartte/Holtschneider*, in: Handbuch des Wettbewerbs, 1981, S. 197.

Sicherung des Wettbewerbs durch [Erzwingung der, Anm. d. Verf.] Einhaltung gesetzlicher Normen, Auflösung vermeidbarer Monopole und Beaufsichtigung unvermeidbarer Monopole" zukam.[209] Das Monopolamt sollte unabhängig sein, um den Einflüssen von Interessengruppen zu entgehen. Eucken machte daher zur Bedingung, dass es sich nicht um eine Abteilung des Wirtschaftsministeriums handeln durfte, die weit stärker als ein unabhängiges Amt dem Druck der Interessen ausgeliefert wäre.[210]

2. Die Einsetzung des Josten-Ausschusses

Bei der Planung der Neuordnung der deutschen Wirtschaft spielten deutsche Vorstellungen zunächst keine Rolle. Weder das Konzept der Ordoliberalen noch die Ideen von deutschen Behörden fanden Berücksichtigung; letztere waren unmittelbar nach 1945 zu einer selbständigen Wirtschaftspolitik gar nicht befugt.[211]

Trotzdem beschäftigte sich unter Führung von Dr. Paul Josten, langjähriger Leiter des Kartellreferates im Reichswirtschaftsministerium, eine Sachverständigenkommission, die sich im Jahre 1946 in Stuttgart gebildet hatte, mit den dafür notwendigen Maßnahmen.[212] Zu den weiteren Mitgliedern zählten Dr. Walter Bauer, Professor Franz Böhm, Dr. Curt Fischer, Senatspräsident a.D. Dr. Wilhelm Köppel, Professor Wilhelm Kromphard und Professor Bernhard Pfister.[213] Der Wirtschaftsrat des Süddeutschen Länderrates setzte den sog. Josten-Ausschuss ein und betraute ihn ab Mitte 1947 in Kooperation mit dem bizonalen Kartellreferat mit dem Entwurf eines eigenen deutschen Kartellgesetzes.[214] Fast zeitgleich empfahl unter der Leitung von Walter Eucken das Comité d'Etudes Economiques für das Zentralamt für Wirtschaft der französischen Besatzungszone im Jahre 1947 erste Ansätze für eine Dekonzentration der Wirtschaft.[215]

---

209 *Eucken*, in: ORDO, Bd. 2 (1949), S. 68: „Im Bilde des modernen, industrialisierten Staates hat diese große, zentrale Figur des Monopolamts zu erscheinen." – *Robert*, Konzentrationspolitik, 1976, S. 82; *Stocker*, Die Monopolpolitik des Neoliberalismus, 1957, S. 48 f. m.w.N.

210 *Eucken*, in: ORDO, Bd. 2 (1949), S. 68.

211 *Barnikel*, in: Theorie und Praxis der Kartelle, 1972, S. 52; *Robert*, Konzentrationspolitik, 1976, S. 85.

212 *Günther*, in: BB, 4. Jg., 1949, S. 713; *Günther*, in: WuW 1951, S. 23.

213 *Günther*, in: WuW 1951, S. 23.

214 *Kartte/Holtschneider*, in: Handbuch des Wettbewerbs, 1981, S. 202; *Robert*, Konzentrationspolitik, 1976, S. 103 m.w.N.

215 Gutachten des Comité d'Etudes Economiques unter Leitung von Prof. Walter Eucken, Ende Januar 1947: „[...] 4. Kartelle, Syndikate usw. sind zu verbieten und als rechtsunwirksam zu erklären, Konzerne, Trusts und monopolistische Einzelunternehmen sind zu entflechten oder aufzulösen, soweit nicht technische oder volkswirtschaftliche Sachverhalte eine solche Entflechtung oder Auflösung unmöglich machen." Auszugsweise abgedruckt in *Günther*, in: WuW 1951, S. 35. – *Nettesheim/Thomas*, Entflechtung, 2011, S. 11.

Zusammenfassung zu Kapitel 1

Die Alliierten hielten unmittelbar nach dem Zweiten Weltkrieg das wirtschaftspolitische Schicksal Deutschlands in ihren Händen. Die USA hatten bereits während des Krieges beschlossen, die deutschen Kartelle zu beseitigen. Unter dem Einfluss der USA sahen die Abkommen der Alliierten wiederholt die Dekartellierung und Entflechtung der deutschen Wirtschaft vor. Die westlichen Alliierten erließen in ihren Zonen Dekartellierungsgesetze – allen voran die USA, etwas später Großbritannien und Frankreich. Die Durchsetzung erfolgte zunächst durch die Besatzungsbehörden, später gingen die Befugnisse nach und nach auf deutsche Behörden unter Aufsicht des Alliierten Kontrollrates über. Die deutsche Industrie stand der Dekartellierung und Entflechtung feindselig gegenüber, die deutsche Lehre der Ordoliberalen begrüßte hingegen diese Entwicklung.

Kapitel 2: Deutschland erlangt Souveränität

I. Erste Ansätze zur Entwicklung eines deutschen Kartellrechts

Die Deutschen fühlten sich durch die Bezeichnung der alliierten Dekartellierungsgesetze als „Zwischenlösung“ ermutigt und arbeiteten im Folgenden an einem Nachfolgegesetz zur Sicherung des Leistungswettbewerbs.[216] In einem Gutachten vom 18.04.1948 behandelte der Wissenschaftliche Beirat beim Bundeswirtschaftsministerium im Auftrag der „Verwaltung der Wirtschaft“ – die Vorgängerin des Bundeswirtschaftsministeriums – die Frage, in welchem Umfang und mit welchen Methoden Maßnahmen der Verbrauchsregelung, der Bewirtschaftung und der Preispolitik nach der Währungsreform durchgeführt werden sollten.[217] Das Gutachten sah in Nr. 12 vor, dass der Beirat „zur Verhinderung des Mißbrauchs wirtschaftlicher Machtstellungen [...] eine sofortige und wirksame Kontrolle der Monopole und ihrer Preisbildung für unabdingbar [hält]“.[218]

Veränderungen in der außenpolitischen Situation förderten die deutschen Initiativen. In den Vordergrund traten zudem im Jahre 1948 als Maßnahmen zur Ankurbelung der westdeutschen Wirtschaft der Marshall-Plan und die Währungsreform (20.06.1948).[219] Der amerikanische Außenminister General George C. Marshall hatte nach einem Besuch in Deutschland folgende Feststellung getroffen: „The patient is dying while the doctors argue.“[220] Dies gab den Anstoß für ein milliardenschweres Hilfsprogramm für das zerstörte Nachkriegseuropa. Zwar diente der Marshall-Plan in erster Linie dem wirtschaftlichen Wiederaufbau. Die USA beabsichtigten damit aber auch, die Abkehr der Marshall-Plan-Länder vom Kommunismus sowie die Bindung an den kapitalistischen Westen zu fördern.[221] Eine Art Gegenleistung der Empfänger der Hilfe bestand darin, „daß sie einen Beitrag leisten zur Bewahrung der Art von Welt, an der die Vereinigten Staaten interessiert seien“.[222] Für die Wirtschaft der Teilnehmerländer bedeutete dies die Verpflichtung auf die Prinzipien der Havanna-Charta, d.h. Senkung der Zolltarife, Verbot einschränkender Handelspraktiken und

216 *Kartte/Holtschneider*, in: Handbuch des Wettbewerbs, 1981, S. 202; *Robert*, Konzentrationspolitik, 1976, S. 102.
217 *Wissenschaftlicher Beirat beim Bundeswirtschaftsministerium*, Gutachten zum Wettbewerbsproblem, Sonderband, 1962, S. 31.
218 *Wissenschaftlicher Beirat beim Bundeswirtschaftsministerium*, Gutachten zum Wettbewerbsproblem, Sonderband, 1962, S. 33.
219 *Kartte/Holtschneider*, in: Handbuch des Wettbewerbs, 1981, S. 201; *Murach-Brand*, Antitrust auf deutsch, 2004, S. 79 ff.
220 *Maier*, in: Le Plan Marshall, 1993, S. 22.
221 *Maier*, in: Le Plan Marshall, 1993, S. 15.
222 *Blum*, Soziale Marktwirtschaft, 1969, S. 206.

Liberalisierung.[223] Diese Botschaft richtete sich direkt an die Teilnehmerländer. Der Marshall-Plan rief Deutschland als Teilnehmerland dazu auf, einschränkenden Handelspraktiken entgegenzutreten. Die Verantwortung für die Einführung eines Wettbewerbsgesetzes verlagerte sich dadurch, dass Deutschland selber Adressat des Marshall-Planes war, allmählich auf die deutschen Stellen und lag nicht mehr allein bei den alliierten Besatzungsmächten.[224]

Die Folge davon war, dass nicht nur Deutschland, sondern fast alle europäischen Teilnehmerstaaten am European Recovery Program (= ERP) auf der Grundlage der Havanna-Charta neue Kartellgesetze erließen.[225] Die Grundsätze der Havanna-Charta waren in Westdeutschland zusätzlich durch die Anweisung Nr. 31 der gemeinsamen englisch-amerikanischen Dienststelle zur Kontrolle des Außenhandels der Besatzungszonen (Joint Export Import Agency = JEIA) in Kraft gesetzt worden.[226] Die westdeutsche Industrie hoffte indes auf eine rasche Rehabilitierung durch den Marshall-Plan. Sie wollte wieder ein gleichberechtigtes Mitglied auf dem Weltmarkt sein.[227]

II. Das neue Besatzungsstatut

Zeitgleich mit der Konkretisierung der Gründung der Bundesrepublik Deutschland fanden die Verhandlungen um das neue Besatzungsstatut, dem die junge Republik unterstehen sollte, statt. Auf das Inkrafttreten des Besatzungsstatuts mit Gründung der Bundesrepublik Deutschland und Konstituierung ihrer Verfassungsorgane folgte

---

223 Abschlussbericht des Comittee for European Economic Cooperation (CEEC = Vorläufer der OEEC) in: *Bundesministerium für Wirtschaftliche Zusammenarbeit (Hrsg.)*, OEEC, der Europäische Wirtschaftsrat, 1956, S. 12: „[...] jedes Teilnehmerland [sollte] selbst alle Anstrengungen machen mit dem Ziel [...] 5. mit den übrigen europäischen und mit anderen gleichgesinnten Ländern in Übereinstimmung mit den Grundsätzen des Vertragsentwurfes für eine internationale Handelsorganisation zusammenzuarbeiten, um, wo immer möglich, die Zolltarife zu senken und andere Schranken zu beseitigen, die der Ausdehnung des Handels sowohl in Europa als auch mit der übrigen Welt hinderlich sind [...]". – *Blum*, Soziale Marktwirtschaft, 1969, S. 206 f.; *Brüggemeier*, Entwicklung des Rechts im organisierten Kapitalismus, Bd. 2, 1979, S. 282; *Institut für Besatzungsfragen (Hrsg.)*, Einwirkungen der Besatzungsmächte auf die westdeutsche Wirtschaft, 1949, S. 43.

224 *Günther*, in: Wirtschaftsordnung und Staatsverfassung, 1975, S. 187; *Kartte/Holtschneider*, in: Handbuch des Wettbewerbs, 1981, S. 201; *Robert*, Konzentrationspolitik, 1976, S. 91.

225 *Brüggemeier*, Entwicklung des Rechts im organisierten Kapitalismus, Bd. 2, 1979, S. 282 m.w.N.

226 *Blum*, Soziale Marktwirtschaft, 1969, S. 212; *Institut für Besatzungsfragen (Hrsg.)*, Einwirkungen der Besatzungsmächte auf die westdeutsche Wirtschaft, 1949, S. 5, 43.

227 *Bührer*, in: Le Plan Marshall, 1993, S. 449.

am 21.09.1949 die Ablösung der westalliierten Militärregierungen.[228] Ab diesem Zeitpunkt erhielt die neue westdeutsche Regierung administrative und legislative Befugnisse, allerdings unter Aufsicht der Allied High Commission (Alliierte Hohe Kommission = AHK), die sich aus Vertretern der drei westlichen Alliierten zusammensetzte.[229] Diese Entwicklung vorbereitend hatte der Zweimächtekontrollrat in seinem Memorandum vom 29.03.1949 bereits die „Verwaltung für Wirtschaft" offiziell beauftragt, ein deutsches Wettbewerbsgesetz zu entwerfen.[230] In diesem Schreiben stellte das Zweimächtekontrollamt Bedingungen an ein deutsches Antitrustgesetz, und zwar die Ausklammerung der Entflechtung (deconcentration) und die Orientierung an den Grundsätzen des Kapitels 5 der Havanna Charta.[231] Im Besatzungsstatut vom 12.05.1949 stellten die westlichen Militärregierungen entsprechend des Memorandums vom 29.03.1949 eine Regelung der Entflechtung durch die Bundesrepublik Deutschland nicht zur Disposition. Nur auf dem Gebiet der Dekartellisierung und Dezentralisierung durfte die Bundesrepublik nach ordnungsgemäßer Mitteilung an die Besatzungsbehörden tätig werden.[232] Man traute den Deutschen zu diesem

228 *Weisz*, OMGUS-Handbuch, 1994, S. 82–89.

229 *Weisz*, OMGUS-Handbuch, 1994, S. 83, 89.

230 Memorandum des Zweimächtekontrollamtes betr. die deutsche Teilnahme an der Entkartellisierung vom 29.03.1949: „[...] 2. Die Militärgouverneure haben jetzt beschlossen, Schritte zur Übertragung der Verantwortung auf den Wirtschaftsrat für jenen Teil des Entkartellisierungsprogramms zu übernehmen, der sich mit der Frage der Handelsmissbräuche befasst. [...] 3. [...] werden Sie aufgefordert, Ihre Aufmerksamkeit sofort auf die Vorbereitung eines Gesetzentwurfes gegen Handelsmißbräuche zu lenken [...]." Abgedruckt in *Brüggemeier*, Entwicklung des Rechts im organisierten Kapitalismus, Bd. 2, 1979, S. 372 ff. – *Kartte/Holtschneider*, in: Handbuch des Wettbewerbs, 1981, S. 202.

231 Memorandum des Zweimächtekontrollamtes betr. die deutsche Teilnahme an der Entkartellisierung vom 29.03.1949: „[...] 2. [...] Die Verantwortung für Entmachtungsmaßnahmen (deconcentration) bleibt in Händen der Militärregierung. 3. [...] Das vorzuschlagende Gesetz sollte auf den Grundlagen des Kapitel 5 der ‚Havanna Charta für eine internationale Handelsorganisation' [...] beruhen." Abgedruckt in *Brüggemeier*, Entwicklung des Rechts im organisierten Kapitalismus, Bd. 2, 1979, S. 372 ff. – Günther, in: WuW 1951, S. 29, 36.

232 „Amtlicher Wortlaut des Besatzungsstatuts, veröffentlicht am 12. Mai 1949 durch die Militärgouverneure und Oberbefehlshaber der Westzonen, [...] 2. Um die Erreichung der Grundziele der Besatzung sicherzustellen, wird die Zuständigkeit für die folgenden Gebiete, einschließlich des Rechts, von den Besatzungsbehörden benötigte Auskünfte und statistische Angaben anzufordern und deren Richtigkeit zu prüfen, ausdrücklich vorbehalten: [...] b) die Kontrolle über die Ruhr, die Restitutionen, Reparationen, Dekartellisierung, Dezentralisation, Ausschluß von Diskriminierungen in Handelsangelegenheiten [...]. [...] 4. Die Bundesrepublik Deutschland und die Länder haben die Befugnis, nach ordnungsmäßiger Mitteilung an die Besatzungsbehörden auch auf den diesen Behörden vorbehaltenen [Gebieten] Gesetze zu erlassen und Maßnahmen zu ergreifen, es sei denn, daß die Besatzungsbehörden ausdrücklich anders bestimmen oder daß solche Gesetze

Zeitpunkt offenbar nicht zu, in dem neuen Wettbewerbsgesetz eine ausreichende Entflechtung vorzusehen.

Nach Einigung über das Besatzungsstatut und dem Ende der Militärregierung kehrte Clay am 15.05.1949 in die USA zurück, sein Nachfolger John McCloy trat am 1.07.1949 sein Amt als erster amerikanischer Hoher Kommissar innerhalb der AHK an.[233] Fortan überwachte McCloy den Fortschritt an der Arbeit am deutschen Wettbewerbsgesetz.

III. Der Josten-Entwurf

Die Arbeiten an einem deutschen Wettbewerbsgesetz standen in engem Zusammenhang mit der Aufforderung zur Einberufung einer verfassungsgebenden Versammlung.[234] Angesichts der Empfehlung der Alliierten, kurz vor Gründung der Bundesrepublik die gesetzgeberischen Arbeiten des Wirtschaftsrates zu beenden, verfolgte der Wirtschaftsrat den Entwurf ab dem 26.05.1949 nicht weiter, sondern verwies auf das zukünftige Bundesparlament.[235] Die SPD behauptete daraufhin, die „Verwaltung für Wirtschaft" habe das Monopolgesetz aufgrund finanzieller Wahlunterstützungen der industriellen Interessenverbände zurückgezogen.[236] Der Direktor der „Verwaltung für Wirtschaft", Professor für Volkswirtschaft Ludwig Erhard, verwahrte sich gegen diese Kritik und verwies darauf, dass der Erlass des neuen Gesetzes ausführlicher Diskussion in der Wissenschaft, der Wirtschaft und der Gewerkschaften bedürfe.[237] Der 1947 eingesetzte Josten-Ausschuss legte Erhard am 5.07.1949 trotzdem einen umfassenden Entwurf für ein deutsches Kartellgesetz, den sog. Josten-Entwurf, vor.[238]

Ordoliberale Ideen prägten maßgeblich diesen Entwurf. Der Staat hatte danach die Pflicht, den freien Wettbewerb zu schützen und die Marktteilnehmer zu einem wettbewerbskonformen Verhalten anzuhalten.[239] Vertragsfreiheit und Koalitionsfreiheit

oder Maßnahmen mit den Besatzungsbehörden selbst getroffenen Entscheidungen oder Maßnahmen unvereinbar sind." Abgedruckt in Official Gazette of the Allied High Commission for Germany, 1949, Nr. 1, S. 13 f.

233 *Weisz*, OMGUS-Handbuch, 1994, S. 83, 88.

234 *Blum*, Soziale Marktwirtschaft, 1969, S. 232.

235 *Günther*, in: BB, 1950, Jg. 5, S. 297.

236 *Erhard*, in: Die Welt, 29.07.1949, abgedruckt in: *Erhard*, Gedanken, 1988, S. 212.

237 *Erhard*, in: Die Welt, 29.07.1949, abgedruckt in: *Erhard*, Gedanken, 1988, S. 212.

238 *Entwurf* zu einem Gesetz zur Sicherung des Leistungswettbewerbs und zu einem Gesetz über das Monopolamt mit Stellungnahme des Sachverständigen-Ausschusses und Minderheitsgutachten, am 5.07.1949 dem Direktor der Verwaltung für Wirtschaft, Ludwig Erhard, vorgelegt. – *Kartte/Holtschneider*, in: Handbuch des Wettbewerbs, 1981, S. 202 f.; *Robert*, Konzentrationspolitik, 1976, S. 103.

239 Präambel des *Entwurfes* zu einem Gesetz zur Sicherung des Leistungswettbewerbs und zu einem Gesetz über das Monopolamt mit Stellungnahme des Sachverständigen-Ausschusses und Minderheitsgutachten, am 5.07.1949 dem Direktor der

hörten gemäß des Entwurfs dort auf, wo diese Freiheiten dazu missbraucht wurden, durch Kartelle oder ähnliche Abmachungen den Leistungswettbewerb zu umgehen.[240] Der Entwurf sah nicht nur ein absolutes Kartellverbot (§§ 7 und 8 des Josten-Entwurfes)[241] vor, sondern auch eine Entflechtung von Unternehmen (§ 49 Nr. 1 des Josten-Entwurfes)[242], ferner ein unabhängiges, gerichtsähnlich aufgebautes Monopolamt (§ 53 I des Josten-Entwurfes)[243] sowie strenge strafrechtliche und verwaltungsrechtliche Sanktionen (§§ 59 ff. des Josten-Entwurfes: Gefängnis oder Geldstrafe, §§ 69 ff. des Josten-Entwurfes: Geldbuße)[244].

Das Monopolamt, dem die Durchsetzung des Gesetzes anvertraut war, zeichnete sich durch seine Unabhängigkeit aus.[245] Gemäß § 53 I des Josten-Entwurfes war das Monopolamt eine unabhängige, nur dem Gesetz unterworfene oberste Bundesbehörde.[246] Als oberste Behörde stand sie – anders als Bundesoberbehörden (Art. 87 GG) – auf derselben Ebene wie das Bundeswirtschaftsministeriums, hierarchisch nur dem Staatsoberhaupt untergeordnet. Es entsprach dem Willen des Josten-Ausschusses, das Monopolamt keinerlei Weisungsgewalt zu unterwerfen.[247] Selbst dem Bundeswirtschaftsminister kam kein Weisungsrecht gegenüber dem

---

Verwaltung für Wirtschaft, Ludwig Erhard, vorgelegt, S. 9. – *Günther*, in: BB, 4. Jg., 1949, S. 713; *Günther*, in: WuW 1951, S. 23; *Robert*, Konzentrationspolitik, 1976, S. 104.

240 *Günther*, in: BB, 4. Jg., 1949, S. 713.

241 §§ 7 u. 8 abgedruckt in: *Entwurf* zu einem Gesetz zur Sicherung des Leistungswettbewerbs und zu einem Gesetz über das Monopolamt mit Stellungnahme des Sachverständigen-Ausschusses und Minderheitsgutachten, am 5.07.1949 dem Direktor der Verwaltung für Wirtschaft, Ludwig Erhard, vorgelegt, S. 13 f.

242 § 49 Nr. 1 abgedruckt in: *Entwurf* zu einem Gesetz zur Sicherung des Leistungswettbewerbs und zu einem Gesetz über das Monopolamt mit Stellungnahme des Sachverständigen-Ausschusses und Minderheitsgutachten, am 5.07.1949 dem Direktor der Verwaltung für Wirtschaft, Ludwig Erhard, vorgelegt, S. 27.

243 § 53 abgedruckt in: *Entwurf* zu einem Gesetz zur Sicherung des Leistungswettbewerbs und zu einem Gesetz über das Monopolamt mit Stellungnahme des Sachverständigen-Ausschusses und Minderheitsgutachten, am 5.07.1949 dem Direktor der Verwaltung für Wirtschaft, Ludwig Erhard, vorgelegt, S 29.

244 §§ 59 ff. und §§ 69 ff. abgedruckt in: *Entwurf* zu einem Gesetz zur Sicherung des Leistungswettbewerbs und zu einem Gesetz über das Monopolamt mit Stellungnahme des Sachverständigen-Ausschusses und Minderheitsgutachten, am 5.07.1949 dem Direktor der Verwaltung für Wirtschaft, Ludwig Erhard, vorgelegt, S. 30 ff.

245 *Günther*, in: BB, 4. Jg., 1949, S. 713.

246 § 53, abgedruckt in: *Entwurfes* zu einem Gesetz zur Sicherung des Leistungswettbewerbs und zu einem Gesetz über das Monopolamt mit Stellungnahme des Sachverständigen-Ausschusses und Minderheitsgutachten, am 5.07.1949 dem Direktor der Verwaltung für Wirtschaft, Ludwig Erhard, vorgelegt, S 29.

247 Begründung des *Entwurfes* zu einem Gesetz zur Sicherung des Leistungswettbewerbs und zu einem Gesetz über das Monopolamt mit Stellungnahme des Sachverständigen-Ausschusses und Minderheitsgutachten, am 5.07.1949 dem Direktor

Monopolamt zu. Betroffene konnten gegen die Entscheidungen der Einzelsenate des Monopolamts Rechtsbeschwerde zu einem Beschwerdesenate des Monopolamts einlegen, § 55 II Josten-Entwurf i.V.m. §§ 46 ff. des Gesetzes über das Monopolamt.[248] Neben der Rechtsbeschwerde, die im Rahmen eines innerbehördlichen Verfahrens vom Beschwerdesenat beschieden wurde, existierten keine Rechtsmittel gegen die Entscheidungen des Monopolamtes. Die Entscheidungen des Monopolamtes waren vielmehr endgültig und für Gerichte, Schiedsgerichte und Verwaltungsbehörden bindend (§ 54 II 2 Josten-Entwurf).[249] Eine Überprüfung der Entscheidungen des Monopolamtes durch ein unabhängiges, nicht dem Präsidenten des Monopolamtes unterworfenes Gericht fand nicht statt.[250]

§ 49 des Josten-Entwurfes zählte zum Aufgabenkreis des Monopolamtes nicht nur die Durchsetzung des Kartellverbotes sowie Entflechtung und Fusionskontrolle, sondern auch wirtschaftspolitische Instrumente wie die Anregung von Maßnahmen zur Marktdurchleuchtung und die Unterbreitung von Gesetzesvorschlägen zur Verbesserung des Wettbewerbs.[251] Das Monopolamt war daher als Behörde zu wirtschaftspolitischen Entscheidungen in vollkommener Unabhängigkeit befugt.[252]

Das mit strafrechtlichen Sanktionen bewehrte Kartellverbot des Entwurfs entsprach zwar einerseits amerikanischen Vorstellungen.[253] Andererseits missachtete der Entwurf die Richtlinien des Memorandums vom 29.03.1949 und den im Besatzungsstatut enthaltenen Entflechtungsvorbehalt. Der Entwurf erfasste nämlich – subsidiär[254] – die Entschachtelung von Unternehmen (§ 49 Nr. 1 Josten-Entwurf)

---

der Verwaltung für Wirtschaft, Ludwig Erhard, vorgelegt, S. 68 f. zu § 48 und S 72, zu § 53.

248 Vgl. *Entwurf* zu einem Gesetz zur Sicherung des Leistungswettbewerbs und zu einem Gesetz über das Monopolamt mit Stellungnahme des Sachverständigen-Ausschusses und Minderheitsgutachten, am 5.07.1949 dem Direktor der Verwaltung für Wirtschaft, Ludwig Erhard, vorgelegt, S. 29 und 94 f.

249 § 54 II 1 abgedruckt in: *Entwurf* zu einem Gesetz zur Sicherung des Leistungswettbewerbs und zu einem Gesetz über das Monopolamt mit Stellungnahme des Sachverständigen-Ausschusses und Minderheitsgutachten, am 5.07.1949 dem Direktor der Verwaltung für Wirtschaft, Ludwig Erhard, vorgelegt, S. 29.

250 Vgl. auch das Minderheitsgutachten von Curt Fischer, abgedruckt in: *Entwurf* zu einem Gesetz zur Sicherung des Leistungswettbewerbs und zu einem Gesetz über das Monopolamt mit Stellungnahme des Sachverständigen-Ausschusses und Minderheitsgutachten, am 5.07.1949 dem Direktor der Verwaltung für Wirtschaft, Ludwig Erhard, vorgelegt, S. 132.

251 § 49 Nr. 1–6 abgedruckt in: *Entwurf* zu einem Gesetz zur Sicherung des Leistungswettbewerbs und zu einem Gesetz über das Monopolamt mit Stellungnahme des Sachverständigen-Ausschusses und Minderheitsgutachten, am 5.07.1949 dem Direktor der Verwaltung für Wirtschaft, Ludwig Erhard, vorgelegt, S. 27 f.

252 *Günther*, in: WuW 1951, S. 24; *Günther*, Wege zur Europäischen Wettbewerbsordnung, 1968, S. 10; *Robert*, Konzentrationspolitik, 1976, S. 104.

253 *Robert*, Konzentrationspolitik, 1976, S. 105.

254 *Nettesheim/Thomas*, Entflechtung, 2011, S. 11.

und ging mit seinem absoluten Kartellverbot über Kapitel 5 der Havanna Charta hinaus.[255] Die Einbeziehung der „deconcentration“, d.h. der Entflechtung, in den Entwurfstext sahen die Mitglieder des Josten-Ausschusses indes als unerlässlich an.[256]

Aber nicht nur die amerikanische Seite stand dem Entwurf misstrauisch gegenüber. Obwohl Ludwig Erhard für den freien Wettbewerb eintrat, überzeugte ihn der Entwurf nicht. Er legte den Josten-Entwurf dem Wirtschaftsrat nicht mehr vor.[257] Zwar hatte sich aufgrund des Inkrafttretens des Grundgesetzes die staatsrechtliche Situation verändert, so dass von nun an die Beratung grundlegender Gesetze dem Bundestag und nicht mehr der „Verwaltung für Wirtschaft“ oblag.[258] Trotzdem führte die Nichtvorlage zum endgültigen Scheitern des Josten-Entwurfes. Dafür sind eine Reihe von Gründen verantwortlich: Curt Fischer beanstandete in seinem Minderheitsgutachten, dass die Entflechtungsermächtigung des Monopolamts, so wie sie im Josten-Entwurf vorgesehen war, sowie die fehlende richterliche Kontrolle der Entscheidungen des Monopolamts zu weit gehe.[259] Angesichts des BICO-Memorandums vom 29.03.1949, das eine Orientierung an den Grundsätzen der Havanna Charta vorsah und die Entflechtungsbefugnis den Alliierten vorbehielt, war der Josten-Entwurf letztendlich nicht mehr zeitgemäß.[260]

---

255 *Berghahn,* in: Vom Marshallplan zur EWG, 1990, S. 243; *Kartte/Holtschneider,* in: Handbuch des Wettbewerbs, 1981, S. 203.

256 *Kartte/Holtschneider,* in: Handbuch des Wettbewerbs, 1981, S. 203.

257 *Handelsblatt,* „Arbeit am Dekartellierungsgesetz. General Clay gegen übertriebene Entflechtung“, Jg. 4, Nr. 33, 3.05.1949, S. 2: „[...] Die bereits vor dem Eingang des Schreibens der Bico innerhalb der VfW durchgeführten Arbeiten für eine gesetzliche Regelung des Leistungswettbewerbs werden auf anderer Grundlage mit der gekennzeichneten Zielsetzung neu aufgenommen werden. Die Erklärung der VfW besagt damit, daß die bisherigen Arbeiten ad acta gelegt werden. [...]“. – *Berghahn,* The Americanisation of West German Industry, 1986, S. 156; *Berghahn,* in: Vom Marshallplan zur EWG, 1990, S. 238 f.; *Robert,* Konzentrationspolitik, 1976, S. 106.

258 *Günther,* in: WuW 1951, S. 30; *Robert,* Konzentrationspolitik, 1976, S. 106.

259 Dr. Curt Fischer's Minderheitsgutachten zu den Vorschlägen des Sachverständigen-Ausschusses der Verwaltung für Wirtschaft für die deutsche Monopolgesetzgebung vom 5.7.1949: „A. [...] 2. Ich lehne die im ‚Gesetz [...]‘ vorgesehene gesetzestechnische Behandlung der ‚Machtgebilde ohne Kartelleigenschaft‘, die behördlich zwangsweise durchzuführende Entflechtung von Konzernen und die Aufgliederung von Einzelunternehmungen ab. [...] 3. Hinsichtlich der Konstruktion des unabhängigen Monopolamts lehne ich zweierlei ab: a) [...] b) Ich lehne weiter ab, daß der Rechtsbeschwerde-Senat des Monopolamts über Beschwerden in letzter Instanz endgültig entscheiden soll.“ Abgedruckt in *Entwurf* zu einem Gesetz zur Sicherung des Leistungswettbewerbs und zu einem Gesetz über das Monopolamt mit Stellungnahme des Sachverständigen-Ausschusses und Minderheitsgutachten, am 5.07.1949 dem Direktor der Verwaltung für Wirtschaft, Ludwig Erhard, vorgelegt, S. 127. – *Günther,* in: WuW 1951, S. 30.

260 *Günther,* in: WuW, 1951, S. 30.

Darüber hinaus hatte der Entwurf nach Ansicht einiger Mitarbeiter innerhalb der „Verwaltung für Wirtschaft", u. a. dem späteren ersten Präsidenten des Bundeskartellamtes Eberhard Günther, einen „restriktiven und etatistischen Charakter".[261]

IV. Politische Strömungen

In der Frage, welchen Prinzipien ein deutsches Kartellgesetz unterliegen sollte, waren die Meinungen geteilt. Auf der einen Seite stand der Josten-Entwurf, dessen strenge Haltung gegenüber Kartellen auch vom Wissenschaftlichen Beirat des Bundeswirtschaftsministeriums geteilt wurde. So nahm der Wissenschaftliche Beirat des Bundeswirtschaftsministeriums unter Führung Franz Böhms in einem Gutachten vom 24.07.1949 Stellung zu den Grundsatzfragen der Monopolgesetzgebung.[262] Danach reichte ein Spezialgesetz zur Förderung und zum Schutz des Leistungswettbewerbes nicht aus.[263] Die gesamte Wirtschaftspolitik müsste auf dieses Ziel ausgerichtet werden, insbesondere dürfte das Gewerbe-, Steuer-, Gesellschafts- und Patentrecht die Kartell- und Monopolbildung nicht fördern.[264] Im Übrigen sprach sich das Gutachten für ein Verbot von wettbewerbseinschränkenden Maßnahmen sowie die Auflösung konkurrenzausschließender wirtschaftlicher Machtgebilde aus.[265] Das gemäß dem Gutachten für die Monopolaufsicht zuständige sog. Monopolamt sollte eine unabhängige, nur dem Gesetz unterworfene Bundesbehörde

261 *Günther*, in: WuW, 1951, S. 30; *Kartte/Holtschneider*, in: Handbuch des Wettbewerbs, 1981, S. 203 f.; *Robert*, Konzentrationspolitik, 1976, S. 110.

262 *Wissenschaftlicher Beirat beim Bundeswirtschaftsministerium*, Gutachten zum Wettbewerbsproblem, Sonderband, 1962, S. 35 ff.

263 *Wissenschaftlicher Beirat beim Bundeswirtschaftsministerium*, Gutachten zum Wettbewerbsproblem, Sonderband, 1962, S. 36: „A. Allgemeine Grundsätze der Monopolbekämpfung 1. Die Aufgabe, den Leistungswettbewerb zu fördern und zu schützen, kann nicht allein durch ein Spezialgesetz gelöst werden [...]".

264 *Wissenschaftlicher Beirat beim Bundeswirtschaftsministerium*, Gutachten zum Wettbewerbsproblem, Sonderband, 1962, S. 36: „[...] Dieses Gesetz ist vielmehr nur ein Teilstück der gesamten Wirtschaftspolitik und der allgemeinen wirtschaftlichen und rechtlichen Verfassung, die insgesamt auf dieses Ziel ausgerichtet sein müssen. [...] 2. [...] Maßnahmen zur Überwachung und Auflösung von Monopolen drohen wirkungslos zu bleiben, wenn gleichzeitig das geltende Gewerbe-, Steuer-, Gesellschafts- und Patentrecht Bedingungen schafft, die die Bildung von Monopolen immer neu anregen und fördern." – *Günther*, in: BB, 4. Jg., 1949, S. 713.

265 *Wissenschaftlicher Beirat beim Bundeswirtschaftsministerium*, Gutachten zum Wettbewerbsproblem, Sonderband, 1962, S. 37 f.: „B. Spezielle Maßnahmen zur Monopolbekämpfung 1. Abreden und Maßnahmen, die den Wettbewerb einschränken (insbesondere die in der Havanna-Charta genannten), müssen ohne Einschränkung verboten und für nichtig erklärt werden. [...] 2. Konkurrenzausschließende wirtschaftliche Machtgebilde sind aufzulösen. [...]".

sein.[266] Das Gutachten orientierte sich somit am Josten-Entwurf – es schloss die Entflechtung in die Regelung mit ein und sah ein unabhängiges Monopolamt vor.

Auf der anderen Seite stand die Industrie, die um ihre Wettbewerbsfähigkeit fürchtete. Als infolge einer Indiskretion der Josten-Entwurf an die Öffentlichkeit gelangte, bildete sich in der deutschen Industrie, die bei vollkommener Wettbewerbsfreiheit Massenarbeitslosigkeit und die Vernichtung von Produktionsstätten fürchtete, massiver Widerstand gegen den Josten-Entwurf.[267] Die deutsche Wirtschaft verurteilte den Josten-Entwurf scharf trotz der darin enthaltenen Befürwortung des Privateigentums, wobei sie die rein juristische Kritik Curt Fischers für ihre Gegenkampagne fruchtbar machte.[268] Die Industrie fürchtete insbesondere

---

266 *Wissenschaftlicher Beirat beim Bundeswirtschaftsministerium*, Gutachten zum Wettbewerbsproblem, Sonderband, 1962, S. 38 f.: „D. Zuständigkeiten 1. Zur Nichtigkeitserklärung, Durchführung der Auflösungen und für die Handhabung der Monopolaufsicht sollte ein Monopolamt als eine unabhängige, nur dem Gesetz unterworfene Bundesbehörde errichtet werden. [...]“.

267 *Handelsblatt*, „Kann die US-Kartellpolitik Vorbild sein? Bedenken gegen eine Übertragung auf die deutschen Verhältnisse“, Jg. 4, Nr. 106, 11.11.1949, S. 2: „[...] Es muß uns aber zugestanden werden, daß er [der Wettbewerb, Anm. d. Verf.] dort in vernünftigen Bahnen gelenkt wird, wo er sich vom Leistungswettbewerb zum Vernichtungswettbewerb umwandelt, in dessen Gefolge die Ausschaltung notwendiger Kapazitäten, Massenarbeitslosigkeit und soziales Elend unvermeidbar sind. [...]“; *Handelsblatt*, „Vorarbeiten für ein Kartellgesetz. Überlegungen und Einwände der Wirtschaft“, Jg. 4, Nr. 106, 11.11.1949, S. 2: „[...] Der erste Entwurf, der von dem damaligen Hauptabteilungsleiter in der VfW Ministerialdirektor Josten ausgearbeitet worden war, ist bekanntlich auf vielfachen Widerstand gestoßen. [...] Der Josten'sche Entwurf wurde vor allem deshalb abgelehnt, weil er nach Auffassung von weiten Kreisen der Wirtschaft die Tatsache nicht genügend berücksichtigt, daß es unmöglich ist, in allen Zweigen der Wirtschaft einen ungehemmten Wettbewerb herzustellen. [...] Die wirtschaftlichen Konsequenzen einer durch ungezügelten Wettbewerb verursachten Illiquidität beispielsweise eines Geldinstituts wären unabsehbar. [...]“; *Handelsblatt*, „Ordnung des Wettbewerbs“, Jg. 4, Nr. 83, 16.09.1949, S. 1: „[...] So kann bei Überspitzung des Wettbewerbsprinzips aus einem Leistungswettbewerb ein Vernichtungswettbewerb werden. Die Wirtschaftsgeschichte lehrt, daß die deutschen Unternehmer nur ungern ihre Bewegungsfreiheit aufgegeben haben und daß erst schwerwiegende Sorgen um die Existenz sowie um die Sicherung der Produktion und die Erhaltung der Arbeitsplätze sie zu Marktabsprachen veranlaßten. [...] Gerade die heutige Lage der westdeutschen Wirtschaft mit ihrem Flüchtlingsproblem, ihren Kriegszerstörungen, ihrem Kapitalmangel macht es erforderlich, die Wirkungen der ‚anderen Seite‘ des Wettbewerbs soweit wie möglich zu vermeiden. [...]“. – *Berghahn*, The Americanisation of West German Industry, 1986, S. 156; *Berghahn*, in: Vom Marshallplan zur EWG, 1990, S. 242 f.; *Robert*, Konzentrationspolitik, 1976, S. 105, 110.

268 *Berghahn*, in: Vom Marshallplan zur EWG, 1990, S. 243; *Günther*, in: Wirtschaftsordnung und Staatsverfassung, 1975, S. 200; *Robert*, Konzentrationspolitik, 1976, S. 105.

planwirtschaftliche und staatsinterventionistische Maßnahmen des Monopolamts.[269] Auch gab sie zu bedenken, dass Deutschland damit in Europa eine Ausnahmegesetzgebung schaffe – ratsam wäre, die Entwicklung des Wettbewerbsrechts der europäischen Nachbarn abzuwarten, um eine spätere Vereinheitlichung auf europäischer Ebene zu erleichtern.[270] Je stärker sich die Arbeiten an dem deutschen Kartellgesetzentwurf konkretisierten, desto schärfer wurde die politische Diskussion. So warnten laut Günther der sozialpolitisch engagierte Professor für Moraltheologie, Kirchenrecht und Gesellschaftsrecht Oswald von Nell-Breuning, einer der Väter der katholischen Soziallehre, und der Bundestagsabgeordnete Erik Nölting vor einem hemmungslosen Spiel der Kräfte und ruinösem Preiskampf.[271] Man solle die Volkswirtschaft nicht mit einem sportlichen Qualifizierungswettkampf verwechseln.[272] Nölting meinte, mehr „Wettbewerb" sei nicht die Lösung, sondern nur ein funktionsfähiger Markt.[273]

---

269 *Barnikel*, in: Die Konzentration in der deutschen Wirtschaft seit dem 19. Jahrhundert, 1978, S. 62.

270 *Deutsche Zeitung*, „Europäische Lösung der Kartellfrage", Jg. 3, Nr. 38, 13.5.1950, S. 10; anders: *Deutsche Zeitung*, „Zur Sicherung des Wettbewerbs. Die Diskussion um die Gesetzentwürfe", Jg. 4, Nr. 98, 7.12.1949, S. 6: „[...] Deutschland ist das Vaterland der Kartelle. Unser Land hat anderen Industrieländern schon einmal den kartellpolitischen Weg gewiesen. Was diese heute auf dem Gebiete der Kartellpolitik usw. tun, ist nicht selten das, was wir schon in den zwanziger Jahren ungenügend taten. Würden wir uns jetzt nach unseren Nachbarn richten wollen, so kämen wir im wesentlichen nur dahin, wo wir schon früher waren. Das genügt nun aber nicht mehr. Es muß jetzt wirklich für Wettbewerb gesorgt werden. Die Nachbarn dürfen auch heute erwarten, daß wir, sofern uns genügend freie Hand gelassen wird, ihnen erneut einen Anhaltspunkt dafür geben, wie man sich mit Kartellbindungen und Marktabreden auseinanderzusetzen hat, ohne jenen Zustand herbeizuführen, in dem die Freiheit sich selbst mordet." – *Barnikel*, in: Die Konzentration in der deutschen Wirtschaft seit dem 19. Jahrhundert, 1978, S. 62;

271 Prof. Nölting (SPD): „Aber, meine Damen und Herren, es gibt auch einen ruinösen Vernichtungswettbewerb, an dem die Gesamtheit keinerlei Interesse hat." Abgedruckt in Stenograph. Berichte des Bundestages, 32. Sitzung v. 27.01.1950, S. 983 B. – *Günther*, in: WuW 1951, S. 20.

272 Prof. Nölting (SPD): „Die Wirtschaft soll aber auch kein Fußballplatz sein, bei dem in einem undisziplinierten Spiel der eine dem anderen die Knochen zertritt. [...] Der sogenannte Ausscheidungswettbewerb mag – weil Sie vom Fußballplatz sprechen – [...] ein sportliches Ideal darstellen; er ist aber kein wirtschaftliches Ideal; denn dieses hemmungslose Spiel der Kräfte kann auch zu folgendem Ausgang führen: zu einem ruinösen Preiskampf mit sehr viel volkswirtschaftlichem Substanzverlust, zu durchaus vermeidbaren Schließungen von Unternehmen, die durchaus gesund sind, und zu umfangreichen Freisetzungen und Entlassungen von Arbeitern, die wir – weiß der Himmel – nicht nötig haben." Abgedruckt in Stenograph. Berichte des Bundestages, 32. Sitzung v. 27.01.1950, S. 986 A.

273 Vgl. Prof. Nölting (SPD): „Die sozialdemokratische Fraktion legt jedenfalls Wert darauf, daß sie sich von vornherein von der höchst naiven Auffassung genügend

Die Haltung des Bundeskanzlers und des Bundeswirtschaftsministeriums, unter der Leitung von Erhard, wandelte sich mit der Zeit. Nachdem Adenauer und Erhard zunächst eine Kompromisslösung in Form einer Missbrauchsgesetzgebung favorisiert hatten, traten sie später für ein Kartellverbot ein.

Bundeskanzler Konrad Adenauer setzte den Schwerpunkt seiner Wirtschaftspolitik vor allem auf Wachstum.[274] In seiner Regierungserklärung vom 20.09.1949 bekundete er: „Der Wiederaufbau unserer Wirtschaft ist die vornehmste, ja einzige Grundlage für jede Sozialpolitik [...]. Nur eine blühende Wirtschaft kann die Belastungen aus dem Lastenausgleich auf die Dauer tragen."[275] Laut Robert war für Adenauer die Wettbewerbspolitik gegenüber der Leistungssteigerung der deutschen Wirtschaft nachrangig.[276] So unterblieben Maßnahmen gegen Wettbewerbsbeschränkungen, obwohl „schon bald nach der Währungsumstellung starke wirtschaftliche Machtstellungen in Erscheinung traten und starke monopolistische Tendenzen auf den Märkten ungehindert zum Durchbruch kamen"[277].

In seinen Memoiren betonte Adenauer indes, dass die CDU ein entschiedener Gegner der Zusammenballung wirtschaftlicher Macht in der Hand von Privatpersonen oder in der Hand des Staates sei.[278] Zur Stützung seiner Ansicht zitierte er aus den Düsseldorfer Leitsätzen der CDU vom 15.07.1949, wonach „echter Leistungswettbewerb vorliegt, wenn durch eine Wettbewerbsordnung sichergestellt ist, dass bei gleichen Chancen und fairen Wettkampfbedingungen in freier Konkurrenz die bessere Leistung belohnt wird. Das Zusammenwirken aller Beteiligten wird durch marktgerechte Preise gesteuert."[279] Ferner wäre, „um einen Rückfall in die ‚freie Wirtschaft' zu vermeiden, [...] zur Sicherung des Leistungswettbewerbs die unabhängige Monopolkontrolle nötig. Denn so wenig der Staat oder halböffentliche Stellen die gewerbliche Wirtschaft und einzelne Märkte lenken soll[t]en, so wenig dürf[t]en Privatpersonen und private Verbände derartige Lenkungsaufgaben übernehmen."[280] Die Leitsätze versprachen darüber hinaus, dass erst die

distanziert, man könne mit Zerschlagung der Kartelle die prästabilisierte Harmonie der Marktwirtschaft erreichen." Abgedruckt in Stenograph. Berichte des Bundestages, 32. Sitzung v. 27.01.1950, S. 983 D. – *Günther*, in: WuW 1951, S. 20.

274 *Kartte/Holtschneider*, in: Handbuch des Wettbewerbs, 1981, S. 204.

275 *Adenauer*, in: Verhandlungen des Deutschen Bundestages, *Plenarprotokolle, 1. Wahlperiode, 5. Sitzung v. 20.09.1949, S. 25.*

276 *Robert*, Konzentrationspolitik, 1976, S. 109, 369.

277 *Wissenschaftlicher Beirat beim Bundeswirtschaftsministerium*, Gutachten zum Wettbewerbsproblem, Sonderband, 1962, S. 36.

278 *Adenauer*, Erinnerungen 1945–1953, 1965, S. 206.

279 *Adenauer*, Erinnerungen 1945–1953, 1965, S. 209; *Christlich-Demokratische Union*, Düsseldorfer Leitsätze, 1949, S. 6.

280 *Adenauer*, Erinnerungen 1945–1953, 1965, S. 209; *Christlich-Demokratische Union*, Düsseldorfer Leitsätze, 1949, S. 2.

Monopolkontrolle dazu führte, „daß der Verbraucher mittelbar Art und Umfang der Produktion bestimmt und damit zum Herrn der Wirtschaft wird."[281]

Die „Verwaltung für Wirtschaft", die bis zur Gründung der Bundesrepublik im Auftrag des Wirtschafts- und des Verwaltungsrates der Westzonen tätig wurde, stellte Grundsätze für ein deutsches Kartellgesetz auf.[282] Sie war Teil der von den Alliierten geschaffenen deutschen Verwaltungsstruktur, ihre Entscheidungen und Vorschläge standen aber unter dem Genehmigungsvorbehalt der Alliierten. Erhard stand der „Verwaltung für Wirtschaft" als Direktor vor. Mit Gründung der Bundesrepublik gingen ihre Aufgaben auf das Bundeswirtschaftsministerium über. Es ist daher davon auszugehen, dass die von der „Verwaltung für Wirtschaft" aufgestellten Grundsätze zu einem Kartellgesetz auch die Position des späteren Bundeswirtschaftsministeriums wiedergaben. Die „Verwaltung für Wirtschaft" stützte sich überwiegend auf das BICO-Memorandum vom 29.03.1949. Problematisch war hierbei, dass das Memorandum vom 29.03.1949 sich in seinen Grundsätzen widersprach. Einerseits forderte das Memorandum ein generelles Kartellverbot, andererseits verwies es auf Kapitel V der Havanna-Charta, das nur schädliche Kartelle sanktionierte.[283]

Die von der „Verwaltung für Wirtschaft" im Juli 1949 veröffentlichten Grundsätze für den Entwurf eines „Gesetzes gegen wettbewerbseinschränkende Wirtschaftsmaßnahmen" richteten sich nach Kapitel V der Havanna-Charta.[284] Die Grundsätze

281 *Christlich-Demokratische Union,* Düsseldorfer Leitsätze, 1949, S. 9.

282 Grundsätze für den Entwurf eines Gesetzes gegen wettbewerbseinschränkende Wirtschaftsmaßnahmen: „[...] Gemäß diesem Auftrag hat die vom Präsidenten des Wirtschaftsrates und vom Verwaltungsrat mit der Ausarbeitung des Gesetzentwurfes beauftragte Verwaltung für Wirtschaft [...]." Abgedruckt in *Günther,* in: WuW 1951, S. 36.

283 BICO/Memo (49)30 v. 29.03.1949: „3. [...] Dieser Entwurf soll das Verbot einschränkender Geschäftspraktiken [...] vorsehen, er soll insbesondere Kartelle [...] für ungesetzlich erklären und ausschließen. Die vorgeschlagene Verordnung soll auf den in Kapitel 5 der ‚Havanna Charter für eine internationale Handelsorganisation' enthaltenen Grundsätzen beruhen." Abgedruckt in *Günther,* in: BB, 5. Jg., 1950, S. 298; *Günther,* in: BB, 4. Jg., 1949, S. 716: „Die deutsche Bundesregierung wird sich entscheiden müssen, welchen Weg sie gehen will: den Weg der Havanna-Charta, d.h. den Weg der Staatsaufsicht und der Kontrolle bei an sich möglicher Kartellverständigung, oder den Weg der amerikanischen Kartellgesetzgebung in Deutschland mit dem absoluten Verbot der Kartelle und einer restriktiv anzuwendenden Ausnahmevorschrift." – *Murach-Brand,* Antitrust auf deutsch, 2004, S. 141.

284 Grundsätze für den Entwurf eines Gesetzes gegen wettbewerbseinschränkende Wirtschaftsmaßnahmen: „[...] Gemäß diesem Auftrag hat die vom Präsidenten des Wirtschaftsrates und vom Verwaltungsrat mit der Ausarbeitung des Gesetzentwurfes beauftragte Verwaltung für Wirtschaft sich mit den durch diese Charta empfohlenen Grundsätzen, die die Freiheit des Wettbewerbes sichern sollen, vertraut gemacht und sie zur Grundlage der vorgesehenen gesetzlichen Regelung gemacht." Abgedruckt in *Günther,* in: WuW 1951, S. 36.

der „Verwaltung für Wirtschaft" verzichteten somit auf ein generelles Kartellverbot; nur im Falle einer nachteiligen Wirkung traf die wettbewerbsbeschränkenden Maßnahmen die Strafe der Rechtsunwirksamkeit.[285] Einer nicht näher bezeichneten Stelle, die ihrerseits der Aufsicht des Wirtschaftsministers unterlag, kam die Aufgabe der Durchsetzung dieser Grundsätze zu: *„[...] II. Staatsaufsicht: 1. Es wird eine Stelle eingerichtet werden, die die Befolgung dieser Grundsätze überwacht und Verstöße feststellt. Diese Stelle wird auch zuständig sein für Beschwerden gegen Maßnahmen wettbewerbseinschränkender Art. Die Stelle soll der Aufsicht des Wirtschaftsministers als des für die Führung der Wirtschaftspolitik verantwortlichen Organs unterliegen. [...]"*[286] Nicht nur der Name des Aufsichtsorgans, auch die Konturen seines Aufgabenbereichs blieben in dem Gutachten verschwommen. Das Gutachten beschränkte sich darauf, die hierarchische Einordnung dieser „Stelle" darzustellen und ihr in groben Zügen entsprechende Zuständigkeiten zuzuweisen.

Ferner sahen die Grundsätze eine Kontrolle der wirtschaftspolitischen Maßnahmen durch das Parlament sowie der Entscheidungen der Stelle durch das Verwaltungsgericht vor.[287] Anders als der Josten-Entwurf billigte die „Verwaltung für Wirtschaft" der Kartellbehörde keine Unabhängigkeit zu. Die ersten drei Kartellgesetzentwürfe, die im Oktober und November 1949 fertig gestellt wurden, folgten entsprechend den Grundsätzen der „Verwaltung für Wirtschaft" weiterhin dem Prinzip der Missbrauchsgesetzgebung und verbaten Kartelle nicht generell.[288] Das stellte die Amerikaner wiederum nicht zufrieden.[289] Die Amerikaner, die trotz des Hinweises im BICO-Memorandum auf die Havanna-Charta, und damit auf eine Missbrauchsgesetzgebung, eine Verbotsgesetzgebung wünschten, lehnten die Grundsätze des Verwaltungsamtes für Wirtschaft ab.[290]

---

285 Grundsätze für den Entwurf eines Gesetzes gegen wettbewerbseinschränkende Wirtschaftsmaßnahmen: „I. Grundsätzliche Regelung: Alle Formen von Absprachen, [...], die den Wettbewerb [...] einschränken oder eine monopolistische Beeinflussung des Marktes fördern, werden für rechtsunwirksam erklärt werden, wenn sie auf die Ausdehnung der Produktion oder des Handels einen nachteiligen Einfluß haben." Abgedruckt in *Günther*, in: WuW 1951, S. 36.

286 Grundsätze für den Entwurf eines Gesetzes gegen wettbewerbseinschränkende Wirtschaftsmaßnahmen, abgedruckt in *Günther*, in: WuW 1951, S. 36.

287 Grundsätze für den Entwurf eines Gesetzes gegen wettbewerbseinschränkende Wirtschaftsmaßnahmen: „[...] IV. Parlamentarische Kontrolle: Es wird vorgesehen, daß die Vertretung des Volkes (Bundestag) durch einen ständigen Ausschuß die Feststellungen und wirtschaftspolitischen Maßnahmen der bezeichneten Stelle überprüft. Die Stelle soll dem Bundestag jährlich einen Bericht erstatten. V. Richterliche Kontrolle: Es wird weiterhin vorgesehen, daß die Entscheidungen der bezeichneten Stelle der verwaltungsgerichtlichen Nachprüfung unterliegen. [...]" Abgedruckt in *Günther*, in: WuW 1951, S. 36.

288 *Murach-Brand,* Antitrust auf deutsch, 2004, S. 145 f.

289 *Robert*, Konzentrationspolitik, 1976, S. 123 m.w.N.

290 *Murach-Brand,* Antitrust auf deutsch, 2004, S. 144; *Robert*, Konzentrationspolitik, 1976, S. 123.

Anfang November 1949 ergriffen die USA die Initiative für eine gemeinsame trizonale Kartellgesetzgebung, stießen aber auf den Widerstand Frankreichs und Großbritanniens, die auf die Beauftragung Deutschlands mit dem Entwurf eines deutschen Kartellgesetzes im Memorandum vom 29.03.1949 verwiesen.[291] Die Uneinigkeit zwischen den Alliierten sowie die gegensätzlichen Wünsche der deutschen Industrie, deren Standpunkte Erhard im Gesetzentwurf zu berücksichtigen hatte, verzögerten den Gesetzgebungsprozess zusätzlich.[292]

Vielleicht auch deshalb weil die Arbeiten an dem deutschen Kartellgesetzentwurf so stockend vorangingen, verpflichtete das Petersberger Abkommen vom November 1949 die Bundesrepublik Deutschland erneut, ein Kartellgesetz zu erlassen.[293] Trotzdem entwarf Washington – möglicherweise aufgrund der Ergebnisse der Ferguson-Kommission – eine dritte Direktive, die am 8.12.49 vom „Nationalen Sicherheitsrat" gebilligt, aber nie veröffentlicht wurde.[294] Im Vordergrund dieser dritten Direktive standen die Demokratisierung, der wirtschaftliche Wiederaufbau und die Umerziehung der deutschen Unternehmer zu Befürwortern des freien Wettbewerbs.[295]

Im Dezember 1949 nahm Bundeswirtschaftsminister Ludwig Erhard grundsätzlich Stellung gegen Kartelle und distanzierte sich damit von den von der „Verwaltung für Wirtschaft“ entwickelten Grundsätzen.[296] Die Einführung eines Kartellverbotes

291 *Murach-Brand,* Antitrust auf deutsch, 2004, S. 130 ff. m.w.N.

292 *Deutsche Zeitung,* „Zur Sicherung des Wettbewerbs. Die Diskussion um die Gesetzentwürfe“, Jg. 4, Nr. 98, 7.12.1949, S. 6: „Die Auffassung der drei Hohen Kommissare über den Inhalt einer deutschen Wettbewerbsordnung sind unterschiedlich. Die Amerikaner möchten jede Beschränkung der wirtschaftlichen Freiheit verboten wissen. [...] Für die Engländer ist allein entscheidend, daß sich in Deutschland keine ‚wirtschaftliche Macht konzentriert‘, deren Wirkung über die Landesgrenzen hinausgeht. Sie fürchten die ‚Konkurrenz‘, und die Franzosen wollen die ‚Sicherheit‘ in den Vordergrund gestellt wissen. [...] Zieht man durch die Wünsche der deutschen Industrie einen Querschnitt, so müßte man feststellen, daß eine ‚feste Marktregelung ein Puffer gegen soziale und wirtschaftliche Krisen‘ sei und daß ein absolutes Kartellverbot zu dem gleichen Konzentrationsprozeß wie in Amerika führe; [...] Die große Schwierigkeit für den Wirtschaftsminister liegt jetzt in der Vereinigung all dieser Standpunkte. Das ist auch der Grund dafür, warum die internen Beratungen bisher so lange Zeit beansprucht haben.“

293 Ziffer VI des Petersberger Abkommens: „Auf dem Gebiet der Dekartellisierung und zur Beseitigung monopolistischer Tendenzen wird die Bundesregierung gesetzgeberische Maßnahmen treffen, die den von der Hohen Kommission auf Grund des Artikel 2 (b) des Besatzungsstatuts erlassenen Entscheidungen entsprechen.“ Abgedruckt in: Bundesanzeiger, Jg. 1, Nr. 28, 26.11.49, S. 1; *Murach-Brand,* Antitrust auf deutsch, 2004, S. 147.

294 *Murach-Brand,* Antitrust auf deutsch, 2004, S. 118 ff.

295 *Murach-Brand,* Antitrust auf deutsch, 2004, S. 119 ff.

296 *Erhard,* in: Der Volkswirt, 16.12.1949, abgedruckt in *Erhard,* Gedanken, 1988, S. 217 ff. (218): „In meinen Augen bedeuten alle diese Versuche eine Sünde wider den Geist des Lebens [...].“

war fortan Bestandteil seines Eintretens für eine soziale Marktwirtschaft. Die Grundlage dieser Marktwirtschaft sollte der Wettbewerb bilden.[297] Erhard vertrat die Ansicht, dass Planwirtschaftler und Unternehmer, die Kartelle fordern, „auf der gleichen geistigen Ebene operieren".[298] Er betraute Eberhard Günther mit der Leitung des Kartellreferats im Bundeswirtschaftsministerium, der unter der Aufsicht Erhards insgesamt 18 Entwürfe für ein Gesetz gegen Wettbewerbsbeschränkungen ausarbeitete.[299] Günther teilte den Standpunkt seines Dienstherrn, dass die Schaffung einer Wettbewerbsordnung für eine funktionierende Marktwirtschaft unerlässlich sei.[300] Erhard verfolgte jedoch seinen marktwirtschaftlichen Kurs nicht uneingeschränkt, sondern erklärte sich als pragmatischer Politiker zu Zugeständnissen gegenüber der Unternehmerschaft bereit.[301]

V. Nebeneinander von alliiertem Dekartellierungsrecht und deutschen Kartellgesetzentwürfen

Aufgrund des Besatzungsrechts bestand die uneinheitliche alliierte Kartellgesetzgebung in den drei Westzonen nach Gründung der Bundesrepublik Deutschland fort.[302] Unbeschadet der Gründung der Bundesrepublik im Jahre 1949 stellte also weiterhin die alliierte „Decartelization Branch" den Schutz des freien Wettbewerbs in Deutschland sicher.[303] Daneben wandten deutsche Stellen, an die die Durchführung delegiert worden war, das alliierte Dekartellierungsrecht an. Allerdings ergaben sich hierbei Anpassungen an die neue politische Situation, insbesondere an das Besatzungsstatut vom 12.05.1949. Auf der Grundlage einer Entscheidung der Alliierten Kommission vom 26.01.1950 bildeten die Alliierten eine zentrale Stelle, die sog. Decartelisation

---

297 *Kartte/Holtschneider*, in: Handbuch des Wettbewerbs, 1981, S. 205.

298 *Erhard*, in: Der Volkswirt, 16.12.1949, abgedruckt in *Erhard*, Gedanken, 1988, S. 217 ff. (218): „Diese Unternehmerkreise müssen sich dann nur bewußt sein, daß sie auf der gleichen geistigen Ebene wie die Planwirtschaftler operieren, denn im Grunde gehen beide von der Illusion aus, daß es möglich sein könnte, einen gesellschaftswirtschaftlichen Prozeß, in dem freie Menschen handelnd am Werke sind, in ein Schema zu pressen oder in einen mechanisch gesetzmäßigen Ablauf zu bringen." – *Günther*, in: WuW 1951, S. 19.

299 *Kartte/Holtschneider*, in: Handbuch des Wettbewerbs, 1981, S. 205 f.

300 *Günther*, in: WuW 1951, S. 19.

301 *Kartte/Holtschneider*, in: Handbuch des Wettbewerbs, 1981, S. 205 f.

302 *Benisch*, WuW 1954, S. 786 zitiert Teil 2 Art. 1 Überleitungsvertrag zum Generalvertrag: „Bis ein Bundesgesetz gegen Wettbewerbsbeschränkungen in Kraft tritt, [...] bleiben die folgenden Rechtsvorschriften in Kraft: a) Gesetz Nr. 56 der amerikanischen Militärregierung; b) VO Nr. 78 der britischen Militärregierung; c) VO Nr. 96 des französischen Oberkommandierenden für Deutschland; d) die zu den Unterabsatz a), b) und c) aufgeführten Vorschriften erlassenen Durchführungsverordnungen." – *Günther*, in: WuW 1951, S. 28.

303 *Berghahn*, The Americanisation of West German Industry, 1986, S. 102.

and Industrial Deconcentration Group (= DIDEG), die im Folgenden die alleinige Zuständigkeit in allen Kartell- und Entflechtungsfragen erhielt.[304] Sie löste damit die „Bipartite Decartelisation commission" des Zweimächtekontrollamts und die „Commission de Déconcentration de l'Économie Allemande" des französischen Oberkommandos in Deutschland ab. Für die Auslegung der alliierten Dekartellierungsgesetze waren Richtlinien der alliierten Dekartellierungsabteilungen, des Bundeswirtschaftsministerium und der Länderministerien ausschlaggebend.[305]

VI. US-amerikanische Initiativen zur Förderung des deutschen Kartellgesetzentwurfes

Die deutschen Stellen erstellten bis Ende 1949 keine die Amerikaner zufriedenstellenden Kartellgesetzentwürfe.[306] So drohte der amerikanische Hochkommissar Anfang 1950, ein alliiertes Antitrustgesetz zu verkünden, wenn die Deutschen sich nicht bald rührten.[307] Um den Druck sowohl auf Erhard als auch auf die westdeutsche Industrie zu erhöhen, wurde das Personal der Dekartellierungsabteilung der Hohen Kommission aufgestockt.[308] Ferner erinnerte McCloy die Deutschen daran,

---

304 Entscheidung Nr. 4 vom 26.01.1950: „Bestimmung der Ausführenden Dienststelle für Dekartellisierung und Dezentralisierung, Der Rat der Alliierten Hohen Kommission erläßt folgende Entscheidung: Artikel 1 Die zur Alliierten Hohen Kommission gehörige Gruppe für Dekartellisierung und Aufhebung der Industriellen Zentralisierung (Decartelisation and Industrial Deconcentration Group, Groupe de Décartellisation et de Déconcentration Industrielle) ist die verantwortliche Dienststelle für die Ausführung der Verordnung Nr. 78 der britischen Militärregierung, des Gesetzes Nr. 56 der amerikanischen Militärregierung und der Verordnung Nr. 96 des französischen Oberkommandos in Deutschland; sie tritt an die Stelle der ‚Bipartite Decartelisation commission' des Zweimächtekontrollamts und der ‚Commission de Déconcentration de l'Économie Allemande' des französischen Oberkommandos in Deutschland. [...]" Abgedruckt in Official Gazette of the Allied High Commission for Germany, 1950, Nr. 9, S. 87 f. – *Lehnich*, Die Wettbewerbsbeschränkung, 1956, S. 469 ff.; *Murach-Brand*, Antitrust auf deutsch, 2004, S. 128; *Ortwein*, Das Bundeskartellamt, 1998, S. 60; *Schneider*, Aufgaben, 1966, S. 17.

305 s. auch die Schreiben zur Auslegung von MRG 56/VO 78 in *Rowedder*, Kartellrecht, 1954, S. 23–28. – *Lehnich*, Die Wettbewerbsbeschränkung, 1956, S. 471 f.

306 *Berghahn*, The Americanisation of West German Industry, 1986, S. 165; *Günther*, in: WuW 1951, S. 32: „Da die Entwürfe mit den Erfordernissen einer konsequenten antimonopolistischen Wirtschaftspolitik nicht vereinbar erschienen, wurden im Mai 1950 entsprechend den Weisungen des Bundesjustizministeriums und des Bundeswirtschaftsministers neue Richtlinien für die Fortführung der Entwurfsarbeiten aufgestellt."

307 *Berghahn*, The Americanisation of West German Industry, 1986, S. 165; *Robert*, Konzentrationspolitik, 1976, S. 128 f.

308 „Der siebte Entwurf. Deutsches Dekartellisierungsgesetz verzögert" in: Deutsche Zeitung v. 11.03.1950: „Beim amerikanischen ‚Element' der Drei-Mächte-

dass die alliierten Dekartellierungsgesetze weiterhin galten.[309] Die Amerikaner verliehen ihrer Drohung Nachdruck, indem sie die Strafverfolgung von Kartellen aufnahmen und Ermittlungen gegen die deutsche Industrie einleiteten.[310] Darüber hinaus suchten die Amerikaner weiterhin, den Deutschen das Antitrustrecht durch Einladung einer Studienkommission in die USA näher zu bringen.[311] Ergebnis dieser Bemühungen war ein VI. Entwurf, der nun ein Kartellverbot vorsah.[312] Erhard schaltete sich fortan aktiv in die Erarbeitung eines strengen Kartellgesetzes ein.[313]

Im Mai 1950 stellte die Bundesregierung neue Richtlinien[314] für die Fortführung der Entwurfsarbeiten auf.[315] Die Richtlinien sahen ein Kartellverbot sowie ein Monopolamt als Kartellbehörde vor.[316] Es folgten weitere Entwürfe, die allerdings im

---

Dekartellierungsstelle der Hohen Kommission ist eine stärkere Aktivität zu erwarten, wie Neu- und Umbesetzungen in den leitenden Stellen des US-Elements erkennen lassen. Dessen Chef ist jetzt Mr. Grand Kelleher und stellvertretender Leiter Mr. Sidney. Beide sind ebenso wie ihr nächster Mitarbeiter Mr. Joseph McDowall Antitrust-Spezialisten. [...] Ihnen soll eine Reihe Antitrustler folgen. [...] Die Verzögerung des deutschen Gesetzes hat möglicherweise ein Eingreifen der Besatzungsmächte zur Folge. Deswegen ist es auch bedenklich, daß die für Anfang Januar geplante Reise der deutschen Kommission zum Studium der Auswirkungen des Antitrustrechts auf die amerikanische Wirtschaft zunächst auf Anfang April verschoben worden ist." – *Berghahn*, The Americanisation of West German Industry, 1986, S. 165.

309 Zusammenfassender Bericht des scheidenden amerikanischen Hohen Kommissars für Deutschland, John McCloy, über die Entwicklungen in Deutschland während seiner Amtsperiode, auszugsweise abgedruckt in: Alliierte Dekartellierungspolitik in Deutschland in den Jahren 1949/1952, WuW, 1953, S. 107–114 (108 f.). – *Berghahn*, The Americanisation of West German Industry, 1986, S. 171.

310 *Murach-Brand,* Antitrust auf deutsch, 2004, S. 133–140.

311 *Murach-Brand,* Antitrust auf deutsch, 2004, S. 137.

312 *Murach-Brand,* Antitrust auf deutsch, 2004, S. 149.

313 *Murach-Brand,* Antitrust auf deutsch, 2004, S. 148 ff.

314 Abgedruckt in *Günther,* in: WuW 1951, S. 39 f. (Anlage 4).

315 *Günther,* in: WuW 1951, S. 32; *Robert,* Konzentrationspolitik, 1976, S. 132 f.

316 „I. Allgemeine Bestimmungen, 1. Kartellverträge und Beschlüsse sind nichtig, soweit es sich um Kollektivverträge in dem von der früheren Rechtsprechung entwickelten Sinn handelt. [...] 4. Preisbindungen sind unzulässig, soweit sie den Abnehmer auch für andere als die vom Hersteller bezogenen Waren oder Leistungen binden. [...] 6. Marktbeherrschende Unternehmen unterliegen einer Marktaufsicht [...]. II. Strafbestimmungen, 7. Strafbar ist: a) Beteiligung an nichtigen Kartellverträgen und Beschlüssen (Ziffer 1), b) Beteiligung an nichtigen Preisbindungen (Ziffer 4), c) Zuwiderhandlungen gegen Verfügungen der Aufsichtsbehörde (Ziffer 5 und 6), d) der Boykott. [...] III. Kartellaufsicht, 9. Ein Monopolamt als Bundesoberbehörde übt die Kartellaufsicht aus. [...]" Abgedruckt in *Günther,* in: WuW 1951, S. 39 f. (Anlage 4).

Rahmen der interministeriellen Verhandlungen zunehmend durch Ausnahmeregelungen aufgeweicht wurden.[317]

Im Sommer 1950 machte McCloy schließlich das deutsche Kartellgesetz zur Bedingung für die Ablösung des Besatzungsstatuts.[318] Das motivierte die deutsche Seite, ernsthaft an einem eigenen Kartellgesetz zu arbeiten.[319]

VII. Studienreise einer deutschen Delegation in die USA

Vom 15. Juni bis 29. Juli 1950 reiste eine Gruppe von deutschen Kartellrechtsexperten in die USA. Die Delegation unter Leitung von Franz Böhm unternahm diese Studienreise auf Vorschlag der Regierung der Bundesrepublik Deutschland und im Rahmen des Technischen Hilfeleistungsprogramms der Economic Cooperation Administration.[320] Die deutsche Regierung, die mit dem Entwurf eines deutschen Kartellgesetzes von der AHK beauftragt worden war und den Ansprüchen der Alliierten, insbesondere denen der USA genügen musste, suchte auf diesem Weg die langjährige gesetzgeberische und praktische Erfahrung der Vereinigten Staaten auf dem Gebiet des Kartellrechts zu nutzen.[321] Hauptziel der Reise war das Kennenlernen der amerikanischen Regierungsstellen, und zwar der „Antitrust Division, der Federal Trade Commission" und der „Securities and Exchange Commission".[322] Zu der

---

317 *Murach-Brand,* Antitrust auf deutsch, 2004, S. 153 ff.; *Robert,* Konzentrationspolitik, 1976, S. 138–144.

318 *Murach-Brand,* Antitrust auf deutsch, 2004, S. 227.

319 S. auch *Murach-Brand,* Antitrust auf deutsch, 2004, S. 227.

320 Vorläufiger Bericht der deutschen Kommission zum Studium von Kartell- und Monopolfragen in den Vereinigten Staaten. Beilage zum Bundesanzeiger Nr. 250 v. 29.12.1950, S. 3.

321 Vorläufiger Bericht der deutschen Kommission zum Studium von Kartell- und Monopolfragen in den Vereinigten Staaten. Beilage zum Bundesanzeiger Nr. 250 v. 29.12.1950, S. 2. – *Berghahn,* in: Vom Marshallplan zur EWG, 1990, S. 248.

322 *Deutsche Kommission zum Studium von Kartell- und Monopolfragen in den Vereinigten Staaten,* Vorläufiger Bericht, S. 2: „die Kommission hat sich in der Zeit vom 16. Juni bis 28. Juli [1950] in USA [...] aufgehalten. Ihr wurde durch Vorträge der leitenden Herrn der drei wichtigsten amerikanischen Bundesbehörden, die das Antitrustrecht handhaben (Antitrust Division des Department of Justice, Federal Trade Commission, Securities and Exchange Commission), und durch Besprechungen mit diesen und ihren Sachbearbeitern Gelegenheit gegeben, den Aufbau und die Arbeitsweise dieser Behörden kennenzulernen. Die gesetzlichen und verfassungsrechtlichen Grundlagen der auf Erhaltung und Förderung gesunden Leistungswettbewerbs abzielenden amerikanischen Antitrustpolitik und die zur Bekämpfung von Monopolen, wettbewerbsbeschränkenden Marktabreden und unlauteren Wettbewerbsmethoden angewandten Verfahren wurden der Kommission bei den drei Antitrustbehörden und durch zwei ihr während ihres Aufenthalts als Rechtsberater beigegebenen Hochschulprofessoren dargelegt." – *Berghahn,* The Americanisation of West German Industry, 1986, S. 168 f.; *Murach-Brand,* Antitrust

Kommission gehörten neben Franz Böhm drei dem wirtschaftlichen Verbandswesen nahestehende Juristen und Volkswirte (Heinrich Müllensiefen vom Bundesverband der Deutschen Industrie, Heinrich Dohrendorf vom Bundesverband für Groß-, Ein- und Ausfuhrhandel, Wilhelm Schulte zur Hausen vom Mineralölwirtschaftsverband) sowie ein Volkswirt aus der Deutschen Angestelltengewerkschaft (Rolf Spaethen), ein Universitätsdozent der Volkswirtschaftslehre (Burkhardt Roeper), der Leiter des Kartellreferats im Bundeswirtschaftsministerium (Eberhard Günther) und der Leiter der wirtschaftsrechtlichen Abteilung im Bundesjustizministerium (Günther Joël).[323]

In den Gesprächen mit Mitgliedern der amerikanischen Kartellbehörden sowie bei Vorträgen von bedeutenden amerikanischen Kartellrechtlern, Industriellen und Gewerkschaftlern betonten die Amerikaner gegenüber der deutschen Delegation, dass die Gesetzgebung des eigenen Landes nicht ohne weiteres und vor allem nicht schematisch auf ein anderes Land übertragen werden könnte.[324] Insofern handelte es sich nicht so sehr um eine Umerziehung, auch wenn laut des Berichts die Vorteile eines marktwirtschaftlichen Systems, das auf dem freien Wettbewerb beruhte, sowohl für Deutschland als auch für den Weltmarkt mehrfach angesprochen wurden.[325] Die westdeutschen Experten empfanden den Ermessensspielraum der Behörden im Hinblick auf die Einleitung eines Verfahrens sowie den weiten Spielraum der Richter bei der Entscheidungsfindung als ungewöhnlich.[326] Die amerikanische Seite favorisierte teilweise die Behandlung der Kartellrechtsfälle durch Spezialisten, die sich mit der Materie auskennen. Die amerikanischen Kartellrechtler wiesen darauf hin, dass es im amerikanischen System oftmals darauf hinausliefe, dass „die Gerichte gewissermaßen in das Management eingreifen, also wirtschaftliche Entscheidungen treffen müßten, wozu die Richter ungeeignet seien“.[327] Daher wäre entweder ein Spezialgericht oder eine administrative Behandlung vorzugswürdig.[328]

---

auf deutsch, 2004, S. 137 f.; *Robert*, Konzentrationspolitik, 1976, S. 151; *Schneider*, Aufgaben, 1966, S. 19.

323 Vorläufiger Bericht der deutschen Kommission zum Studium von Kartell- und Monopolfragen in den Vereinigten Staaten. Beilage zum Bundesanzeiger Nr. 250 v. 29.12.1950, S. 2 f.

324 Vorläufiger Bericht der deutschen Kommission zum Studium von Kartell- und Monopolfragen in den Vereinigten Staaten. Beilage zum Bundesanzeiger Nr. 250 v. 29.12.1950, S. 23.

325 Vorläufiger Bericht der deutschen Kommission zum Studium von Kartell- und Monopolfragen in den Vereinigten Staaten. Beilage zum Bundesanzeiger Nr. 250 v. 29.12.1950, S. 23. – a.A. *Berghahn*, in: Vom Marshallplan zur EWG, 1990, S. 248.

326 Vorläufiger Bericht der deutschen Kommission zum Studium von Kartell- und Monopolfragen in den Vereinigten Staaten. Beilage zum Bundesanzeiger Nr. 250 v. 29.12.1950, S. 22.

327 Vorläufiger Bericht der deutschen Kommission zum Studium von Kartell- und Monopolfragen in den Vereinigten Staaten. Beilage zum Bundesanzeiger Nr. 250 v. 29.12.1950, S. 22.

328 Vorläufiger Bericht der deutschen Kommission zum Studium von Kartell- und Monopolfragen in den Vereinigten Staaten. Beilage zum Bundesanzeiger Nr. 250

Die Beobachtungen der Studienkommission blieben für die Gestaltung der neuen deutschen Kartellbehörde nicht folgenlos.[329] Der spätere Regierungsentwurf, an dem sich Eberhard Günther maßgeblich beteiligte, sah dementsprechend eine Verwaltungsbehörde als Kartellbehörde vor.[330] Der Erfahrungsaustausch mit den US-amerikanischen Kartellspezialisten hatte Günther gegen eine Aufteilung der Kartellaufsicht zwischen Kartellbehörden und Gerichten eingenommen, da damit eine „Minderung der Schlagkraft" der Kartellaufsicht einhergehen konnte.[331]

Zusammenfassung zu Kapitel 2

Die USA gaben den ursprünglichen Plan, Deutschland in ein Agrarland umzuwandeln, aufgrund des sich verschärfenden Ost-West-Konflikts zugunsten eines Wiederaufbauprogramms auf. Dies blieb auch für die alliierte Dekartellierungspolitik nicht ohne Folgen. Fortan zielten die Bemühungen der Alliierten, insbesondere der USA, auf den Aufbau einer Wirtschaft, die auf dem Prinzip des freien Wettbewerbs beruhen sollte, ab. Die Alliierten beauftragten die Bundesregierung der neu gegründeten Bundesrepublik, ein Kartellgesetz entsprechend den Prinzipien der Havanna Charta auszuarbeiten. Aufgrund der unterschiedlichen politischen Strömungen in der deutschen Wirtschaftspolitik – Anhänger eines absoluten Kartellverbotes (z.B. Josten-Ausschuss) und die kartellfreundliche Industrie standen sich gegenüber und zeigten keine Kompromissbereitschaft – stockten die Arbeiten an dem deutschen Kartellgesetzentwurf. Der von der „Verwaltung für Wirtschaft" und ihrer Nachfolgerin, dem Bundeswirtschaftsministerium, vertretene Kompromiss – eine Eingriffsermächtigung nur für den Fall des Missbrauchs einer Machtstellung – fand nicht die Zustimmung der USA. Die USA erhöhten daher den Druck auf die Bundesrepublik, den Gesetzesentwurf entsprechend ihren Vorstellungen, d.h. mit einem Kartellverbot, auszuarbeiten. Die Bundesregierung gab dem Druck nach und Erhard trat nun ebenfalls als Vertreter des Bundeswirtschaftsministeriums für ein Kartellverbot ein. Die USA boten den Deutschen aber auch Hilfestellung und organisierten eine Studienreise einer deutschen Delegation in die USA, um sie mit dem amerikanischen Kartellrecht vertraut zu machen.

---

v. 29.12.1950, S. 23. – *Murach-Brand,* Antitrust auf deutsch, 2004, S. 195; *Ortwein,* Das Bundeskartellamt, 1998, S. 66.

329 *Ortwein,* Das Bundeskartellamt, 1998, S. 65; *Schneider,* Aufgaben, 1966, S. 18 f.

330 *Murach-Brand,* Antitrust auf deutsch, 2004, S. 195; *Ortwein,* Das Bundeskartellamt, 1998, S. 66 m.w.N.

331 *Ortwein,* Das Bundeskartellamt, 1998, S 66 m.w.N.

Kapitel 3: GWB und Bundeskartellamt nehmen Form an

Bisher hatten die Alliierten gegenüber den Deutschen in der Kartellpolitik keine einheitliche Linie verfolgt.[332] Frankreich stand dem Kartellproblem und der wirtschaftlichen Konzentration in Deutschland zunächst gleichgültig gegenüber. Wenn überhaupt, dann trat es für einen Mittelweg ein. Die deutsche Presse meinte zu beobachten, dass sowohl Frankreich als auch Großbritannien im Laufe des Wiederaufbaus Westdeutschlands und des Erstarkens der deutschen Wirtschaft um die eigene Sicherheit und Wettbewerbsfähigkeit zu fürchten begannen.[333] Im Herbst 1951 schien sich Frankreich der amerikanischen Kartellpolitik endgültig anzuschließen.[334]

---

332 Ausführlich dazu *Murach-Brand*, Antitrust auf deutsch, 2004, S. 140–163; *Robert*, Konzentrationspolitik, 1976, S. 151–154.

333 *Wirtschaftszeitung*, „Furcht vor Konkurrenz. Widerstände gegen den deutsch-französischen Handel", Jg. 4, Nr. 49, 18.06.1949, S. 3: „[...] Der Vorsitzende des französischen Verbandes der mechanischen Industrie [...] führt einen verzweifelten Kampf gegen die ihm bedrohlich erscheinende deutsche Konkurrenz. [...]"; *Wirtschaftszeitung*, „England fürchtet die Konkurrenz", Jg. 4, Nr. 61, 30.07.1949, S. 9: „[...] MacDougall erwartet nun als Kriegsfolge eine Halbierung des deutschen und japanischen Außenhandels, wodurch England eine Exportsteigerung um 400 Millionen Dollar gewinnen könnte, ohne daß der Export mit anderen Ländern wegen des Ausfalls von Deutschland als Käufer leiden müßte. Es ist verständlich, daß ein deutscher Wiederaufbauplan, der die Wiedergewinnung der deutschen Position im Welthandel vorsieht, dieses englische Konzept verdirbt und in England Widerstand hervorruft."; *Deutsche Zeitung*, Nr. 98, 7.12.1949, S. 6: „Für die Engländer ist allein entscheidend, daß sich in Deutschland keine ‚wirtschaftliche Macht konzentriert', deren Wirkung über die Landesgrenzen hinausgeht. Sie fürchten die ‚Konkurrenz', und die Franzosen wollen die ‚Sicherheit' in den Vordergrund gestellt wissen."; Dr. Schöne (SPD): „[...] und ein solcher falscher Ton, scheint mir, klang neulich aus den Äußerungen des französischen Dekartellisierungsspezialisten M. Favereau. Er soll gesagt haben, daß die deutschen Kartelle erwiesenermaßen ihre Macht politisch mißbraucht hätten und daß man deshalb in Deutschland eine strengere Gesetzgebung benötige." Abgedruckt in Stenograph. Berichte des Bundestages, 220. Sitzung v. 26.06.1952, S. 9754 C. – *Robert*, Konzentrationspolitik, 1976, S. 153 f.

334 *Handelsblatt*, „Vor erneuter Kartellberatung?", Jg. 6, Nr. 119, 12.10.1951, S. 2: „[...] Diese amerikanische Haltung [kein Verzicht auf alliierte Vorbehaltsrecht vor Erlaß eines deutschen Kartellgesetzes, Anm. d. Verf.] hat in jüngster Zeit eher eine Versteifung als eine Abschwächung erfahren, zumal sich maßgebliche Kreise der französischen Hohen Kommission offenbar der amerikanischen Kartellauffassung wesentlich angenähert haben. [...]"; *Handelsblatt*, „Erhards Kartellentwurf gebilligt. Kommt alliierte Kartellintervention? – Französisch-amerikanische Pläne", Jg. 6, Nr. 130, 9.11.1951, S. 1: „[...] Diese gut verbürgten Gerüchte [Erlass eines

Auch Großbritannien gab letztendlich seinen Widerstand auf. Dabei spielte möglicherweise neben der finanziellen Abhängigkeit Großbritanniens von den USA auch eine Rolle, dass die USA den Briten im Rahmen der Entflechtung entgegengekommen waren und für die Aufspaltung der neu entstehenden Unternehmenseinheiten die ökonomische Effektivität zum Maßstab nahmen.[335] Der Verzicht auf die Sozialisierung der deutschen Wirtschaft wurde für die Briten auf diese Art und Weise vertretbar.[336] Im April 1951 trat ferner der Vertrag zur Europäischen Gemeinschaft für Kohle und Stahl in Kraft. Im Rahmen dieses Vertrages bestanden die Franzosen auf strengen Entflechtungsvorschriften zum Schutz der französischen Wirtschaft vor der deutschen Konkurrenz. Außerdem normierte der Schuman-Plan die ersten Antikartellregeln auf europäischem Niveau. Die europäische Tradition der Missbrauchsgesetzgebung endete damit.[337] Diese außenpolitischen Rahmenbedingungen blieben nicht ohne Einfluss auf die Arbeiten am deutschen Kartellgesetzentwurf.

I. Deutsche Kartellgesetzentwürfe und ein alliierter Gegenentwurf (1951)

Am 22.05.1951 leitete das Bundeswirtschaftsministerium dem Kabinett einen Entwurf eines Gesetzes gegen Wettbewerbsbeschränkungen zur Beschlussfassung zu.[338] Im Rahmen der Entwurfsarbeiten betonte Günther, dass die Tatbestände im Regierungsentwurf genau definiert und juristisch voneinander abgegrenzt werden müssten, um eine zu große Machtfülle der staatlichen Verwaltung zu vermeiden und somit der „Marktwirtschaft" den Vorrang vor der „Verwaltungswirtschaft" einzuräumen.[339] Bei einem zu weitgehenden Freiraum wäre es nämlich Aufgabe der Verwaltung, zulässiges und verbotenes Verhalten voneinander abzugrenzen.[340] Ferner wies er darauf hin, das Kabinett habe bei der Beschlussfassung zu beachten,

alliierten Kartell- und Dekonzentrierungsgesetzes amerikanischer Auffassung, Anm. d. Verf.] spiegeln den sehr bemerkenswerten Wandel der Einstellung zur Kartellfrage innerhalb der alliierten Hohen Kommission wider, der sich in den letzten Monaten vollzogen hat und durch eine einheitliche französisch-amerikanische ausgesprochen kartellfeindliche Auffassung gekennzeichnet ist, der eine gemäßigte englische Haltung gegenübersteht. Somit haben sich die Mehrheitsverhältnisse im Rat der Hohen Kommissare zugunsten der amerikanischen Auffassung verschoben. [...]". – *Robert*, Konzentrationspolitik, 1976, S. 153; *Murach-Brand*, Antitrust auf deutsch, 2004, S. 164–178.

335 *Hartwich*, Sozialstaatspostulat, 1970, S. 84.

336 *Hartwich*, Sozialstaatspostulat, 1970, S. 84.

337 *Murach-Brand*, Antitrust auf deutsch, 2004, S. 165–169.

338 *Günther*, in: WuW 1951, S. 17 ff.; *Robert*, Konzentrationspolitik, 1976, S. 146.

339 *Günther*, in: WuW 1951, S. 21.

340 *Günther*, in: WuW 1951, S. 21.

dass der Entwurf den Voraussetzungen des revidierten Besatzungsstatuts[341] genüge. Andernfalls bestünde die Gefahr, dass sich die Besatzungsmächte die Weitergeltung der alliierten Dekartellierungs- und Entflechtungsgesetze vorbehielten.[342] Der Hinweis von Günther war berechtigt. Auch der Vertrag zur Regelung aus Krieg und Besatzung entstandener Fragen (Überleitungsvertrag zum Bonner Vertrag) vom 26. Mai 1952 regelte noch eine Fortgeltung der alliierten Dekartellierungs- und Entflechtungsgesetze, d.h. die neu gebildete Bundesregierung sah sich gezwungen, auf die antitrustrechtlichen Vorstellungen der Alliierten bei dem Entwurf des deutschen Kartellgesetzes Rücksicht zu nehmen.[343] Nach Inkrafttreten eines Bundesgesetzes

---

341 „Ziffer 2 b) Um die Erreichung der Grundziele der Besatzung sicherzustellen, wird die Zuständigkeit für die folgenden Gebiete, einschließlich des Rechts, von den Besatzungsbehörden benötigte Auskünfte und statistische Angaben anzufordern und deren Richtigkeit zu prüfen, ausdrücklich vorbehalten: [...] b) die Kontrolle über die Ruhr, die Restitutionen, Reparationen, Dekartellisierung, Dezentralisation, Ausschluß von Diskriminierungen in Handelsangelegenheiten, soweit dies für die Zwecke des nachstehenden Absatzes g) (2) erforderlich ist, die ausländischen Interessen in Deutschland und die Ansprüche gegen Deutschland [...]“ und „Ziffer 2 g) Die Überwachung des Außenhandels und der Devisenwirtschaft in dem Umfange, der erforderlich ist [...] (2) um die Einhaltung der Grundsätze des Allgemeinen Abkommens über Zolltarife und Handel durch die Bundesrepublik sicherzustellen, bis die Bundesrepublik dem Abkommen beigetreten ist und die darin vorgesehenen Verpflichtungen übernommen hat.“ Revidierte Fassung des Besatzungsstatuts durch die Urkunde v. 6.03.1951, abgedruckt in Official Gazette of the Allied High Commission for Germany, 1951, Nr. 49, S. 792 ff. und siehe auch Entscheidung Nr. 10 „Programm für die Revision der Besatzungskontrollen“ v. 6.03.1951: „2. a) die in Ziffer 2 b) vorbehaltenen Befugnisse hinsichtlich der Dekartellisierung werden aufgegeben werden sobald die Bundesrepublik Rechtsvorschriften, welche die Besatzungsbehörden befriedigen, unter Einschluß von Bestimmungen zur Verhütung neuer Konzentrationen wirtschaftlicher Macht, erlassen hat. [...] 3. Die Besatzungsbehörden werden die Befugnisse behalten, die erforderlich sind, um sicherzustellen, daß die Bundesregierung die nach Maßgabe der vorstehenden Ziffer 2 übernommenen Verpflichtungen und erlassenen Rechtsvorschriften ausführt, und daß diese Rechtsvorschriften ihrem wesentlichen Inhalte nach aufrechterhalten bleiben.“ abgedruckt in Official Gazette of the Allied High Commission for Germany, 1951, Nr. 49, S. 794 f.

342 *Günther*, in: WuW 1951, S. 34 f.

343 BGBl. II, 1954/3, S. 157 ff. (166–167): „Artikel 1 Vorschriften gegen Wettbewerbsbeschränkungen (1) Bis ein Bundesgesetz gegen Wettbewerbsbeschränkungen in Kraft tritt, das den entscheidenden Bestimmungen des von der Bundesregierung dem Bundesrat zugeleiteten Gesetzentwurfs (Bundesratsdrucksache Nr. 121/52) entspricht, bleiben die folgenden Rechtsvorschriften in Kraft: (a) Gesetz Nr. 56 der amerikanischen Militärregierung; (b) Verordnung Nr. 78 der britischen Militärregierung; (c) Verordnung Nr. 96 des französischen Oberkommandierenden in Deutschland; (d) die zu den in Unterabsatz (a), (b) und (c) aufgeführten Vorschriften erlassenen Durchführungsverordnungen. [...] (5) Die entscheidenden

gegen Wettbewerbsbeschränkungen sollten die alliierten Dekartellierungsgesetze daneben in Kraft bleiben und wie bisher von den Besatzungsbehörden durchgeführt werden.[344]

Die Bundesregierung selbst war gespalten:[345] Unterstützt von seinem „Wissenschaftlichen Beirat“ trat Erhard in der Öffentlichkeit für ein Kartellverbot ein, welches allerdings nur ein Teil seiner Mitarbeiter mittrug.[346] Desweiteren lag den anderen Ministerien vor allem an Ausnahmeregelungen für die zu ihrem Geschäftsbereich gehörenden Wirtschaftszweige.[347] Um den interministeriellen Streit zu schlichten,

---

Bestimmungen des in Absatz (a) dieses Artikels erwähnten Bundesgesetzes dürfen bis zur Errichtung des in diesem Gesetz vorgesehenen Bundeskartellamts nicht geändert werden.“ – *Huber*, Wirtschaftsverwaltungsrecht, Bd. 1, 1953, S. 395; *Lehnich*, Die Wettbewerbsbeschränkung, 1956, S. 470; *Ortwein*, Das Bundeskartellamt, 1998, S. 62; *Robert*, Konzentrationspolitik, 1976, S. 113 f.

344 BGBl. II, 1954/3, S. 157 ff. (167): „[...] (2) Die in Absatz (1) dieses Artikels genannten alliierten Rechtsvorschriften werden von Dienststellen der Drei Mächte durchgeführt. Die gegenwärtig bestehenden Befugnisse der Behörden oder der Gerichte der Bundesrepublik oder der Länder zur Durchführung dieser alliierten Rechtsvorschriften bleiben unberührt.“; Zusammenfassender Bericht des scheidenden amerikanischen Hohen Kommissars für Deutschland, John McCloy, über die Entwicklungen in Deutschland während seiner Amtsperiode, auszugsweise abgedruckt in WuW, 1953, S. 110: „[...] Zwischenzeitlich ist es die Absicht der Hohen Kommission, ihre Maßnahmen mit den deutschen Regierungsbehörden noch enger abzustimmen und zur Übernahme einer wachsenden Verantwortung für Wettbewerbsbeschränkungen und zur Kontrolle über die Ausübung der Politik gegen diese zu ermutigen. [...]“; *WuW*, Jg. 2 (1952), S. 663, Teil 2, Artikel 1, Punkt 5 des Zusatzabkommens zum Generalvertrag: „(5) Die entscheidenden Bestimmungen des in Absatz (a) dieses Artikels erwähnten Bundesgesetzes dürfen bis zur Errichtung des in diesem Gesetz vorgesehenen Bundeskartellamts nicht geändert werden.“. – *Huber*, Wirtschaftsverwaltungsrecht, Bd. 1, 1953, S. 395; *Lehnich*, Die Wettbewerbsbeschränkung, 1956, S. 470; *Ortwein*, Das Bundeskartellamt, 1998, S. 62.

345 *Rasch*, Wettbewerbsbeschränkungen, 1957, S. 12.

346 *Erhard*, in: Der Volkswirt, 16.12.1949, abgedruckt in: *Erhard*, Gedanken, 1988, S. 217 ff.: „[...] als ich in der Entfaltung des Wettbewerbs die beste Gewähr sowohl für eine fortdauernde Leistungsverbesserung als auch eine gerechte Verteilung des Volkseinkommens bzw. des Sozialprodukts erblicke und im Interesse einer wirklich ‚sozialen‘ Marktwirtschaft auf diesen Motor einer gesunden ökonomischen Entfaltung unmöglich verzichten kann. [...] In meinen Augen bedeuten alle diese Versuche [der Wettbewerbsbeschränkung, Anm. d. Verf.] eine Sünde wider den Geist des Lebens [...].“; *Erhard*, in WuW 1952, S. 733 ff. (733): „Wer also nicht Leistungswettbewerb und freien Marktpreis will, hat jedes Argument gegen die Planwirtschaft aus der Hand gegeben.“ u. (736): „Von einem Durchpeitschen des Gesetzes kann ohnehin nicht mehr die Rede sein, und ich selbst habe die Anregungen gefördert, daß man sich über den Gegenstand noch ausführlich unterhalten solle.“ – *Rasch*, Wettbewerbsbeschränkungen, 1957, S. 12.

347 *Rasch*, Wettbewerbsbeschränkungen, 1957, S. 12.

schaltete sich Bundeskanzler Adenauer ab Mitte 1951 in die Diskussion innerhalb des Kabinetts ein.[348] Seine Mitwirkung trug – wie später aufgezeigt wird – maßgeblich dazu bei, die verhärteten Positionen in einem Kompromiss zusammenzuführen.

Die Industrie hatte versucht, die Erstellung eines Kartellgesetzentwurfes zu verhindern. Es gab allerdings auch in der Wirtschaft Stimmen, die ein Kartellverbot gut hießen.[349] Berghahn zitiert z.B. einen Eintrag aus dem Logbuch des Industriellen Otto Friedrich nach einem Gespräch mit Erhard am 5. Januar 1951, wonach man den Amerikanern klarmachen müsste, „daß wir wohl in ihrem Sinne vorgehen wollen, [...] aber daß wir [den] Eindruck wirtsch. Aggression vermeiden möchten. Dschld. will sich in europ. Wi. einfügen“ und nicht umgekehrt die „europ. Wi. in [die] deutsche“.[350] Otto Friedrich befürwortete ein deutsches Antitrustrecht und stand auf der Seite der Amerikaner. Er wollte andererseits die anderen Westalliierten, insbesondere Frankreich, nicht vor den Kopf stoßen. Er zählte zu den wenigen gemäßigten und amerikafreundlichen Vertretern der deutschen Industrie, der aufgrund seiner familiären Beziehungen und beruflichen Erfahrungen eine Vermittlerrolle einnahm.[351] Otto Friedrich blieb indes eine Ausnahme.

Die Mehrheit der deutschen Wirtschaft, gebündelt im BDI unter dem Vorsitz seines Präsidenten Fritz Berg, sperrte sich allerdings gegen den Regierungsentwurf.[352] Die Kritik der Industrie knüpfte daran an, dass sich das neue Gesetz weder an deutschen noch an europäischen Vorbildern orientierte. In seiner Schrift prangerte Salinger einerseits an, Erhard versuche, „Siegerrecht zu verewigen“, und zwar „Siegerrecht“, das auf die Schwächung der deutschen Wirtschaft abziele.[353] Andererseits betonte er, dass es auch in den übrigen europäischen Ländern keine Tradition für eine strenge Kartellgesetzgebung gäbe. Selbst die Havanna-Charta verlange nur eine Missbrauchsgesetzgebung. Das deutsche Kartellgesetz wäre daher zu „revolutionär“ und erschwere die Rechtsvereinheitlichung in Europa.[354] Salinger vertrat weiterhin die Ansicht, dass das Kartell für die „zweckdienliche Koordinierung“ des europäischen Marktes unabdingbar wäre.[355]

---

348 *Kartte/Holtschneider*, in: Handbuch des Wettbewerbs, 1981, S. 206; *Robert*, Konzentrationspolitik, 1976, S. 146.

349 *Berghahn*, The Americanisation of West German Industry, 1986, S. 180 „Petersberg rebels“.

350 *Berghahn,* in: Vom Marshallplan zur EWG, 1990, S. 249.

351 *Berghahn,* in: Vom Marshallplan zur EWG, 1990, S. 233, 253.

352 *Robert,* Konzentrationspolitik, 1976, S. 166–185.

353 *Salinger*, Diktatur eines Bundeskartellamtes, 1952, S. 8.

354 *Salinger*, Diktatur eines Bundeskartellamtes, 1952, S. 17; dagegen: *Erhard*, Gedanken, 1988, S. 438 in seiner Rede vor dem Deutschen Bundestag am 24.03.1955: „Nicht nur in Deutschland, sondern auch in allen anderen europäischen Ländern ist die geistige Wandlung deutlich zu spüren, und immer vernehmlicher wird von allen Seiten der Ruf und das Verlangen nach einer Bändigung der Kartellauswüchse, nach Abstellung von Mißbräuchen bis zur Forderung von Verboten laut.“

355 *Salinger*, Diktatur eines Bundeskartellamtes, 1952, S. 37.

An dem aggressiven Ton des Pamphlets von Salinger zeigte sich die Stimmung der deutschen Industrie. Ein Herausgeber der Frankfurter Allgemeinen Zeitung – Steltzner – erinnerte sich sogar, dass in den fünfziger Jahren die Industrie die Frankfurter Allgemeine Zeitung, die den Kurs Erhards unterstützte, mit einem Anzeigenboykott belegte, der fast zum wirtschaftlichen Ende der Zeitung führte.[356] Um die Verhandlungen mit den Alliierten um die Erlangung der vollständigen Souveränität der Bundesrepublik Deutschland nicht zu gefährden, war der BDI allerdings zunächst bereit, sich in der Öffentlichkeit mit Kritik zurück zu halten.[357]

Trotz des Gegenwindes aus der Wirtschaft und der Uneinigkeit innerhalb der deutschen Regierung verabschiedete das Kabinett am 8. November 1951 einen vorläufigen Regierungsentwurf und leitete ihn der AHK zur Genehmigung zu.[358] Die Amerikaner bemängelten am vorgelegten Entwurf das Fehlen von Fusions- oder Entflechtungsvorschriften. Die Amerikaner erarbeiteten daraufhin einen Gegenentwurf zum vorläufigen deutschen Regierungsentwurf. Wie bereits oben erwähnt, verfolgten die Alliierten ab 1951 eine einheitliche Linie, so dass Briten und Franzosen dem Gegenentwurf im Rahmen des inneralliierten Interessenausgleiches zustimmten.[359] Am 28.11.1951 übergab die AHK Bundeswirtschaftsminister Erhard diesen Gegenentwurf, der zwar auf der Grundlage eines der deutschen Entwürfe entstanden war, ergänzt aber durch scharfe Antitrustregeln, wie sie im US-amerikanischen Kartellrecht existierten.[360] Der Vorlage des Gegenentwurfes folgten Verhandlungen, da Erhard den Gegenentwurf nicht ohne weiteres akzeptieren wollte.[361] Letztendlich wurden Bestimmungen über horizontale Wettbewerbsbeschränkungen und zur Fusionskontrolle eingefügt.[362] Zwei weitere Entwürfe folgten. Die Regierung einigte sich letztendlich auf Entwurf Nr. XVII vom 1. Februar 1952 als in der Folgezeit maßgeblichen Regierungsentwurf.[363]

---

356 *Steltzner*, in: 50 Jahre Bundeskartellamt, 2008, S. 45.

357 *Robert*, Konzentrationspolitik, 1976, S. 182 m.w.N.

358 *Robert*, Konzentrationspolitik, 1976, S. 147.

359 *Murach-Brand*, Antitrust auf deutsch, 2004, S. 177; *Robert*, Konzentrationspolitik, 1976, S. 154 f.: „Letzten Endes erkannten aber auch die beiden westeuropäischen Großmächte an, daß die USA ein besonderes Interesse an der Gestaltung der Wettbewerbsordnung in der BRD hatten. [...] ließen es die Briten und Franzosen zu, daß Gegenstand der Verhandlungen in erster Linie die von den USA erhobenen Forderungen waren." und S. 156.

360 Abdruck des alliierten Gegenentwurfs vom 28.11.1951 in *Murach-Brand*, Antitrust auf deutsch, 2004, S. 240 ff. – *Berghahn*, The Americanisation of West German Industry, 1986, S. 172; ausführlich *Murach-Brand*, Antitrust auf deutsch, 2004, S. 176 ff.; *Robert*, Konzentrationspolitik, 1976, S. 156.

361 *Robert*, Konzentrationspolitik, 1976, S. 158.

362 *Kartte/Holtschneider*, in: Handbuch des Wettbewerbs, 1981, S. 206; *Robert*, Konzentrationspolitik, 1976, S. 156–165.

363 Der Regierungsentwurf ist abgedruckt in WuW 1952, 432 ff., BTDrs. 1/3462 u. BTDrs., 2/1158. – *Berghahn*, The Americanisation of West German Industry, 1986,

Die Anzahl der Entwürfe spricht für sich. Sie gibt Aufschluss über die verschiedenen Einflussnahmen auf die Konzeption des ersten deutschen Kartellgesetzes.[364] Die siebzehn Entwürfe spiegeln die Widersprüche wider, die zwischen den Alliierten und der deutschen Regierung sowie innerhalb der Regierung bestanden, ferner den Einfluss der politischen Parteien, des BDI und der Ländervertreter.[365]

II. Der Weg zum Regierungsentwurf (1952)

Das Kabinett fügte durch Beschluss vom 2.05.1952 geringfügige Änderungen in die Regierungsvorlage ein[366] und leitete den Regierungsentwurf daraufhin an den Bundesrat, der am 23.05.1952 weitere Änderungsvorschläge beschloss.[367] Was den Sitz der zu schaffenden Kartellbehörde anging, so wollte der Bundesrat die Sitzfrage vorerst ausklammern, da dies der Organisationsgewalt der Bundesregierung unterlag.[368] Über die Änderungsvorschläge des Bundesrates fasste das Bundeskabinett am 10.06.1952 Beschluss.[369] Die Bundesregierung übernahm teilweise die Änderungsvorschläge, andere kritisierte sie. Mit der vom Bundesrat vorgeschlagenen Regelung der Sitzfrage erklärte sich die Bundesregierung einverstanden. Am 13.06.1952 leitete der Bundeskanzler den Regierungsentwurf an den Bundestag weiter.[370]

Der Regierungsentwurf entschied sich für die Errichtung eines Bundeskartellamts im Geschäftsbereich des Bundesministers für Wirtschaft statt einer mit dem Monopolamt des Josten-Entwurfes vergleichbaren Zentralinstanz.

§ 40 I des Regierungsentwurfes: „Als selbständige Bundesoberbehörde wird ein Bundeskartellamt mit dem Sitz in ... errichtet. Es gehört zum Geschäftsbereich des Bundesministers für Wirtschaft.“[371]

Die obersten Landesbehörden, d.h. die Wirtschaftsminister der Länder, waren danach zuständig, sofern die Wettbewerbsbeschränkung nur innerhalb eines Bundeslandes Wirkung entfaltete.

S. 172; *Murach-Brand,* Antitrust auf deutsch, 2004, S. 179 f.; *Robert,* Konzentrationspolitik, 1976, S. 151, 158, 161 ff.

364 *Murach-Brand,* Antitrust auf deutsch, 2004, S. 140 f.

365 *Kartte/Holtschneider,* in: Handbuch des Wettbewerbs, 1981, S. 206.

366 *WuW* 1952, S. 543; *Wagner,* Diskussion, 1956, S. 25.

367 *WuW* 1952, S. 664 ff.; *Robert,* Konzentrationspolitik, 1976, S. 202–215; *Wagner,* Diskussion, 1956, S. 25.

368 *WuW* 1952, S. 664 ff. (667): „[...] § 40. Absatz 1 Satz 1 erhält folgende Fassung: ‚Als selbständige Bundesoberbehörde wird ein Bundeskartellamt errichtet.‘ Begründung: Die Bestimmung des Sitzes von Bundesoberbehörden gehört grundsätzlich zur Organisationgewalt der Bundesregierung. [...]“.

369 *WuW* 1952, S. 672 ff.

370 BTDrs. 1/3462.

371 Abgedruckt in BTDrs. 1949, Nr. 3462, S. 8.

§ 36 I des Regierungsentwurfes: „Die in diesem Gesetz der Kartellbehörde übertragenen Aufgaben und Befugnisse nehmen wahr: 1. das Bundeskartellamt (§ 40) [...] d) wenn die Wirkung der Marktbeeinflussung oder des wettbewerbsbeschränkenden oder diskriminierenden Verhaltens über das Gebiet eines Landes hinausreicht; 2. in allen übrigen Fällen die oberste Landesbehörde.“[372]

Der Verzicht auf ein Kartellgericht zugunsten einer Kartellbehörde sowie die Aufteilung der Zuständigkeiten auf Bundes- und Landesbehörden wurde verfassungsrechtlich begründet.[373] In der Wissenschaft[374] befürworteten u.a. Ernst Rudolf Huber und Oswald Lehnich die Schaffung einer Behörde statt eines Gerichts, da die den Kartellbehörden gestellten Aufgaben keine Justiz-, sondern Verwaltungssachen seien.[375] Ausgehend von der Pflicht des Staates, die selbst geschaffene Wettbewerbsfreiheit zu schützen, ergab sich für Lehnich schon 1956 als Aufgabe des Staates die ständige Beobachtung und Aufsicht über die Wirtschaftsordnung.[376] Eine effiziente Durchsetzung des Kartellverbotes könnte dabei nur auf dem Verwaltungswege gewährleistet werden.[377]

§§ 49 ff. und §§ 59 ff. des Regierungsentwurfes sahen einen einheitlichen Rechtszug für alle sich aus dem Gesetz ergebenden Streitfragen mit voller gerichtlicher Nachprüfung in tatsächlicher und rechtlicher Beziehung vor.[378]

Nach der ersten Lesung[379] im Bundestag am 26.06.1952 verwies der Bundestag die Regierungsvorlage zur weiteren Diskussion an die Ausschüsse. Mangels Verabschiedung des Gesetzes in der ersten Wahlperiode fanden die Änderungsvorschläge der Ausschüsse erst in der zweiten Wahlperiode nach Neueinbringung des Gesetzes Berücksichtigung.[380]

III. Der alliierte Druck nimmt ab (1953)

Das Interesse der Alliierten an der Durchsetzung der alliierten Dekartellierungsgesetze nahm bis zum Jahre 1953 stark ab.[381] Die starke Verkleinerung des Personalbestandes der alliierten Dekartellierungsstellen bis 1953 spiegelt das nachlassende

---

372 Abgedruckt in BTDrs. 1949, Nr. 3462, S. 7; *Günther*, in: WuW 1951, S. 23.

373 BTDrs. 1/3462, S. 22 IV; *Günther*, in: WuW 1951, S. 23.

374 Zur Kartellrechtswissenschaft von 1945–1954 ausführlich *Fikentscher*, in: WuW 1955, S. 205–229.

375 *Huber*, Wirtschaftsverwaltungsrecht, Bd. 1, 1953, S. 413.

376 *Lehnich*, Die Wettbewerbsbeschränkung, 1956, S. 487.

377 *Lehnich*, Die Wettbewerbsbeschränkung, 1956, S. 485 ff., 491.

378 *Günther*, in: WuW 1951, S. 23.

379 *Robert*, Konzentrationspolitik, 1976, S. 215–221.

380 *Robert*, Konzentrationspolitik, 1976, S. 221–229; *Wagner*, Diskussion, 1956, S. 26.

381 *Barth*, in: 50 Jahre Wettbewerbsgesetz, 2010, S. 10; *Murach-Brand*, Antitrust auf deutsch, 2004, S. 125 Fn. 48 m.w.N.; *Ortwein*, Das Bundeskartellamt, 1998, S. 61; *Robert*, Konzentrationspolitik, 1976, S. 114, 228 m.w.N.

Interesse wider. Die Durchführung der alliierten Dekartellierungsgesetze konnte kaum noch gewährleistet werden.[382]

Das schwächer werdende Interesse der Alliierten an der Kartellpolitik betraf nicht nur den Personalbestand und die Handlungsfähigkeit der amtierenden Kartellbehörden, sondern wirkte sich auch auf die Arbeiten für das zukünftige Kartellgesetz aus. Der BDI nutzte diese Umstände, um seinen öffentlichen Widerstand zu verstärken.[383] Der Präsident des BDI – Fritz Berg – nahm dabei auch durch seine freundschaftlichen Kontakte zu Adenauer Einfluss und spaltete die Regierungsfraktion.[384]

Die massive Opposition des BDI führte dazu, dass Erhard sich zu Verhandlungen und Zugeständnissen bereit erklärte.[385] Während einer dreitägigen Tagung in Unkel vom 22.04.1953 bis zum 24.04.1953 einigten sich die Tagungsmitglieder auf einen Kompromiss, der den Entwurf stark abschwächte.[386] Die sog. Unkeler Beschlüsse setzten sich indes nicht durch und verzögerten den Gesetzgebungsprozess zusätzlich.[387]

Obwohl das Gesetzgebungsverfahren am 21.05.1953 – vier Monate vor der Bundestagswahl am 6.09.1953 – abgebrochen wurde, ließ Erhard von der Einführung des Kartellverbots nicht ab.[388] Am 17.02.1954 brachte die Bundesregierung den Regierungsentwurf von 1952 unverändert wieder in den Bundestag ein.[389] Ministerialrat Eberhard Günther sowie der Leiter der Abteilung I (Wirtschaftspolitik) im Wirtschaftsministerium, Professor für Volkswirtschaft Alfred Müller-Armack standen Erhard im Kampf um das Kartellgesetz zur Seite.[390]

---

382 *Barth*, in: 50 Jahre Wettbewerbsgesetz, 2010, S. 10; *Murach-Brand*, Antitrust auf deutsch, 2004, S. 125 Fn. 48 m.w.N.; *Ortwein*, Das Bundeskartellamt, 1998, S. 61; *Robert*, Konzentrationspolitik, 1976, S. 114, 228 m.w.N.

383 *Barth*, in: 50 Jahre Wettbewerbsgesetz, 2010, S. 15; *Kartte/Holtschneider*, in: Handbuch des Wettbewerbs, 1981, S. 208; *Robert*, Konzentrationspolitik, 1976, S. 229–243.

384 *Barth*, in: 50 Jahre Wettbewerbsgesetz, 2010, S. 12.

385 Seine Bereitschaft zu Zugeständnissen machte Erhard auch in der Kabinettssitzung deutlich, in der es in der zweiten Legislaturperiode um die Wiedereinbringung des Gesetzesentwurfes in den Bundestag ging, s. Kurzprotokoll über die 18. Kabinettssitzung der Bundesregierung am 17.02.1954, Tagesordnungspunkt 3, einzusehen unter http://www.bundesarchiv.de/cocoon/barch/0000/k/k1954k/kap1_2/kap2_5/para3_3.html.

386 *Barth*, in: 50 Jahre Wettbewerbsgesetz, 2010, S. 15; *Robert*, Konzentrationspolitik, 1976, S. 224 ff.

387 *Robert*, Konzentrationspolitik, 1976, S. 225.

388 *Barth*, in: 50 Jahre Wettbewerbsgesetz, 2010, S. 15; *Kartte/Holtschneider*, in: Handbuch des Wettbewerbs, 1981, S. 207 f.; *Robert*, Konzentrationspolitik, 1976, S. 186–243.

389 *Barth*, in: 50 Jahre Wettbewerbsgesetz, 2010, S. 15; *Kartte/Holtschneider*, in: Handbuch des Wettbewerbs, 1981, S. 207 f.

390 *Robert*, Konzentrationspolitik, 1976, S. 381 f.

IV. Pariser Verträge – Deutschland erlangt Souveränität

Ab 1953 beeinflussten die Alliierten in der Praxis den Gesetzgebungsprozess nicht mehr. Amtlich wurde dies durch Aufgabe des Genehmigungsvorbehaltes durch die Pariser Verträge vom Herbst 1954.[391] Die Bundesrepublik erhielt dadurch u.a. in Wettbewerbsfragen Souveränität.[392] Die Entscheidung über die Errichtung eines Bundeskartellamts lag damit in den Händen der Bundesregierung bzw. des deutschen Gesetzgebers.[393]

Allerdings teilte Bundeskanzler Adenauer in einem Schreiben an die Hohen Kommissare vom 23.10.1954 mit, „an der bisher von ihr verfolgten Kartellpolitik festzuhalten und dahin zu wirken, daß die Freiheit des Wettbewerbs durch ein deutsches Gesetz umfassend und wirksam geschützt wird".[394] Das Schreiben von Adenauer ist angesichts der Erlangung der Souveränität als Gentleman's Agreement oder als Absichtserklärung zu verstehen.

Vor Inkrafttreten des deutschen Kartellgesetzes galten die alliierten Dekartellierungsvorschriften zwar weiter.[395] Die Pariser Verträge übertrugen die kartellrechtlichen Strafbefugnisse aber auf die deutschen Gerichte. Trotzdem schienen sich die Gerichte bei der Durchführung von Strafprozessen zurückzuhalten.[396] Für die Anwendung der in den Dekartellierungsgesetzen vorgesehenen Verwaltungsverfahren musste zunächst noch eine Zuständigkeit der deutschen Stellen hergestellt werden.[397] Dies geschah beispielsweise am 4. Mai 1955 durch Übertragung der Befugnisse von DIDEG, welche als alliierte Stelle vornehmlich die Kartellaufsicht vorgenommen hatte, auf den Bundeswirtschaftsminister.[398] Aber auch der

---

391 Protokoll vom 23.10.1954, abgedruckt in BGBl II 1955/7, S. 237: „[...] ZWEITER TEIL Dekartellierung und Entflechtung. Der Teil wird gestrichen. [...]". – *Kartte/Holtschneider*, in: Handbuch des Wettbewerbs, 1981, S. 202; ausführlich zur interalliierten Diskussion bezüglich des Wegfalls des alliierten Genehmigungsvorbehaltes *Murach-Brand*, Antitrust auf deutsch, 2004, S. 209–213.

392 *Berghahn*, The Americanisation of West German Industry, 1986, S. 173; *Ortwein*, Das Bundeskartellamt, 1998, S. 62; *Robert*, Konzentrationspolitik, 1976, S. 114.

393 *Ortwein*, Das Bundeskartellamt, 1998, S. 62.

394 Briefwechsel abgedruckt in BGBl. II 1955/8, S. 182 f. – *Benisch*, in: WuW 1954, S. 789; *Lehnich*, Die Wettbewerbsbeschränkung, 1956, S. 475; *Murach-Brand*, Antitrust auf deutsch, 2004, S. 212 f.; *Ortwein*, Das Bundeskartellamt, 1998, S. 62.

395 BGBl. II 1955/8, S. 182 f.: „[...] In diesem Bestreben wird sie [die Bunderegierung, Anm. d. Verf.] sich auch gegen alle Versuche wenden, die alliierten Vorschriften, welche jetzt Wettbewerbsbeschränkungen und Monopole verbieten, [...] auszuheben oder zu ändern, bevor das deutsche Gesetz in Kraft tritt, das allgemeine Bestimmungen gegen Wettbewerbsbeschränkungen enthält." – *Benisch*, in: WuW 1954, S. 787; *Lehnich*, Die Wettbewerbsbeschränkung, 1956, S. 475.

396 *Benisch*, in: WuW 1954, S. 788.

397 *Benisch*, in: WuW 1954, S. 788.

398 Entscheidung Nr. 36 der AHK „Bestimmung der ausführenden Dienststelle für Dekartellisierung", abgedruckt in Official Gazette of the Allied High Commission

Bundeswirtschaftsminister übte sich bei der Anwendung des ungeliebten Besatzungsrechts, das insb. auch zur Entflechtung gedient hatte, Zurückhaltung.[399] Selbst wenn also in der Besatzungszeit und sogar darüber hinaus bis zum 1.1.1957 das strenge alliierte Kartellverbot galt,[400] zeigte dies im Ergebnis kaum Auswirkungen auf die deutsche Wirtschaft, die weiterhin Kartelle anstrebte.[401]

V. Der Kartellgesetzentwurf in deutschen Händen (1954–1957)

Zu Beginn der neuen Legislaturperiode Anfang 1954 lagen insgesamt vier Entwürfe für ein deutsches Kartellgesetz vor: Entwürfe von Höcherl und Böhm, der ursprüngliche Regierungsentwurf sowie ein abgeschwächter Gesetzesentwurf aus der vorausgegangenen Legislaturperiode.[402] Zunächst stand insbesondere der Entwurf der vorherigen Legislaturperiode in der abgeschwächten Form, die er durch die Beratungen im Wirtschaftspolitischen Ausschuss des Bundestages basierend auf den Unkeler Beschlüssen erhalten hatte, zur Diskussion.[403] Dies entsprach aber weder dem Willen der (West-)Alliierten noch Erhards. Die Zustimmung der Industrieverbände zur Vorlage des ursprünglichen – mit den Alliierten ausgehandelten – Regierungsentwurfs erlangte Erhard nur durch weitgehende Zugeständnisse. Er musste die Verbesserungsvorschläge des Wirtschaftspolitischen Ausschusses des Bundestages der Regierungsvorlage beifügen und versprechen, nachfolgend für eine Auflockerung des Entwurfes zu sorgen.[404]

Grundsätzlich war damit der Weg frei für die Einbringung des ursprünglichen Gesetzesentwurfs. Trotzdem musste er in der Kabinettssitzung, in der über die Wiedereinbringung des Gesetzentwurfes gestritten wurde, mit Rücktritt drohen, um der Vorlage den Weg in den Bundestag endgültig frei zu machen.[405]

Am 17.02.1954 votierte die Regierung für die Wiedereinbringung des ursprünglichen, mit den Alliierten ausgehandelten Gesetzesentwurfes in den Bundestag und

1955, Nr. 125, S. 3248–3250. – *Ortwein*, Das Bundeskartellamt, 1998, S. 62; *Murach-Brand*, Antitrust auf deutsch, 2004, S. 212 f.

399 *Murach-Brand*, Antitrust auf deutsch, 2004, S. 212 f.; *Ortwein*, Das Bundeskartellamt, 1998, S. 62; *Robert*, Konzentrationspolitik, 1976, S. 286 f.

400 *Gleiss/Fikentscher*, in: WuW, Jg. 5 (1955), S. 525 ff., 531 ff.

401 *Satzky*, in: Kartelle und Kartellgesetzgebung, 1985, S. 230.

402 *Robert*, Konzentrationspolitik, 1976, S. 286–303.

403 *Robert*, Konzentrationspolitik, 1976, S. 221–229, 247 f.

404 *Robert*, Konzentrationspolitik, 1976, S. 247–249.

405 Kurzprotokoll über die 18. Kabinettssitzung der Bundesregierung am 17.02.1954, Tagesordnungspunkt 3, einzusehen unter http://www.bundesarchiv.de/cocoon/barch/0000/k/k1954k/kap1_2/kap2_5/para3_3.html: „[...] Der Bundesminister für Wirtschaft, der andeutet, eine Ablehnung seines Entwurfs im Kabinett stelle ihn vor schwere Entschlüsse, [...]". – *Barth*, in: 50 Jahre Wettbewerbsgesetz, 2010, S. 15; *Robert*, Konzentrationspolitik, 1976, S. 249.

leitete dementsprechend die Vorlage mit Schreiben vom 30.04.1954 zur Stellungnahme an den Bundesrat weiter.[406] Nachdem der Bundesrat sich – unter Auflagen – zu einem weitgehend positivem Votum zu dem Regierungsentwurf durchgerungen hatte, leitete die Bundesregierung Anfang Februar den Regierungsentwurf dem Bundestag erneut zu.[407] Gleich während der ersten Lesung im Bundestag – am 24.03.1955 und am 31.03.1955 – galt es, Hindernisse, die dem Entwurf in den Weg gelegt wurden, zu beseitigen.[408] Zeitgleich stellte Höcherl einen industrienahen Entwurf[409] zur Diskussion, der einem vorherigen, von Rudolf Isay verfassten Entwurf[410] ähnelte.[411] Aus Opposition zum BDI brachten einige Abgeordnete unter der Federführung von Franz Böhm eine weitere, der ordoliberalen Theorie am nächsten stehende Gesetzesvorlage als Gegenentwurf ein.[412]

Die erste Lesung im Bundestag begann mit einem Redebeitrag Ludwig Erhards,[413] in dem er den Gesetzentwurf als notwendige Voraussetzung für eine marktwirtschaftliche Ordnung verteidigte.[414] Er begegnete auch dem oft erhobenen Vorwurf, die Schaffung einer Kartellbehörde führe zu einer Bürokratisierung der Wirtschaft.[415]

Im Laufe des Jahres 1955 klärten sich die Fronten. Im Juni 1955 erinnerte der amerikanische Außenminister John Foster Dulles Bundeskanzler Adenauer an sein Versprechen, für ein Kartellgesetz nach amerikanischen Maßstäben zu sorgen.[416] Darüber hinaus hatte der Ausschussvorsitzende Naegel den Bundeskanzler um seine

---

406 *Berghahn*, The Americanisation of West German Industry, 1986, S. 181.

407 BTDrs. 2/1158. – *Robert*, Konzentrationspolitik, 1976, S. 272–286.

408 *Berghahn*, The Americanisation of West German Industry, 1986, S. 181; *Kartte/Holtschneider*, in: Handbuch des Wettbewerbs, 1981, S. 208 f.

409 Sog. Höcherl-Entwurf, abgedruckt in BTDrs. 2/1253.

410 Sog. Isay'scher Entwurf, abgedruckt in *Isay*, Entwurf, 1954.

411 Zu den Entwürfen: *Wagner*, Diskussion, 1956, S. 64–66.

412 Sog. Böhm-Entwurf, abgedruckt in BTDrs. 2/1269. – dazu *Wagner*, Diskussion, 1956, S. 66–71.

413 Abgedruckt in *Erhard*, Gedanken, 1988, S. 430 ff.

414 Abgedruckt in *Erhard*, Gedanken, 1988, S. 430 ff. (431): „Der Wettbewerb ist damit unlöslich Bestandteil, ja innerstes Element einer marktwirtschaftlichen Ordnung [...] Kartelle sind in einer Marktwirtschaft nach der inneren Logik dieses Systems artwidrige Fremdkörper." und (435): „Der Staat, der Preisbildung durch Kartelle zuläßt, entäußert sich damit der Möglichkeit einer aktiven Wirtschaftspolitik."

415 Abgedruckt in *Erhard*, Gedanken, 1988, S. 430 ff. (434): „Nun erfordert zweifellos jede Kartellgesetzgebung in ihrer praktischen Handhabung einen gewissen Verwaltungsapparat, und angeblich soll eine Verbotsgesetzgebung ein Mammutgebilde dieser Art notwendig machen. Die Logik dieser Aussage ist zwar schwer verständlich, denn es ist unbestreitbar leichter, mit geringen Kräften das Überhandnehmen von Kartellen zu verhindern, als nicht greifbaren Kartellmißbräuchen nachzujagen. [...] Es ist sicher, daß die Kartellbehörde in ihrem Umfang wesentlich von dem Ausmaß der Kartellfreudigkeit der deutschen Wirtschaft abhängig sein wird."

416 *Murach-Brand*, Antitrust auf deutsch, 2004, S. 227.

Unterstützung ersucht, um den Regierungsentwurf nicht mit den Stimmen der SPD-Fraktion, die anders als die CDU-Fraktion geschlossen hinter dem Regierungsentwurf stand,[417] durchsetzen zu müssen.[418] Ab Oktober/November 1955 unterstützten Adenauer und der CDU-Vorstand eine effiziente und beschleunigte Beratung im Wirtschaftsausschuß des Bundestages.[419] Im Folgenden verständigte sich die CDU-Fraktion unter Ausschluss der anderen Entwürfe auf den Regierungsentwurf als Beratungsgrundlage.[420]

Seit November 1955 beriet der Wirtschaftsausschuss des Bundestages über den Gesetzesentwurf, bis Januar 1957 verliefen die Beratungen allerdings nur stockend.[421] Dies lag u. a. an den unterschiedlichen Positionen, die innerhalb der Regierungskoalition vertreten wurden. Erst im Januar 1957 fand sich ein Kompromiss.[422]

Der federführende Wirtschaftspolitische Ausschuss des Bundestages problematisierte naturgemäß während seiner Beratungen nicht die Artikel des Regierungsentwurfes zum Verfahren und zur Organisation der Kartellaufsicht, sondern richtete sein Augenmerk schwerpunktmäßig auf die materiell-rechtlichen Regelungen.[423] Der für diese Fragen zuständige Ausschuss für Rechtswesen und Verfassungsrecht zögerte trotz wiederholter Aufforderung seine Stellungnahme hinaus.[424] Es schien daher Konsens über die Organisation der Kartellaufsicht durch eine Verwaltungsbehörde und nicht durch ein Gericht zu bestehen.[425] Im Frühjahr 1957 stellte der Rechtsausschuss des Bundestages überraschend aufgrund der Rechtsnatur des Bundeskartellamts als reine Verwaltungsbehörde die Verfassungsmäßigkeit des Gesetzentwurfes in Frage.[426]

Der Rechtsausschuss kritisierte die Wahrnehmung von Ermittlungs- und Entscheidungsfunktion durch eine einzelne Behörde, d.h. das Bundeskartellamt, statt der Aufteilung auf eine Behörde als Antragsinstanz und auf ein Gericht als

417 *Robert*, Konzentrationspolitik, 1976, S. 286–303.

418 *Robert*, Konzentrationspolitik, 1976, S. 302.

419 *Robert*, Konzentrationspolitik, 1976, S. 303.

420 *Kartte/Holtschneider*, in: Handbuch des Wettbewerbs, 1981, S. 209; *Robert*, Konzentrationspolitik, 1976, S. 303 f.

421 Ausführlich zur 2. Lesung im Bundestag *Robert*, Konzentrationspolitik, 1976, S. 309–318.

422 *Kartte/Holtschneider*, in: Handbuch des Wettbewerbs, 1981, S. 209 f.; *Robert*, Konzentrationspolitik, 1976, S. 317.

423 *Kartellgesetz. Der Auszug der Bürokraten*, abgedruckt in: Spiegel, Nr. 22 v. 29.05.1957, S. 13–14 (14). – *Robert*, Konzentrationspolitik, 1976, S. 319 f.

424 *Wolfram Langer*, Krise um Kartellgesetz und Erhard. Schwerwiegende Entscheidungen stehen bevor, abgedruckt in: Handelsblatt, Nr. 59 v. 20.05.1957, S. 2. – *Robert*, Konzentrationspolitik, 1976, S. 320.

425 *Rasch*, Wettbewerbsbeschränkungen, 1957, S. 157.

426 *Ortwein*, Das Bundeskartellamt, 1998, S. 66 f.; *Robert*, Konzentrationspolitik, 1976, S. 318–323.

Entscheidungsinstanz.[427] Er beantragte eine Änderung des Regierungsentwurfes insofern, als das Bundeskartellamt Erlaubnisse erteilen durfte, für den Widerruf der Erlaubnis und für die Verhängung von Bußgeldern aber die ordentlichen Gerichte zuständig sein sollten.[428] Dieser spät vorgebrachte Einwand erforderte den Umbau des gesamten Gesetzes und stieß dementsprechend auf den Widerstand des Bundeswirtschaftsministers.[429] Die Zuständigkeit der ordentlichen Gerichte für den Widerruf der Kartellerlaubnis hätte der Kartellbehörde ein wichtiges Instrument entzogen, um Missbräuche von Marktmacht durch erlaubte Kartelle zu verhindern.[430] Bundeskanzler Adenauer schaltete sich deshalb vermittelnd in die Kontroverse ein.[431] Der Rechtsausschuss und das Bundeswirtschaftsministerium legten diesen Streit im Rahmen eines Kompromisses bei. Sie behielten die Entscheidungsbefugnis der Kartellbehörde für die Erteilung und den Widerruf von Erlaubnissen bei. Insofern waren die Wurzeln des Ordoliberalismus spürbar, der ein allmächtiges Monopolamt favorisierte.[432] Den ordentlichen Gerichten wurde aber ein größerer Spielraum bei der Überprüfung der behördlichen Entscheidungen zugebilligt und die Verhängung der Geldbußen ging in die Alleinzuständigkeit der ordentlichen Gerichte über.[433]

---

427 *Ortwein*, Das Bundeskartellamt, 1998, S. 66; *Robert*, Konzentrationspolitik, 1976, S. 319.

428 *Kartellgesetz. Der Auszug der Bürokraten*, abgedruckt in: Spiegel, Nr. 22 v. 29.05.1957, S. 13–14 (14). – *Robert*, Konzentrationspolitik, 1976, S. 319.

429 *Kartell-Alarm.* Abgedruckt in: FAZ v. 18.05.1957, S. 7; *Ernst Joachim Mestmäcker*, „Kartelle mit Garantie?“, abgedruckt in: FAZ v. 21.05.1957, S. 11; *Kartellgesetz. Der Auszug der Bürokraten*, abgedruckt in: Spiegel, Nr. 22 v. 29.05.1957, S. 13–14 (14).

430 *Ernst Joachim Mestmäcker*, „Kartelle mit Garantie?“, abgedruckt in: FAZ v. 21.05.1957, S. 11: „[...] daß Abänderung und Widerruf einer Kartellerlaubnis die wichtigsten der Kartellbehörde zu Gebote stehenden Mittel sind, Mißbräuche erlaubter Kartelle auszuschalten. An die Stelle eines beweglichen Verwaltungsverfahrens setzt der Rechtsausschuß einen Rechtsstreit über eine Art Kündigungsrecht der Kartellbehörde. Das Kartell erhält ein besonderes, nur vom Richter entziehbares Recht auf ungestörte Marktregelung.“

431 *Das Kartellgesetz soll noch verabschiedet werden. Der Bundeskanzler will an der Grundlinie des Erhardschen Entwurfes festhalten*, abgedruckt in: FAZ v. 21.05.1957, S. 11; *Kartellgesetz. Der Auszug der Bürokraten*, abgedruckt in: Spiegel, Nr. 22 v. 29.05.1957, S. 13–14 (14); *W. L.*, Erhard setzte sich durch. Das Schicksal des Kartellgesetzes ist trotzdem ungewiss, abgedruckt in: Handelsblatt, Nr. 60 v. 22.05.1957, S. 2. – *Ortwein*, Das Bundeskartellamt, 1998, S. 66; *Robert*, Konzentrationspolitik, 1976, S. 320 ff.

432 *Murach-Brand*, Antitrust auf deutsch, 2004, S. 222.

433 BTDrs. 2/3644 (Schriftlicher Bericht des Ausschusses für Wirtschaftspolitik (21. Ausschuß) über den Entwurf eines Gesetzes gegen Wettbewerbsbeschränkungen) Generalbericht des Abgeordneten Hellwig S. 13 sowie Begründung des Abgeordneten Eduard Wahl als Vertreter des Rechtsausschusses zu § 40, S. 34; *Im Kartellstreit bahnt sich ein Kompromiß an. Die baldige Verabschiedung des Gesetzes ist dadurch wahrscheinlicher geworden*, abgedruckt in: FAZ v. 23.05.1957, S. 11; *Kartellgesetz. Der Auszug der Bürokraten*, abgedruckt in: Spiegel, Nr. 22 v. 29.05.1957, S. 13–14

Den verfassungsrechtlichen Bedenken des Rechtsausschusses wurde insofern Rechnung getragen, als den Betroffenen gegen alle Verfügungen des Bundeskartellamtes der Rechtsweg offen stand. Im Übrigen blieben die Vorschriften zu den Kartellbehörden im Rahmen des Gesetzgebungsprozesses weitgehend unberührt und folgten insofern dem Regierungsentwurf.[434]

Am 3./4.07.1957 verabschiedete die Bundestagsmehrheit das Gesetz, es sollte am 1.01.1958 in Kraft treten.[435] Am 19.07.1957 stimmte der Bundesrat zu.[436]

Der Gesetzgeber hatte die Frage des Sitzes des neu zu schaffenden Bundeskartellamtes bis zum Zeitpunkt der zweiten Lesung offen gelassen. Die Entscheidung über den Sitz sollte der Organisationsgewalt der Bundesregierung überlassen werden, per Kabinettsbeschluss unter den bewerbenden Städten auszuwählen.[437] Zur Auswahl standen zunächst Frankfurt/Main und das Land Niedersachsen.[438] Zuletzt kamen als Bewerber nur noch Mannheim und Berlin in Betracht.[439]

Die SPD setzte sich seit 1956 dafür ein, bei zukünftigen Bundesbehörden Berlin als Sitz zu bestimmen.[440] Der Bundestag teilte diese Meinung und nahm am 6.02.1957 einen entsprechenden Antrag an.[441] Hintergrund hierfür war die Betonung der Hauptstadtfunktion Berlins.[442] In der zweiten Lesung zog der Bundestag die

---

(14); *W. L.*, Gespräch Erhard-Hoogen beendet. Nun wieder Ausschußberatung – Mehrere Tage für Plenarsitzung notwendig, abgedruckt in: Handelsblatt, Nr. 61 v. 24./25.05.1957, S. 1. – *Mishiro*, Die Annäherung des Wettbewerbsverfahrens an das Gerichtsverfahren, 2004, S. 216; *Ortwein*, Das Bundeskartellamt, 1998, S. 67; *Rasch*, Wettbewerbsbeschränkungen, 1957, S. 152; *Robert*, Konzentrationspolitik, 1976, S. 322 f.

434 *Rasch*, Wettbewerbsbeschränkungen, 1957, S. 152.

435 *Kartte/Holtschneider*, in: Handbuch des Wettbewerbs, 1981, S. 210; *Robert*, Konzentrationspolitik, 1976, S. 324–328.

436 *Robert*, Konzentrationspolitik, 1976, S. 329–331.

437 *Ortwein*, Das Bundeskartellamt, 1998, S. 75; *Rasch*, Wettbewerbsbeschränkungen, 1957, S. 157.

438 *Klocker*, in: 50 Jahre Bundeskartellamt, 2008, S. 12 f.; *Ortwein*, Das Bundeskartellamt, 1998, S. 75.

439 *Maier u.a.*, in: Verhandlungen des Deutschen Bundestages, Plenarprotokolle, 2. Wahlperiode, 222. Sitzung, S. 13164 ff. – *Klocker*, in: 50 Jahre Bundeskartellamt, 2008, S. 12 f.; *Ortwein*, Das Bundeskartellamt, 1998, S. 75.

440 BTDrs. 2/2998 u. BTDrs. 2/3167; *Ortwein*, Das Bundeskartellamt, 1998, S. 75.

441 BTDrs. 2/3167; *Weber*, in: 10 Jahre Bundeskartellamt, 1968, S. 264.

442 BTDrs. 2/3167: „[...] wird ein ständiger Unterausschuß gebildet, der [...] prüft, welche Bundesorgane, Bundesbehörden, [...] zur sofortigen oder alsbaldigen Verlegung nach Berlin geeignet sind, um die Vorbereitung Berlins als gesamtdeutsche Hauptstadt zu fördern. [...]“. – *Klocker*, in: 50 Jahre Bundeskartellamt, 2008, S. 12 f.; *Ortwein*, Das Bundeskartellamt, 1998, S. 75; *Weber*, in: 10 Jahre Bundeskartellamt, 1968, S. 264.

Organisationsgewalt an sich und bestimmte im Gesetz Berlin als Sitz des Bundeskartellamtes.[443]

Das bevorstehende Inkrafttreten des GWB machte die Schaffung der im Gesetz vorgesehenen Institutionen erforderlich, insb. des Bundeskartellamtes. Um für die Aufgaben gerüstet zu sein, die in Zukunft auf das neue Bundeskartellamt zukamen, verstärkte das Bundesministerium für Wirtschaft sein Fachreferat „Kartelle und Monopole" personell.[444] Auf diese Art und Weise wollte die Regierung sicherstellen, dass mit Inkrafttreten des GWB bereits Fachkräfte zur Durchführung der neuen Vorschriften zur Verfügung standen.[445] Zum 1.01.1958 erfolgte die Versetzung der Beamten von den Bundesbehörden in Bonn an das neue Bundeskartellamt in Berlin.[446]

Zusammenfassung zu Kapitel 3

Die Alliierten erteilten den deutschen Stellen den Auftrag, ein eigenes deutsches Kartellgesetz zu entwerfen. Nachdem der Regierungsentwurf noch dem Genehmigungsvorbehalt der Alliierten unterlegen hatte, ging die Verantwortung für den Erlass des Kartellgesetzes mit zunehmender Souveränität auf die Bundesrepublik über. Der Gesetzgebungsprozess dauerte zehn Jahre, was insbesondere an der Zerrissenheit der Regierungskoalition sowie an dem massiven Widerstand der Industrie lag. Die Industrie lehnte zunächst überhaupt die Schaffung eines Kartellgesetzes ab. Mit zunehmender Konkretisierung der Entwurfsarbeiten lag ihr daran, ein Kartellverbot zu verhindern und eine reine Missbrauchsgesetzgebung durchzusetzen. In langwierigen Verhandlungen gelang es Erhard, einen praxistauglichen Kompromiss mit der deutschen Wirtschaft zu finden – ein Kartellverbot mit zahlreichen Ausnahmen. Kurz vor Verabschiedung des Gesetzes scheiterte das Projekt trotzdem

443 Gründe hierfür wurden in der Bundestagsdebatte über die Sitzfrage genannt, z.B. die räumliche Distanz zum Bundeswirtschaftsministerium, s. *Friedensburg*, in: Verhandlungen des Deutschen Bundestages, Plenarprotokolle, 2. Wahlperiode, 222. Sitzung, S. 13163: „Ich verstehe den Wunsch des Herrn Bundeswirtschaftsministers, das Kartellamt etwas in der Nähe zu haben. Ich frage mich, ob das tatsächlich so zwingend ist. [...] Jedenfalls glaube ich auch nicht, daß es der Stellung einer selbständigen oberen Bundesbehörde entspricht, wenn sie in unmittelbarer Reichweite des Ministeriums liegt. Das haben wir auch sonst nicht anerkannt, und ich sehe hier irgendeinen zwingenden Grund nicht ein."; z.B. das Vorhandensein von Gebäuden für das Bundeskartellamt in Berlin, s. *Petersen*, in: Verhandlungen des Deutschen Bundestages, Plenarprotokolle, 2. Wahlperiode, 222. Sitzung, S. 13164: „Es wäre nicht zu verantworten, im Bonner Raum oder in Mannheim neue Gebäude zu erstellen, die in Berlin schon heute für diese Aufgabe zur Verfügung stehen oder zumindest im Rahmen seiner Neuplanung sehr schnell erstellt werden können." – *Ortwein*, Das Bundeskartellamt, 1998, S. 75; *Rasch*, Wettbewerbsbeschränkungen, 1957, S. 157; *Weber*, in: 10 Jahre Bundeskartellamt, 1968, S. 264.

444 *Weber*, in: 10 Jahre Bundeskartellamt, 1968, S. 264.

445 *Weber*, in: 10 Jahre Bundeskartellamt, 1968, S. 264.

446 *Weber*, in: 10 Jahre Bundeskartellamt, 1968, S. 264.

fast am Widerstand des Rechtsausschusses des Bundestages. Streitpunkt waren die Kompetenzen des Bundeskartellamtes. Auf Anraten der amerikanischen Federal Trade Commission übte das Bundeskartellamt als Behörde schwerpunktmäßig die Kartellaufsicht aus und nicht ein Gericht. Auch hier entschieden sich die Parteien für einen Kompromiss. Der Versuch einer Degradierung des Bundeskartellamtes zu einer reinen Kartellstaatsanwaltschaft wurde aber erfolgreich abgewehrt. Letztendlich trat der Entwurf als Gesetz gegen Wettbewerbsbeschränkungen am 1.1.1958 in Kraft. Das Bundeskartellamt nahm zeitgleich seine Arbeit auf.

Kapitel 4: Das Bundeskartellamt und seine praktische Tätigkeit (1958–1989)

I. Das Bundeskartellamt von 1958

1. Aufbau und Organisation

Das Bundeskartellamt wurde als Präsidialbehörde etabliert. Der Präsident war für die interne Organisation und die Präsentation des Amtes nach außen[447] sowie für die Geschäftsverteilung zuständig, § 48 II 2, 1. HS. GWB 1958.[448] Der Erlass von Entscheidungen des Bundeskartellamtes unterlag den unabhängigen Beschlussabteilungen, § 48 II 1 GWB 1958.[449]

Das Bundeskartellamt zeichnet sich dadurch aus, dass von Anfang an Wirtschaftswissenschaftler und Rechtswissenschaftler zusammenarbeiteten.[450] Mit der Einführung der Fusionskontrolle im Jahre 1973 erhöhte sich die Anzahl der Ökonomen; zuvor nahmen überwiegend Juristen Leitungsfunktionen wahr.[451] Heute arbeiten ungefähr genauso viele Volkswirte wie Juristen im Bundeskartellamt.[452]

---

447 *Niederleithinger*, in: 50 Jahre Bundeskartellamt, 2008, S. 64 Präsident bestimmt die „Politik des Amtes"; *Ortwein*, Das Bundeskartellamt, 1998, S. 110, 113: Präsident als „wettbewerbspolitischer Moderator" und „Ideengeber"; *Rodrega*, Aufsichtsfreie Verwaltung, 1992, S. 42 f.

448 § 48 II 2, 1. HS. GWB: „Im Übrigen regelt der Präsident die Verteilung und den Gang der Geschäfte des Bundeskartellamts durch eine Geschäftsordnung [...]", abgedruckt in: BGBl. 1957, I, Nr. 41, S. 1081 ff. (1091). – *Markert*, in: Institutionen und Grundfragen des Wettbewerbsrechts, 1988, S. 15.

449 § 48 II 1 GWB: „Die Entscheidungen des Bundeskartellamts werden von den Beschlußabteilungen und den Einspruchsabteilungen getroffen [...]", abgedruckt in: BGBl. 1957, I, Nr. 41, S. 1081 ff. (1091). – *Niederleithinger*, in: 50 Jahre Bundeskartellamt, 2008, S. 64; *Rodrega*, Aufsichtsfreie Verwaltung, 1992, S. 42 f.

450 *Mishiro*, Die Annäherung des Wettbewerbsverfahrens an das Gerichtsverfahren, 2004, S. 162.

451 BTDrs. 2/3644 (Schriftlicher Bericht des Ausschusses für Wirtschaftspolitik (21. Ausschuß) über den Entwurf eines Gesetzes gegen Wettbewerbsbeschränkungen) Begründung des Abgeordneten Eduard Wahl als Vertreter des Rechtsausschusses zu § 40, S. 34: „[...] die bürokratische Entscheidungspraxis durch die Einrichtung von Beschluß- und Einspruchsabteilungen zu ersetzen, die sich aus Juristen oder höheren Verwaltungsbeamten zusammensetzen. Dabei soll der Vorsitzende in der Regel ein Jurist sein."; *Kurzinformation „Bundeskartellamt bereitet Fusionskontrolle vor"*, in: WuW, Jg. 22, 1972, S. 3. – *Ortwein*, Das Bundeskartellamt, 1998, S. 108 f.; *Raiser*, in: Der Betriebsberater, Jg. 27, 1972, S. 471 ff. passim.

452 http://www.bundeskartellamt.de/wDeutsch/bundeskartellamt/Bundeskartellamt_4.php (entnommen am 22.12.2012).

Die Beschlussabteilungen, die gemäß § 48 III GWB 1958 aus einem Vorsitzenden und zwei Beisitzern bestanden, fällten ihre Entscheidungen in einem gerichtsähnlichen Verfahren.[453] Die Mitglieder der Beschlussabteilung waren i.d.R. Beamte auf Lebenszeit und mussten die Befähigung zum Richteramt oder zum höheren Verwaltungsdienst haben, § 48 IV GWB 1958.[454] Die Entscheidung für die Justizförmigkeit des Verfahrens vor den Kartellbehörden hing auch damit zusammen, dass man letztendlich das Bundeskartellamt nicht zu einer bloßen „Kartellstaatsanwaltschaft" mit Antragsbefugnis zum Gericht degradierte, sondern ihm echte Entscheidungsbefugnisse zubilligte.[455] Ziel der Organisation in Beschlussabteilungen war die Vermeidung von Fehlentscheidungen.[456] Darüber hinaus garantierte die Bildung von Kollegialorganen eine größere Unabhängigkeit vor politischer oder privater Einflussnahme auf die Entscheidungsfindung.[457] Innerhalb der Beschlussabteilung besitzt der Vorsitzende kein Weisungsrecht gegenüber seinen gleichgeordneten Beisitzern.[458]

2. Befugnisse des Bundeskartellamtes

Die Beschlussabteilungen des Bundeskartellamtes nahmen zugleich Ermittlungs- und Entscheidungsfunktionen wahr, §§ 54 I, 56 ff. GWB 1958.[459] Bei Inkrafttreten des GWB am 1.01.1958 folgte § 81 I GWB 1958 der vom Rechtsausschuss vorgesehenen Funktionsteilung zwischen Bundeskartellamt und ordentlichen Gerichten für die Verhängung von Bußgeldern. Das Bundeskartellamt besaß danach nur ein

---

453 Abgedruckt in: BGBl. 1957, I, Nr. 41, S. 1081 ff. (1091). – *Lange/Pries*, Kartellrecht, 2011, S. 239 Rn. 623; *Markert*, in: Institutionen und Grundfragen des Wettbewerbsrechts, 1988, S. 15.

454 Abgedruckt in: BGBl. 1957, I, Nr. 41, S. 1081 ff. (1091).

455 BTDrs. 2/3644 (Schriftlicher Bericht des Ausschusses für Wirtschaftspolitik (21. Ausschuß) über den Entwurf eines Gesetzes gegen Wettbewerbsbeschränkungen), Bericht des Abgeordneten Dr. Wahl zu § 40, S. 34: „Nachdem die Entscheidung zu Gunsten der Beibehaltung der Entscheidungskompetenz der Kartellbehörden gefallen war, lag es nahe, das Verfahren vor den Kartellbehörden justizähnlich zu gestalten und die bürokratische Entscheidungspraxis durch die Einrichtung von Beschluß- und Einspruchsabteilungen zu ersetzen, die sich aus Juristen oder höheren Verwaltungsbeamten zusammensetzen." – Das entsprach der von Erhard und Günther favorisierten administrativen Lösung, die sie mit Hilfe von Adenauer durchsetzen konnten, s. *Klocker*, in: 50 Jahre Bundeskartellamt, 2008, S. 12; *Ortwein*, Das Bundeskartellamt, 1998, S. 87; *Rasch*, Wettbewerbsbeschränkungen, 1957, S. 157.

456 *Niederleithinger*, in: 50 Jahre Bundeskartellamt, 2008, S. 63.

457 *Bornkamm*, in: 50 Jahre Bundeskartellamt, 2008, S. 37: „quasirichterliche Unabhängigkeit"; *Niederleithinger*, in: 50 Jahre Bundeskartellamt, 2008, S. 63.

458 *Ortwein*, Das Bundeskartellamt, 1998, S. 89 f.

459 Abgedruckt in: BGBl. 1957, I, Nr. 41, S. 1081 ff. (1092 f.).

Antragsrecht, den Oberlandesgerichten oblag es, die Geldbuße festzusetzen.[460] § 81 I GWB 1958 bewährte sich in der Praxis nicht und die Zuständigkeit für die Festsetzung von Bußgeldern ging am 1.01.1966 mit Inkrafttreten der ersten Änderungsnovelle zum GWB auf das Bundeskartellamt über.[461] Die Ermittlung des Sachverhaltes sowie die rechtliche Bewertung und Sanktionierung in Form eines Verwaltungsaktes liegen somit seit dem 1.01.1966 in der Hand einer einzigen Beschlussabteilung.[462]

Das GWB von 1958 sah in § 1 I ein Kartellverbot vor, dessen Durchsetzung dem Bundeskartellamt oblag.[463] Das Kartellverbot galt nicht absolut. Zum einen existierten gesetzliche Ausnahmen (§§ 2 und 3 GWB 1958). In diesem Fall verpflichtete das GWB die Kartelle nur zur Eintragung in ein Kartellregister und sie unterstanden im Übrigen einer Missbrauchsaufsicht durch das Bundeskartellamt. Zum anderen standen bestimmte Kartelle unter einem Erlaubnisvorbehalt des Bundeskartellamtes (§§ 4, 5 II, 6 II und 7 GWB 1958).[464] Im Bereich der marktbeherrschenden Unternehmen und Unternehmenszusammenschlüsse übte das Bundeskartellamt eine Missbrauchsaufsicht aus, aber keine Fusionskontrolle a priori, §§ 22 ff. GWB 1958.[465]

---

460 BTDrs. 2/3644 (Schriftlicher Bericht des Ausschusses für Wirtschaftspolitik (21. Ausschuß) über den Entwurf eines Gesetzes gegen Wettbewerbsbeschränkungen), Bericht des Abgeordneten Dr. Wahl zum Vierten Teil, Zweiter Abschnitt: Bußgeldsachen, S. 37: „Der Ausschuß glaubt, für die Bußgeldsachen ein besonderes Verfahren schaffen zu müssen, weil wegen der Bedeutung der Bußgeldentscheidungen und der Sicherung der Belange der Betroffenen das Ordnungswidrigkeitengesetz den Kartellbehörden zu einschneidende Befugnisse einräumen würde. [...] regt daher aus rechtsstaatlichen Gründen an, der Kartellbehörde nur ein Antragsrecht zu geben und die Entscheidung über die Festsetzung der Geldbußen den Gerichten zu übertragen."; § 81 I GWB: „Die Geldbuße wird in den Fällen der §§ 38 bis 41 [...] auf Antrag der Kartellbehörde durch Beschluß von dem Oberlandesgericht festgesetzt [...]", abgedruckt in: BGBl. 1957, I, Nr. 41, S. 1081 ff. (1096).

461 Gesetz zur Änderung des Gesetzes gegen Wettbewerbsbeschränkungen vom 15.09.1965, abgedruckt in: BGBl., I, Nr. 53 v. 22.09.1957, S. 1363–1367 (1366): „25. Im Vierten Teil des Gesetzes erhält der Zweite Abschnitt folgende Fassung: „Zweiter Abschnitt Bußgeldsachen § 81 Die Geldbuße wird in den Fällen der §§ 38 bis 41 von der Kartellbehörde festgesetzt."

462 *Markert*, in: Institutionen und Grundfragen des Wettbewerbsrechts, 1988, S. 16; *Mishiro*, Die Annäherung des Wettbewerbsverfahrens an das Gerichtsverfahren, 2004, S. 213; *Murach-Brand*, Antitrust auf deutsch, 2004, S. 221; *Ortwein*, Das Bundeskartellamt, 1998, S. 90; *Rittner*, Wettbewerbs- und Kartellrecht, 1995, S. 376 Rn. 42.

463 § 1 I GWB: „Verträge, die Unternehmen oder Vereinigungen von Unternehmen zu einem gemeinsamen Zweck schließen, Beschlüsse und Vereinigungen von Unternehmen sind unwirksam, soweit sie geeignet sind, die Erzeugung oder die Marktverhältnisse für den Verkehr mit Waren oder gewerblichen Leistungen durch Beschränkung des Wettbewerbs zu beeinflussen. [...]", abgedruckt in: BGBl. 1957, I, Nr. 41, S. 1081 ff. (1081).

464 Abgedruckt in: BGBl. 1957, I, Nr. 41, S. 1081 ff. (1081–1083).

465 Abgedruckt in: BGBl. 1957, I, Nr. 41, S. 1081 ff. (1086 f.).

Zur Ausübung der Missbrauchsaufsicht verfügte das Bundeskartellamt über gesetzliche Eingriffsbefugnisse. Dazu zählten Auskunftsverlangen (§ 46 I Nr. 1 GWB 1958)[466], Einsichts- und Prüfungsrechte (§ 46 I Nr. 2 und 3 GWB 1958)[467] und Untersuchungsrechte (§ 46 II, III und IV GWB 1958)[468]. Mit Hilfe von Verfügungen setzte es verwaltungsrechtliche Maßnahmen durch oder traf verbindliche Entscheidungen, z. B. Erteilung oder Widerruf einer Erlaubnis, § 11 GWB 1958.[469]

Neben den gesetzlichen Eingriffsbefugnissen setzte das Bundeskartellamt auch informelle Mittel ein, um die Kartelle effektiv zu beaufsichtigen. Sehr wirksame – informelle – Maßnahmen stellten Pressemeldungen dar, die bei gezieltem Einsatz die Unternehmen eher noch zu gesetzeskonformen Verhalten veranlassen konnten als die im GWB vorgesehenen Verfahren.[470]

3. Zuständigkeit

Gemäß § 44 I GWB 1958 waren Kartellbehörden im Sinne des GWB das Bundeskartellamt, der Bundeswirtschaftsminister und die Landesbehörden.[471]

a) Bundeskartellamt

Das Bundeskartellamt war in Abgrenzung zu den Landeskartellbehörden zuständig, wenn die wettbewerbsbeschränkende Wirkung eines nach dem GWB verbotenen Verhaltens über das Gebiet eines Bundeslandes hinausreichte, § 44 I Nr. 1 lit. d GWB 1958.[472] In allen anderen Fällen war das Bundeskartellamt zuständig, soweit nicht das Gesetz die Zuständigkeit einer anderen Kartellbehörde zuwies. Zwar kam dem Bundeskartellamt danach nur eine Auffangkompetenz zu, es spielte bei der Kartellaufsicht der Bundesrepublik dennoch die Hauptrolle. Dies hing mit dem regional begrenzten Zuständigkeitsbereich der Landesbehörden zusammen.

---

466 § 46 I Nr. 1 GWB: „Soweit es zur Erfüllung der in diesem Gesetz der Kartellbehörde übertragenen Aufgaben erforderlich ist, kann die Kartellbehörde 1. von Unternehmen und Vereinigungen von Unternehmen Auskunft über ihre wirtschaftlichen Verhältnisse verlangen [...]", abgedruckt in: BGBl. 1957, I, Nr. 41, S. 1081 ff. (1090).

467 § 46 I Nr. 2 und 3 GWB: „Soweit es zur Erfüllung der in diesem Gesetz der Kartellbehörde übertragenen Aufgaben erforderlich ist, kann die Kartellbehörde [...] 2. bei Unternehmen und Vereinigungen von Unternehmen innerhalb der üblichen Geschäftszeiten die geschäftlichen Unterlagen einsehen und prüfen; 3. von Wirtschafts- und Berufsvereinigungen Auskunft über die Satzung, über die Beschlüsse sowie über Anzahl und Namen der Mitglieder verlangen, für die die Beschlüsse bestimmt sind.", abgedruckt in: BGBl. 1957, I, Nr. 41, S. 1081 ff. (1090).

468 Abgedruckt in: BGBl. 1957, I, Nr. 41, S. 1081 ff. (1090 f.).

469 Abgedruckt in: BGBl. 1957, I, Nr. 41, S. 1081 ff. (1083 f.).

470 *Ortwein*, Das Bundeskartellamt, 1998, S. 169.

471 Abgedruckt in: BGBl. 1957, I, Nr. 41, S. 1081 ff. (1090).

472 Abgedruckt in: BGBl. 1957, I, Nr. 41, S. 1081 ff. (1090).

b) *Landeskartellbehörden*

Als Landeskartellbehörden fungierten die Wirtschaftsminister der Länder.[473] Die Zuständigkeit der Landeskartellbehörden erstreckte sich auf wettbewerbsbeschränkendes oder diskriminierendes Verhalten oder eine Wettbewerbsregel, wenn deren Wirkung über das Gebiet eines Bundeslandes nicht hinausreichten, § 44 I Nr. 1 lit. d GWB 1958. Sobald Anhaltspunkte für ein die Landesgrenzen überschreitendes wettbewerbseinschränkendes Verhalten gegeben waren, konnte das Bundeskartellamt die Zuständigkeit an sich ziehen. In der Mehrzahl der Fälle lag wegen der Unternehmensgröße der betroffenen Marktteilnehmer ein „grenzüberschreitender" Sachverhalt vor, so dass meistens die Auffangkompetenz des Bundeskartellamtes zum Tragen kam.[474]

§ 45 GWB 1958 regelte die Zusammenarbeit des Bundeskartellamtes mit den Landeskartellbehörden. Danach bestand eine Verpflichtung zur gegenseitigen Benachrichtigung, § 45 I–II GWB 1958 sowie zur Abgabe der Sache, wenn Bundeskartellamt oder Landeskartellbehörde entgegen der Zuständigkeitsaufteilung die Sache an sich gezogen hatten, § 45 III GWB 1958.[475]

c) *Bundeswirtschaftsminister*

Neben dem Bundeskartellamt und den Landeskartellbehörden war der Bundeswirtschaftsminister Kartellbehörde. Seine Hauptaufgabe bestand in der Erteilung einer Ministererlaubnis bei der Gründe der Gesamtwirtschaft oder des Gemeinwohls Berücksichtigung finden konnten (§ 8 GWB 1958).[476] Seit 1974 war die Ministererlaubnis vor allem bei der Fusionskontrolle relevant, § 24 III GWB 1974.[477] Der Bundeswirtschaftsminister nahm eine Doppelrolle ein: Einerseits war er Kartellbehörde[478], andererseits fungierte er, da das Bundeskartellamt dem Bundeswirtschaftsministerium unterstellt war, als weisungsbefugter Dienstvorgesetzter des Bundeskartellamtes.[479]

---

473 *Barnikel*, in: Kartelle und Kartellgesetzgebung, 1985, S. 264; *Lange/Pries*, Kartellrecht, 2011, S. 239 Rn. 624; *Ortwein*, Das Bundeskartellamt, 1998, S. 84.

474 *Mishiro*, Die Annäherung des Wettbewerbsverfahrens an das Gerichtsverfahren, 2004, S. 167.

475 *Lange/Pries*, Kartellrecht, 2011, S. 238 Rn. 621.

476 Abgedruckt in: BGBl. 1957, I, Nr. 41, S. 1081 ff. (1082 f.).

477 *Lange/Pries*, Kartellrecht, 2011, S. 240 Rn. 625.

478 *Rodrega*, Aufsichtsfreie Verwaltung, 1992, S. 44 ff.

479 *Rodrega*, Aufsichtsfreie Verwaltung, 1992, S. 47 ff.

d) Monopolkommission

Die Zweite GWB-Novelle vom 3.08.1974, in Kraft getreten am 4.08.1974, schuf in einem neuen § 24b die Monopolkommission.[480] Sie war keine Kartellbehörde mit Entscheidungsbefugnis, §§ 24b, 44 I GWB 1974 a contrario.[481] Ihr kam vielmehr eine Beratungs- und Kontrollfunktion zu.[482]

§ 24b GWB 1974 regelte Pflichten, Zusammensetzung und Kompetenzen der 1973 geschaffenen Monopolkommission. Die Monopolkommission bestand aus fünf Mitgliedern, § 24b I GWB 1974. Als unabhängiges Beratungsgremium erstellte sie alle zwei Jahre ein Gutachten (sog. Hauptgutachten), in dem sie den Stand und die absehbare Entwicklung der Unternehmenskonzentration in der Bundesrepublik Deutschland beurteilte, die Anwendung der Vorschriften über die Zusammenschlusskontrolle würdigte sowie zu sonstigen aktuellen wettbewerbspolitischen Fragen Stellung nahm, § 24b V GWB 1974. Sog. Sondergutachten verfasste die Monopolkommission entweder im Auftrag der Bundesregierung oder nach eigenem Ermessen, § 24b V GWB 1974.[483]

4. Verfahren und Rechtsweg in Kartellverwaltungssachen

Die §§ 51 ff. GWB 1958 regelten das Verfahren vor dem Bundeskartellamt.[484] Das Bundeskartellamt leitete ein Verfahren von Amts wegen oder auf Antrag ein, § 51 I GWB 1958.[485] Vor Erlass einer Verfügung hatte das Bundeskartellamt den Beteiligten Gelegenheit zur Stellungnahme zu geben und sie auf Antrag eines Beteiligten zu einer mündlichen Verhandlung zu laden, § 53 I GWB 1958.[486] Die Verfügungen des Bundeskartellamtes waren zu begründen, § 57 I 1 GWB 1958.[487]

Um den Bedenken des Rechtsausschusses entgegenzuwirken, hatte der Gesetzgeber zur Wahrung des rechtsstaatlichen Grundsatzes der Trennung von Ermittlung und Entscheidung in §§ 59–61 GWB 1958[488] ein Einspruchsverfahren aufgenommen.[489] Im Einspruchsverfahren untersuchte die Einspruchsabteilung des Bundeskartellamtes die Entscheidung der zuständigen Beschlussabteilung auf Zweck- und

---

480 Art. 1 Nr. 10 des Zweiten Gesetzes zur Änderung des Gesetzes gegen Wettbewerbsbeschränkungen, abgedruckt in: BGBl., 1973, I, Nr. 64, S. 917–929 (923).
481 *Lange/Pries*, Kartellrecht, 2011, S. 241 Rn. 626.
482 *Lange/Pries*, Kartellrecht, 2011, S. 241 Rn. 626; *Rodrega*, Aufsichtsfreie Verwaltung, 1992, S. 52 ff.
483 *Lange/Pries*, Kartellrecht, 2011, S. 241 Rn. 626.
484 Abgedruckt in: BGBl. 1957, I, Nr. 41, S. 1081 ff. (1092 f).
485 Abgedruckt in: BGBl. 1957, I, Nr. 41, S. 1081 ff. (1092).
486 Abgedruckt in: BGBl. 1957, I, Nr. 41, S. 1081 ff. (1092)
487 Abgedruckt in: BGBl. 1957, I, Nr. 41, S. 1081 ff. (1093).
488 Abgedruckt in: BGBl. 1957, I, Nr. 41, S. 1081 ff. (1093).
489 *Mishiro*, Die Annäherung des Wettbewerbsverfahrens an das Gerichtsverfahren, 2004, S. 214 f.

Rechtmäßigkeit, § 61 I GWB 1958[490]. Dieses behördeninterne Kontrollverfahren – vergleichbar mit dem verwaltungsrechtlichen Widerspruchsverfahren – erwies sich in der Praxis als zeitaufwändig und nicht effektiv. Die durch die Vorschaltung des Einspruchsverfahrens erhoffte Entlastung der Gerichte trat nicht ein, meist schloss sich an das Einspruchsverfahren ein gerichtliches Verfahren an.[491] Auch hier schuf die erste Gesetzesnovelle zum GWB, in Kraft getreten am 1.1.1966,[492] Abhilfe und strich die Vorschriften zum Einspruchsverfahren ersatzlos.[493]

Obwohl das Bundeskartellamt eine Verwaltungsbehörde ist und Verwaltungsakte erlässt, ist gegen die Verfügungen des Bundeskartellamtes der Rechtsweg zu den ordentlichen Gerichten eröffnet, § 92 I i.V.m. §§ 54 II 2, 62 IV und 81 I GWB 1958. Der Gesetzgeber bündelte alle Rechtsstreitigkeiten, die die Auslegung und Anwendung des GWB betreffen, zur Vereinheitlichung der Rechtsprechung bei den Oberlandesgerichten.[494] Das Bundeskartellamt trat im Beschwerde- und Rechtsbeschwerdeverfahren als Partei auf, §§ 66 I Nr. 2, 75 I, V GWB 1958. Das Bundeskartellamt war als selbständige Bundesoberbehörde etabliert worden,[495] seine Entscheidungen waren gerichtlich voll überprüfbar.[496] Bei streitigen Rechtsfragen legten letztendlich die Gerichte fest, welcher Ansicht der Vorrang einzuräumen war.[497]

5. Weisungsabhängigkeit

Das Bundeskartellamt war 1958 als selbständige Bundesoberbehörde eingerichtet worden. Die Errichtung von selbständigen Bundesoberbehörden erfolgte vor dem

490 § 61 I GWB: „Über den Einspruch gegen die Verfügung des Bundeskartellamts entscheidet die Einspruchsabteilung auf Grund öffentlicher mündlicher Verhandlung [...]", abgedruckt in: BGBl. 1957, I, Nr. 41, S. 1081 ff. (1093).

491 *Mishiro*, Die Annäherung des Wettbewerbsverfahrens an das Gerichtsverfahren, 2004, S. 215.

492 Gesetz zur Änderung des Gesetzes gegen Wettbewerbsbeschränkungen vom 15.09.1965, abgedruckt in: BGBl., I, Nr. 53 v. 22.09.1957, S. 1363–1367.

493 Artikel 1 Nr. 15–24 des Gesetzes zur Änderung des Gesetzes gegen Wettbewerbsbeschränkungen vom 15.09.1965, abgedruckt in: BGBl., I, Nr. 53 v. 22.09.1957, S. 1363–1367 (1365 f.).

494 *Bornkamm*, in: 50 Jahre Bundeskartellamt, 2008, S. 36; *Markert*, in: Institutionen und Grundfragen des Wettbewerbsrechts, 1988, S. 12.

495 § 51 I GWB: „Das Bundeskartellamt ist eine selbständige Bundesoberbehörde mit dem Sitz in Bonn. Es gehört zum Geschäftsbereich des Bundesministeriums für Wirtschaft und Technologie." und Art. 87 III 1 GG: „Außerdem können für Angelegenheiten, für die dem Bunde die Gesetzgebung zusteht, selbständige Bundesoberbehörden und neue bundesunmittelbare Körperschaften und Anstalten des öffentlichen Rechtes durch Bundesgesetz errichtet werden." – *Ortwein*, Das Bundeskartellamt, 1998, S. 85.

496 *Mishiro*, Die Annäherung des Wettbewerbsverfahrens an das Gerichtsverfahren, 2004, S. 219.

497 *Bornkamm*, in: 50 Jahre Bundeskartellamt, 2008, S. 37.

Hintergrund, Regierungs- und Verwaltungsaufgaben auf verschiedene Hoheitsträger zu verteilen.[498] Sofern Art. 87 III 1 GG die Bundesoberbehörden als selbständig bezeichnet, so verstand sich das rein organisatorisch und nicht materiell-rechtlich im Sinne einer Weisungsfreiheit der Bundesoberbehörden.[499] Nach h.M. war das Bundeskartellamt weisungsgebunden, d.h. der Bundeswirtschaftsminister war befugt, durch Weisungen auf die Verfügungen des Bundeskartellamtes einzuwirken.[500] Dazu zählten sowohl allgemeine Weisungen als auch Einzelweisungen.[501] Insbesondere die Befugnis zu Einzelweisungen war umstritten, da man eine politische Einflussnahme des Bundeswirtschaftsministeriums auf die Entscheidungen des Bundeskartellamtes fürchtete.[502]

In der Praxis hatte die Diskussion um die Weisungsgebundenheit des Bundeskartellamtes bisher kaum Relevanz. Faktisch verfügte das Bundeskartellamt daher über Unabhängigkeit.[503] Politische Einflussnahme durch Weisungen war im Übrigen nur eingeschränkt möglich. Die Anfechtbarkeit aller Entscheidungen des Bundeskartellamtes verhinderte von vorneherein, dass unrechtmäßige politische Einflussnahme „ungesühnt" geblieben wäre.[504] Das Bundeskartellamt durfte sich

---

498 *Mishiro*, Die Annäherung des Wettbewerbsverfahrens an das Gerichtsverfahren, 2004, S. 161 m.w.N.

499 *Markert*, in: Institutionen und Grundfragen des Wettbewerbsrechts, 1988, S. 15; *Rodrega*, Aufsichtsfreie Verwaltung, 1992, S. 137 ff., 140 ff.

500 BTDrs. 2/3644 v. 22.06.1957 (Schriftlicher Bericht des Ausschusses für Wirtschaftspolitik (21. Ausschuß) über den Entwurf eines Gesetzes gegen Wettbewerbsbeschränkungen), Bericht des Abgeordneten Dr. Wahl zu § 40a: „Da das Bundeskartellamt obere Verwaltungsbehörde und kein Bundesgericht ist, glaubte man in beiden Ausschüssen das Weisungsrecht nicht beschränken zu dürfen, da nur auf diese Weise von ihm die politische Verantwortung für die Entscheidungen der Kartellbehörde getragen werden kann." – *Lange/Pries*, Kartellrecht, 2011, S. 240 Rn. 625; *Markert*, in: Institutionen und Grundfragen des Wettbewerbsrechts, 1988, S. 18; *Mishiro*, Die Annäherung des Wettbewerbsverfahrens an das Gerichtsverfahren, 2004, S. 172 ff, 194 ff.; *Rasch*, Wettbewerbsbeschränkungen, 1957, S. 157; *Rodrega*, Aufsichtsfreie Verwaltung, 1992, S. 2 f., 91, 94.

501 *Mishiro*, Die Annäherung des Wettbewerbsverfahrens an das Gerichtsverfahren, 2004, S. 168, 170 ff. m.w.N.; *Möschel*, in: ORDO, Bd. 48, 1997, S. 243; *Nettesheim/Thomas*, Entflechtung, 2011, S. 69; *Rodrega*, Aufsichtsfreie Verwaltung, 1992, S. 40; für die Zulässigkeit von Einzelweisungen, aber ohne Eingriff in schwebende Verfahren: *Ortwein*, Das Bundeskartellamt, 1998, S. 86 m.w.N.; a.A. Unzulässigkeit von Einzelweisungen: *Lange/Pries*, Kartellrecht, 2011, S. 240 Rn. 625; *Mundt*, in: Informationsbroschüre Bundeskartellamt, S. 12.

502 Argumente gegen eine Weisungsgebundenheit: *Markert*, in: Institutionen und Grundfragen des Wettbewerbsrechts, 1988, S. 17–18; *Rodrega*, Aufsichtsfreie Verwaltung, 1992, S. 3 f., 48, 117, 163; s. in diesem Zusammenhang auch *Lehnich*, Die Wettbewerbsbeschränkung, 1956, S. 504.

503 *Barnett*, in: 50 Jahre Bundeskartellamt, 2008, S. 54 f.; *Niederleithinger*, in: 50 Jahre Bundeskartellamt, 2008, S. 64.

504 *Rasch*, Wettbewerbsbeschränkungen, 1957, S. 157.

darüber hinaus, allein schon um seine Glaubwürdigkeit in der Öffentlichkeit zu wahren, nicht politischen Einflüssen beugen.[505] Von Beginn an schützten die Präsidenten des Bundeskartellamtes als starke Persönlichkeiten das Amt vor politischer Einflussnahme durch den Wirtschaftsminister.[506]

Das Bundeskartellamt griff durch seine Entscheidungen notwendigerweise in die Wirtschaft ein. Dabei konnte die Grenze zwischen Wirtschaftspolitik und reiner Gesetzesanwendung schnell verschwimmen. Das Engagement des Bundeskartellamtes im wirtschaftspolitischen Bereich führte u.a. dazu, dass gesetzliche Änderungen im Wettbewerbsrecht vom Bundeskartellamt angeregt und im Rahmen der GWB-Novellen mitgestaltet wurden.[507] Ein wichtiges Instrument des Amtes, um die Aufmerksamkeit der Öffentlichkeit auf Gesetzeslücken oder -mängel zu lenken, war der alle zwei Jahre veröffentlichte Tätigkeitsbericht des Bundeskartellamtes, § 50 II GWB 1958.[508] Günther betrachtete diese Verpflichtung zur Erstellung des Tätigkeitsberichtes zugleich als gesetzlichen Auftrag, aktiv Wettbewerbspolitik zu betreiben.[509]

II. Entwicklung der Praxis des Bundeskartellamtes

1. Sechziger Jahre

Erster Präsident des Bundeskartellamts war Eberhard Günther.[510] Während seiner Amtszeit bemängelte Günther immer wieder die Unausgewogenheit des GWB aufgrund der zahlreichen Ausnahmen vom Verbotsprinzip.[511] Er setzte sich für die Weisungsfreiheit des Bundeskartellamts und die rechtliche Unabhängigkeit der

---

505 *Heistermann*, Das Bundeskartellamt im Spannungsfeld, 2002, S. 23 ff., 31; *Lehnich*, Die Wettbewerbsbeschränkung, 1956, S. 505.

506 Dies wurde z.B. vom Bundeswirtschaftsminister Graf Lambsdorff ausdrücklich anerkannt, s. *Graf Lambsdorff (Bundesminister für Wirtschaft a. D.)*, in: 50 Jahre Bundeskartellamt, 2008, S. 34 f.: „Respekt vor der Unabhängigkeit des Bundeskartellamts erfordert Zurückhaltung bei der Ministererlaubnis." – *Mishiro*, Die Annäherung des Wettbewerbsverfahrens an das Gerichtsverfahren, 2004, S. 168; *Mundt*, in: Informationsbroschüre Bundeskartellamt, S. 12; *Rodrega*, Aufsichtsfreie Verwaltung, 1992, S. 1 zitiert Kartte, der von Unabhängigkeit ausgeht.

507 *Heistermann*, Das Bundeskartellamt im Spannungsfeld, 2002, S. 7; *Thumann*, in: 50 Jahre Bundeskartellamt, 2008, S. 39.

508 *Lange/Pries*, Kartellrecht, 2011, S. 239 Rn. 623; *Mishiro*, Die Annäherung des Wettbewerbsverfahrens an das Gerichtsverfahren, 2004, S. 220; *Rasch*, Wettbewerbsbeschränkungen, 1957, S. 157 f.

509 *Günther*, in: ZHR 1963, S. 38.

510 Ausführlich zur Person Günthers und seiner Amtszeit *Ortwein*, Das Bundeskartellamt, 1998, S. 113–125.

511 *Günther*, in: 10 Jahre Bundeskartellamt, 1968, S. 24 f., 33; *Günther*, Wege zur Europäischen Wettbewerbsordnung, 1968, S. 83; *Günther*, in: WuW, Jg. 17 (1967), Nr. 2, S. 94, 98 f.; Kartte, der zweite Präsident des Bundeskartellamtes, teilte Günthers

Mitarbeiter ein,[512] ebenso für eine Aufstockung des Personalbestandes des Bundeskartellamtes.[513] Sehr am Herzen lag Günther die Schaffung und Durchsetzung eines europäischen Kartellrechts im Rahmen der EWG, da seiner Ansicht nach aufgrund internationaler Zusammenschlüsse und Kooperationen gerade der großen Unternehmen eine effektive Wettbewerbspolitik nicht nur im nationalen Rahmen betrieben werden könne.[514]

Im Jahre 1958 stand noch die Organisation des Amtes und der Arbeitsabläufe im Vordergrund.[515] Darüber hinaus mussten zahlreiche unbestimmte Rechtsbegriffe des GWB ausgelegt und definiert werden, u.a. die Definition des Wettbewerbs, die Abgrenzung des relevanten Marktes, etc.[516] Gerade zu Beginn der Tätigkeit musste den Marktteilnehmern und Adressaten des GWB der Gesetzesinhalt und die Vorteile des freien Wettbewerbs zunächst vermittelt werden. Unter der Leitung Günthers suchte das Bundeskartellamt zur Aufklärung der Wirtschaft auf informellem Wege das Gespräch mit den Unternehmen und eine enge Abstimmung mit der Spruchpraxis der Gerichte.[517] Die Wirtschaft musste ihr bisher kartellgeneigtes Verhalten umstellen, um den Anforderungen des neuen Kartellgesetzes zu entsprechen; dafür brauchten die Unternehmen allerdings Zeit.[518] Im Sinne Eberhard Günthers wurde das Gesetz nicht restriktiv angewandt, sondern das Amt bevorzugte zunächst eine pragmatische Auslegung.[519] Barnikel berichtete im Rückblick, dass im Amt zwar Einigkeit über eine extensive Gesetzesauslegung für eine möglichst umfassende

---

Ansicht s. *Kartte*, Ein neues Leitbild für die Wettbewerbspolitik, 1969, S. 9, 25; *Ortwein*, Das Bundeskartellamt, 1998, S. 114, 118 f.

512 *Günther*, in: WuW, Jg. 17 (1967), Nr. 2, S. 99 f.; *Günther*, in: 10 Jahre Bundeskartellamt, 1968, S. 34, 37.

513 *Günther*, in: 10 Jahre Bundeskartellamt, 1968, S. 37.

514 *Günther*, in: Kartelle und Monopole, 1960, Bd. 1, S. 94; *Günther*, Wege zur Europäischen Wettbewerbsordnung, 1968, S. 14.

515 *Barnickel*, in: 50 Jahre Bundeskartellamt, 2008, S. 65.

516 Stellungnahme der Bundesregierung zu dem Tätigkeitsbericht des Bundeskartellamtes 1961, abgedruckt in: BT-Drucksache IV/378, S. 3. – *Barnikel*, in: Kartelle und Kartellgesetzgebung, 1985, S. 265; *Barnickel*, in: 50 Jahre Bundeskartellamt, 2008, S. 66.

517 Stellungnahme der Bundesregierung zu dem Tätigkeitsbericht des Bundeskartellamtes 1958, abgedruckt in: WuW-Schriftenreihe, Heft 8, 1961, S. 7–10 (9); Stellungnahme der Bundesregierung zu dem Tätigkeitsbericht des Bundeskartellamtes 1959, abgedruckt in: WuW-Schriftenreihe, Heft 8, 1961, S. 93–96 (93); Stellungnahme der Bundesregierung zu dem Tätigkeitsbericht des Bundeskartellamtes 1960, abgedruckt in: WuW-Schriftenreihe, Heft 8, 1961, S. 267–268 (267). – *Günther*, in: Kartelle und Monopole, 1960, Bd. 1, S. 84; *Günther*, in: ZHR 1963, S. 41; *Günther*, Wege zur Europäischen Wettbewerbsordnung, 1968, S. 86 f.; *Klocker*, in: 50 Jahre Bundeskartellamt, 2008, S. 13.

518 *Günther*, in: Kartelle und Monopole, 1960, Bd. 1, S. 84.

519 *Günther*, in: Kartelle und Monopole, 1960, Bd. 1, S. 87.

Wirkung des Gesetzes bestand.[520] Eingriffe durch das Bundeskartellamt erfolgten anfangs aber nur sehr zurückhaltend.[521]

Die ersten fünf Jahre bearbeitete das Bundeskartellamt vor allem die Anträge auf Genehmigung von Kartellen.[522] 1963 klang diese erste Welle von Kartellerlaubnisanträgen ab.[523] Das Bundeskartellamt leitete sofort nach Aufnahme der Arbeit viele Missbrauchsverfahren gegen marktbeherrschende Unternehmen ein, einen Großteil musste es aber wieder einstellen.[524] Die verwaltungsrechtlichen Eingriffsbefugnisse des Bundeskartellamtes zur Ausübung der Missbrauchsaufsicht erwiesen sich in der Praxis als nicht ausreichend, 1962 gingen die Missbrauchsverfahren dementsprechend zurück.[525]

Die von den Missbrauchsverfahren zu unterscheidenden sog. Verfahren wegen eines Verstoßes gegen das GWB machten einen Schwerpunkt der Tätigkeit des Bundeskartellamtes aus. Trotzdem wurden fast alle Verfahren ohne Verhängung eines Bußgeldes eingestellt.[526] 1962 forderte die Bundesregierung das Bundeskartellamt zu einer schärferen Anwendung des GWB auf. Eine Karenzzeit von fünf Jahren für die

---

520 *Barnickel*, in: 50 Jahre Bundeskartellamt, 2008, S. 66.

521 *Günther*, in: Kartelle und Monopole, 1960, Bd. 1, S. 84, 86 f.

522 Tätigkeitsbericht des Bundeskartellamtes 1958, abgedruckt in: WuW-Schriftenreihe, Heft 8, 1961, S. 7–92 (23); Tätigkeitsbericht des Bundeskartellamtes 1959, abgedruckt in: WuW-Schriftenreihe, Heft 8, 1961, S. 93–265 (230); Tätigkeitsbericht des Bundeskartellamtes 1960, abgedruckt in: WuW-Schriftenreihe, Heft 8, 1961, S. 267–506 (460); Tätigkeitsbericht des Bundeskartellamtes 1961, abgedruckt in: BT-Drucksache IV/378, S. 76. Stellungnahme der Bundesregierung zu dem Tätigkeitsbericht des Bundeskartellamtes 1962, abgedruckt in: BT-Drucksache IV/1220, S. 2–4 (2); Tätigkeitsbericht des Bundeskartellamtes 1962, abgedruckt in: BT-Drucksache IV/1220, S. 90.

523 Stellungnahme der Bundesregierung zu dem Tätigkeitsbericht des Bundeskartellamtes 1962, abgedruckt in: BT-Drucksache IV/1220, S. 2–3 (2); Tätigkeitsbericht des Bundeskartellamtes 1963, abgedruckt in: BT-Drucksache IV/2370, S. 86.

524 Tätigkeitsbericht des Bundeskartellamtes 1958, abgedruckt in: WuW-Schriftenreihe, Heft 8, 1961, S. 7–92 (43); Tätigkeitsbericht des Bundeskartellamtes 1959, abgedruckt in: WuW-Schriftenreihe, Heft 8, 1961, S. 93–265 (257); Tätigkeitsbericht des Bundeskartellamtes 1960, abgedruckt in: WuW-Schriftenreihe, Heft 8, 1961, S. 267–506 (498); Tätigkeitsbericht des Bundeskartellamtes 1961, abgedruckt in: BT-Drucksache IV/378, S. 134.

525 Stellungnahme der Bundesregierung zu dem Tätigkeitsbericht des Bundeskartellamtes 1962, abgedruckt in: BT-Drucksache IV/1220, S. 2–4 (2); Tätigkeitsbericht des Bundeskartellamtes 1962, abgedruckt in: BT-Drucksache IV/1220, S. 154.

526 Tätigkeitsbericht des Bundeskartellamtes 1958, abgedruckt in: WuW-Schriftenreihe, Heft 8, 1961, S. 7–92 (45); Tätigkeitsbericht des Bundeskartellamtes 1959, abgedruckt in: WuW-Schriftenreihe, Heft 8, 1961, S. 93–265 (260); Tätigkeitsbericht des Bundeskartellamtes 1960, abgedruckt in: WuW-Schriftenreihe, Heft 8, 1961, S. 267–506 (501); Tätigkeitsbericht des Bundeskartellamtes 1961, abgedruckt in: BT-Drucksache IV/378, S. 137; Tätigkeitsbericht des Bundeskartellamtes 1962, abgedruckt in: BT-Drucksache IV/1220, S. 157.

Unternehmen, um sich mit den Regelungen des GWB vertraut zu machen, müsste ausreichen.[527] Von 1963 bis 1965 setzten die Gerichte insgesamt drei Bußgelder auf Antrag des Bundeskartellamtes fest.[528] Dies bedeutete zwar einen Fortschritt; trotzdem blieb aber im Vergleich zu der hohen Zahl an eingeleiteten Verfahren (ca. 300–500 im Jahr) die Zahl der bis 1965 verhängten Bußgelder sehr gering.

1964 zog die Bundesregierung eine erste Bilanz im Hinblick auf die Kartellierung der deutschen Wirtschaft. Da die Kartellerlaubnisanträge 1964 weiter zurückgegangen waren (16 Kartellanmeldungen), kam die Bundesregierung auf eine Zahl von ca. 200 angemeldeten Kartellen gegenüber 1500–2000 in der Weimarer Zeit.[529] Die Bundesregierung zog daraus den Schluss, dass die deutsche Wirtschaft Mitte der sechziger Jahre nicht stark kartelliert war.[530]

Eine erste Änderung erfuhr das GWB bereits 1965; sie trat am 1.1.1966 in Kraft. Die Anwendung des Gesetzes in der Praxis hatte die Defizite in der Gesetzgebung verdeutlicht.[531] Die erste Novelle verschärfte daher die Anzeigepflicht für Zusammenschlüsse und gestaltete die Instrumente der Missbrauchsaufsicht effizienter.[532] Das Bundeskartellamt erhielt im Rahmen der ersten GWB-Novelle die Befugnis, Bußgelder selbst festzusetzen. Trotzdem kam es im ganzen Jahr 1966 nicht zur Festsetzung eines einzigen Bußgeldes, obwohl das Bundeskartellamt inzwischen insgesamt 1400 Verfahren wegen eines Verstoßes gegen das Kartellverbot eingeleitet hatte.[533] Die Bundesregierung forderte das Bundeskartellamt erneut auf, von der Befugnis zur Bußgeldfestsetzung Gebrauch zu machen und die stärkere Beachtung des Kartellverbotes in der Wirtschaft durchzusetzen.[534] Das Bundeskartellamt reagierte und erließ bis 1969 13 Bußgeldbescheide.[535]

---

527 Stellungnahme der Bundesregierung zu dem Tätigkeitsbericht des Bundeskartellamtes 1962, abgedruckt in: BT-Drucksache IV/1220, S. 2–4 (2 f.).

528 Tätigkeitsbericht des Bundeskartellamtes 1963, abgedruckt in: BT-Drucksache IV/2370, S. 161; Stellungnahme der Bundesregierung zum Tätigkeitsbericht des Bundeskartellamtes 1964, abgedruckt in: BT-Drucksache IV/3752, S. 2–3 (2 f.); Tätigkeitsbericht des Bundeskartellamtes 1964, abgedruckt in: BT-Drucksache IV/3752, S. 150; Tätigkeitsbericht des Bundeskartellamtes 1965, abgedruckt in: BT-Drucksache V/530, S. 173.

529 Tätigkeitsbericht des Bundeskartellamtes 1964, abgedruckt in: BT-Drucksache IV/3752, S. 72; Stellungnahme der Bundesregierung zum Tätigkeitsbericht des Bundeskartellamtes 1964, abgedruckt in: BT-Drucksache IV/3752, S. 2–3 (2).

530 Tätigkeitsbericht des Bundeskartellamtes 1965, abgedruckt in: BT-Drucksache V/530, S. 82.

531 *Kartte*, Ein neues Leitbild für die Wettbewerbspolitik, 1969, S. 15.

532 *Klocker*, in: 50 Jahre Bundeskartellamt, 2008, S. 14.

533 Tätigkeitsbericht des Bundeskartellamtes 1966, abgedruckt in: BT-Drucksache V/1950, S. 191.

534 Stellungnahme der Bundesregierung zum Tätigkeitsbericht des Bundeskartellamtes 1966, abgedruckt in: BT-Drucksache V/1950, S. 2–4 (2).

535 Tätigkeitsbericht des Bundeskartellamtes 1967, abgedruckt in: BT-Drucksache V/2841, S. 214; Stellungnahme der Bundesregierung zum Tätigkeitsbericht des

Während die Kartellerlaubnisanträge sich weiterhin auf niedrigem Niveau bewegten (durchschnittlich 20 Anträge im Jahr),[536] nahm die Tendenz zu Unternehmenskonzentrationen stark zu. Da sich 1969 die Zahl der bedeutenden Zusammenschlüsse gegenüber 1968 vervierfacht hatte, traten Bundesregierung und Bundeskartellamt für die Einführung einer präventiven Fusionskontrolle ein.[537]

Trotz der GWB-Novelle stellte das Bundeskartellamt weiterhin die Mehrzahl der Verfahren in Missbrauchsfällen ohne Erlass einer Verfügung ein, selbst wenn sich die Zahl der neu eingeleiteten Verfahren bis 1969 merklich erhöhte (ca. 400 gegenüber ca. 200 in den Vorjahren).[538] Die Einstellung – teilweise unter Auflagen – erfolgte in vielen Fällen, weil die Unternehmen das beanstandete Verhalten aufgaben und eine Verbotsverfügung somit hinfällig wurde.

2. Siebziger Jahre

Anfang der siebziger Jahre ging das Bundeskartellamt schwerpunktmäßig gegen verbotene Kartelle vor.[539] Die Unternehmen konnten nicht mehr mit einer

---

Bundeskartellamtes 1968, abgedruckt in: BT-Drucksache V/4236, S. 2–4 (2); Tätigkeitsbericht des Bundeskartellamtes 1968, abgedruckt in: BT-Drucksache V/4236, S. 173; Tätigkeitsbericht des Bundeskartellamtes 1969, abgedruckt in: BT-Drucksache VI/950, S. 183.

536 Tätigkeitsbericht des Bundeskartellamtes 1966, abgedruckt in: BT-Drucksache V/1950, S. 94; Tätigkeitsbericht des Bundeskartellamtes 1967, abgedruckt in: BT-Drucksache V/2841, S. 110; Stellungnahme der Bundesregierung zum Tätigkeitsbericht des Bundeskartellamtes 1968, abgedruckt in: BT-Drucksache V/4236, S. 2–4 (2); Tätigkeitsbericht des Bundeskartellamtes 1968, abgedruckt in: BT-Drucksache V/4236, S. 116; Tätigkeitsbericht des Bundeskartellamtes 1969, abgedruckt in: BT-Drucksache VI/950, S. 2–6 (3).

537 Stellungnahme der Bundesregierung zum Tätigkeitsbericht des Bundeskartellamtes 1967, abgedruckt in: BT-Drucksache V/2841, S. 2–4 (3); Stellungnahme der Bundesregierung zum Tätigkeitsbericht des Bundeskartellamtes 1968, abgedruckt in: BT-Drucksache V/4236, S. 2–4 (2 f.); Stellungnahme der Bundesregierung zum Tätigkeitsbericht des Bundeskartellamtes 1969, abgedruckt in: BT-Drucksache VI/950, S. 180.

538 Tätigkeitsbericht des Bundeskartellamtes 1966, abgedruckt in: BT-Drucksache V/1950, S. 188; Tätigkeitsbericht des Bundeskartellamtes 1967, abgedruckt in: BT-Drucksache V/2841, S. 211; Stellungnahme der Bundesregierung zum Tätigkeitsbericht des Bundeskartellamtes 1968, abgedruckt in: BT-Drucksache V/4236, S. 2–4 (2); Tätigkeitsbericht des Bundeskartellamtes 1968, abgedruckt in: BT-Drucksache V/4236, S. 170; Tätigkeitsbericht des Bundeskartellamtes 1969, abgedruckt in: BT-Drucksache VI/950, S. 126.

539 Stellungnahme der Bundesregierung zum Tätigkeitsbericht des Bundeskartellamtes 1970, abgedruckt in: BT-Drucksache VI/2380, S. 3–5 (3); Tätigkeitsbericht des Bundeskartellamtes 1970, abgedruckt in: BT-Drucksache VI/2380, S. 186; Stellungnahme der Bundesregierung zum Tätigkeitsbericht des Bundeskartellamtes 1971, abgedruckt in: BT-Drucksache VI/3570, S. III–VII (VI); Tätigkeitsbericht des

Einstellung der Verfahren rechnen, 1971 verhängte das Bundeskartellamt erstmals einen Bußgeldbescheid in Millionenhöhe.[540] Im Gegensatz hierzu stand die weiterhin geringe Zahl der Kartellerlaubnisanträge.[541] Aus der gestiegenen Zahl der Kartellverbotsverfahren, d.h. Verfahren gegen erlaubnispflichtige Kartelle, die ohne eine solche Erlaubnis im Verborgenen agierten, lässt sich schließen, dass die Dunkelziffer der tatsächlich existierenden Kartelle die Zahl der registrierten Kartelle überstieg.

Trotz der rechtlichen Unvollkommenheit der Regelungen zur Missbrauchsaufsicht über marktbeherrschende Unternehmen intensivierte das Bundeskartellamt auf Wunsch der Bundesregierung seine Tätigkeit in diesem Bereich.[542] Die Zahl der Verfahrenseinstellungen nahm bis 1972 leicht ab.[543]

Für die bereits seit Ende der sechziger Jahre befürwortete Einführung einer vorbeugenden Fusionskontrolle setzten sich Bundesregierung und Bundeskartellamt Anfang der siebziger Jahre vermehrt ein.[544] Die zweite GWB-Novelle vom 3.08.1973[545], in Kraft getreten am 5.08.1973, inkorporierte die Vorschriften für eine präventive Fusionskontrolle in das GWB.[546] Drei neue Beschlussabteilungen setzten fortan die deutschen Fusionskontrollvorschriften in die Tat um.[547] Die im

---

Bundeskartellamtes 1971, abgedruckt in: BT-Drucksache VI/3570, S. 192; Tätigkeitsbericht des Bundeskartellamtes 1972, abgedruckt in: BT-Drucksache VII/986, S. 187; Stellungnahme der Bundesregierung zum Tätigkeitsbericht des Bundeskartellamtes 1972, abgedruckt in: BT-Drucksache VII/986, S. I–IV (I).

540 Stellungnahme der Bundesregierung zum Tätigkeitsbericht des Bundeskartellamtes 1971, abgedruckt in: BT-Drucksache VI/3570, S. III–VII (VI).

541 Stellungnahme der Bundesregierung zum Tätigkeitsbericht des Bundeskartellamtes 1970, abgedruckt in: BT-Drucksache VI/2380, S. 3–5 (3); Tätigkeitsbericht des Bundeskartellamtes 1970, abgedruckt in: BT-Drucksache VI/2380, S. 126; Tätigkeitsbericht des Bundeskartellamtes 1971, abgedruckt in: BT-Drucksache VI/3570, S. 130; Tätigkeitsbericht des Bundeskartellamtes 1972, abgedruckt in: BT-Drucksache VII/986, S. 124.

542 Stellungnahme der Bundesregierung zum Tätigkeitsbericht des Bundeskartellamtes 1971, abgedruckt in: BT-Drucksache VI/3570, S. III–VII (III); Stellungnahme der Bundesregierung zum Tätigkeitsbericht des Bundeskartellamtes 1972, abgedruckt in: BT-Drucksache VII/986, S. I–IV (I).

543 Stellungnahme der Bundesregierung zum Tätigkeitsbericht des Bundeskartellamtes 1970, abgedruckt in: BT-Drucksache VI/2380, S. 3–5 (3); Tätigkeitsbericht des Bundeskartellamtes 1970, abgedruckt in: BT-Drucksache VI/2380, S. 183; Tätigkeitsbericht des Bundeskartellamtes 1971, abgedruckt in: BT-Drucksache VI/3570, S. 189; Tätigkeitsbericht des Bundeskartellamtes 1972, abgedruckt in: BT-Drucksache VII/986, S. 184.

544 Stellungnahme der Bundesregierung zum Tätigkeitsbericht des Bundeskartellamtes 1971, abgedruckt in: BT-Drucksache VI/3570, S. III–VII (III, VII).

545 BGBl. I, 1973, Nr. 64, S. 917 ff.

546 Stellungnahme der Bundesregierung zum Tätigkeitsbericht des Bundeskartellamtes 1972, abgedruckt in: BT-Drucksache VII/986, S. I–IV (I).

547 Stellungnahme der Bundesregierung zum Tätigkeitsbericht des Bundeskartellamtes 1972, abgedruckt in: BT-Drucksache VII/986, S. I–IV (II). – *Barnett*, in: 50 Jahre Bundeskartellamt, 2008, S. 55; *Klocker*, in: 50 Jahre Bundeskartellamt, 2008, S. 15.

Zuge der zweiten GWB-Novelle geschaffene Monopolkommission beriet den Bundeswirtschaftsminister, wenn es um die Erteilung einer Ministererlaubnis für einen Zusammenschluss ging.[548] Im Zuge der Einführung der Fusionskontrolle geriet das Bundeskartellamt verstärkt in den Fokus der Öffentlichkeit.[549] Eine dritte GWB-Novelle ergänzte 1975 das Instrumentarium der Fusionskontrolle um eine Pressefusionskontrolle.[550] Mitte der siebziger Jahre kam es aufgrund einer allgemeinen wirtschaftlichen Rezession zu weniger Zusammenschlüssen.[551] Dieser Trend setzte sich aber nicht fort und ab 1977 schlossen sich wieder mehr Unternehmen zusammen.[552] Das Bundeskartellamt zögerte nicht, die Vorschriften zur Fusionskontrolle direkt im ersten Jahr nach dem Inkrafttreten der zweiten GWB-Novelle umzusetzen. Sie untersagte 1974 zwei Zusammenschlüsse[553] und bis 1980 erhöhte sich die Zahl der jährlichen Untersagungen stetig.[554] Von der Möglichkeit der Ministererlaubnis machte der Bundeswirtschaftsminister hingegen nur sehr spärlich Gebrauch (ca. einmal pro Jahr, oft mit Auflagen und Bedingungen verbunden).[555]

In den siebziger Jahren erfolgte ein Wechsel an der Spitze des Bundeskartellamtes. Die Ernennung von Wolfgang Kartte[556] zum zweiten Präsidenten fand 1976

548 Stellungnahme der Bundesregierung zum Tätigkeitsbericht des Bundeskartellamtes 1973, abgedruckt in: BT-Drucksache VII/2250, S. I–V (II).

549 Stellungnahme der Bundesregierung zum Tätigkeitsbericht des Bundeskartellamtes 1973, abgedruckt in: BT-Drucksache VII/2250, S. I–V (I).

550 Stellungnahme der Bundesregierung zum Tätigkeitsbericht des Bundeskartellamtes 1975, abgedruckt in: BT-Drucksache VII/5390, S. I–VI (III).

551 Stellungnahme der Bundesregierung zum Tätigkeitsbericht des Bundeskartellamtes 1975, abgedruckt in: BT-Drucksache VII/5390, S. I–VI (I); Tätigkeitsbericht des Bundeskartellamtes 1976, abgedruckt in: BT-Drucksache VIII/704, S. 138.

552 Stellungnahme der Bundesregierung zum Tätigkeitsbericht des Bundeskartellamtes 1977, abgedruckt in: BT-Drucksache VIII/1925, S. I–VI (III); Stellungnahme der Bundesregierung zu dem Tätigkeitsbericht des Bundeskartellamtes 1978, abgedruckt in: BT-Drucksache VIII/2980, S. I–VI (II).

553 Stellungnahme der Bundesregierung zum Tätigkeitsbericht des Bundeskartellamtes 1973, abgedruckt in: BT-Drucksache VII/2250, S. I–V (I).

554 Stellungnahme der Bundesregierung zum Tätigkeitsbericht des Bundeskartellamtes 1974, abgedruckt in: BT-Drucksache VII/3791, S. I–V (I); Tätigkeitsbericht des Bundeskartellamtes 1974, abgedruckt in: BT-Drucksache VII/3791, S. 112; Stellungnahme der Bundesregierung zu dem Tätigkeitsbericht des Bundeskartellamtes 1979/1980, abgedruckt in: BT-Drucksache IX/565, S. I–VI (II).

555 Stellungnahme der Bundesregierung zum Tätigkeitsbericht des Bundeskartellamtes 1976, abgedruckt in: BT-Drucksache VIII/704, S. I–VI (II); Stellungnahme der Bundesregierung zum Tätigkeitsbericht des Bundeskartellamtes 1977, abgedruckt in: BT-Drucksache VIII/1925, S. I–VI (III); Stellungnahme der Bundesregierung zu dem Tätigkeitsbericht des Bundeskartellamtes 1978, abgedruckt in: BT-Drucksache VIII/2980, S. I–VI (III).

556 Ausführlich zu Kartte und seiner Amtszeit s. *Ortwein*, Das Bundeskartellamt, 1998, S. 125–138.

statt. Er leitete 16 Jahre bis 1992 das Amt.[557] Auch Kartte suchte den Kontakt zur Wirtschaft und richtete „Sprechtage“ vor Ort zur Information der Unternehmen ein.[558] Als Vertreter des Bundeskartellamts bestand er gegenüber dem Bundeswirtschaftsministerium darauf, Flexibilität und Gestaltungsfreiheit des Amtes aufrecht zu erhalten. So ging er, wie vor ihm schon Günther, nicht auf den Wunsch des Ministeriums ein, dem Amt eine Geschäftsordnung zu geben.[559] Er selber nahm an den Abteilungsleiterbesprechungen des Bundeswirtschaftsministeriums teil, was eine Abstimmung im Hinblick auf Gesetzesinitiativen und die Wettbewerbspolitik des Amtes ermöglichte.[560] Unter der Präsidentschaft Karttes trat die vierte GWB-Novelle am 1.05.1980 in Kraft, mit dem Ziel, Sanktionslücken durch die Möglichkeit von Schadensersatzklagen und Mehrerlösabschöpfung zu schließen.[561]

Ende der siebziger Jahre wurden weniger Missbrauchsverfahren als vorher eingeleitet, aufgrund der weiterhin hohen Zahl der Einstellungen ist eine eindeutige Tendenz aber nicht erkennbar.[562] Die Zahl der Kartellanmeldungen hingegen blieb gering.[563] Das bedeutete aber nicht, dass die Kartellierungsbestrebungen abnahmen.

557 *Klocker*, in: 50 Jahre Bundeskartellamt, 2008, S. 19 f.

558 *Klocker*, in: 50 Jahre Bundeskartellamt, 2008, S. 19 f.; *Ortwein*, Das Bundeskartellamt, 1998, S. 132.

559 *Ortwein*, Das Bundeskartellamt, 1998, S. 126.

560 *Ortwein*, Das Bundeskartellamt, 1998, S. 135.

561 BGBl. I, 1980, Nr. 19, S. 458 ff.; Stellungnahme der Bundesregierung zu dem Tätigkeitsbericht des Bundeskartellamtes 1978, abgedruckt in: BT-Drucksache VIII/2980, S. I–VI (III); Stellungnahme der Bundesregierung zu dem Tätigkeitsbericht des Bundeskartellamtes 1979/1980, abgedruckt in: BT-Drucksache IX/565, S. I–VI (I).

562 Stellungnahme der Bundesregierung zum Tätigkeitsbericht des Bundeskartellamtes 1973, abgedruckt in: BT-Drucksache VII/2250, S. I–V (II); Tätigkeitsbericht des Bundeskartellamtes 1973, abgedruckt in: BT-Drucksache VII/2250, S. 205; Tätigkeitsbericht des Bundeskartellamtes 1974, abgedruckt in: BT-Drucksache VII/3791, S. 205; Tätigkeitsbericht des Bundeskartellamtes 1975, abgedruckt in: BT-Drucksache VII/5390, S. 242; Tätigkeitsbericht des Bundeskartellamtes 1976, abgedruckt in: BT-Drucksache VIII/704, S. 210; Tätigkeitsbericht des Bundeskartellamtes 1977, abgedruckt in: BT-Drucksache VIII/1925, S. 191; Tätigkeitsbericht des Bundeskartellamtes 1978, abgedruckt in: BT-Drucksache VIII/2980, S. 205; Tätigkeitsbericht des Bundeskartellamtes 1979/1980, abgedruckt in: BT-Drucksache IX/565, S. 276.

563 Tätigkeitsbericht des Bundeskartellamtes 1973, abgedruckt in: BT-Drucksache VII/2250, S. 141; Tätigkeitsbericht des Bundeskartellamtes 1974, abgedruckt in: BT-Drucksache VII/3791, S. 165; Tätigkeitsbericht des Bundeskartellamtes 1975, abgedruckt in: BT-Drucksache VII/5390, S. 211; Tätigkeitsbericht des Bundeskartellamtes 1976, abgedruckt in: BT-Drucksache VIII/704, S. 177; Tätigkeitsbericht des Bundeskartellamtes 1977, abgedruckt in: BT-Drucksache VIII/1925, S. 150; Tätigkeitsbericht des Bundeskartellamtes 1978, abgedruckt in: BT-Drucksache VIII/2980, S. 161; Tätigkeitsbericht des Bundeskartellamtes 1979/1980, abgedruckt in: BT-Drucksache IX/565, S. 228.

Die Bußgeldverfahren wegen eines Verstoßes gegen das Kartellverbot (ca. 400–500 neu eingeleitete Verfahren jährlich) sowie die Verhängung von Bußgeldern (ca. 40 Bußgeldbescheide jährlich) nahmen zu.[564]

3. Achtziger Jahre

Anfang bis Mitte der achtziger Jahre prägte bei anhaltendem wirtschaftlichem Aufschwung eine Deregulierungs- und Privatisierungspolitik die deutsche Wirtschaft.[565] Ende der achtziger Jahre stellte die politische und wirtschaftliche Einheit Deutschlands sowie die Vollendung des europäischen Binnenmarktes die deutsche Wettbewerbspolitik vor neue Herausforderungen.[566] Die EG-Kommission verschaffte sich mit Hilfe drastischer Geldbußen Gehör in den Mitgliedstaaten.[567]

Der zunehmende Einfluss Europas brachte eine Europäisierung des Wettbewerbsrechts mit sich. Die deutsche Bundesregierung versuchte, das europäische Wettbewerbsrecht und seine Anwendung deutschen Maßstäben gemäß zu formen. Dazu gehörte die Idee der dezentralen Anwendung der europäischen Wettbewerbsregelungen durch die nationalen Kartellbehörden der Mitgliedstaaten (ähnlich der Aufteilung der Zuständigkeiten zwischen Bundeskartellamt und

564 Tätigkeitsbericht des Bundeskartellamtes 1973, abgedruckt in: BT-Drucksache VII/2250, S. 210; Tätigkeitsbericht des Bundeskartellamtes 1974, abgedruckt in: BT-Drucksache VII/3791, S. 209; Tätigkeitsbericht des Bundeskartellamtes 1975, abgedruckt in: BT-Drucksache VII/5390, S. 246; Tätigkeitsbericht des Bundeskartellamtes 1976, abgedruckt in: BT-Drucksache VIII/704, S. 214; Tätigkeitsbericht des Bundeskartellamtes 1977, abgedruckt in: BT-Drucksache VIII/1925, S. 195; Tätigkeitsbericht des Bundeskartellamtes 1978, abgedruckt in: BT-Drucksache VIII/2980, S. 209; Tätigkeitsbericht des Bundeskartellamtes 1979/1980, abgedruckt in: BT-Drucksache IX/565, S. 280.

565 Stellungnahme der Bundesregierung zum Tätigkeitsbericht des Bundeskartellamtes 1981/1982, abgedruckt in: BT-Drucksache X/243, S. I–IX (I); Stellungnahme der Bundesregierung zum Tätigkeitsbericht des Bundeskartellamtes 1983/1984, abgedruckt in: BT-Drucksache X/3550, S. I–VIII (II f.); Stellungnahme der Bundesregierung zum Tätigkeitsbericht des Bundeskartellamtes 1985/1986, abgedruckt in: BT-Drucksache XI/554, S. I–X (I); Stellungnahme der Bundesregierung zum Tätigkeitsbericht des Bundeskartellamtes 1987/1988, abgedruckt in: BT-Drucksache XI/4611, S. I–VIII (I).

566 Stellungnahme der Bundesregierung zum Tätigkeitsbericht des Bundeskartellamtes 1989/1990, abgedruckt in: BT-Drucksache XII/847, S. I–VI (I).

567 Stellungnahme der Bundesregierung zum Tätigkeitsbericht des Bundeskartellamtes 1985/1986, abgedruckt in: BT-Drucksache XI/554, S. I–X (IX).

Landeskartellbehörden)[568] sowie die Schaffung eines unabhängigen Europäischen Kartellamtes nach dem Vorbild des Bundeskartellamtes.[569]

Das Bundeskartellamt entwickelte das Instrument der Fusionskontrolle in den achtziger Jahren weiter und begegnete mit Unterstützung des Bundeswirtschaftsministers, der sich bei der Erteilung von Ministererlaubnissen zurückhielt, der steigenden Konzentrationstendenz mit Untersagungen.[570] Bei seiner Verwaltungspraxis berücksichtigte das Bundeskartellamt die Begleitumstände der sich mehrenden Fusionen; diese hingen teils mit der Öffnung der Märkte, teils mit der Wiedervereinigung zusammen. Im Rahmen einer fünften GWB-Novelle vom 22.12.1989 wurden die Vorschriften zur Fusionskontrolle weiter verbessert und das Bundeskartellamt mit den erforderlichen Befugnissen ausgestattet, um das europäische Wettbewerbsrecht direkt anwenden zu können.[571] Am 21.09.1990 trat – unterstützt von der Bundesregierung und dem Bundeskartellamt – die europäische Fusionskontrolle mit Verordnung (EWG) Nr. 4064/89 des Rates vom 21.12.1989[572] über die Kontrolle von Unternehmenszusammenschlüssen.[573]

---

568 Stellungnahme der Bundesregierung zum Tätigkeitsbericht des Bundeskartellamtes 1989/1990, abgedruckt in: BT-Drucksache XII/847, S. I–VI (IV).

569 Stellungnahme der Bundesregierung zum Tätigkeitsbericht des Bundeskartellamtes 1989/1990, abgedruckt in: BT-Drucksache XII/847, S. I–VI (V); Stellungnahme der Bundesregierung zum Tätigkeitsbericht des Bundeskartellamtes 1991/1992, abgedruckt in: BT-Drucksache XII/5200, S. I-IX (VI); Stellungnahme der Bundesregierung zum Tätigkeitsbericht des Bundeskartellamtes 1993/1994, abgedruckt in: BT-Drucksache XIII/1660, S. I-IX (V f.); Die Idee der Gründung eines Europäischen Kartellamts scheiterte bei einer Regierungskonferenz 1996 endgültig, als die Bundesrepublik weder die anderen Mitgliedstaaten noch die Kommission vom Nutzen eines solchen Europäischen Kartellamtes überzeugen konnte (s. Stellungnahme der Bundesregierung zum Tätigkeitsbericht des Bundeskartellamtes 1995/1996, abgedruckt in: BT-Drucksache XIII/7900, S. II-IX (VI)).

570 Stellungnahme der Bundesregierung zum Tätigkeitsbericht des Bundeskartellamtes 1981/1982, abgedruckt in: BT-Drucksache X/243, S. I–IX (II f.); Stellungnahme der Bundesregierung zum Tätigkeitsbericht des Bundeskartellamtes 1983/1984, abgedruckt in: BT-Drucksache X/3550, S. I–VIII (II); Stellungnahme der Bundesregierung zum Tätigkeitsbericht des Bundeskartellamtes 1985/1986, abgedruckt in: BT-Drucksache XI/554, S. I–X (III); Stellungnahme der Bundesregierung zum Tätigkeitsbericht des Bundeskartellamtes 1985/1986, abgedruckt in: BT-Drucksache XI/554, S. I–X (IV); Stellungnahme der Bundesregierung zum Tätigkeitsbericht des Bundeskartellamtes 1987/1988, abgedruckt in: BT-Drucksache XI/4611, S. I–VIII (II); Stellungnahme der Bundesregierung zum Tätigkeitsbericht des Bundeskartellamtes 1989/1990, abgedruckt in: BT-Drucksache XII/847, S. I–VI (III).

571 BGBl. I 1989, Nr. 62, S. 2486 ff.; Stellungnahme der Bundesregierung zum Tätigkeitsbericht des Bundeskartellamtes 1987/1988, abgedruckt in: BT-Drucksache XI/4611, S. I–VIII (I f.).

572 Amtsblatt der EWG L 395 vom 30.12.1989.

573 Stellungnahme der Bundesregierung zum Tätigkeitsbericht des Bundeskartellamtes 1989/1990, abgedruckt in: BT-Drucksache XII/847, S. I–VI (II, IV).

Ab Mitte der achtziger Jahre leitete das Bundeskartellamt weniger Bußgeldverfahren ein und verhängte seltener Bußgelder.[574] Dies lässt sich möglicherweise durch die zunehmende Bedeutung der Europäischen Kommission im Bußgeldverfahren und die Eröffnung des europäischen Binnenmarktes erklären. Die Kommission zog Verfahren an sich, die vorher in der Alleinzuständigkeit der nationalen Behörden gelegen hatten. Auch die Zahl der Missbrauchsverfahren ging zurück (Anfang der achtziger Jahre ca. 50 neue Verfahren jährlich, Ende der achtziger Jahre nur noch 10–20 Verfahren jährlich).[575] Demgegenüber registrierte das Bundeskartellamt im Durchschnitt ca. 15 Kartellanmeldungen jährlich.[576]

Dieser Trend änderte sich erst wieder Anfang der neunziger Jahre, als das Bundeskartellamt erfolgreich auf europäischer Ebene die dezentrale Anwendung des Wettbewerbsrechts durchsetzte und somit Zuständigkeiten zurück eroberte.[577] Durch die Abordnung von Mitarbeitern des Bundeskartellamtes an die Europäische

---

574 Tätigkeitsbericht des Bundeskartellamtes 1981/1982, abgedruckt in: BT-Drucksache X/243, S. 257; Tätigkeitsbericht des Bundeskartellamtes 1983/1984, abgedruckt in: BT-Drucksache X/3550, S. 133; Tätigkeitsbericht des Bundeskartellamtes 1985/1986, abgedruckt in: BT-Drucksache XI/554, S. 121; Tätigkeitsbericht des Bundeskartellamtes 1987/1988, abgedruckt in: BT-Drucksache XI/4611, S. 128; Tätigkeitsbericht des Bundeskartellamtes 1989/1990, abgedruckt in: BT-Drucksache XII/847, S. 138;

575 Tätigkeitsbericht des Bundeskartellamtes 1981/1982, abgedruckt in: BT-Drucksache X/243, S. 251; Tätigkeitsbericht des Bundeskartellamtes 1983/1984, abgedruckt in: BT-Drucksache X/3550, S. 137; Tätigkeitsbericht des Bundeskartellamtes 1985/1986, abgedruckt in: BT-Drucksache XI/554, S. 123; Tätigkeitsbericht des Bundeskartellamtes 1987/1988, abgedruckt in: BT-Drucksache XI/4611, S. 130; Tätigkeitsbericht des Bundeskartellamtes 1989/1990, abgedruckt in: BT-Drucksache XII/847, S. 140.

576 Tätigkeitsbericht des Bundeskartellamtes 1981/1982, abgedruckt in: BT-Drucksache X/243, S. 196; Tätigkeitsbericht des Bundeskartellamtes 1983/1984, abgedruckt in: BT-Drucksache X/3550, S. 141; Tätigkeitsbericht des Bundeskartellamtes 1985/1986, abgedruckt in: BT-Drucksache XI/554, S. 125; Tätigkeitsbericht des Bundeskartellamtes 1987/1988, abgedruckt in: BT-Drucksache XI/4611, S. 132; Tätigkeitsbericht des Bundeskartellamtes 1989/1990, abgedruckt in: BT-Drucksache XII/847, S. 142.

577 Stellungnahme der Bundesregierung zum Tätigkeitsbericht des Bundeskartellamtes 1991/1992, abgedruckt in: BT-Drucksache XII/5200, S. I–IX (V f.); Stellungnahme der Bundesregierung zum Tätigkeitsbericht des Bundeskartellamtes 1993/1994, abgedruckt in: BT-Drucksache XIII/1660, S. I–IX (II); Stellungnahme der Bundesregierung zum Tätigkeitsbericht des Bundeskartellamtes 1997/1998, abgedruckt in: BT-Drucksache XIV/1139, S. II–VIII (VI f.); Forum für die Kooperation der nationalen Kartellbehörden untereinander und mit der europäischen Kommission ist das European Competition Network (ECN) und die Konferenz der European Competition Authorities (ECA) (s. Stellungnahme der Bundesregierung zum Tätigkeitsbericht des Bundeskartellamtes 2001/2002, abgedruckt in: BT-Drucksache XV/1226, S. II-VII (VI f.); Stellungnahme der Bundesregierung zum Tätigkeitsbericht

Kommission als Merger Task Force für die Umsetzung der 1990 in Kraft getretenen europäischen Fusionskontrolle sicherte sich das Bundeskartellamt weiteren Einfluss auf die europäische Wettbewerbspolitik.[578]

Zusammenfassung zu Kapitel 4

Das Bundeskartellamt nimmt neben den Landeskartellbehörden und dem Bundeswirtschaftsminister die Aufgabe der Kartellaufsicht in Deutschland wahr. Seit der Gründung der Bundesrepublik Deutschland wurde das GWB bis 1989 fünfmal reformiert. Der Gesetzgeber passte das GWB schrittweise den Bedürfnissen der Behördenpraxis und den europäischen Anforderungen an. Trotz der zahlreichen GWB-Novellen und auch Umstrukturierungen innerhalb des Bundeskartellamtes bewährten sich sowohl das Bundeskartellamt als auch das GWB. Unter Berücksichtigung der Erfahrungen des Bundeskartellamtes entwickelte sich das GWB mehr und mehr zu einem praxistauglichen Instrument zur Bekämpfung von Wettbewerbsbeschränkungen. Die europäische Wettbewerbspolitik profitierte vom Erfahrungshorizont des Bundeskartellamtes. Auch wenn bis 1989 das europäische Wettbewerbsrecht eine entscheidende Rolle spielte, verfügte das Bundeskartellamt im Rahmen der dezentralisierten Anwendung des europäischen Wettbewerbsrechts weiterhin über entscheidenden Einfluss. Die oft bemängelte Weisungsgebundenheit des Bundeskartellamtes – anders als das Monopolamt des Josten-Entwurfs ist das Bundeskartellamt eine Bundesoberbehörde und somit den Weisungen des Bundeswirtschaftsministers unterworfen – blieb erhalten. Zu der befürchteten Einflussnahme des Bundeswirtschaftsministers kam es aber nicht, vielmehr verhielt sich der Bundeswirtschaftsminister in den meisten Fällen wettbewerbspolitisch neutral. Die anhand von Fallzahlen und Bußgeldern nachgewiesene Schlagkräftigkeit des Bundeskartellamtes litt nicht darunter.

des Bundeskartellamtes 2005/2006, abgedruckt in: BT-Drucksache XVI/5710, S. II–XII (V, IX)).

578 Stellungnahme der Bundesregierung zum Tätigkeitsbericht des Bundeskartellamtes 1991/1992, abgedruckt in: BT-Drucksache XII/5200, S. I–IX (VII).

Teil 2: Die Entstehung von Kartellbehörden auf europäischer Ebene

Grundsätzlich verpflichtete der Marshall-Plan nicht nur Deutschland, sondern alle westeuropäischen Teilnehmerstaaten am Marshall-Plan auf die wettbewerbsfördernden Prinzipien der Havanna-Charta. Darüber hinaus war es den USA ein Anliegen, den wieder aufflammenden Konflikt zwischen Deutschland und Frankreich um die Kohlevorkommen im Ruhrgebiet in den Griff zu bekommen. Frankreich versuchte, die deutsche Stahlindustrie klein zu halten, um den unliebsamen Konkurrenten zurückzudrängen und die eigene Stahlindustrie zu fördern. Eine Kooperation zwischen deutschen und französischen Stahlproduzenten hätte sicherlich diesen Streit beilegen können.[579] Ein Kartell der deutschen und französischen Stahlindustrie war aber keine wünschenswerte Lösung aus Sicht der USA. Im Winter 1946/47 entwarf der amerikanische Außenminister John Foster Dulles[580] daher einen Plan zur Internationalisierung des Ruhrgebietes.[581] Eine internationale Kontrolle des Ruhrgebietes war möglicherweise geeignet, die Franzosen von ihrer Repressionspolitik gegenüber Deutschland abzubringen.[582]

579 Ausführlich zu der Annäherung zwischen deutscher und französischer Stahlindustrie *Bührer*, Ruhrstahl und Europa, 1986, S. 113 ff.

580 Zu John Foster Dulles und seiner Rolle bei der europäischen Integration s. *David*, in: L'américanisation de l'Europe occidentale, 2002, S. 57–71.

581 *Berghahn*, The Americanisation of West German Industry, 1986, S. 108.

582 *Bührer*, Ruhrstahl und Europa, 1986, S. 136 zitiert André Philip, 27.10.1949: „The only way to avoid German domination of Europe is to have Europe dominate the Ruhr." – *Berghahn*, The Americanisation of West German Industry, 1986, S. 108.

Kapitel 5: Der Weg nach Europa wird geebnet (1947–1950)

I. Marshall-Plan

Anfang 1947 verstärkten die Amerikaner den Druck auf die Staaten Westeuropas, künftig zumindest wirtschaftlich zusammenzuarbeiten. So bewarb der spätere US-amerikanische Außenminister Dulles in seiner Rede vor der „National Publishers Association" in New York am 17.01.1947 ein geeintes Europa, indem er die Vorteile der Zusammenarbeit für eine moderne und preisgünstige Massenproduktion hervorhob.[583]

Die Amerikaner wünschten die Realisierung der „Vereinigten Staaten Westeuropas", um durch die wirtschaftliche Zusammenarbeit der europäischen Staaten den Wohlstand in ganz Europa zu fördern.[584] Nur auf diese Art und Weise wäre die für den Wiederaufbau erforderliche Rationalisierung der Produktion zu erreichen.[585] Ein wirtschaftlich starkes Westeuropa müsste ferner die Sowjetunion nicht fürchten und wäre sogar im Stande, als gleichberechtigter Handelspartner auf dem Weltmarkt mit den USA zu konkurrieren.[586] Die Amerikaner planten deshalb, den europäischen Markt zu liberalisieren. Der zwischeneuropäische Handel sollte nicht mehr nur auf bilateralen Handelsbeziehungen beruhen, sondern multilateral abgewickelt werden.[587]

---

583 Abdruck der Rede in English, s. *Dulles,* Europe Must Federate or Perish, 1947, S. 236; *Spiegel* 23/1955 v. 1.06.1955, Tauziehen um Deutschland, S. 22–24 (23) zitiert eine deutsche Übersetzung von Dulles Rede vom 17.01.1947: „Die in Deutschland wirkenden Kräfte sollten zentrifugal und nicht zentripetal sein." [...] „Das Rheinbecken mit seinen Kohlenvorräten und seinen tüchtigen Arbeitskräften ist das natürliche wirtschaftliche Herz Europas. Aus diesem Gebiet müßte die Lebenskraft nicht nur für Deutschland, sondern auch für Deutschlands westliche Nachbarn strömen. Dann könnte sich mindestens Westeuropa mit seinen zweihundert Millionen Menschen zu einem wohlhabenderen und gesicherten Land entwickeln. Das wird sich jedoch kaum erreichen lassen, wenn durch den deutschen Friedensvertrag nur Deutschland wieder zur Wirtschaftseinheit gemacht wird, unter ausschließlich deutscher politischer Kontrolle, die zwar zunächst dezentralisiert ist, aber doch wieder zu einer starken Zentralisierung kommen könnte" [...] „Die Dezentralisation wird nicht von Dauer sein, wenn sich nicht gleichzeitig natürliche Kräfte entwickeln, die die Einwohner der deutschen Staaten veranlassen, sich ihren äußeren Nachbarn zuzuwenden." – *Berghahn,* The Americanisation of West German Industry, 1986, S. 108; *Hogan,* The Marshall Plan, 1987, S. 37.

584 *Hogan,* The Marshall Plan, 1987, S. 427; *Kaplan,* United States, 1984, S. 131.

585 *Melandri,* in: Le Plan Marshall, 1993, S. 629.

586 *Hogan,* The Marshall Plan, 1987, S. 427; *Melandri,* in: Le Plan Marshall, 1993, S. 629.

587 *Hogan,* The Marshall Plan, 1987, S. 428.

Zwar hatte Frankreichs damaliger Außenminister Georges Bidault noch im Juli 1947 darauf gedrängt, dass die deutschen Fabriken schneller abgebaut werden und Frankreich einen größeren Anteil an Reparationen erhält.[588] Im Jahr 1947 begann Frankreich aber, sich der Deutschlandpolitik der USA behutsam anzunähern.[589]

Auf diplomatischen Wegen erfuhr Frankreich frühzeitig, dass die USA ein Wiederaufbauprogramm für Europa vorbereiteten.[590] Voraussetzung für die Teilnahme am amerikanischen Hilfeprogramm war jedoch, dass die europäischen Staaten gemeinsam den Wiederaufbau mit Hilfe einer effizienten und unabhängigen Institution organisierten.[591] Die USA wollten sich nur finanziell an dem Programm beteiligen.[592] Bei einer Organisation der Hilfe allein durch die USA bestand die Gefahr, dass sich die einzelnen europäischen Nationalstaaten durch die USA benachteiligt oder bevormundet ansahen.[593] Wenn die Teilnehmerstaaten den Wiederaufbau aber gemeinsam angingen, lag die Verantwortung bei ihnen, Prioritäten zu setzen, die Höhe der benötigten Unterstützung abzuschätzen und sich aufeinander abzustimmen.[594] Die Zusammenarbeit der Nehmerländer musste in irgendeiner Art und Weise institutionalisiert werden. In der amerikanischen Regierung war umstritten, was der beste Weg dafür war. So forderten manche ein supranationales, auf Dauer angelegtes Verteilungsorgan; andere befürworteten eine reine Freihandelszone aus Angst vor einer gesteuerten und kartellierten Wirtschaft.[595]

---

588 *Auriol*, Journal du Septennat, Bd. 1, 1970, S. 337, 10.07.1947: „[...] Je me suis élevé avec la plus grande force, dit Bidault, contre le point de vue [du sous-secrétaire d'Etat]. La position de la France en ce qui concerne les réparations et le niveau industriel de l'Allemagne n'a pas changé depuis la conférence de Moscou. On ne peut pas imaginer que le premier acte de la reconstruction européenne consiste à augmenter le potentiel de l'Allemagne et ne pas avantager au contraire, les peuples victimes de l'agression nazie. [...]". – *Berghahn*, The Americanisation of West German Industry, 1986, S. 107; *Poidevin*, in: Le Plan Marshall, 1993, S. 88.

589 *Berghahn*, The Americanisation of West German Industry, 1986, S. 107.

590 *Du Réau*, in: Le Plan Marshall, 1993, S. 47.

591 *Du Réau*, in: Le Plan Marshall, 1993, S. 47, 50; *Girault*, in: Vom Marshallplan zur EWG, 1990, S. 567.

592 *Du Réau*, in: Le Plan Marshall, 1993, S. 47.

593 *Melandri*, in: Le Plan Marshall, 1993, S. 626.

594 *Melandri*, in: Le Plan Marshall, 1993, S. 626.

595 So war z.B. der Staatssekretär im amerikanischen Außenministerium, Will Clayton, ein Befürworter einer reinen Freihandelszone, s. *Dobney*, Will Clayton, 1971, S. 203 Memorandum on the European Crisis, 27.05.1947, Will Clayton: „[...] Such a plan should be based on a European economic federation on the order of the Belgium-Netherlands-Luxembourg Customs Union. Europe cannot recover from this war and again become independent if her economy continues to be divided into many small watertight compartments as it is today. [...]" u. S. 227 A Speech on the Marshall Plan, December 1947, Will Clayton: „[...] The European recipient countries should make definite commitments to carry out the programs already formulated [...] Execute a multilateral agreement with the mutual commitments

Die Amerikaner gaben den Franzosen bereits in vertraulichen Vorgesprächen zu verstehen, dass sie im Hinblick auf die Zusammenarbeit in Europa auf Frankreich zählten.[596] Es müsse seine Repressionspolitik gegenüber Deutschland aufgeben und sich einem vereinten Europa öffnen, wenn es in Zukunft noch eine Rolle in der Weltpolitik spielen wollte.[597]

Am 5. Juni 1947 gaben die USA ihre Pläne offiziell bekannt. In seiner Rede in Harvard umriss der amerikanische Außenminister George C. Marshall das Wiederaufbauprogramm für Europa (European Recovery Program = ERP), sog. Marshall-Plan.[598] Er machte klar, dass die Liberalisierung des innereuropäischen Handels und die Integration der Märkte einen integralen Bestandteil des ERP bildeten.[599] Der Abbau der Handelsschranken in Europa sollte einer späteren Liberalisierung des Weltmarktes dienen.[600] Dies setzte die Einbeziehung Deutschlands in die wirtschaftliche

---

[...] Provide for a continuing organization to periodically check performance against such commitments [...]". – *Melandri*, in: Le Plan Marshall, 1993, S. 629.

596 *Du Réau*, in: Le Plan Marshall, 1993, S. 52.

597 *Lacroix-Riz*, Le choix de Marianne, 1985, S. 106 ff.; *Du Réau*, in: Le Plan Marshall, 1993, S. 51; andererseits weist Wall berechtigterweise darauf hin, dass Frankreich aufgrund des Monnet-Plans über die Verwendung der Marshall-Plan-Hilfe selbständig bestimmen konnte *Wall*, Making of Postwar France, 1991, S. 158 ff.

598 Die Rede von George C. Marshall ist beispielsweise zu finden unter folgendem Link (Entnahmedatum: 1.03.13) http://www.oecd.org/fr/general/themarshallplanspeechatharvarduniversity5june1947.htm: „[...] The remedy lies in breaking the vicious circle and restoring the confidence of the European people in the economic future of their own countries and of Europe as a whole. The manufacturer and the farmer throughout wide areas must be able and willing to exchange their products for currencies the continuing value of which is not open to question. [...] It is logical that the United States should do whatever it is able to do to assist in the return of normal economic health in the world, without which there can be no political stability and no assured peace. [...]".

599 *Marshall* in Harvard am 5.06.47: „[...] there must be some agreement among the countries of Europe as to the requirements of the situation and the part those countries themselves will take in order to give proper effect to whatever action might be undertaken by this Government. It would be neither fitting nor efficacious for this Government to undertake to draw up unilaterally a program designed to place Europe on its feet economically. This is the business of the Europeans. The initiative, I think, must come from Europe. The role of this country should consist of friendly aid in the drafting of a European program and of later support of such a program so far as it may be practical for us to do so. The program should be a joint one, agreed to by a number, if not all European nations. [...]", s. z. B. folgenden Link (Entnahmedatum: 1.03.13) http://www.oecd.org/fr/general/themarshallplanspeechatharvarduniversity5june1947.htm. – *Bührer*, in: Le Plan Marshall, 1993, S. 463; *Hogan*, The Marshall Plan, 1987, S. 428; *Melandri*, in: Le Plan Marshall, 1993, S. 626.

600 *Girault*, in: Vom Marshallplan zur EWG, 1990, S. 567; *Melandri*, in: Le Plan Marshall, 1993, S. 629.

Neuordnung Europas voraus.[601] Notwendigerweise war somit die Begrenzung der deutschen Produktion, die insbesondere den Franzosen am Herzen lag, wirtschaftlich nicht mehr zu rechtfertigen.[602] Die französische Regierung weigerte sich zu diesem Zeitpunkt noch, Deutschland als gleichberechtigten Handelspartner zu akzeptieren. Frankreich räumte der eigenen Sicherheit und der Wiederbelebung der französischen Wirtschaft Vorrang ein, ein Wiedererstarken des besiegten Deutschlands lag nicht in seinem Interesse.[603]

Noch am 20.07.1947 hatte der damalige französische Premierminister Paul Ramadier diese Ansicht bestärkt und präzisiert, dass Deutschland nur das Nötigste zum Überleben erhalten sollte.[604] Dem schloss sich auch die französische kommunistische Partei an.[605] Am 26.07.1947 bestand Konsens in der französischen Nationalversammlung über die Ansprüche auf das Saargebiet und auf Reparationszahlungen sowie die Internationalisierung des Ruhrgebietes.[606] Zugleich gab es aber auch Stimmen in der französischen Politik, die einer Wiedereingliederung Deutschlands in die Wirtschaft Westeuropas positiv gegenüberstanden. Die Partei von Général Charles de Gaulle – Chef der Résistance und erster Ministerpräsident der IV. Republik – zum Beispiel erklärte sich mit der Anerkennung Deutschlands als gleichberechtigten Handelspartner einverstanden, so lange Frankreich die Hand auf Saar- und Ruhrgebiet hatte.[607] Die Partei MRP (Mouvement Républicain Populaire) war sogar ein Verfechter der Einigung Europas – sie erkannte in der kommunistischen Sowjetunion den gemeinsamen Feind und sah in der Einigung Europas eine Chance für Frankreich, zwischen USA und UdSSR eine bedeutende Rolle zu spielen.[608] Die

---

601 *Girault*, in: Vom Marshallplan zur EWG, 1990, S. 567; *Poidevin*, in: Le Plan Marshall, 1993, S. 87.

602 *Melandri*, in: Le Plan Marshall, 1993, S. 626.

603 *Auriol*, Journal du Septennat, Bd. 1, 1970, S. 366, 23.07.1947: „[...] Je (= Bidault, Anm. d. Verf.) n'ai jamais songé, dit-il, à affamer l'Allemagne ni à interdire son relèvement, mais je ne peux pas accepter qu'elle se relève alors que la France est toujours dans l'abîme. [...]" und S. 366 Fn. 1020: „[...] Ramadier tient à dire son accord complet avec Bidault. Les principes de la réparation et de la sécurité sont en cause, ils doivent être sauvegardés. [...]". – *Poidevin*, in: Le Plan Marshall, 1993, S. 87.

604 Rede des Präsidenten Ramadier am 20.07.1947 in Perpignan, in: Année politique, Juillet, Politique Extérieure, 1947, S. 146: „[...] la renaissance allemande ne peut venir qu'après la nôtre. Notre priorité a été proclamée et affirmée. Elle doit passer dans les faits. L'Allemagne doit recevoir tout ce qui est nécessaire à sa vie, mais notre force industrielle doit être reconstituée avant la sienne." – *Poidevin*, in: Le Plan Marshall, 1993, S. 88.

605 *Poidevin*, in: Le Plan Marshall, 1993, S. 90 m.w.N.

606 *Poidevin*, in: Le Plan Marshall, 1993, S. 90.

607 *Poidevin*, in: Le Plan Marshall, 1993, S. 89; Zéraffa-Dray, in: Europäische Integration, 1993, S. 231.

608 *Zéraffa-Dray*, in: Europäische Integration, 1993, S. 231.

Sozialisten unter der Führung des früheren Premierministers Léon Blum sprachen sich für die Teilnahme Deutschlands am Marshall-Plan aus.[609]

An diesem zwiespältigen Bild der französischen Politik kann abgelesen werden, dass Frankreich nicht von der europäischen Idee beseelt war, als es sich entschied, sich für ein Europa an der Seite Deutschlands einzusetzen.[610] Vielmehr mussten die Amerikaner aufgrund der unnachgiebigen und wenig diplomatischen Haltung Frankreichs auf die französische Regierung in diesem Sinne einwirken. Sie stellten Frankreich vor die Alternative, eine eigene Initiative für eine europäische Zusammenarbeit zu entwickeln, oder sich den zukünftigen Beschlüssen der anderen Alliierten, insb. Großbritannien und USA, ohne eigenes Mitspracherecht beugen zu müssen.[611] Die finanziell prekäre Lage Frankreichs, das wirtschaftlich und politisch stark geschwächt aus dem Zweiten Weltkrieg hervorgegangen war, begünstigte die Kompromissbereitschaft der französischen Regierung. Frankreich war auf schnelle Hilfe durch den Marshall-Plan angewiesen.[612]

Nach Bekanntwerden der amerikanischen Pläne zu einem Hilfsprogramm luden Frankreich und Großbritannien zu einer Konferenz, der Conference of European Economic Cooperation, ein.[613] Sie fand im Juli 1947 in Paris statt und gründete das sog. Committee for European Economic Cooperation (CEEC).[614] Zuvor hatten Frankreich und Großbritannien auch die UdSSR zu der Konferenz eingeladen. Die Sowjetunion lehnte aber die von den USA geforderte Liberalisierung der Märkte als zu großen Eingriff in ihre Souveränität ab und nahm nicht teil.[615]

---

609 Notiz von Vincent Auriol über ein Gespräch mit Léon Blum v. 25.07.1947: „[...] Je me suis entretenu avec Léon Blum des affaires allemandes. Je suis d'accord avec lui que l'on doit traiter de l'Allemagne dans la conférence de Londres en novembre. [...] Blum est d'accord sur le danger de relever, avant tout autre pays, le grand potentiel allemand de l'acier et de l'industrie lourde. ‚Il faut surtout s'en tenir, dit-il, à l'idée du contrôle de l'utilisation de l'acier de l'internationalisation de la Ruhr.' [...] Evidemment, il faut d'abord obtenir cette internationalisation et ce contrôle et donner à l'Allemagne un maximum d'acier compatible avec notre propre production. Nous sommes d'accord." abgedruckt in *Auriol*, Journal du Septennat, Bd. 1, 1970, S. 367, Fn. 1040. – *Poidevin*, in: Le Plan Marshall, 1993, S. 89.

610 *Poidevin*, in: Vom Marshallplan zur EWG, 1990, S. 257.

611 *Lacroix-Riz*, Le choix de Marianne, 1985, S. 136 ff.; *Du Réau*, in: Le Plan Marshall, 1993, S. 46.

612 *Berghahn*, The Americanisation of West German Industry, 1986, S. 106; *Monnet*, Mémoires, 1976, S. 275; *Poidevin*, in: Le Plan Marshall, 1993, S. 93.

613 Abdruck des Schlussberichtes der Konferenz in *Wiedergesundung Europas*, Teil 1, 1948. – *Hogan*, The Marshall Plan, 1987, S. 60 ff.; *Lacroix-Riz*, Le choix de Marianne, 1985, S. 138 ff.

614 *Hogan*, The Marshall Plan, 1987, S. 61.

615 *Wiedergesundung Europas*, Teil 1, 1948, S. 4: „[...] 17. Am 16. Juni besuchte Mr. Bevin, der britische Außenminister, M. Bidault, den französischen Außenminister, in Paris. Sie kamen überein, zu versuchen, die Mitarbeit der Sowjetregierung zu gewinnen, um zunächst eine Antwort an Mr. Marshall zu umreißen; die Besprechung

Die deutsche Industrie hingegen versprach sich von den CEEC-Verhandlungen die Schaffung neuer internationaler Kartelle, in denen sie eine gleichberechtigte Stellung einzunehmen gedachte, sowie den Anschluss an die europäische Wirtschaft.[616] Diese Hoffnungen wurden aber enttäuscht.[617] Die Organisatoren der Konferenz luden weder die Vertreter der alliierten Militärregierungen in Deutschland noch deutsche Repräsentanten ein.[618] Allerdings fand Westdeutschland in den USA einen Fürsprecher, so dass es letztendlich Hilfen aus dem ERP erhalten konnte.[619]

Die USA zeigten sich enttäuscht von der Position Großbritanniens während der CEEC-Verhandlungen im September 1947. Marshall beobachtete, „[...] that Brit wish to benefit fully from a European program [...] while at the same time maintaining the position of not being wholly a European country."[620]

Die europäischen Staaten kamen – entsprechend der Bedingungen der USA für die Aufnahme in den Empfängerkreis der Marshallhilfe – über die Liberalisierung des europäischen Marktes überein und schufen zur Verteilung der Hilfsmittel die Organization for European Economic Cooperation (= OEEC) sowie die Europäische

---

zwischen Mr. Bevin, M. Bidault und Herrn Molotov begann am 27. Juni in Paris. Zum großen Bedauern der französischen und der britischen Regierung konnte eine Verständigung nicht erzielt werden." – *Du Réau*, in: Le Plan Marshall, 1993, S. 52 ff.

616 *Bührer*, Ruhrstahl und Europa, 1986, S. 83 ff.; *Bührer*, in: Le Plan Marshall, 1993, S. 450 ff. m.w.N., z.B. Salewski am 9.06.1947 (Hauptgeschäftsführer der Wirtschaftsvereinigung Eisen- und Stahlindustrie).

617 *Bührer*, Ruhrstahl und Europa, 1986, S. 96.

618 *Bührer*, in: Le Plan Marshall, 1993, S. 452; *Wiedergesundung Europas*, Teil 1, 1948, S. 4.

619 *Wiedergesundung Europas*, Teil 1, 1948, S. 4, 30 f., 57 ff., s. insb. S. 4: „20. Zu Beginn beschloß der Ausschuß für Zusammenarbeit, die Oberbefehlshaber der besetzten Zonen Deutschlands um dieselben Informationen über ihre Zonen zu ersuchen, wie sie von den teilnehmenden Ländern gefordert wurden. [...]" und S. 30: „Bei der Aufstellung einer Bilanz der Hilfsquellen und des europäischen Bedarfs ist es unerläßlich, Deutschland mit zu berücksichtigen, da die Wirtschaft dieses Landes in der Vergangenheit und nach der Lage der Dinge auch fernerhin mit den Wirtschaftssystemen der übrigen europäischen Länder eng verknüpft ist. Daß die Zonen Westdeutschlands in den von der Konferenz ausgearbeiteten Plan einzubauen waren, mußte, obgleich dieser Einschluß aus wirtschaftlichen und praktischen Gründen notwendig war, unvermeidliche Schwierigkeiten ergeben, weil eine gewisse Anzahl grundlegender Entscheidungen hinsichtlich der für die deutsche Wirtschaft einzuschlagenden Politik, die zudem außerhalb der Zuständigkeit und des Auftrag der Konferenz liegen, noch nicht getroffen worden sind und weil die künftig in Deutschland anzuwendende Wirtschaftspolitik vom Viermächte-Kontrollrat abhängt und nicht der Autorität irgendeines der beteiligten Länder unterliegt [...]." – *Bührer*, in: Le Plan Marshall, 1993, S. 452; *Hogan*, The Marshall Plan, 1987, S. 62; *Lacroix-Riz*, Le choix de Marianne, 1985, S. 138.

620 FRUS Bd. 3 (1947), S. 419, The Secretary of State to the Embassy in the United Kingdom, Washington, 8.9.1947. – *Melandri*, in: Le Plan Marshall, 1993, S. 628.

Zahlungsunion.[621] Diese Verpflichtung trug Günther zufolge dazu bei, dass in den Nationalstaaten Europas Kartellgesetze entworfen wurden. Die gemeinsamen Wurzeln erleichterten die spätere Kartellpolitik auf europäischem Niveau.[622]

Mit Inkrafttreten des Marshall-Plans am 1.04.1948 verpflichteten sich alle Teilnehmerstaaten verbindlich, den Wettbewerb beschränkende Maßnahmen zu unterlassen.

II. Schaffung der Internationalen Ruhrbehörde (1948)

Die kriegswichtige Kohle- und Stahlindustrie im Ruhrgebiet bot nach dem Zweiten Weltkrieg Anlass zu Streitigkeiten. So forderte Frankreich seit Kriegsende zunächst die Internationalisierung des Ruhrgebietes, später eine internationale Kontrolle für das Ruhrgebiet und bestand auf der quotenmäßigen Beschränkung der deutschen Stahlproduktion.[623] Letzteres erschien den übrigen Alliierten allerdings im Jahre 1948 nur vertretbar, wenn Frankreich allein für den Stahlbedarf Westeuropas aufkommen konnte.[624] Als Westdeutschland langsam seine Souveränität wiedererlangte, war die künstliche Drosselung der Wirtschaftskraft Deutschlands aufgrund Besatzungsrechts nicht mehr länger zu rechtfertigen. Allerdings mochten die Alliierten, insbesondere Frankreich, auf eine Einflussnahme in diesem Wirtschaftszweig nicht gänzlich verzichten.[625] Das Ruhrgebiet mit seinen Kohleaufkommen sollte vorerst unter internationaler Kontrolle bleiben.[626] Daraufhin vereinbarten die Beneluxländer, Frankreich, Großbritannien und die Vereinigten Staaten am 28.12.1948 das Ruhrstatut, das das Besatzungsrecht ablöste.[627] Auf der Grundlage des am 28.04.1949

621 *Wiedergesundung Europas*, Teil 1, 1948, S. 6: „Insbesondere wird jedes Land alle Anstrengungen machen, um: [...] V. untereinander und mit anderen gleichgesinnten Ländern in Übereinstimmung mit den Grundsätzen des Vertragsentwurfes für eine internationale Handelsorganisation zusammenzuarbeiten, um, wo immer möglich, die Zolltarife zu senken und andere Schranken zu beseitigen, die der Ausdehnung des Handels sowohl untereinander als auch mit der übrigen Welt hinderlich sind; [...]", zum Ausschuss für Wirtschaftliche Zusammenarbeit s. S. 27 ff. und zur Europäischen Zollunion s. S. 14 ff. – *Günther*, in: WuW 1952, S. 245 Fn. 2: „Soweit diese Praktiken oder Abmachungen sich so auswirken, daß sie die Durchführung des gemeinsamen europäischen Wiederaufbauprogramms ungünstig beeinflussen."; *Kipping*, Zwischen Kartellen und Konkurrenz, 1996, S. 62; *Schwarz*, Der Aufbau Europas, 1980, S. 31;

622 *Günther*, in: WuW 1952, S. 245.

623 *Hogan*, The Marshall Plan, 1987, S. 62.

624 *Kipping*, Zwischen Kartellen und Konkurrenz, 1996, S. 58, 342 m.w.N.

625 *Dichgans*, Montanunion, 1980, S. 39; *Hogan*, The Marshall Plan, 1987, S. 62.

626 *Berghahn*, The Americanisation of West German Industry, 1986, S. 107; Bührer, Ruhrstahl und Europa, 1986, S. 143 ff.; *Poidevin*, in: Le Plan Marshall, 1993, S. 93.

627 *Marion Gräfin Dönhoff*, Das Ruhrstatut, in: Die Zeit, Nr. 1 v. 6.1.1949, S. 1: „[...] die Stahlerzeugung der Bizone [...] damit die Leistungen der französischen Stahlindustrie erstmalig übertroffen hatte. Als dann am Vorabend der zweiten Londoner

ratifizierten Ruhrstatuts regulierte die Internationale Ruhrbehörde die Kohle- und Stahlproduktion.[628] Mitglieder der Internationalen Ruhrbehörde waren zunächst nur die Vertreter der Teilnehmerstaaten, Deutschland wurde bis zur Gründung der Bundesrepublik von den Alliierten repräsentiert.[629] Danach nahm auch Deutschland gleichberechtigt an der Ruhrbehörde teil.[630] Die Internationale Ruhrbehörde bedeutete rückblickend einen ersten Schritt in Richtung einer europäischen Zusammenarbeit.[631]

Eine Vertiefung und Erweiterung dieses Modells wurde schon im Zeitpunkt des Abschlusses des Ruhrstatuts diskutiert. Im Februar 1948 schlug der amerikanische Botschafter in London, Lewis Douglas, eine europäische Wirtschaftsgemeinschaft vor.[632] Ihm schwebte eine Internationale Ruhrbehörde vor, deren Aufgabenbereich auf andere Wirtschaftszweige und alle Staaten Westeuropas ausgedehnt werden sollte.[633] Unter Inkaufnahme von Souveränitätseinbußen schien sich das französische

---

Konferenz die anglo-amerikanischen Regierungen den Deutschen noch die Treuhänderschaft über die Kohle- und Stahlindustrie übertrugen und sich bereit erklärten, die Regelung der endgültigen Eigentumsverhältnisse der künftigen deutschen Regierung zu überlassen, war die französische Geduld erschöpft. Dies die Vorgeschichte des Ruhrstatuts. In der deutschen Öffentlichkeit hat die Verkündung dieses ‚Übereinkommens', dessen Inhalt den deutschen Partnern bisher unbekannt war, Kritik und Niedergeschlagenheit ausgelöst. [...]". – *Dichgans*, Montanunion, 1980, S. 39.

628 *Dichgans*, Montanunion, 1980, S. 39; *Kipping*, Zwischen Kartellen und Konkurrenz, 1996, S. 55.

629 *Kipping*, Zwischen Kartellen und Konkurrenz, 1996, S. 55.

630 Ziffer II des Petersberger Abkommens: „In der Überzeugung, daß die möglichst enge Mitarbeit Deutschlands zu dem Wiederaufbau der westeuropäischen Wirtschaft wünschenswert ist, erklärt die Bundesregierung ihre Absicht, der internationalen Ruhrbehörde, in der sie derzeit nur durch einen Beobachter vertreten ist, als Mitglied beizutreten. [...]" s. Bundesanzeiger, Jg. 1, Nr. 28, 26.11.49, S. 1. – *Dichgans*, Montanunion, 1980, S. 39.

631 *Dichgans*, Montanunion, 1980, S. 39.

632 FRUS, Bd. 2 (1948), S. 98–100 (99), The Ambassador in the United Kingdom (Douglas) to the Secretary of State, London, 28.2.1948, Douglas: „[...] Turning to specific problem of international control Ruhr, Douglas stressed US sympathy with principle access to Ruhr products should not be exclusively controlled by Germany and readiness consider proposals for long-term control Ruhr in post-occupation period. Would hope, however, such control would be of such nature that Western Germany and Western Europe would be effectively integrated and would not be punitive so as to create conditions in Germany which we all desire to avoid and which would increase bargaining power of Soviet in Germany. [...]". – *Melandri*, in: Le Plan Marshall, 1993, S. 636.

633 FRUS, Bd. 2 (1948), S. 98–100 (99), The Ambassador in the United Kingdom (Douglas) to the Secretary of State, London, 28.2.1948, Douglas: „[...] While realizing international control would have to set at rest fear of Germany's western neighbors, also important that it have effect of making German people feel part of Western

Außenministerium dieser Idee im Dezember 1948 zugunsten eines friedlichen Zusammenlebens mit Deutschland vorsichtig zu öffnen.[634] Sogar de Gaulle trat für die europäische Einheit ein.[635] Der französische Plankommissar Jean Monnet hatte sich schon 1944 für ein geeintes Europa ausgesprochen.[636] Sein Modernisierungsplan für die französische Wirtschaft zielte dementsprechend darauf ab, Frankreich für den Weltmarkt wettbewerbsfähig zu machen.[637] Im August 1947 leitete Monnet das französische Planungskommissariat, das sich für die Erneuerung und Wiederbelebung der französischen Wirtschaft einsetzte. Ihn beunruhigten die im Vergleich zu

---

Europe instead of turning them to east. US attached very great importance to economic integration Western Europe. Therefore very tentatively and very informally, he wanted to suggest that international regime might look toward inclusion not only Ruhr but also similar industrial regions of Western Europe." – *Melandri*, in: Le Plan Marshall, 1993, S. 636.

634 *Girault*, in: Vom Marshallplan zur EWG, 1990, S. 570 unter Hinweis auf eine Notiz v. 30.11.1948, ungezeichnet, vermutlich von M. Gary, einem Mitarbeiter von J. Paris, die eine „associaton économique et politique avec cette Allemagne à l'intérieur de l'union occidentale en cours d'élaboration" erwähnt, „au profit d'une organisation démocratique européenne que rendrait un nouveau conflit franco-allemand économiquement et politiquement impossible."; Zu dieser Notiz auch *Poidevin*, in: Vierteljahrshefte für Zeitgeschichte; Jg. 33 (1985), H. 3, S. 408, 413.

635 *Gaulle*, Lettres, Mai 1945 – Juin 1951, 1984, S. 330 f. Brief von Général de Gaulle an Richard Coudenhove-Kalergi v. 30.12.1948: „[...] Nul plus que moi n'est convaincu de la nécessité de construire l'Europe. C'est le seul moyen d'aboutir à un règlement du problème allemand qui concoure à l'équilibre, je veux dire qui puisse ouvrir une carrière aux capacités du peuple allemand sans mettre en danger ses voisins. [...] Entre une Angleterre que sollicite le Commonwealth et une Allemagne qui se cherche, j'ai toujours pensé que la France était destinée, par la géographie même, à promouvoir l'Union Européenne." – *Girault*, in: Vom Marshallplan zur EWG, 1990, S. 570.

636 Interview Monnets mit dem amerikanischen Jounalisten der Fortune, John Davenport (erschienen August 1944 unter der Überschrift „M. Jean Monnet of Cognac"), Auszüge davon abgedruckt in: *Monnet*, Mémoires, 1976 (Taschenbuch), S. 318 ff.: „[...] Les pays d'Europe sont trop étroits pour assurer à leurs peuples la prospérité que les conditions rendent possible et par conséquent nécessaire. Il leur faut des marchés plus larges... Cette prospérité et les développements sociaux indispensables supposent que les États d'Europe se forment en une fédération ou une ‚entité européenne' qui en fasse une unité économique commune. Les autres, Anglais, Américains, Russes, ont des mondes à eux dans lesquels temporairement ils peuvent se retirer. La France est liée à l'Europe. Elle ne peut s'en évader [...]".

637 *Monnet*, Mémoires, 1976, S. 277 ff.: „[...] La compétition allait devenir impossible pour un pays, qui, déjà en temps normal, semblait s'être résigné à disposer de deux ou trois fois moins d'énergie par tête d'habitant que ses concurrents directs [...] la nécessité pour la France de rattraper le cours de la révolution technique dont elle s'était décrochée dès avant la guerre [...] Modernisation et reconstruction [...] obligation de produire d'avantage et moins cher [...] l'urgence [...]".

Deutschland geringen Produktionsraten der französischen Stahlindustrie.[638] Zwar hatte die Stahlindustrie in Frankreich Modernisierungen in Angriff genommen. Sie hatte zwei Breitbandstraßen finanziert, die die Produktionskapazität erhöhten.[639] Die damit bezweckte Ermäßigung der Verkaufspreise zur Erhöhung der Wettbewerbsfähigkeit französischen Stahls und französischer Stahlprodukte auf dem Weltmarkt trat indes wider Erwarten nicht ein.[640] Im Wege stand u.a. ein Mangel an französischer Kohle, der durch teure Importe insbesondere aus Deutschland gedeckt werden musste.[641]

Monnet suchte eine Lösung für die Kohle- und Stahlproduktion, die Frankreichs wirtschaftliches Fortkommen nicht behinderte.[642] Eine wirtschaftliche Zusammenarbeit in Europa in diesem Bereich, u.U. unter Einschluss Deutschlands, versprach zwar theoretisch nachhaltigere Erfolge als Reparationszahlungen oder die Gründung eines internationalen Stahlkartells, zu einem konkreten Plan führten diese Überlegungen indes (noch) nicht.[643]

---

638 *Monnet*, Mémoires, 1976, S. 325: „[...] l'industrie allemande absorberait à elle seule tout le coke de la Ruhr, de sorte que la production d'acier de la France et de toute l'Europe s'en trouverait limitée. Comment, dans ces conditions, atteindre l'objectif européen global?“

639 *Kipping*, Zwischen Kartellen und Konkurrenz, 1996, S. 44 ff.

640 *Kipping*, Zwischen Kartellen und Konkurrenz, 1996, S. 47.

641 *Kipping*, Zwischen Kartellen und Konkurrenz, 1996, S. 47 ff.; *Monnet*, Mémoires, 1976, S. 325: „[...] ressources extérieures dont nous avons un besoin vital: charbon [...] allemand [...]“.

642 *Monnet*, Mémoires, 1976, S. 325: „[...] je ne trouvais d'autre issue que de proposer des formules d'une savante progressivité qui liaient le relèvement de l'industrie de l'acier en Allemagne aux exportations de coke de la Ruhr. Ainsi pourraient être maintenus les objectifs de la sidérurgie française, qui étaient la clé de voûte du plan.“

643 *Auriol*, Journal du Septennat, Bd. 1, 1970, S. 695 ff. (698), Annexe VII, Mémorandum de J. Monnet remis à G. Bidault, 4.08.1947: „[...] la ligne de conduite [...] – Engager le plus tôt possible des discussions avec les Etats-Unis et l'Angleterre sur le fond du problème allemand et sur le règlement du statut de la Ruhr [...] pour que cet accord puisse être incorporé à temps dans le programme européen et lui donne la substance et la force matérielle et psychologique sans lesquelles, pour les raisons exposée ci-dessus, ce programme ne sera qu'un objet de discorde profond. – Maintenir dans l'esprit public français la notion que le gouvernement français recherche non seulement les crédits, et une coopération européenne, mais à cette occasion poursuit un règlement du problème allemand qui assure le développement des ressources allemandes pour l'Europe tout entière et dans le cadre qui garantisse la sécurité et la paix de l'Europe. Affirmer publiquement que c'est là la tâche que le gouvernement français s'est assigné au cours des prochains mois. [...]“. – *Girault,* in: Vom Marshallplan zur EWG, 1990, S. 570; *Kipping*, Zwischen Kartellen und Konkurrenz, 1996, S. 60, 344.

III. Krise in Frankreich und Gründung der Bundesrepublik Deutschland (1949)

Die Initiatoren des Marshall-Plans wollten erreichen, dass ab 1952 die europäische Wirtschaft auf eigenen Füßen stand.[644] Allerdings stagnierte die Wirtschaft in Europa 1949 trotz der finanziellen Unterstützung durch die ERP-Mittel.[645] In Frankreich befand sich insbesondere die kartellierte Stahlindustrie in einer Krise.[646] Nach Kipping konnten Kostenvorteile durch Modernisierungen nicht an die Stahlverbraucher weitergegeben werden, da das französische Verkaufssyndikat auch ineffiziente Produzenten mitfinanzierte.[647] 1949 verschlechterte sich die Lage der Stahlverarbeiter zusätzlich. Die Nachfrage nach Stahlerzeugnissen auf dem Weltmarkt ging zurück, so dass sich für die ohnehin überdurchschnittlich teuren französischen Stahlerzeugnisse kein Abnehmer mehr fand.[648]

Für das Wachstum der europäischen Wirtschaft reichten rein finanzielle Hilfen nicht aus, es mussten weitere Änderungen struktureller Art hinzukommen. Dies setzte einerseits eine Öffnung der Märkte und die Integration der europäischen Volkswirtschaften in einen europäischen Markt voraus, andererseits waren Modernisierungen der Industrieanlagen sowie der nationalen Rechtssysteme zur Schaffung der Voraussetzungen für eine effektive Großproduktion nach dem Vorbild der USA unerlässlich.[649]

Auf dem Kontinent stellten die Konflikte zwischen Deutschland und Frankreich ein Hindernis für die wirtschaftliche Entwicklung Europas dar. Der schnelle Wiederaufbau Deutschlands war Frankreich ein Dorn im Auge.[650] Es fürchtete sowohl um seine wirtschaftliche Wettbewerbsfähigkeit als auch um seine Sicherheit.[651] Deutschland hingegen hatte Angst, dass Frankreich die industriestarken Gebiete an Ruhr und Saar an sich reißen oder durch Demontagen ausbluten lassen könnte.[652] Frankreich erklärte sich erst dann bereit, die Demontagen zu beenden, als sich die Bundesrepublik Deutschland im Petersberger Abkommen vom 22.11.1949 verpflichtete, der Internationalen Ruhrbehörde beizutreten, und somit die Reglementierung

---

644 *Milward*, Reconstruction 1984, S. 282 f.; *Schwabe*, in: Die Anfänge des Schuman-Plans, 1988, S. 213 m.w.N.

645 *Milward*, Reconstruction 1984, S. 282 f.; *Schwabe*, in: Die Anfänge des Schuman-Plans, 1988, S. 213 m.w.N.

646 *Hogan*, The Marshall Plan, 1987, S. 437; *Kipping*, Zwischen Kartellen und Konkurrenz, 1996, S. 338.

647 *Kipping*, Zwischen Kartellen und Konkurrenz, 1996, S. 338 f.

648 *Kipping*, Zwischen Kartellen und Konkurrenz, 1996, S. 339 f.

649 *Dichgans*, Montanunion, 1980, S. 35; *Hogan*, The Marshall Plan, 1987, S. 428 f.

650 *Schwabe*, in: Die Anfänge des Schuman-Plans, 1988, S. 220 m.w.N.

651 *Hogan*, The Marshall Plan, 1987, S. 429; *Poidevin*, in: Vom Marshallplan zur EWG, 1990, S. 258.

652 *Poidevin*, in: Vom Marshallplan zur EWG, 1990, S. 258.

der Ruhrstahlindustrie im Rahmen des Ruhrstatuts anerkannte.[653] Auf deutscher Seite kam erschwerend der Umstand hinzu, dass Bundeswirtschaftsminister Ludwig Erhard nur eine wirtschaftliche Integration Europas auf der Grundlage von Wettbewerb und Kooperationen, in denen alle Wirtschaftsbranchen abgebildet waren, befürwortete.[654] Er glaubte, dass im Falle einer sektoralen europäischen Gemeinschaft mit einem starken Zentralorgan die freie Wettbewerbsordnung, die er in Deutschland einführen wollte, aufgrund europäischer Planwirtschaft keine Chance hätte.[655]

Aber nicht nur auf dem Kontinent traten Spannungen auf und machten eine europäische Zusammenarbeit schwierig. Großbritannien stand einer Integration der europäischen Wirtschaft skeptisch gegenüber. Unter keinen Umständen waren für Großbritannien, das sich als Weltmacht ansah, Souveränitätseinbußen zugunsten einer europäischen Gemeinschaft vorstellbar.[656]

---

653 Ziffer II des Petersberger Abkommens: „In der Überzeugung, daß die möglichst enge Mitarbeit Deutschlands zu dem Wiederaufbau der westeuropäischen Wirtschaft wünschenswert ist, erklärt die Bundesregierung ihre Absicht, der internationalen Ruhrbehörde, in der sie derzeit nur durch einen Beobachter vertreten ist, als Mitglied beizutreten. [...]" s. Bundesanzeiger, Jg. 1, Nr. 28, 26.11.49, S. 1. – *Bührer*, in: Le Plan Marshall, 1993, S. 456.

654 *Monnet*, Mémoires, 1976, S. 386: „[...] Si Hallstein nous mettait quelquefois en garde contre le dirigisme, c'était surtout pour rassurer Erhard qui, au sein du gouvernement allemand, exerçait sa vigilance dogmatique." – *Dichgans*, Montanunion, 1980, S. 38 f.; *Löffler*, Soziale Marktwirtschaft, 2002, S. 432 ff.;

655 Für die Position des Bundeswirtschaftsministerium s. auch: *Wissenschaftlicher Beirat beim Bundeswirtschaftsministerium,* Gutachten v. 14.12.1952, S. 165 f. Nr. 11; *Wissenschaftlicher Beirat beim Bundeswirtschaftsministerium,* Gutachten v. 1.05.1953, S. 180 f. Nr. 11–13, S. 186 Nr. 30, S. 192 Nr. 45; *Wissenschaftlicher Beirat beim Bundeswirtschaftsministerium,* Gutachten v. 11.10.1953, S. 199 Nr. 1, S. 205 Nr. 19, S. 207 f. Nr. 28–30; *Monnet*, Mémoires, 1976, S. 411: „[...] Il (= Erhard, Anm. d. Verf.) n'était pas nationaliste, mais le plan Schuman n'entrait pas dans ses conceptions d'une économie internationale vouée au pur libre-échangisme. Il voyait de la planification là où nous mettions des règles de bonne conduite, du protectionnisme là où nous organisions la solidarité européenne." – *Dichgans*, Montanunion, 1980, S. 39; *Löffler*, Soziale Marktwirtschaft, 2002, S. 432 ff. m.w.N.

656 FRUS, Bd. 4 (1949), S. 493 Meeting of U. S. Ambassadors at Paris, 21.10.1949, Afternoon Session, Bruce: „[...] UK's economy is so intertwined with the European economy that no integration of Western Europe is conceivable without the full participation of the UK. [...] We have been to tender with Britain since the war: she has been the constant stumbling-block in the economic organization of Europe [...]"; FRUS, Bd. 3 (1950), S. 619 ff. (620, 622), Minutes of the Seventh Meeting of the Policy Planning Staff, 24.01.1950, Washington, minutes prepared by H. H. Schwartz: „[...] Mr. Kennan said [...] the fact that with Great Britain playing an active role in a European association, federation is impossible and that without federation there is no adequate framework within which adequately to handle the German problem. [...] Mr. Kennan suggested that the question is either one

In der zweiten Jahreshälfte 1949 verhärteten sich die Spannungen zwischen der westlichen Welt und der Sowjetunion, die durch die Entwicklung einer eigenen Atombombe ein ernstzunehmender Gegner geworden war.[657] Für den Fall, dass in Deutschland nicht bald ein wirtschaftlicher Aufschwung einsetzte, war Deutschland nach Ansicht der Amerikaner für die UdSSR eine leichte Beute.[658] Eine für die USA erforderliche Kooperation der europäischen Staaten konnte nur aus der Mitte Europas gelingen.[659] Für diese Rolle kam – nachdem England sich jeglicher verbindlicher Zusammenarbeit verweigert hatte – nur noch Frankreich in Betracht.[660] Dabei ist nicht außer Acht zu lassen, dass die Vereinigten Staaten gegenüber Frankreich die meisten Druckmittel in der Hand hielten – Frankreich benötigte nicht nur finanzielle Unterstützung, sondern auch militärische Hilfe im Indochina-Krieg.[661] Im Herbst 1949 fanden Gespräche u.a. zwischen dem amerikanischen Außenminister Acheson und dem französischen Außenminister Schuman statt, in denen Acheson Frankreich aufforderte, eine führende Rolle bei der europäischen Integration zu übernehmen.[662] Die Bemühungen der Amerikaner fruchteten

---

of OEEC type of association between the British and the Continental countries or federation. [...] Mr. Kennan agreed but said he was convinced that the British were not going into a European federation, in which case the question still remained as to what to do about Germany. [...]"; D.B.P.O., Series II, Vol. 2, No. 33, S. 115 ff. (anglo-amerikanisches Treffen am 25.04.1950): „[...] Furthermore, any such arrangement allowed the United Kingdom to maintain its world position and also allowed for continuing United Kingdom and United States co-operation."; *Bullen*, in: Die Anfänge des Schuman-Plans, 1988, S. 201 ff. zitiert auf S. 205 Churchill mit den Worten „they should be with it though they could not be of it". – *Schwabe*, in: Europäische Integration, 1993, S. 49; *Schwabe*, in: Die Anfänge des Schuman-Plans, 1988, S. 216.

657 *Schwabe*, in: Die Anfänge des Schuman-Plans, 1988, S. 213 m.w.N.

658 *Schwabe*, in: Die Anfänge des Schuman-Plans, 1988, S. 213 m.w.N.

659 *Schwabe*, in: Die Anfänge des Schuman-Plans, 1988, S. 217 f.

660 FRUS, Bd. 4 (1949), S. 470 Meeting of U. S. Ambassadors at Paris, 21.-22.10.1949, The Secretary of State to the Embassy in France, Acheson: „[...] The key to progress towards integration is in French hands. In my opinion France needs, in the interest of her own future, to take the initiative promptly and decisively if the character of Western Germany is to be one permitting healthy development in Western Europe. Even with the closest possible relationship of the US and the UK to the continent, France and France alone can take the decisive leadership in integrating Western Germany into Western Europe [...]". – *Gillingham*, Rebirth, 1991, S. 172 ff.; *Maier*, in: Le Plan Marshall, 1993, S. 27; *Schwabe*, in: Die Anfänge des Schuman-Plans, 1988, S. 218.

661 *Berghahn*, The Americanisation of West German Industry, 1986, S. 117.

662 FRUS, Bd. 3 (1949), S. 599–603 (600) Meeting of the Foreign Ministers at Washington, 15.09.1949, Memorandum of Conversation by the Secretary of State, Livingston L. Satterthwaite: „[...] The best chance and hope seems to us to be under French leadership. [...] In the long run if there is to be an answer, there must be a solution of Franco-German troubles under French leadership. [...] Mr. Schuman

zunächst nicht.[663] Vielmehr zogen die Franzosen eine Zusammenarbeit im Rahmen der OECD[664] oder Freihandelszonen vor, an denen Deutschland nicht beteiligt war, sog. „Fritalux" bzw. „Finebel" (Frankreich, Italien und die Benelux-Staaten).[665] Diese Projekte scheiterten genauso wie Monnets Plan einer Wirtschaftsunion von Frankreich und Großbritannien.[666]

Die Vereinigten Staaten sahen sich gezwungen, stärker für die nicht nur rechtliche Gleichberechtigung Deutschlands gemäß dem Petersberger Abkommens

---

replied that he understood what the public opinion in the United States was and that it was equally difficult in France on this problem. He had no doubt whatever that the question of abandoning dismantling would cause serious and immediate trouble in France. [...] He said the French were mindful that they had been much easier than Russia. [...]". – *Schwabe*, in: Die Anfänge des Schuman-Plans, 1988, S. 217 f.

663 FRUS, Bd. 3 (1949), S. 308–311 (310) Memorandum of Conversation Prepared in the Office of the United States High Commissioner for Germany, Bonn, 13.11.1949: „[...] He was tremendously impressed with the change of sentiment in France. Although Bidault may have been somewhat difficult in the past, the Secretary feels that Schuman now has the full backing of his cabinet in his policy towards Germany. [...] American public opinion is optimistic and enthusiastic about a Western European agreement – sometimes too much so. They practically expect miracles within a few days. [...] However, if these principles should fail, Americans would be deeply disappointed [...] then be exceedingly difficult to convince Congress to continue political and financial aid to Europe. [...]". – *Schwabe*, in: Die Anfänge des Schuman-Plans, 1988, S. 219 f.

664 *Bossuat*, in: Die Anfänge des Schuman-Plans, 1988, S. 320.

665 *Hogan*, The Marshall Plan, 1987, S. 439; *Monnet*, Mémoires, 1976, S. 332 f.; *Schwabe*, in: Die Anfänge des Schuman-Plans, 1988, S. 22.

666 Monnet schildert in seinen Mémoiren ausführlich, wie er seit März 1949 versuchte, die Briten für die Schaffung einer supranationalen Organisation zur effektiveren Ausgestaltung der Wirtschaftsbeziehungen zu gewinnen, was aber am Widerstand der Briten scheiterte, s. *Monnet*, Mémoires, 1976, S. 329–332, z.B. zitiert er auf S. 332 aus einem Brief des Briten Plowden an ihn Ende 1949: „[...] qu'il y a à présent peu de bases pour un accord comme celui que vous suggérez en dehors du circuit ordinaire des échanges commerciaux [...]". – *Gillingham*, Rebirth, 1991, S. 168 f.; *Küsters*, in: Die Anfänge des Schuman-Plans, 1988, S. 73 f.; *Schwabe*, in: Die Anfänge des Schuman-Plans, 1988, S. 220.

einzutreten.[667] Im Frühjahr 1950 machten die USA deutlich, dass sie eine Aufnahme der Bundesrepublik Deutschland in die NATO als Bündnispartner begrüßten.[668]

IV. Die Vorstellung des Schuman-Plans

Die Außenminister der Westalliierten planten, am 10.05.1950 in London eine Konferenz abzuhalten, in der Amerikaner und Engländer eine Anhebung des Niveaus der deutschen Stahlproduktionsquoten begehrten.[669] Dem widersetzte sich Frankreich.[670] Der Widerstand der französischen Minderheit versprach aber keinen Erfolg.[671] Wenn Frankreich nicht sein Mitspracherecht bezüglich der Ruhrindustrie verlieren wollte, kam nur eine wirtschaftliche Zusammenarbeit mit Deutschland als gleichberechtigtem Partner in Betracht.[672] Frankreich stand also unter Zugzwang, bis zur Konferenz ein geeignetes Projekt für eine deutsch-französische Zusammenarbeit vorzulegen.

Aber auch in Deutschland kam Bewegung in die Politik. Adenauer erkannte, dass die Verstaatlichung der deutschen Kohle und Stahlwirtschaft durch die britische Militärregierung sowie die Demontagen nur abwendbar waren, wenn Deutschland den unmittelbaren Nachbarn Westdeutschlands, insbesondere Frankreich,

---

667 Ziffer I des Petersberger Abkommens: „Die Hohe Kommission und die Bundesregierung sind übereingekommen, die Teilnahme Deutschlands in allen den internationalen Organisationen herbeizuführen, in denen deutsche Sachkenntnis und Mitarbeit zum allgemeinen Wohl beitragen können. Sie bringen ihre Genugtuung über die in dieser Richtung bereits unternommenen verschiedenen Schritte zum Ausdruck, wie die Teilnahme der Bundesrepublik an der Organisation für europäische wirtschaftliche Zusammenarbeit (OEEC), den von beiden Seiten ausgesprochenen Wunsch, daß die Bundesrepublik demnächst als assoziiertes Mitglied in den Europarat aufgenommen werden soll [...].“ s. Bundesanzeiger, Jg. 1, Nr. 28, 26.11.49, S. 1; die USA versuchten, Adenauer von einem Stimmungswandel in Frankreich zu überzeugen, s. z.B. FRUS, Bd. 3 (1949), S. 308–311 (310) Memorandum of Conversation Prepared in the Office of the United States High Commissioner for Germany, Bonn, 13.11.1949: „[...] The Paris discussions had been extremely successful. All the pertinent German problems were discussed and a full understanding had been reached. [...]“; *Adenauer*, Erinnerungen 1945–1953, 1965, S. 266.- *Schwabe*, in: Die Anfänge des Schuman-Plans, 1988, S. 219 f., 221 m.w.N.

668 *Kipping*, Zwischen Kartellen und Konkurrenz, 1996, S. 342; *Schwabe*, in: Die Anfänge des Schuman-Plans, 1988, S. 223.

669 *Kipping*, Zwischen Kartellen und Konkurrenz, 1996, S. 342; *Küsters*, in: Die Anfänge des Schuman-Plans, 1988, S. 74.

670 *Kipping*, Zwischen Kartellen und Konkurrenz, 1996, S. 342; *Küsters*, in: Die Anfänge des Schuman-Plans, 1988, S. 74.

671 *Kipping*, Zwischen Kartellen und Konkurrenz, 1996, S. 342.

672 *Bossuat*, in: Die Anfänge des Schuman-Plans, 1988, S. 321; *Kipping*, Zwischen Kartellen und Konkurrenz, 1996, S. 342; *Küsters*, in: Die Anfänge des Schuman-Plans, 1988, S. 74.

gewisse Sicherheitsgarantien verlieh.[673] Sein Leitspruch „ein Bundeskanzler muss zugleich guter Deutscher und guter Europäer sein" prägte fortan die Frankreichpolitik Deutschlands.[674] Am 7. März 1950 wagte er einen ersten Vorstoß in einem Interview[675] mit dem amerikanischen Journalisten Kingsbury Smith. Er schlug eine vollständige Union Frankreichs und Deutschlands vor, die den Grundstein für die Vereinigen Staaten Europas bildete und für England, Italien sowie die Benelux-Staaten offen stand.[676] Selbst de Gaulle stellte sich hinter Adenauer und billigte am 16.3.1950 öffentlich die Idee einer deutsch-französischen Union.[677]

Frankreich begann, konkrete Pläne für eine Zusammenarbeit mit Deutschland zu entwerfen. Georges Bidaults Vorschlag vom 16.04.1950 zur Gründung eines „Atlantischen Hohen Rates für den Frieden" enthielt Ansätze für eine Integration der Bundesrepublik Deutschland in den Westen.[678] Das zu vage und zaghafte Konzept

---

673 *Adenauer*, Erinnerungen 1945–1953, 1965, S. 205, 245. – *Berghahn*, The Americanisation of West German Industry, 1986, S. 106.

674 *Adenauer*, Erinnerungen 1945–1953, 1965, S. 255.

675 Interview mit Kingsbury Smith vom 7.3.1950, in: Presse- und Informationsamt der Bundesregierung, Berlin, Biographisches Archiv, Nr. 022–4/0 und Interview mit Kingsbury Smith vom 21.3.1950, in: Presse-und Informationsamt der Bundesregierung, Berlin, Pressearchiv F 1/25, Nr. 347/50. – *Küsters*, in: Beihefte der Francia, Bd. 42, 1997, S. 68.

676 *Adenauer*, Erinnerungen 1945–1953, 1965, S. 311 f., 315; *Monnet*, Mémoires, 1976, S. 332 f. stand diesen Vorschlägen zur zwischenstaatlichen Zusammenarbeit kritisch gegenüber: „[...] les systèmes intergouvernementaux [...] sont bientôt paralysés par la règle de l'unanimité qui préside à leurs décisions. [...]". – *Küsters*, in: Die Anfänge des Schuman-Plans, 1988, S. 74; *Poidevin*, Robert Schuman, 1988, S. 86 f.; *Schwabe*, in: Die Anfänge des Schuman-Plans, 1988, S. 224; *Schwabe*, in: Vom Marshallplan zur EWG, 1990, S. 521.

677 *Adenauer*, Erinnerungen 1945 1953, 1965, S. 316; s. auch *Gaulle*, Lettres, Mai 1945 – Juin 1951, 1984, S. 415 Brief von Général de Gaulle an Paul Cladel v. 31.3.1950: „[...] La voie qui peut mener à une entente avec l'Allemagne est, je le crois, la seule bonne. [...] Pour que le but puisse être atteint il faut, à mon avis, deux conditions. La première est que les Allemands choisissent d'être occidentaux. La seconde est que la France soit debout avec un État digne de ce nom. [...]"; *Monnet*, Mémoires, 1976, S. 338: „[...] Sur le fond, j'étais d'accord avec la vision d'Adenauer." und auf S. 339 beschreibt er die Reaktionen von Schuman und de Gaulle: „[...] Je ne m'étonnais pas d'entendre Robert Schuman déclarer alors: ‚Nous devons envisager des transferts de souveraineté, sans doute, mais ce n'est pas pour demain.' [...] de Gaulle intervenait de sa grande éloquence: ‚Si l'on ne se contraignait pas à voir les choses froidement, on serait ébloui par la perspective de ce que pourraient donner ensemble la valeur allemande et la valeur française, celle-ci prolongée par l'Afrique... En somme, ce serait reprendre sur des bases modernes économiques, sociales, stratégiques, culturelles, l'entreprise de Charlemagne.' [...]".

678 FRUS, Bd. 3 (1950), S. 54 f., 57 f., The Ambassador in France (Bruce) to the Secretary of State, Paris, 15.04.1950 und 20.04.1950: „[...] A French sponsored schema of this kind might well afford us the opportunity of attempting a serious step towards

Bidaults wurde nicht realisiert. Vielmehr setzte sich die von Adenauer aufgeworfene wirtschaftliche Vereinigung Deutschlands und Frankreichs durch. Der Mann der Stunde war im Folgenden Jean Monnet. Er hatte wie auch andere französische Staatsmänner erkannt, dass der Wiederaufbau Frankreichs und ein dauerhafter Frieden nur im europäischen Kontext und unter Einbindung Deutschlands erfolgen konnten.[679] Geschäftliche Auslandsreisen und längere Aufenthalte in den USA hatten Monnet geprägt und er bewunderte das amerikanische Wirtschaftssystem.[680] So stand er für Modernität, Wachstum und Wettbewerb.[681] Ihm war klar, dass Frankreich und die französische Stahlindustrie auf dem Weltmarkt nur wettbewerbsfähig bleiben konnten, wenn sie zu Reformen bereit waren.[682] Mit der Fusion der deutschen und der französischen Stahlindustrie sicherte Frankreich sich das Recht, in demselben Maße wie Deutschland auf die Bodenschätze von Ruhr und Saar Zugriff zu nehmen.[683]

So liefen im Frühjahr 1950 im französischen Plankommissariat die Arbeiten an einer wirtschaftlichen Vereinigung der deutsch-französischen Kohle- und Stahlindustrie auf Hochtouren.[684] Monnet sprach nach Fertigstellung eines Projektentwurfes

---

the genuine integration of Germany into the Atlantic community. It is possible that the French would be prepared to accept German membership in some such body provided of course that the US itself was a member. [...]". – *Berghahn*, The Americanisation of West German Industry, 1986, S. 133; *Wall*, The United States and the Making of Postwar France, 1991, S. 193.

679 *Monnet*, Mémoires, 1976, S. 346 ff.: „[...] La richesse conjointe était au premier chef celle du charbon et de l'acier dont la France et l'Allemagne se partageaient inégalement, mais de façon complémentaire, les bassins naturels inscrits dans un triangle géographique que les frontières historiques coupaient artificiellement. [...] Or, le charbon et l'acier étaient à la fois la clé de puissance économique et celle de l'arsenal où se forgeaient les armes de la guerre. Ce double pouvoir leur donnait alors une formidable signification symbolique que nous avons oubliée [...]. Les fusionner par-dessus les frontières serait leur ôter leur prestige maléfique et les tournerait, au contraire, en gage de paix." – *Kipping*, Zwischen Kartellen und Konkurrenz, 1996, S. 59.

680 *Monnet*, Mémoires, 1976, S. 49 ff. – *Berghahn*, The Americanisation of West German Industry, 1986, S. 116.

681 Monnet hatte sich auf die Fahnen geschrieben, die französische Wirtschaft zu modernisieren, s. *Monnet*, Mémoires, 1976, S. 275 ff. – *Berghahn*, The Americanisation of West German Industry, 1986, S. 116;.

682 *Monnet*, Mémoires, 1976, S. 275 ff. – *Berghahn*, The Americanisation of West German Industry, 1986, S. 116; *Kipping*, Zwischen Kartellen und Konkurrenz, 1996, S. 337 ff.

683 *Kipping*, Zwischen Kartellen und Konkurrenz, 1996, S. 342.

684 *Monnet*, Mémoires, 1976, S. 349 ff. – *Gillingham*, Rebirth, 1991, S. 149 f. rügt Monnets vage, fast träumerische Darstellung der Ereignisse – der Schuman-Plan sei nicht aus dem Nichts von Monnet herbeigezaubert worden, sondern Ergebnis einer langen außen- und innenpolitischen Entwicklung Frankreichs seit 1948.

Mitte April mit einem Mitarbeiter des Außenministers Robert Schuman.[685] Er wusste aus Vorgesprächen mit Robert Schuman, dass dieser ein Freund der europäischen Vereinigung und der Versöhnung Deutschlands mit Frankreich war.[686] Monnet bat um die Einbringung seines im Plankommissariat entwickelten Projektes in die Politik, bestenfalls zum Zeitpunkt der Londoner Außenministerkonferenz am 10.5.1950.[687] Der Mitarbeiter zeigte sich sehr interessiert, meldete sich aber zunächst nicht mehr. Da die Zeit drängte, hinterlegte Monnet seinen Entwurf am 28.04.1950 zusätzlich bei Georges Bidault.[688] Auch dort erfolgte keine direkte Reaktion. Georges Bidault bevorzugte weiterhin eine reine Freihandelszone.[689] Doch noch am selben Tag meldete sich Schumans Mitarbeiter bei Monnet. Schuman sah sich das Projekt an und griff den Vorschlag Monnets auf.[690] Nun musste innerhalb kürzester Zeit und unter strikter Geheimhaltung die Zustimmung der französischen Regierung sowie Adenauers eingeholt werden.[691] Am 5. Mai erklärte Monnet ebenfalls Georges Bidault das Projekt und betonte die Vorzüge einer supranationalen Organisation gegenüber einer unverbindlichen, oftmals ineffizienten Zusammenarbeit in internationalen Organisationen, z.B. in der OECD und in dem am 5. Mai 1949 mit Sitz in Straßburg gegründeten Europarat.[692] Schuman entsandte einen Mitarbeiter zu Adenauer, der diesem am 8.05.1950 zwei Briefe überbrachte – der eine enthielt ein persönliches Schreiben, der andere das offizielle Memorandum des Schuman-Planes.[693] In dem persönlichen Anschreiben hob Schuman hervor, dass die Initiative

---

685 *Schwabe*, in: Die Anfänge des Schuman-Plans, 1988, S. 133 zitiert aus den Aufzeichnungen von Hans Schäffer über ein Gespräch mit Adenauer: „Schuman sei eine religiöse Natur" – die Einigung der beiden Länder sei eine „Herzensangelegenheit".

686 *Monnet*, Mémoires, 1976, S. 353 f.: „[...] Je devais chercher l'homme qui avait le pouvoir et aurait le courage de l'exercer pour provoquer par surprise un si grand changement. Robert Schuman me semblait tout désigné [...]".

687 *Monnet*, Mémoires, 1976, S. 353 f.

688 *Monnet*, Mémoires, 1976, S. 354: „[...] Mais une suite de circonstances ne lui en laissa pas le temps et, le 28 avril, pensant qu'il n'était pas intéressé, je me décidai à adresser le projet à Bidault, président du Conseil, de qui je dépendais directement. [...]". – *Bossuat*, in: Europäische Integration, 1993, S. 206 m.w.N.

689 D.B.P.O., Series II, Vol. 2, No. 33, S. 115 ff. (anglo-amerikanisches Treffen am 25.04.1950); *Monnet*, Mémoires, 1976, S. 355: „[...] L'avait-il lue? Il (Bidault, Anm. d. Verf.) assure que oui dans ses Mémoires, et je le crois. Sans doute ne répondait-elle pas à ses préoccupations du moment qui étaient de créer un Haut Conseil atlantique. [...] Le fait est qu'il n'y a pas eu de plan Bidault, mais un plan Schuman." – *Zéraffa-Dray*, in: Europäische Integration, 1993, S. 234.

690 *Monnet*, Mémoires, 1976, S. 354.

691 *Monnet*, Mémoires, 1976, S. 356 ff. – *Küsters*, in: Die Anfänge des Schuman-Plans, 1988, S. 75 m.w.N.

692 *Bossuat*, in: Europäische Integration, 1993, S. 206; *Monnet*, Mémoires, 1976, S. 355.

693 *Adenauer*, Erinnerungen 1945–1953, 1965, S. 327 f.; *Monnet*, Mémoires, 1976, S. 357 f. – *Küsters*, in: Die Anfänge des Schuman-Plans, 1988, S. 76 m.w.N.

„nicht wirtschaftlicher, sondern politischer Natur" sei.[694] Adenauer stimmte sofort zu – mit der Begründung, ein ähnliches Projekt habe er schon 1925 der damaligen deutschen Reichsregierung vorgelegt[695] – und noch am selben Tag verhandelte das französische Kabinett den Vorschlag.[696]

Am Abend des 9.5.1950 traten Schuman und Adenauer in ihren jeweiligen Ländern vor die Presse und machten die Initiative öffentlich. Die Erklärung Schumans wurde auch im Radio übertragen:[697]

„Die französische Regierung schlägt vor, die Gesamtheit der französisch-deutschen Kohle- und Stahlproduktion unter eine gemeinsame Oberste Aufsichtsbehörde (Haute Autorité) zu stellen, in einer Organisation, die den anderen europäischen Ländern zum Beitritt offen steht. (...) Im Gegensatz zu einem internationalen Kartell, das nach einer Aufteilung und Ausbeutung der nationalen Märkte durch einschränkende Praktiken und die Aufrechterhaltung hoher Profite strebt, wird die geplante Organisation die Verschmelzung der Märkte und die Ausdehnung der Produktion gewährleisten. (...) Durch die Zusammenlegung der Grundindustrien und die Errichtung einer neuen Obersten Behörde, deren Entscheidungen für Frankreich, Deutschland und die anderen teilnehmenden Länder bindend sein werden, wird dieser Vorschlag den Grundstein einer europäischen Föderation bilden, die zur Bewahrung des Friedens unerläßlich ist. (...) Die gemeinsame Oberste Behörde, die mit der Funktion der ganzen Verwaltung betraut ist, wird sich aus unabhängigen Persönlichkeiten zusammensetzen, die auf paritätischer Grundlage von den Regierungen ernannt werden. Durch ein gemeinsames Abkommen wird von den Regierungen ein Präsident gewählt, dessen Entscheidungen in Frankreich, in Deutschland und den anderen Teilnehmerländern bindend sind. Geeignete Vorkehrungen werden Einspruchsmöglichkeiten gegen die Entscheidungen der Obersten Behörde gewährleisten. Ein Vertreter der Vereinten Nationen bei dieser Behörde wird damit beauftragt, zweimal jährlich einen öffentlichen Bericht an die Organisation der Vereinten Nationen zu machen, der über die Tätigkeit des neuen Organismus, besonders was die Wahrung seiner friedlichen Ziele betrifft, Rechenschaft gibt."

Zusammenfassung zu Kapitel 5

Bereits zu Ende des Zweiten Weltkrieges sahen die USA in einer europäischen Gemeinschaft den Weg zu dauerhaftem Frieden. Die USA beabsichtigten, über

694 *Adenauer*, Erinnerungen 1945–1953, 1965, S. 328.

695 *Adenauer*, Erinnerungen 1945–1953, 1965, S. 335.

696 *Adenauer*, Erinnerungen 1945–1953, 1965, S. 328; *Monnet*, Mémoires, 1976, S. 358 f. – *Schwabe*, in: Die Anfänge des Schuman-Plans, 1988, S. 133 f.

697 Abdruck der im Radio übertragenen Erklärung der französischen Regierung über eine gemeinsame deutsch-französische Schwerindustrie vom 9.5.1950 in: *Schwarz*, Der Aufbau Europas, 1980, S. 108 f.; *Adenauer*, Erinnerungen 1945–1953, 1965, S. 328, 331; *Monnet*, Mémoires, 1976, S. 359 f. – *Berghahn*, The Americanisation of West German Industry, 1986, S. 110.

den Marshall-Plan das Zusammenwachsen der westeuropäischen Staaten, unter Einschluss von Deutschland als gleichberechtigtem Partner, zu fördern. Die Gewährung der finanziellen Hilfe stand unter der Bedingung, dass die Handelsschranken unter den Teilnehmerländern abgebaut wurden. Ein geeintes Europa sollte aus Sicht der USA ein Gegengewicht zu der erstarkten Sowjetunion bilden. Die Initiative für eine europäische Wirtschaftsgemeinschaft konnte nur aus der Mitte Europas kommen. Da Großbritannien kein Interesse an einem geeinten Europa zeigte, kam dafür nur Frankreich als westlicher Bündnispartner in Frage. Dem stand indes im Wege, dass Frankreich keine Bereitschaft für eine Zusammenarbeit mit Deutschland zeigte. Die USA nutzten mehrfach diplomatische Mittel, um Frankreich dazu zu bewegen, auf Deutschland zuzugehen. Ein erster Schritt hierfür bestand in der Gründung der Internationalen Ruhrbehörde, die eine Kontrolle der deutsch-französischen Kohle- und Stahlvorkommen im Ruhrgebiet gewährleistete. Ansätze Frankreichs, eine wirtschaftliche Zusammenarbeit ohne deutsche Beteiligung in die Wege zu leiten, scheiterten. Als eine Aufhebung der französischen Privilegien in der Kohle- und Stahlproduktion im Raum stand, beugte sich die französische Politik letztendlich dem Druck von außen. Der französische Außenminister Robert Schuman entschloss sich daher, eine Idee des französischen Plankommissars Monnets zur Vergemeinschaftung der deutschen und französischen Kohle- und Stahlindustrie aufzugreifen.

Kapitel 6: Die Verhandlungen über den Schuman-Plan (1950–1951)

I. Teilnehmer an der Schuman-Plan-Konferenz

Nach der Londoner Außenministerkonferenz vom 11. bis 13. Mai 1950 begannen die Schuman-Plan-Verhandlungen in Paris. Monnet leitete die Verhandlungen über den Vertrag zur Europäischen Gemeinschaft für Kohle und Stahl (EGKS). Dabei handelte er praktisch auf eigene Faust – die französische Regierung nahm auf die Verhandlungen nur wenig Einfluss.[698] Adenauer bezeichnete ihn als „Hauptmotor" des Schuman-Planes.[699] Dem deutsch-französischen Vorhaben hatten sich die Benelux-Länder sowie Italien angeschlossen.[700] Für die Öffnung des Projektes für andere europäische Länder hatte sich Monnet gegenüber Adenauer eingesetzt, um Misstrauen gegenüber einer deutsch-französischen Allianz vorzubeugen.[701]

Großbritannien verhielt sich indes von Anfang an zögerlich. Monnets Annäherungsversuche 1949 für eine französisch-englische Wirtschaftsgemeinschaft hatte Großbritannien abgelehnt. Daher neigte Monnet dazu, die Gemeinschaft auch ohne Großbritannien zu formen.[702] Sogar die USA unterstützten ihn auf diesem Weg.[703] Der amerikanische Hochkommissar in Deutschland, John McCloy, war zum Beispiel ebenfalls bereit, auf England bei der Integration Westeuropas zu verzichten, da die deutsch-französische Zusammenarbeit Frieden und wirtschaftlichen Aufstieg für Westeuropa versprach.[704]

---

698 *Monnet*, Mémoires, 1976, S. 373 ff. – *Poidevin*, in: Die Anfänge des Schuman-Plans, 1988, S. 105.

699 *Adenauer*, Erinnerungen 1945–1953, 1965, S. 336.

700 „Les gouvernements [...], décidés à poursuivre une action commune de paix, de solidarité européenne et de progrès économique et social, se donnent pour objectif immédiat la mise en commun des productions de charbon et d'acier et l'institution d'une Haute Autorité [...]", s. Communiqué commun des gouvernements français, allemand, belge, italien, luxembourgeois et néerlandais sur le plan Schuman, 3.06.1950 (URL: http://www.cvce.eu/obj/communique_commun_des_gouvernements_francais_allemand_belge_italien_luxembourgeois_et_neerlandais_sur_le_plan_schuman_3_juin_1950-fr-ba5aa8bc-1519-4fc8-979a-04cc677d447a.html, Entnahme am 6.03.13).

701 *Schwabe*, in: Die Anfänge des Schuman-Plans, 1988, S. 135.

702 *Monnet*, Mémoires, 1976, S. 362 ff.

703 *Hogan*, The Marshall Plan, 1987, S. 439.

704 FRUS 1950, Bd. 3, S. 702–704 (704), The United States Special Representative in Europe (Harriman) to the Secretary of State, 20.05.1950, Paris: „[...] McCloy contemplates appointment special assistant in ECA Mission to Ger to follow developments there. Understand his role would be keep informed and offer such informal advice as may seem appropriate but not participate in or act as official observer

Die Erklärung von Schuman vom 9.5.1950 enthielt bereits die von Monnet für unverzichtbar gehaltenen Elemente der sog. Supranationalität („[...] Gesamtheit der französisch-deutschen Kohle- und Stahlproduktion unter eine gemeinsame Oberste Aufsichtsbehörde (Haute Autorité) zu stellen [...]"). Das Merkmal der Supranationalität enthielt, dass die Mitgliedstaaten – anders als in den traditionellen internationalen Organisationen – einen Teil ihrer Souveränität an eine gemeinsame Institution überantworteten und diese Institution damit ermächtigten, in dem übertragenen Bereich für alle Mitgliedstaaten bindende, eigenverantwortliche Entscheidungen zu treffen. Dies betraf auch das staatliche Recht der Kartellaufsicht. Monnet wollte unter keinen Umständen davon abrücken, da nur das Merkmal der Supranationalität die besondere Attraktivität und Effizienz gegenüber OECD und Europarat auszufüllen vermochte.[705]

Die britische Regierung sah sich durch die unbeugsame Haltung Monnets in dieser Frage brüskiert. Ihrer Ansicht nach enthielt der Schuman-Plan nur deshalb eine supranationale Struktur, um die Briten von den Verhandlungen auszuschließen.[706] Darüber hinaus fühlten sie sich hintergangen, da Deutschland und Frankreich die Initiative abgesprochen hatten, ohne Großbritannien in die Vorgespräche einzubeziehen.[707] Nach einer Auffassung in der Literatur verletzte der Ausschluss

at negotiations since to do so would invite British participation that might be obstructive."; *Monnet*, Mémoires, 1976, S. 364 f. – *Gillingham*, Rebirth, 1991, S. 172; *Schwabe*, in: Vom Marshallplan zur EWG, 1990, S. 521 m.w.N.

705 *Monnet*, Mémoires, 1976, S. 362 f.: „[...] Il était clair que les Anglais ne voulaient pas s'engager sur des principes ni sur une méthode de négociation sans connaître à l'avance toutes les conséquences pratiques de ces principes, qui dans notre esprit seraient l'objet même et le résultat de la négociation. [...] Sir Stafford Cripps me pria de passer à son bureau avant que je ne quittasse Londres. ‚Vous engageriez-vous avec l'Allemagne sans nous? me demanda-t-il. – Mon cher ami, lui répondis-je, [...] Je souhaite de tout cœur que vous vous engagiez dans l'entreprise au départ. Mais si ce n'était pas le cas, nous irions de l'avant sans vous' [...]" u. S. 368: „[...] nouveau message de Londres [...]: ‚[...] si le gouvernement français a l'intention d'insister sur un engagement de mettre en commun les ressources et d'instituer une Haute Autorité ayant des pouvoirs souverains, cela comme condition préalable à une participation aux conversations, le gouvernement britannique ne pourrait à son grand regret accepter pareille condition.' [...]". – *Lacroix-Riz*, in: Die Anfänge des Schuman-Plans, 1988, S. 244; *Schwabe*, in: Die Anfänge des Schuman-Plans, 1988, S. 228.

706 D.B.P.O., Series II, Volume 1, No. 98, S. 171 ff. (Brief von Younger an Harvey v. 12.06.1950) Younger befürchtete, dass Frankreich und Deutschland einen „Continental bloc" formen wollten; D.B.P.O., Series II, Volume 1, No. 99, S. 175 ff. (Brief von Younger an Robertson v. 12.06.1950). – *Bullen*, in: Die Anfänge des Schuman-Plans, 1988, S. 200 ff., 210.

707 D.B.P.O., Series II, Vol. 1, No. 3, S. 5 (anglo-amerikanisches Treffen am 10.05.1950): „There was general agreement that the French Government had behaved extremely badly in springing this proposal on the world at this juncture without any

Großbritanniens bei den Schlussverhandlungen zum Schuman-Plan sogar die britischen Bündnisrechte.[708] Selbst in Frankreich fand die Methode Monnets nicht ungeteilten Beifall. Der französische Finanzminister Petsche beklagte z.B., er hätte genauso wenig Zeit zur Entscheidung gehabt wie die Briten.[709] Der französische Botschafter in Großbritannien, René Massigli, war seinerseits der Ansicht, dass das Vereinigte Königreich als ein früherer Verbündeter eine bessere Behandlung verdient hatte.[710] Die britische Regierung sah sich nicht in der Lage, zu den genannten Bedingungen in Verhandlungen mit den anderen europäischen Ländern einzutreten. Das britische Kabinett lehnte folgerichtig am 22.6.1950 eine Teilnahme an den Schuman-Plan-Verhandlungen ab.[711]

Bis heute ist umstritten, ob die Briten sich im Folgenden neutral verhielten oder versuchten, die Verhandlungen zu stören.[712] Nicht zu leugnen ist aber der

---

attempt at consultation with H.M. Government or the U.S. Government."; D.B.P.O., Series II, Volume 1, No. 98, S. 172 (Brief von Younger an Harvey v. 12.06.1950). – *Bullen*, in: Die Anfänge des Schuman-Plans, 1988, S. 199.

708 *Bullen*, in: Die Anfänge des Schuman-Plans, 1988, S. 209.

709 *Lynch*, in: Die Anfänge des Schuman-Plans, 1988, S. 123.

710 *Lynch*, in: Die Anfänge des Schuman-Plans, 1988, S. 123 m.w.N.

711 D.B.P.O., Series II, Vol. 1, No. 71, S. 129 (Brief von Harvey an Younger über ein Treffen mit Schuman am 1.06.1950), No. 112, S. 210 ff. (Kabinettstreffen vom 22.06.1950), No. 132, S. 246 f. (Notiz von Harvey über seine Besprechung mit dem Außenminister v. 3.07.1950); *Macmillan*, Tides of Fortune, 1969, S. 201. – *Bullen*, in: Die Anfänge des Schuman-Plans, 1988, S. 199 f., 207 ff.; *Lynch*, in: Die Anfänge des Schuman-Plans, 1988, S. 124; *Schwabe*, in: Europäische Integration, 1993, S. 49; *Schwabe*, in: Die Anfänge des Schuman-Plans, 1988, S. 228.

712 Ob das Verhalten der Briten als „Sabotage" einzustufen ist, liegt m.E. im Auge des Betrachters. Was für die Briten allein hilfreiche Vorschläge waren, betrachteten die Teilnehmerländer am Schuman-Plan und die USA als ungebetene Einmischung, z.B. FRUS 1950, Bd. 3, S. 724, The Ambassador in the United Kingdom (Douglas) to the Secretary of State, 8.06.1950, London: „[...] Plowden [...] stated categorically British not preparing ‚counter-proposal' to Schuman plan as reported British press. [...] Stevens [...] also informed Embassy officer government not preparing ‚counter-proposal' but conducting studies with view to making suggestions as six-power discussions develop."; Für eine neutrale Haltung: D.B.P.O., Series II, Vol. 1, No. 133, S. 250f. (Brief von Younger an Harvey v. 4.07.1950) u. No. 313, S. 247: „Naturally we are thinking out our own ideas and we shall not reveal them for fear of prejudicing Monsieur Schuman's negotiations"; No. 192, S. 358 f. (Brief von Stevens an Hayter v. 7.12.1950): „I hope, therefore, that neither you or nor the other posts concerned will have interpreted our request as enjoining any special enquiries or other action that might be capable of being misconstrued. All we really meant to ask was that our people should keep their ears open, and report anything significant that might come their way without special prompting, on subjects like those mentioned in the penultimate paragraph of Wilson's letter." – *Bullen*, in: Die Anfänge des Schuman-Plans, 1988, S. 206 ff.; für eine Sabotage der Schuman-Plan-Verhandlungen durch den Macmillan-Plan: *Poidevin*, in: Die

Umstand, dass der britische Politiker Macmillan am 15.08.1950, also zeitgleich zu den Schuman-Plan-Verhandlungen, ein Projekt für eine Gemeinschaft für Kohle und Stahl in den Europarat einbrachte, die keine supranationalen Strukturen erforderte, sondern nur eine Freihandelszone im Rahmen einer zwischenstaatlichen Organisation schuf.[713]

II. Bedenken der USA

Die Vereinigten Staaten erkannten die Chance, die der Schuman-Plan für die Regelung der deutschen und der europäischen Frage bot. Sie setzten sich auf diplomatischen Wegen für die Gründung der Montanunion ein.[714] Sicherlich versuchten sie, die finanzielle Abhängigkeit der europäischen Staaten zu nutzen, um sie zu einer Einigung in ihrem Sinne zu bewegen,[715] von einer Erpressung zum Vertragsabschluss konnte aber nicht die Rede sein.[716] Auf Seite der USA engagierten sich

---

Anfänge des Schuman-Plans, 1988, S. 105; *Schwabe*, in: Die Anfänge des Schuman-Plans, 1988, S. 229: „Die amerikanische Regierung gab zu verstehen, daß sie alle Versuche von britischer Seite, die kontinentaleuropäischen Verhandlungen zu ‚torpedieren', missbilligen würde."

713 *Macmillan,* Tides of Fortune, 1969, S. 201–209, insb. S. 202: „[...] Our scheme differed from Schuman's in three respects: 1. The experts who co-ordinate the coal and steel industries will be responsible to a Committee of Ministers, and therefore the link with the underlying Parliaments kept. 2. The basic social, economic and strategic interests of each country are safeguarded from encroachment of experts. 3. Any member can withdraw on giving 12 months' notice; and any member can be expelled by others. [...]"; *Monnet,* Mémoires, 1976, S. 371. – *Bullen,* in: Die Anfänge des Schuman-Plans, 1988, S. 206; *Bossuat,* in: Europäische Integration, 1993, S. 225; *Küsters,* in: Die Anfänge des Schuman-Plans, 1988, S. 88; *Mioche,* in: Europäische Integration, 1993, S. 243; *Poidevin,* in: Die Anfänge des Schuman-Plans, 1988, S. 105; *Spierenburg/Poidevin,* The History, 1994, S. 18 f.

714 FRUS 1950, Bd. 3, S. 702–704 (704), The United States Special Representative in Europe (Harriman) to the Secretary of State, 20.05.1950, Paris: „[...] Also hope any influence US may wish to exert over course of negotiations be directed towards attainment of broad political objectives and not detailed intervention." und FRUS 1950, Bd. 3, S. 720–724 (724), The Ambassador in the United Kingdom (Douglas) to the Secretary of State, 6.06.1950, London: „Essentially, what I am suggesting is that irrespective of whether or not UK participates, the possible advantages of Schuman's proposal in orienting Germany westward, creating a single market for the selected basic commodities, and strengthening Western Europe outweigh the possible dangers that plan may be perverted. We should, therefore, give every possible encouragement to its successful drafting and implementation."

715 *Dichgans,* Montanunion, 1980, S. 34; *Melandri,* in: Le Plan Marshall, 1993, S. 639; *Schwabe,* in: Die Anfänge des Schuman-Plans, 1988, S. 227.

716 Sehr einseitig in ihrer Kritik zeigt sich Lacroix-Riz – sie ist der Ansicht, dass die französischen Vorschläge für eine europäische Gemeinschaft allein aufgrund amerikanischen Drucks entstanden wären und eine deutsche Vorherrschaft in Europa

hochrangige Persönlichkeiten für die europäische Einigung – u. a. der amerikanische Hochkommissar McCloy, der amerikanische Außenminister Acheson sowie der amerikanische Botschafter in Paris, Bruce.[717] Sie stärkten Monnet den Rücken bei den Schuman-Plan-Verhandlungen, forderten aber zugleich inoffizielle Mitspracherechte ein.[718] Ihr Hauptanliegen war, dass mit Hilfe des Schuman-Planes nicht etwa ein internationales Kartell gegründet würde, sondern die Voraussetzungen für einen freien Wettbewerb auf dem europäischen Markt geschaffen wurden.[719] Vorbehalte gegenüber der Gefahr eines Kartells äußerten insbesondere der amerikanische Außenminister Acheson und die amerikanische Regierung in Washington.[720] Die Initiativen von französischer und deutscher Stahlindustrie zur Gründung

---

unter Aufopferung von französischen Reparationsansprüchen und Besatzerrechten gegenüber Deutschland gefördert hätten *Lacroix-Riz*, in: Die Anfänge des Schuman-Plans, 1988, S. 268: „Qui parmi les décideurs français, ignora en 1950 et 1951 que l'exigence américaine satisfaite le 9 mai 1950 consacrait la renonciation de la France aux avantages économiques (modestes, mais réels) que la capitulation allemande puis la législation d'occupation lui avaient assurés sur l'Allemagne occidentale? La tactique de contournement – de l'utilisation des ressources du cartel aux concessions annoncées puis reprises – freinerait les conséquences de l'opération sans abolir ses objectifs: l'hégémonie allemande en Europe occidentale, si clairement perçue à Paris depuis 1947." sowie *Lacroix-Riz*, Le choix de Marianne, 1985, S. 106 ff., 123 ff.

717 Z. B. FRUS 1950, Bd. 3, S. 694–695 (695), The Secretary of State to the Acting Secretary of State, 10.05.1950, London, Acheson: „In commenting on proposal believe it is important that French be given credit for making a conscious and far reaching effort to advance Franco-German *rapprochement* and European integration generally." – *Schwabe*, in: Die Anfänge des Schuman-Plans, 1988, S. 224; *Schwabe*, in: Vom Marshallplan zur EWG, 1990, S. 521 f.

718 Z. B. FRUS 1950, Bd. 3, S. 702–709 (708), The United States High Commissioner for Germany (McCloy) to the Secretary of State, 23.05.1950, Bonn: „[...] and finally that, upon completion of negotiations, treaty would be submitted to HICOM for approval." – *Berghahn*, The Americanisation of West German Industry, 1986, S. 132; *Schwabe*, in: Die Anfänge des Schuman-Plans, 1988, S. 229.

719 FRUS 1950, Bd. 3, S. 694–695 (695), The Secretary of State to the Acting Secretary of State, 10.05.1950, London, Acheson: „[...] it is too early for us to give proposal our approval because of the possible cartel aspect [...]"; FRUS 1950, Bd. 3, S. 696–697 (697), The Acting Secretary of State to the Secretary of State, London, 11.05.1950, Washington, Webb: „3. Major difficulties include: a. Strong tendency which will develop to use mechanism to limit competition and protect marginal producers by usual cartel methods. [...]"; FRUS 1950, Bd. 3, S. 702–704 (703), The United States Special Representative in Europe (Harriman) to the Secretary of State, 20.05.1950, Paris: „6. Cartel angle will need careful watching, but if proposal does not go thru there will probably be far greater danger of serious cartel-abuses in this field. [...]". – *Schwabe*, in: Vom Marshallplan zur EWG, 1990, S. 522 f.

720 *Wall*, The United States and the Making of Postwar France, 1991, S. 193 zitiert Acheson: „Here I was closeted on Sunday morning with the Schuman plan,

eines internationalen Kartells sowie Adenauers Vergleich zwischen dem Zollverein von 1834[721] und dem Schuman-Plan hatten Berghahn zufolge das Misstrauen der Amerikaner geweckt.[722] Sogar Präsident Truman betonte öffentlich, dass für ihn ein internationales Kartell nicht akzeptabel wäre.[723] Erst nachdem Frankreich mehrfach hervorgehoben hatte, dass es kein internationales Kartell anvisierte, sondern dass eine unabhängige, supranationale Aufsichtsbehörde den Wettbewerb innerhalb der Gemeinschaft sicherstellen sollte,[724] unterstützte Truman den Schuman-Plan.[725]

III. Beginn der Verhandlungen

Am 20.6.1950 begann die Schuman-Plan-Konferenz in Paris.[726] Zu Beginn der Verhandlungen legte Monnet am 24.6.1950 den Delegationen, die die Teilnehmerstaaten vertraten, einen ersten Entwurf für die Organisation und Struktur der zu schaffenden Europäischen Gemeinschaft für Kohle und Stahl (EGKS) vor, der als

---

damndest cartel I had ever heard of in my life, I couldn't tell anyone." – *Schwabe*, in: Die Anfänge des Schuman-Plans, 1988, S. 225.

721 Zweifelhaft, ob der Vergleich mit dem Zollverein tatsächlich einen Anhaltspunkt für die Gründung eines internationalen Kartells geben konnte, s. *Adenauer* in seinem Interview mit dem Journalisten Kingsbury-Smith am 21.-03.1950, in: Presse- und Informationsamt der Bundesregierung, Berlin, Pressearchiv F 1/25, Nr. 347/50: „Lassen Sie mich für einen Augenblick das Deutschland am Ende der napoleonischen Kriege in Ihr Gedächtnis zurückrufen. Damals gab es eine Unzahl kleiner, unabhängiger deutscher Staaten. Jeder hielt sich für sich, hatte eigene Zollgrenzen, eine eigene Währung, eine eigene Armee, u.s.w. Dieser Zustand wurde durch die Bildung einer deutschen Zollunion und durch die Errichtung eines Zollparlaments überwunden, durch die der freie Austausch der Güter zwischen den vielen Staaten sichergestellt wurde. Die Zollunion und das Zollparlament waren der Anfang der deutschen Einigung. An ein ähnliches Vorgehen denke ich, um die Bildung einer Union zwischen Frankreich und Deutschland herbeizuführen. Man sollte von einem allmählichen Verschmelzen der beiden Länder in Bezug auf Zölle und Wirtschaft ausgehen."

722 *Berghahn*, The Americanisation of West German Industry, 1986, S. 115.

723 *Berghahn*, The Americanisation of West German Industry, 1986, S. 134 f.

724 FRUS 1950, Bd. 3, S. 697–701 (700 f.), The Secretary of State to the Acting Secertary of State, 12.05.1950, London, Acheson gibt Memorandum von Monnet wieder, in dem Monnet deutlich machte, dass der Schuman-Plan keine Kartellstrukturen enthielt; FRUS 1950, Bd. 3, S. 702–704 (703), The United States Special Representative in Europe (Harriman) to the Secretary of State, 20.05.1950, Paris; Note anti-cartel vom 9.05.1950, der Schuman-Erklärung beigefügt, in: *Schulze/Hoeren*, Dokumente, Bd. 3, 2000, S. 3 f., Dok. 2: „[...] l'organisation projetée prend le contrepied d'un cartel." – *Schwabe*, in: Die Anfänge des Schuman-Plans, 1988, S. 226.

725 *Monnet*, Mémoires, 1976, S. 361. – *Reuter*, La CECA, 1953, S. 52; *Schwabe*, in: Die Anfänge des Schuman-Plans, 1988, S. 226 m.w.N.

726 *Monnet*, Mémoires, 1976, S. 373 ff. – *Witschke*, Gefahr für den Wettbewerb?, 2009, S. 47.

Diskussionsgrundlage dienen sollte.[727] In der Zusammenfassung des Arbeitsdokuments hieß es: „Das Dokument schlägt eine teilweise Verschmelzung der Hoheitsrechte durch Einsetzung einer gemeinsamen Hohen Behörde vor, die ausführendes und verwaltendes Organ sein soll. [...] Die geplante Beschaffenheit der Hohen Behörde läßt ihren übernationalen Charakter erkennen."[728]

Monnet hatte die Anerkennung des übernationalen Charakters der Hohen Behörde zur Bedingung für die Teilnahme am Schuman-Plan gemacht. Aus diesem Grund war Großbritannien den Verhandlungen ferngeblieben. Die Teilnehmer hatten das Prinzip der Supranationalität somit grundsätzlich anerkannt. Trotzdem waren insbesondere Belgien und die Niederlande nicht bereit, Souveränität ohne jegliche Kontrollmöglichkeiten durch die nationalen Stellen an die Hohe Behörde abzugeben.[729] Selbst die französische Regierung stand nicht geschlossen hinter Monnet, was die Unabhängigkeit der Hohen Behörde anging.[730] Die Vertreter der Teilnehmerstaaten forderten in der Sitzung vom 3.7.1950 einige Änderungen.[731] Um kein vorzeitiges Scheitern der Verhandlungen zu provozieren, vertagte Monnet die politisch empfindlichsten Fragen, z. B. das Stimmengewicht der einzelnen Mitgliedstaaten, bis auf weiteres.[732] Vielmehr wollte er zunächst einen Konsens über die Struktur und Ziele der Gemeinschaft herbeiführen und technische Fragen vorab klären. Zu diesem Zweck wurden fünf Ausschüsse gebildet, die die Organisation der

---

727 nach den Aufzeichnungen von Hans Schäffer hatte Adenauer vor, das Arbeitsdokument im Hintergrund mitzugestalten, s. *Schwabe*, in: Die Anfänge des Schuman-Plans, 1988, S. 140: „Wir (Schäffer und Adenauer, Anm. d. Verf.) sind darüber einig, daß beim Zusammentreten der 6 oder 7 Mächte schon ein Entwurf vorliegen muß und daß dieser Entwurf nach Lage der Sache nur von den Franzosen ausgehen kann, daß es aber sehr gut wäre, wenn wir unsichtbar schon bei der Aufstellung dieses Entwurfes mitwirken könnten. Etwas derartiges wäre mit Monnet alsbald zu vereinbaren." – *Schwarz*, Der Aufbau Europas, 1980, S. 111.

728 Zusammenfassung abgedruckt in *Schwarz*, Der Aufbau Europas, 1980, S. 111 ff.

729 *Witschke*, Gefahr für den Wettbewerb?, 2009, S. 47.

730 *Bossuat*, in: Europäische Integration, 1993, S. 206; *Griffiths*, in: Die Anfänge des Schuman-Plans, 1988, S. 39, 71 m.w.N.

731 Siehe z. B. zu den Anmerkungen der deutschen Delegation *Möller/Hildebrand*, Dokumente, Bd. 2, 1997, S. 627 ff. Nr. 178, Besprechung zwischen der deutschen und französischen Delegation vom 2.7.1950, Protokoll und Exposé du chef de délégation Walter Hallstein, Paris, 3.07.1950, s. URL: http://www.cvce.eu/obj/expose_du_chef_de_delegation_walter_hallstein_paris_3_juillet_1950-fr-ea5f0115-ff5c-42ff-a64a-8676cc61cf78.html, Entnahme am 6.03.13. – *Küsters*, in: Die Anfänge des Schuman-Plans, 1988, S. 81.

732 *Küsters*, in: Die Anfänge des Schuman-Plans, 1988, S. 81; *Mosler*, in: FS Hallstein, 1966, S. 363 nennt alle Themenbereiche, die nach der Paraphierung des Vertrages am 19.03.1951 durch die sich anschließende Außenministerkonferenz geklärt werden mussten.

Hohen Behörde betrafen, ihre Handelsvertragspolitik, die Definition von „Kohle“ und „Stahl“, Produktions- und Sozialfragen.[733]

IV. Zusammensetzung der Delegationen und Ausschluss der Industrie

Schuman und Monnet bereiteten nicht nur die Verhandlungen selbst taktisch vor. Sogar die Zusammensetzung der Delegationen durfte nicht dem Zufall überlassen werden. Monnet bestand im Vorfeld darauf, keine industrienahen Sachverständigen in die Delegationen aufzunehmen, sondern unabhängige Personen mit europäischem Hintergrund.[734] Spezialisten der Industrieverbände waren somit von den Verhandlungen ausgeschlossen.[735] Berghahn würdigt den Mut Monnets, mit diesem Manöver die westeuropäische Schwerindustrie herauszufordern.[736]

Außerdem wünschte Schuman von Adenauer, dass er die Verantwortung für den Fortgang der Verhandlungen nicht an die Ministerien weitergab – vielmehr sollten die Teilnehmerstaaten die Ministerien auf nationaler Ebene erst dann einschalten, wenn bereits ein politischer Konsens erzielt worden war.[737]

Adenauer war bemüht, diesen Anliegen nachzukommen. Beispielhaft dafür steht die Unterhaltung zwischen Hans Schäffer und Adenauer am 3.6.1950, in der Adenauer unterstrich, dass er einen Unterhändler benötigte, der Monnet ebenbürtig war, und zwar sowohl im Hinblick auf sein Allgemeinwissen als auch auf seine

---

733 Communiqué de presse sur les travaux des Six lors de la conférence sur le plan Schuman, 4.07.1950, URL: http://www.cvce.eu/obj/communique_de_presse_sur_les_travaux_des_six_lors_de_la_conference_sur_le_plan_schuman_4_juillet_1950-fr-a9534aaf-3e7a-4f3a-b540-e347864a6321.html, Entnahme am 6.03.13. – *Küsters*, in: Die Anfänge des Schuman-Plans, 1988, S. 81.

734 FRUS 1950, Bd. 3, S. 705–709 (708), The United States High Commissioner for Germany (McCloy) to the Secretary of State, 23.05.1950, Bonn: „8. I referred to Adenauer's rumored intention to appoint industrialist as Federal Republic negotiator and asked Monnet's view this point. He said he felt that industrialists must not be involved in these negotiations and indicates preference for representatives for disinterested and non-partisan character. Council requested Monnet to emphasize this point to Chancellor at afternoon meeting this date.“; *Adenauer*, Erinnerungen 1945–1953, 1965, S. 336; *Monnet*, Mémoires, 1976, S. 366. – *Berghahn*, The Americanisation of West German Industry, 1986, S. 120 f., 130; *Schwabe*, in: Die Anfänge des Schuman-Plans, 1988, S. 135.

735 *Adenauer*, Erinnerungen 1945–1953, 1965, S. 336; *Monnet*, Mémoires, 1976, S. 366. – *Berghahn*, The Americanisation of West German Industry, 1986, S. 120 f., 130.

736 *Berghahn*, The Americanisation of West German Industry, 1986, S. 130: „Monnet plucked up enough courage to challenge the power of Western European heavy industry directly.“

737 *Schwabe*, in: Die Anfänge des Schuman-Plans, 1988, S. 135.

Kenntnis der Schwerindustrie.[738] Schäffer trat ferner dafür ein, einen jüngeren Mann als Verhandlungsleiter auszuwählen.[739] Bei Dauerhaftigkeit der Gemeinschaft könne dieser später bei Auslegungsschwierigkeiten des Vertragstextes aus seinem eigenen Erfahrungsschatz schöpfen.[740] Letztendlich wurde der Jurist und Frankfurter Rechtsprofessor Walter Hallstein zum Verhandlungsführer ernannt, der bis zu diesem Zeitpunkt politisch nicht in Erscheinung getreten war.[741]

Sowohl Monnet als auch Adenauer beschrieben die Atmosphäre bei den Verhandlungen als vertrauensvoll und sehr angenehm – jedem Verhandlungsführer stand es frei, eine eigene Position zu verfechten, zugleich signalisierten alle die Bereitschaft zu Zugeständnissen.[742]

V. Ablauf der Verhandlungen

In einer anderen Frage setzte sich Monnet allerdings nicht durch. Er trat dafür ein, in einem ersten Schritt nur die Grundlagen für die EGKS vertraglich festzulegen.[743]

---

738 *Monnet*, Mémoires, 1976, S. 366: „Le chancelier me dit qu'il se préoccupait de trouver ‚un M. Monnet allemand' […]". – *Schwabe*, in: Die Anfänge des Schuman-Plans, 1988, S. 136 ff.

739 *Schwabe*, in: Die Anfänge des Schuman-Plans, 1988, S. 140.

740 *Schwabe*, in: Die Anfänge des Schuman-Plans, 1988, S. 140.

741 *Adenauer*, Erinnerungen 1945–1953, 1965, S. 336. – *Berghahn*, The Americanisation of West German Industry, 1986, S. 120.

742 *Adenauer*, Erinnerungen 1945–1953, 1965, S. 440 – zur angenehmen Atmosphäre auch *Monnet*, Mémoires, 1976, z. B. S. 391: „[…] c'est là que l'amitié s'établit entre les chefs de délégation qui furent bientôt un groupe uni, décidé à interpréter les instructions nationales dans le sens de l'effort commun."

743 Compte rendu de l'entrevue entre Jean Monnet et le chancelier Adenauer, 23.05.1950, URL: http://www.cvce.eu/collections/object-content/-/object/02bb76df-d066-4c08-a58a-d4686a3e68ff/bbf369ab-2ba1-4970-af04-65f40daa6483/24853ee7-e477-4537-b462-c622fadee66a/fr (Entnahme am 6.03.13), S. 4, Monnet: „Cette notion devait se comprendre sous la forme de négociations aboutissant à un traité de caractère général par lequel cette autorité supra-nationale serait fondée. Une fois cette autorité constituée, la solution des problèmes techniques serait abordée. […]"; So auch Schuman in seiner Rede vom 20.06.1950 zur Eröffnung der Konferenz, URL: http://www.cvce.eu/obj/discours_de_robert_schuman_en_ouverture_de_la_conference_sur_le_plan_schuman_paris_20_juin_1950-fr-411d38eb-3475-4a98-b0b3-aecce8ca60a7.html, Entnahme am 6.03.2013: „[…] Nous aurons à établir un projet de traité qui définira, dans leurs grandes lignes, les attributions de cette autorité commune, son fonctionnement, les moyens de recourir contre ses décisions et de mettre en jeu ses responsabilités. Nous aurons à entrevoir, sans les inscrire cependant dans le traité, les détails techniques qui feront l'objet de conventions à conclure ultérieurement, après la ratification du traité. Ces conventions devront être faciles à réviser, pour pouvoir s'adapter aux leçons de l'expérience. […]"; die deutsche Delegation schien aber zunächst eine differenzierte Haltung an den Tag zu legen, s. Möller/Hildebrand, Dokumente, Bd. 2, 1997, S. 611 ff. Nr. 147,

Nach Unterzeichnung und Ratifizierung des Vertrages sollten nach seiner Meinung Einzelheiten entweder später der Hohen Behörde überlassen oder in einem speziellen Vertrag geregelt werden.[744] Gegen ein solches Vorgehen sprachen sich aber alle anderen Delegationen aus.[745] Hallstein beispielsweise richtete am 2. August 1950 Monnet aus, dass Adenauer nur einen ausformulierten und detaillierten Vertrag unterzeichnen würde.[746] Die Teilnehmerländer waren nur dann zur Unterschrift des Vertrages bereit, wenn die Kompetenzen der Hohen Behörde im Einzelnen feststanden und sie das wirtschafts- und sozialpolitische Risiko, das sie mit dem Vertrag eingingen, abschätzen konnten.[747] Andernfalls kam eine vertragliche Abgabe von Souveränitätsrechten für die anderen Teilnehmer nicht in Frage.

Bundesministerium für Wirtschaft, Aufzeichnung, 16.6.1950, „Teil I: Verfahren für Abschluß des Abkommens 1) der französische Vorschlag [...] zunächst der Abschluß eines [...] Grundstaatsvertrages [...] Als weiterer Schritt [...] Verhandlungen [...], in denen weitere Enzelfragen geregelt werden. [...] Mit Abschluß dieser beiden Abkommen wäre die Hohe Behörde gebildet, der es alsdann obläge, den Betrieb des gesamten Regimes zu sichern. [...]". – *Griffiths*, in: Die Anfänge des Schuman-Plans, 1988, S. 38; *Küsters*, in: Die Anfänge des Schuman-Plans, 1988, S. 75.

744 Note pour le Comité interministériel v. 12.06.1950, URL: http://www.cvce.eu/obj/note_pour_le_comite_interministeriel_en_vue_des_negociations_sur_le_plan_schuman_12_juin_1950-fr-8a12946a-2d0c-4c9a-9052-d13a73b7a9f5.html (Entnahme am 7.03.13); *Möller/Hildebrand*, Dokumente, Bd. 2, 1997, S. 611 ff. Nr. 174, Bundesministerium für Wirtschaft, Aufzeichnung, 16.6.1950, wo eine ausführliche Stellungnahme zum französischen Vorschlag erfolgt – „[...] das verfahrensmäßige Vorgehen erscheint zunächst als brauchbare Methode [...]"; *Monnet*, Mémoires, 1976, S. 381. – *Griffiths*, in: Die Anfänge des Schuman-Plans, 1988, S. 38; *Küsters*, in: Die Anfänge des Schuman-Plans, 1988, S. 75; *Spierenburg/Poidevin*, The History, 1994, S. 14.

745 Discours de Robert Schuman devant le Conseil de l'Europe (Strasbourg, 10.08.1950), URL: http://www.cvce.eu/obj/discours_de_robert_schuman_devant_le_conseil_de_l_europe_strasbourg_10_aout_1950-fr-2e84835a-5a3f-4490-b676-b9cbc1471e90.html (Entnahme am 6.03.13): „L'Autorité ne sera pas un simple comité ou conseil d'administration. Elle sera une institution qui aura son autonomie et par conséquent ses responsabilités propres. Sous réserve de certaines garanties, les parties signataires du traité se soumettront à l'autorité qu'elles auront instituée. [...] Elle ne connaît elle-même d'autre subordination que sa soumission aux objectifs proposés et aux règles qui en découlent. L'Autorité ainsi constituée sera le premier exemple d'une institution supranationale indépendante."; *Monnet*, Mémoires, 1976, S. 381: „Ils voulaient que les clauses techniques fussent préalables, je les aurais souhaité ultérieures, elles seraient concomitantes."

746 *Küsters*, in: Die Anfänge des Schuman-Plans, 1988, S. 88 f. unter Hinweis auf PAAA, Ref. 213, VSP, Akte 14, Mo/P/10, Kurzprotokoll über Besprechung im Planungsamt, anwesend Herr Monnet, Herr Prof. Hallstein, 2.8.1950.

747 *Monnet*, Mémoires, 1976, S. 381 ff. – *Griffiths*, in: Vom Marshallplan zur EWG, 1990, S. 266 m.w.N.; *Griffiths*, in: Die Anfänge des Schuman-Plans, 1988, S. 38; *Spierenburg/Poidevin*, The History, 1994, S. 15.

VI. Hohe Behörde, institutionelles Gefüge, Supranationalität

Für Diskussionsstoff sorgte im Verlauf der Verhandlungen der Charakter der Hohen Behörde. Schuman hatte bereits bei der Vorstellung des Schuman-Planes am 9.5.1950 die Supranationalität der Hohen Behörde zur Leitlinie erhoben.[748] Die Benennung als „Hohe Behörde" erfolgte auch mit der Absicht, ihre herausragende Stellung bei der Ausführung des Schuman-Planes zu betonen.[749] Monnet nannte sie „un trustee gérant au mieux les intérêts de ses mandants".[750] Daher konnte aus seiner Sicht nur ein Vertrag, der durch die Inhaber der nationalen Souveränität – den Parlamenten – bestätigt wurde, als Fundament für die Gemeinschaft dienen.[751] Schuman unterstützte Monnet. Im August 1950 machte er sich die Konzeption der Übertragung von Souveränität auf die Hohe Behörde ausdrücklich zu Eigen, als einziges Mittel, um die Gegensätze zwischen den Teilnehmern an der Konferenz zu überwinden und effektiv zusammenzuarbeiten.[752]

Zunächst stellte die Übertragung von Souveränität auf die Hohe Behörde für Adenauer kein Opfer dar, da die Bundesrepublik in völkerrechtlichen Fragen bislang nicht voll souverän war.[753] Am 23.5.1950 erkannte er daher bereitwillig die Unabhängigkeit der Hohen Behörde von den Mitgliedstaaten sowie die Verbindlichkeit ihrer

---

748 Erklärung der französischen Regierung über eine gemeinsame deutsch-französische Schwerindustrie vom 9.5.1950, abgedruckt in *Schwarz*, Der Aufbau Europas, 1980, S. 108 f.: „[...] Durch die Zusammenlegung der Grundindustrien und die Errichtung einer neuen Obersten Behörde, deren Entscheidungen für Frankreich, Deutschland und die anderen teilnehmenden Länder bindend sein werden, wird dieser Vorschlag den Grundstein einer europäischen Föderation bilden, die zur Bewahrung des Friedens unerläßlich ist. [...]". – *Berghahn*, The Americanisation of West German Industry, 1986, S. 129; *Bossuat*, in: Die Anfänge des Schuman-Plans, 1988, S. 331.

749 *Réveillard*, in: L'américanisation de l'Europe occidentale, 2002, S. 106.

750 So auch *Monnet* am 21.06.1950: „[...] il [= organisme exécutif, Anm. d. Verf.] jouera, en quelque sorte, le rôle d'un trustee commun en vue d'une tâche précise.", abgedruckt in *Lefort*, Une Europe inédite, 2001, S. 162 ff. (165); s. auch *Möller/Hildebrand*, Dokumente, Bd. 2, 1997, S. 617 ff. Nr. 175, Generalkommissar für den Plan Monnet, Exposé bei der ersten Sitzung der Schuman-Plan-Delegationen am 21.6.1950, Kurzprotokoll: „[...] Die Hohe Behörde ist ein Symbol der zu gründenden Gemeinschaft. Ihre Mitglieder sind nicht Vertreter ihrer Regierungen, sondern tragen eine eigene unabhängige Verantwortung. Die Hohe Behörde ist Trägerin einer responsabilité commune, nicht aber Trägerin einzelner nationaler Verantwortlichkeiten. [...]". – *Bossuat*, in: Europäische Integration, 1993, S. 207 m.w.N.

751 *Küsters*, in: Die Anfänge des Schuman-Plans, 1988, S. 83.

752 *Monnet*, Mémoires, 1976, S. 389 : „[...] il [Schuman, Anm. d. Verf.] développa doucement ses fermes convictions sur l'indépendance nécessaire de la Haute Autorité. [...]". – *Poidevin*, in: Die Anfänge des Schuman-Plans, 1988, S. 106.

753 *Küsters*, in: Die Anfänge des Schuman-Plans, 1988, S. 78, 85.

Entscheidungen an.[754] Diese großzügige Einstellung änderte sich aber im Sommer 1950. Am 29.6.1950 wies die Bundesregierung die deutsche Delegation vielmehr an, die gegenteilige Position zu vertreten: Die Hohe Behörde sollte nur noch ein „Zentrum für gegenseitige Information und dauernde Kooperation" sein.[755] Sie wurde dadurch zu einem Diskussionsforum degradiert und nicht mehr als echter Entscheidungsträger anerkannt. Im Übrigen sollte die Wirtschaft selber die Wirtschaftspolitik gestalten.[756] Dies fußte zwar in Ansätzen auf einer Idee Monnets, wonach regionale Unternehmergruppen die Hohe Behörde berieten.[757] Über die Beratungsfunktion hinaus sah die deutsche Delegation jedoch vor, dass den Unternehmergruppen die Durchsetzung der Entscheidungen der Hohen Behörde oblag, d.h. sie sollten praktisch als regionale Verwaltung der EGKS tätig werden.[758] Bei Übertragung der Durchsetzungsbefugnisse auf private Unternehmergruppen war der Schritt zu regionalen Kartellen indes nicht weit.[759] Monnet war mit einer

---

754 Entrevue du 23 mai 1950 entre M. Jean Monnet et le Chancelier Adenauer, URL: http://www.cvce.eu/viewer/-/content/bbf369ab-2ba1-4970-af04-65f40daa6483/7644877d-6004-4ca6-8ec6- 93e4d35b971d/fr (Entnahme am 6.03.13). – *Küsters*, in: Die Anfänge des Schuman-Plans, 1988, S. 78.

755 *Möller/Hildebrand*, Dokumente, Bd. 2, 1997, S. 624 ff. Nr. 177, Bundeskabinett, Instruktionen für die deutsche Delegation, Archivsammlung Nr. Kab/1/19, 29.6.1950, insb. S. 625. – *Küsters*, in: Die Anfänge des Schuman-Plans, 1988, S. 82, 88; *Witschke*, Gefahr für den Wettbewerb?, 2009, S. 47.

756 *Witschke*, Gefahr für den Wettbewerb?, 2009, S. 47.

757 *Monnet* am 21.06.1950, abgedruckt in *Lefort*, Une Europe inédite, 2001, S. 162 ff. (167); *Möller/Hildebrand*, Dokumente, Bd. 2, 1997, S. 617 ff. Nr. 175, Generalkommissar für den Plan Monnet, Exposé bei der ersten Sitzung der Schuman-Plan-Delegationen am 21.6.1950, insb. S. 619. – *Berghahn*, The Americanisation of West German Industry, 1986, S. 130; *Küsters*, in: Die Anfänge des Schuman-Plans, 1988, S. 93; *Ophüls*, in: NJW 1951, S. 289 ff. (291).

758 *Möller/Hildebrand*, Dokumente, Bd. 2, 1997, S. 624 ff. Nr. 177, Bundeskabinett, Instruktionen für die deutsche Delegation, Archivsammlung Nr. Kab/1/19, 29.6.1950, insb. S. 626: „6. Regionale Zusammenschlüsse: Die regionalen Zusammenschlüsse der beteiligten Industrien sollen organisatorisch selbständig sein. Es soll erstrebt werden, auf der Grundlage der Selbstverwaltung der Wirtschaft diese Organisation instandzusetzen, daß sie sowohl in der Sammlung des Materials wie in der Durchführung von Maßnahmen, welche die Hohe Behörde anordnet, die Träger der Durchführungsarbeit sein können. [...]". – *Griffiths*, in: Vom Marshallplan zur EWG, 1990, S. 276.

759 zwar wurde die Übertragung von Organisationshoheit auf die regionalen Gruppen kritisch gesehen, trotzdem befürworteten Mitglieder der Bundesregierung de facto die Schaffung von Grundvoraussetzungen für Kartelle, s. *Möller/Hildebrand*, Dokumente, Bd. 2, 1997, S. 637 ff. Nr. 181, Rechtsgutachter im Bundesministerium für Wirtschaft Schneider an Bundesminister Erhard, Vermerk, 26.9.1950: „[...] Vereinigung der Ruhr in einer Gruppe erforderlich. Offen, ob kleinere Produktionsgruppen der Ruhr- oder z.B. der Saar-Lothringischen Gruppe zuzuschlagen wären. [...]" und S. 647 ff., Nr. 184, Bundesminister für Wirtschaft Erhard an Bundeskanzler

solchen Konzeption der Unternehmergruppen nicht einverstanden.[760] Die regionalen Gruppen fanden somit keine Aufnahme in den Vertragsentwurf.[761] Neben der Herabstufung der Hohen Behörde zu einem Diskussionsforum forderte Hallstein entsprechend der Anweisung der Bundesregierung eine Kontrolle der Hohen Behörde durch ein Schiedsgericht.[762]

Die belgische und die niederländische Delegation meldeten von vornherein Vorbehalte gegenüber der von Monnet vorgeschlagenen Konzeption der Hohen Behörde an.[763] Bereits am 22.6.1950 – zwei Tage, nachdem die Schuman-Plan-Konferenz eröffnet worden war – sorgten sie sich um die Mitspracherechte der nationalen

Adenauer, I A 3/50, 11.2.1950, insb. S. 649: „[...] Eine stärkere Verankerung der regionalen Gruppen ist dringend erwünscht, um ein Bindeglied zwischen der Hohen Behörde und den Betrieben zu schaffen und eine für den Schuman-Plan gefahrvolle zentralistische Entwicklung auszuschließen. [...]". – *Griffiths*, in: Vom Marshallplan zur EWG, 1990, S. 276 m.w.N.; *Küsters*, in: Die Anfänge des Schuman-Plans, 1988, S. 93; *Ophüls*, in: NJW 1951, S. 289 ff. (291); *Witschke*, Gefahr für den Wettbewerb?, 2009, S. 47.

760 Observations sur le mémorandum du 28.9.1950 exposées par M. Jean Monnet au cours de la réunion restreinte des chefs de délégation, le 4.10.1950, 5.10.1950 URL: http://www.uni-muenster.de/Jura.itm/eudoc/gruendung/docs/114045.pdf (Entnahme am 6.03.13): „[...] En ce qui concerne les producteurs, le document de travail envisageait la constitution des associations régionales de producteurs. [...] la constitution d'associations réellement régionales de producteurs se heurterait à des obstacles insurmontables. [...] Il est donc nécessaire de laisser à la Haute Autorité une initiative suffisante dans ce domaine et de ne pas lui imposer de consulter obligatoirement les producteurs par l'intermédiaire d'associations [...]"; *Möller/Hildebrand*, Dokumente, Bd. 2, 1997, S. 650 ff. Nr. 185, „Wirtschaftsvereinigung Eisen- und Stahlindustrie" an Bundeskanzler Adenauer, 11.12.1950, hier S. 652: „[...] Die Ausschaltung der ursprünglich vorgesehenen regionalen Gruppen [...]". – *Griffiths*, in: Vom Marshallplan zur EWG, 1990, S. 276.

761 *Griffiths*, in: Vom Marshallplan zur EWG, 1990, S. 276; *Ophüls*, in: NJW 1951, S. 289 ff. (291).

762 *Möller/Hildebrand*, Dokumente, Bd. 2, 1997, S. 627 ff. Nr. 178, Besprechung der deutschen und französischen Delegation vom 2.7.1950, Protokoll: „[...] Was das Schiedsgericht anlange, äußerte Herr Monnet, sei er geteilter Meinung. Einerseits solle ein permanentes Schiedsgericht nicht Träger der eigentlichen Autorität werden und damit die Hohe Behörde beschränken. Andererseits anerkenne er den Vorschlag von Prof. Hallstein, ein permanentes Schiedsgericht könne zum Träger einer gesunden Rechtsentwicklung werden. Er ließ sich erklären, was Prof. Hallstein damit meine, daß Schiedsgericht könne als ‚Erzieher' der Hohen Behörde wirken [...] Prof. Hallstein entwickelte, der permanente Schiedsgerichtshof müsse als Hüter der Objektivität gelten. [...]". – *Küsters*, in: Die Anfänge des Schuman-Plans, 1988, S. 82 f.

763 *Spierenburg/Poidevin*, The History, 1994, S. 13.

Regierungen.[764] Am 3.07.1950 kam diese Frage erneut auf.[765] Die vollkommene Unabhängigkeit der Hohen Behörde war ihnen ein Dorn im Auge.[766] Spierenburg, der niederländische Delegationsleiter, sprach sich mehrfach für die Gründung eines Ministerrates aus, um eine Rückkopplung zu den nationalen Regierungen sowie eine Kontrolle der Hohen Behörde zu gewährleisten.[767] Andernfalls wäre eine Harmonisierung der Politik der Mitgliedstaaten mit den Entscheidungen der Hohen Behörde nicht machbar.[768]

Darüber hinaus sollte der Ministerrat zur Behandlung von Fragen im Bereich der nationalen Zuständigkeit dienen, in die die Hohe Behörde indirekt eingreifen durfte.[769] Spierenburg empfahl sogar in Angelegenheiten, die der Alleinzuständigkeit der Hohen Behörde unterlagen, ein Vetorecht für den Ministerrat.[770]

---

764 *Mosler,* in: FS Hallstein, 1966, S. 365; *Reuter,* La CECA, 1953, S. 52; *Spierenburg/Poidevin,* The History, 1994, S. 13.

765 *Reuter,* La CECA, 1953, S. 52; *Spierenburg/Poidevin,* The History, 1994, S. 13.

766 „Les réserves du Benelux", in: Het Vrije Volk, 5.07.1950, URL: http://www.cvce.eu/obj/"les_reserves_du_benelux"_dans_het_vrije_volk_5_juillet_1950-fr-8f3a96cb-78e2-4a53-8d40-d41b96ba5b83.html (Entnahme am 6.03.13): „[...] Les pays du Benelux émettent quant à eux de grandes réserves face aux compétences à leurs yeux presque dictatoriales que la France souhaite octroyer à cette autorité supranationale. [...] ce sont essentiellement les Néerlandais qui souhaitaient savoir comment les Français envisageaient la fusion de l'industrie lourde avant de se lier à cette autorité. Les Belges ont à présent ajouté leurs réserves. Ils craignent que le plan Schuman ne les contraigne à adopter certaines mesures qui porteront la marque de l'économie dirigée. [...] Tant les Néerlandais que les Belges veulent en effet que les gouvernements aient à titre individuel plus d'influence que les Français n'ont l'intention de l'autoriser, du moins dans leur ‚document de travail'. [...]". – *Griffiths,* in: Vom Marshallplan zur EWG, 1990, S. 265; Küsters, in: Die Anfänge des Schuman-Plans, 1988, S. 82, 101; *Mosler,* in: FS Hallstein, 1966, S. 362.

767 Kabinettsprotokolle der Bundesregierung, 90. Kabinettssitzung vom 23.08.1950, Hallstein: „[...] Die Schaffung des Ministerrates gehe im wesentlichen auf eine holländische Anregung zurück. Es komme darauf an, den Ministerrat nicht zu einer der Hohen Behörde vorgesetzten Institution zu machen. [...]";*Monnet,* Mémoires, 1976, S. 381: „[...] Il devint clair au cours de la discussion que Spierenburg serait l'interlocuteur le plus difficile et que ses collègues du Benelux s'en remettraient à son tempérament combatif et obstiné pour limiter les pouvoirs des institutions nouvelles. [...] Quelle sera la réaction des gouvernements? Si on veut les convaincre, il est indispensable de leur donner un rôle dans le système et des pouvoirs plus étendus. [...]" u. S. 383: „[...] Suetens ouvrit le feu: ‚Mon gouvernement n'est pas prêt à donner à la Haute Autorité des pouvoirs exorbitants qui feraient d'elle un épouvantail et qui, au surplus, ne seraient pas indispensables à la réalisation des objectifs que nous avons en vue.' [...]". – *Griffiths,* in: Vom Marshallplan zur EWG, 1990, S. 266; *Küsters,* in: Die Anfänge des Schuman-Plans, 1988, S. 78 f.

768 *Mosler,* in: FS Hallstein, 1966, S. 370, 373 f.; *Reuter,* La CECA, 1953, S. 53.

769 *Küsters,* in: Die Anfänge des Schuman-Plans, 1988, S. 86.

770 *Küsters,* in: Die Anfänge des Schuman-Plans, 1988, S. 82.

Den Deutschen lag zwar ebenfalls daran, der Hohen Behörde nicht zuviel Einfluss zu geben, sondern vielmehr die Wirtschaft stärker in die Verwaltung der Gemeinschaft einzubeziehen. Einer Beteiligung der Regierung an den Entscheidungen der Hohen Behörde standen sie bisher indes gleichgültig gegenüber, da sie mangels Souveränität in völkerrechtlichen Fragen von einem eventuellen Vetorecht des Ministerrats selber keinen Gebrauch machen konnten.[771]

Weder die Vorschläge der deutschen Delegation noch der Belgier und Niederländer waren Monnet willkommen.[772] Er fürchtete eine Aushöhlung der Zuständigkeiten der Hohen Behörde durch die Mitgliedstaaten und eine Schwächung ihrer Supranationalität.[773] Um eine Einigung zu erreichen, musste er aber Kompromissbereitschaft zeigen. Die Schaffung eines Kontrollmechanismus wurde unumgänglich.[774] Monnet gab daher dem Wunsch nach einem Ministerrat statt.[775] Ferner sollten eine Gemeinsame Versammlung und ein Gerichtshof entstehen.[776]

Die Konferenz beauftragte einen juristischen Unterausschuss mit Paul Reuter als Vorsitzendem, einen Entwurf für die Organe der Gemeinschaft zu erarbeiten.[777] Problematisch war, dass es sich bei den Zuständigkeiten und der Zusammensetzung

---

771 *Möller/Hildebrand*, Dokumente, Bd. 2, 1997, S. 627 ff. Nr. 178, Besprechung der deutschen und französischen Delegation vom 2.7.1950, Protokoll, insb. S. 631: „[...] Das Verlangen Professor Hallsteins, daß die Hohe Behörde vor ihren Entscheidungen die beteiligten Regierungen, Unternehmungen, regionalen Zusammenschlüsse sowie unabhängige Sachverständige hören müsse, wird anerkannt. [...]". – *Küsters*, in: Die Anfänge des Schuman-Plans, 1988, S. 84 f.

772 *Monnet*, Mémoires, 1976, S. 381 ff. – *Küsters*, in: Die Anfänge des Schuman-Plans, 1988, S. 85.

773 So sah die „Note pour le comité interministériel" vom 12.06.1950 noch keine Beteiligung der Regierungen an der Arbeit der Hohen Behörde vor, URL: http://www.cvce.eu/obj/note_pour_le_comite_interministeriel_en_vue_des_negociations_sur_le_plan_schuman_12_juin_1950-fr-8a12946a-2d0c-4c9a-9052-d13a73b7a9f5.html (Entnahme am 7.03.13). – *Küsters*, in: Die Anfänge des Schuman-Plans, 1988, S. 85.

774 *Monnet*, Mémoires, 1976, S. 388: „Le 12 juillet, les chefs de délégation se réunirent à nouveau. ‚Je reconnais, leur dis-je, qu'il y avait dans notre projet une lacune que les suggestions de Spierenburg et de Suetens devraient combler. Nous voyons désormais deux séries de questions: celles qui sont du domaine propre de la Haute Autorité, décrites avec précision par le traité et transférées à cette institution par un mandat collectif des parlements; et puis les questions ‚à cheval' pour lesquelles il y aurait intérêt à prévoir l'intervention de ces gouvernements, à condition qu'ils agissent collectivement. Les deux organes pourraient se réunir ensemble dans ces cas bien définis. [...]' En effet, le conseil de ministres de la communauté européenne venait de naître à cet instant. [...]". – *Küsters*, in: Die Anfänge des Schuman-Plans, 1988, S. 79.

775 *Reuter*, La CECA, 1953, S. 53.

776 *Küsters*, in: Die Anfänge des Schuman-Plans, 1988, S. 89.

777 *Monnet*, Mémoires, 1976, S. 390. – *Küsters*, in: Die Anfänge des Schuman-Plans, 1988, S. 87 m.w.N.; *Mosler*, in: FS Hallstein, 1966, S. 374.

der Organe um politische Fragen handelte, die der Unterausschuss nicht abschließend behandeln konnte.[778] Das von dem Unterausschuss erarbeitete „Mémorandum sur les institutions" vom Juli/August 1950 blieb insoweit hinter den Erwartungen der Konferenz zurück.[779]

Eine während der Konferenz diskutierte echte Gewaltenteilung, wonach die Gemeinsame Versammlung als Legislative, die Hohe Behörde als Exekutive und der Gerichtshof als Judikative fungiert hätten, fand keine Mehrheit.[780] Vielmehr führte die Vermischung der Gewalten dazu, dass der politische Einfluss der Mitgliedstaaten auch bei Verwaltungsentscheidungen erhalten blieb.[781] Ein streng demokratischer Aufbau war nicht durchsetzbar.

Im Endeffekt einigten sich die Teilnehmerländer darauf, dass die Hohe Behörde ausschließlich zuständig war für den Bereich Kohle und Stahl, der Ministerrat aber in verwandten Fragen durch Zustimmung oder Konsultation mitwirkte.[782] Der

---

778 *Küsters*, in: Die Anfänge des Schuman-Plans, 1988, S. 87; *Mosler*, in: FS Hallstein, 1966, S. 376.

779 Note de Bernard Clappier sur le cadre institutionnel du plan Schuman, 28.07.1950, URL: http://www.cvce.eu/obj/note_de_bernard_clappier_sur_le_cadre_insti tutionnel_du_plan_schuman_28_juillet_1950-fr-6fd4873c-0030-427c-83ac-9ebc3680778a.html (Entnahme am 6.03.13); Rapport sur les travaux poursuivis à Paris par les délégations des six pays du 20 juin au 10 août 1950, S. 5–9 „Mémorandum sur les institutions", URL: http://www.cvce.eu/obj/rapport_sur_les_travaux_poursuivis_a_paris_20_juin_au_10_aout_1950-fr-98f77dc5-87be-4a56-8d0b-dc1c5dc1013c.html (Entnahme am 6.03.13). – *Küsters*, in: Die Anfänge des Schuman-Plans, 1988, S. 87; *Mosler*, in: FS Hallstein, 1966, S. 376, 379.

780 *Küsters*, in: Die Anfänge des Schuman-Plans, 1988, S. 102.

781 *Herbst*, in: Europäische Integration, 1993, S. 169; *Mosler*, in: FS Hallstein, 1966, S. 384: „[...] Da das Parlament nicht, wie innerhalb der Staaten, ein wesentlicher Machtfaktor ist, sondern nur die Hohe Behörde, mußte das Kontroll- und Mitwirkungssystem in der Montanunion, abweichend vom Bild der nationalen Verfassungen, die Hohe Behörde und den Rat als Hauptpartner der Gewaltenteilung behandeln. [...]"; *Schierwater*, Parlament und Hohe Behörde der Montanunion, 1961, S. 62 ff.

782 Note de Bernard Clappier sur le cadre institutionnel du plan Schuman, 28.07.1950, URL: http://www.cvce.eu/obj/note_de_bernard_clappier_sur_le_cadre_insti tutionnel_du_plan_schuman_28_juillet_1950-fr-6fd4873c-0030–427c-83ac-9ebc3680778a.html (Entnahme am 6.03.13): „[...] Il est en outre impossible de séparer d'une manière absolue les problèmes de charbon et d'acier des autres. Il est donc indispensable d'harmoniser l'action de la Haute Autorité avec celle des gouvernements responsables de la politique générale des États. [...]"; Rapport sur les travaux poursuivis à Paris par les délégations des six pays du 20 juin au 10 août 1950, S. 5–9 „Mémorandum sur les institutions", URL: http://www.cvce.eu/obj/rapport_sur_les_travaux_poursuivis_a_paris_20_juin_au_10_aout_1950-fr-98f77dc5-87be-4a56-8d0b-dc1c5dc1013c.html (Entnahme am 6.03.13), S. 6: „[...] Il est des matières qui ne touchent pas au charbon et à l'acier mais où les positions prises entraînent sur l'économie du charbon et de l'acier d'inévitables répercussions.

spätere EGKS-Vertrag regelte ausdrücklich und detailliert die Zusammenarbeit von Hoher Behörde und Ministerrat separat für jedes Themengebiet (Art. 49 ff. EGKS-Vertrag). Ausnahmsweise erhielt der Ministerrat ein Weisungsrecht gegenüber der Hohen Behörde. Im Fall der Mangellage hatte die Hohe Behörde den Ministerrat damit zu befassen und, falls dieser nicht einstimmig anders entschied, ihm die erforderlichen Maßnahmen vorzuschlagen (Art. 59 § 1 EGKS-Vertrag). Ferner konnte der Ministerrat bei einem Rückgang der Nachfrage die Hohe Behörde durch einstimmigen Beschluss zur Einführung eines Quotensystems verpflichten (Art. 58 § 1 EGKS-Vertrag).[783] Rechtssetzung war im Rahmen einer Kooperation der Hohen Behörde mit dem Ministerrat zulässig (Art. 26 EGKS-Vertrag).[784] Die Hohe Behörde war somit nicht unabhängig, sondern musste mit dem Ministerrat als Interessenvertretung der Mitgliedstaaten zusammenarbeiten.[785] Die Gemeinsame Versammlung (Artt. 20 ff. EGKS-Vertrag) verfügte nur über eingeschränkte Kontrollrechte, u.a. die Erörterung des Gesamtberichtes der Hohen Behörde (Artt. 17, 24 EGKS-Vertrag), Anfragen an die Hohe Behörde (Art. 23 EGKS-Vertrag), und das Misstrauensvotum (Art. 24 EGKS-Vertrag). Sie konnten das Demokratiedefizit nicht ausgleichen.[786] Der Gerichtshof fungierte gemäß Artt. 31 ff. EGKS-Vertrag als Rechtsmittelinstanz für die Anfechtung der Entscheidungen der Hohen Behörde.[787] Einer Verwässerung

---

Il est indispensable que, sur ces matières, les Etats puissent arrêter certaines orientations générales à l'usage de la Haute Autorité. Le Conseil spécial des Ministres répond à cette intention. Il permet, par des informations et des consultations réciproques, et [...] par la possibilité pour lui d'adresser à la Haute Autorité des recommandations, d'assurer entre les Gouvernements et la Haute Autorité un indispensable ajustement. [...]". – *Griffiths*, in: Vom Marshallplan zur EWG, 1990, S. 267 m.w.N.; *Küsters*, in: Die Anfänge des Schuman-Plans, 1988, S. 86, 90 ff.; *Mosler*, in: FS Hallstein, 1966, S. 375 f., 384.

783 BGBl. II, 1952, S. 447 ff. (461).

784 BGBl. II, 1952, S. 447 ff. (454); *Küsters*, in: Die Anfänge des Schuman-Plans, 1988, S. 90; *Mosler*, in: FS Hallstein, 1966, S. 383 f.; *Schierwater*, Parlament und Hohe Behörde der Montanunion, 1961, S. 62 ff.

785 *Küsters*, in: Die Anfänge des Schuman-Plans, 1988, S. 102; *Mosler*, in: FS Hallstein, 1966, S. 384.

786 *Herbst*, in: Europäische Integration, 1993, S. 169 f.; *Küsters*, in: Die Anfänge des Schuman-Plans, 1988, S. 90, 94, 102; *Schierwater*, Parlament und Hohe Behörde der Montanunion, 1961, S. 71–78, 106–109.

787 Note de Bernard Clappier sur le cadre institutionnel du plan Schuman, 28.07.1950, URL: http://www.cvce.eu/obj/note_de_bernard_clappier_sur_le_cadre_institutionnel_du_plan_schuman_28_juillet_1950-fr-6fd4873c-0030-427c-83ac-9ebc3680778a.html (Entnahme am 6.03.13); Rapport sur les travaux poursuivis à Paris par les délégations des six pays du 20 juin au 10 août 1950, S. 5–9 „Mémorandum sur les institutions", URL: http://www.cvce.eu/obj/rapport_sur_les_travaux_poursuivis_a_paris_20_juin_au_10_aout_1950-fr-98f77dc5-87be-4a56-8d0b-dc1c5dc1013c.html (Entnahme am 6.03.13), S. 8 f. – *Küsters*, in: Die Anfänge des Schuman-Plans, 1988, S. 90, 94.

der Supranationalität („fusion des souverainetés") trat Monnet aber wiederholt energisch entgegen.[788] Dieser Ausdruck fand aus diesem Grund in ähnlicher Form Aufnahme in den Vertrag über die EGKS.[789]

VII. Stocken der Verhandlungen

Ein weltgeschichtliches Ereignis bedeutete für die Schuman-Plan-Verhandlungen einen Einschnitt. Am 25.6.1950 brach der Korea-Krieg aus.[790] Die Bedrohung, die von der Sowjetunion ausging, führte zu einer Verschiebung des Mächtegleichgewichts zwischen den Verhandlungspartnern am Schuman-Plan.[791] Eine Wiederbewaffnung Deutschlands, die Erlangung der vollen Souveränität, die Aufnahme in die NATO sowie die Anhebung des deutschen Produktionsniveaus für Stahl wurden aus Sicht der USA unumgänglich und rückten in unmittelbare Nähe.[792] Vor Ausbruch des Krieges war Westdeutschland auf eine erfolgreiche Zusammenarbeit beim Schuman-Plan angewiesen, um in Europa als gleichberechtigtes Mitglied angesehen

---

788 *Monnet*, Mémoires, 1976, S. 390. – *Küsters*, in: Die Anfänge des Schuman-Plans, 1988, S. 88.

789 BGBl. II, 1952, S. 447 ff. (448): „Résolus à substituer aux rivalités séculaires une fusion de leurs intérêts essentiels, à fonder par l'instauration d'une communauté économique les premières assises d'une communauté plus large et plus profonde entre des peuples longtemps opposés par des divisions sanglantes, et à jeter les bases d'institutions capables d'orienter un destin désormais partagé." bzw. „[...] entschlossen, an die Stelle der jahrhundertealten Rivalitäten einen Zusammenschluß ihrer wesentlichen Interessen zu setzen, durch die Errichtung einer wirtschaftlichen Gemeinschaft den ersten Grundstein für eine weitere und vertiefte Gemeinschaft unter Völkern zu legen, die lange Zeit durch blutige Auseinandersetzungen entzweit waren, und die institutionellen Grundlagen zu schaffen, die einem nunmehr allen gemeinsamen Schicksal die Richtung weisen können."

790 *Monnet*, Mémoires, 1976, S. 393 ff. – *Berghahn*, The Americanisation of West German Industry, 1986, S. 110; *Küsters*, in: Die Anfänge des Schuman-Plans, 1988, S. 88.

791 *Monnet*, Mémoires, 1976, S. 399: „[...] Car si les Allemands obtiennent ce qu'ils attendent du plan Schuman indépendamment de sa réalisation, nous courons le risque de les voir se détourner de nous. [...]". – *Poidevin*, in: Die Anfänge des Schuman-Plans, 1988, S. 107; *Steinert*, in: Relations internationales, 1975, Nr. 4, S. 155 ff. (164 f.).

792 *Macmillan*, Tides of Fortune, 1969, S. 213; *Monnet*, Mémoires, 1976, S. 393 ff.; Mémorandum de Jean Monnet à Robert Schuman, 16.09.1950, in: *Monnet/Schuman*, Correspondances, 1986, S. 58 f. – *Berghahn*, The Americanisation of West German Industry, 1986, S. 136; *Küsters*, in: Die Anfänge des Schuman-Plans, 1988, S. 88; *Poidevin*, in: Die Anfänge des Schuman-Plans, 1988, S. 107.

zu werden.[793] Mit Beginn des Korea-Krieges konnte die Bundesrepublik Deutschland diese Vorteile in Anspruch nehmen, ohne an der späteren EGKS teilzunehmen. Ein wichtiges Druckmittel der Franzosen, die Deutschen zu einer Wirtschaftsgemeinschaft für Kohle und Stahl zu bewegen, ging damit verloren.[794] Monnet wollte einer sich verhärtenden Position Deutschlands in den Schuman-Plan-Verhandlungen vorbeugen, um das Projekt zur Montanunion vor dem Scheitern zu bewahren. Er versuchte deshalb, den Deutschen auf europäischem Wege eine Verteidigungsmöglichkeit zu verschaffen (Plan Pleven).[795]

In einem Memorandum der Bundesregierung verlangte Deutschland am 13.10.1950, dass mit Inkrafttreten des Schuman-Planes auch die bisher geltenden Regelungen des Besatzungsstatuts[796], die eine Kompetenz der Alliierten für die Entflechtung der deutschen Industrie sowie Kontrollmaßnahmen für das Ruhrgebiet vorsahen, angepasst würden.[797] Dies schloss die Nichtdurchführung des

---

793 *Schwabe*, in: Die Anfänge des Schuman-Plans, 1988, S. 132, 134 (Aufzeichnungen von Hans Schäffer über ein Gespräch mit Adenauer am 3.06.1950). – *Küsters*, in: Die Anfänge des Schuman-Plans, 1988, S. 78.

794 Télégramme de Jean Monnet à Robert Schuman vom 14.09.1950, in: *Monnet/Schuman*, Correspondances, 1986, S. 56, Nr. 10; *Monnet*, Mémoires, 1976, S. 393 ff. – *Poidevin*, in: Die Anfänge des Schuman-Plans, 1988, S. 107.

795 Télégramme de Jean Monnet à Robert Schuman, 14.09.1950, in: *Monnet/Schuman*, Correspondances, 1986, S. 56; *Monnet*, Mémoires, 1976, S. 402 f. – *Küsters*, in: Die Anfänge des Schuman-Plans, 1988, S. 88.

796 „Amtlicher Wortlaut des Besatzungsstatuts, veröffentlicht am 12. Mai 1949 durch die Militärgouverneure und Oberbefehlshaber der Westzonen, [...] 2. Um die Erreichung der Grundziele der Besatzung sicherzustellen, wird die Zuständigkeit für die folgenden Gebiete, einschließlich des Rechts, von den Besatzungsbehörden benötigte Auskünfte und statistische Angaben anzufordern und deren Richtigkeit zu prüfen, ausdrücklich vorbehalten: [...] b) die Kontrolle über die Ruhr, die Restitutionen, Reparationen, Dekartellisierung, Dezentralisation, Ausschluß von Diskriminierungen in Handelsangelegenheiten [...]. [...] 4. Die Bundesrepublik Deutschland und die Länder haben die Befugnis, nach ordnungsmäßiger Mitteilung an die Besatzungsbehörden auch auf den diesen Behörden vorbehaltenen [Gebieten] Gesetze zu erlassen und Maßnahmen zu ergreifen, es sei denn, daß die Besatzungsbehörden ausdrücklich anders bestimmen oder daß solche Gesetze oder Maßnahmen mit den Besatzungsbehörden selbst getroffenen Entscheidungen oder Maßnahmen unvereinbar sind." Abgedruckt in Official Gazette of the Allied High Commission for Germany, 1949, Nr. 1, S. 13 f.

797 *Möller/Hildebrand*, Dokumente, Bd. 1, 1997, S. 237 ff., Nr. 57, Staatssekretär des Auswärtigen Amtes Hallstein an Generalkommissar für den Plan Monnet, Memorandum, 13.10.1950; Note de Jean Monnet à Robert Schuman, 28.09.1950 sowie Lettre de Jean Monnet à Robert Schuman, 14.10.1950, in: *Monnet/Schuman*, Correspondances, 1986, S. 60 ff.; *Monnet*, Mémoires, 1976, S. 402, 411. – *Berghahn*, The Americanisation of West German Industry, 1986, S. 145; *Küsters*, in: Die Anfänge

Gesetzes Nr. 27 vom 16.05.1950 zur Umgestaltung des deutschen Kohlenbergbaues und der deutschen Stahl- und Eisenindustrie mit ein.[798] Konsequenz daraus wäre einerseits gewesen, dass die Produktionsbeschränkungen für die deutsche Kohle- und Stahlindustrie entfallen wären, andererseits wäre die Verpflichtung der Deutschen zur Entflechtung der großen Konzerne hinfällig geworden. Beides stellte aus französischer Sicht einen nicht hinnehmbaren Wettbewerbsvorteil Deutschlands gegenüber der französischen Schwerindustrie dar. Die französische Regierung attackierte insbesondere die deutsche „Kohle-Stahl-Verbundwirtschaft", die das Eigentum an Kohleminen, Stahlherstellung und -industrie in einer Hand bündelte.[799]

Weiterer Stein des Anstoßes war eine Rede von Robert Lehr, die dieser am 1.10.1950 noch als Bundestagsabgeordneter gehalten hatte. Am 14.10.1950 wurde er zum Bundesinnenminister ernannt und seine Rede der Öffentlichkeit zugänglich gemacht. Darin griff er den Schuman-Plan an.[800] Die französische Gesellschaft reagierte empfindlich auf diese Kritik.[801]

Monnet intervenierte am 18.12.1950 und machte zur Vorbeugung einer Benachteiligung der französischen Industrie gegenüber der deutschen Industrie die Entflechtung der deutschen Industrie zur Bedingung für die Unterzeichnung des

---

des Schuman-Plans, 1988, S. 95; *Poidevin*, in: Die Anfänge des Schuman-Plans, 1988, S. 105; *Witschke*, Gefahr für den Wettbewerb?, 2009, S. 94.

798 Gesetz Nr. 27 v. 16.05.1950 zur Umgestaltung des deutschen Kohlenbergbaues und der deutschen Stahl- und Eisenindustrie: „Die Alliierte Hohe Kommission hat sich die Dezentralisation der deutschen Wirtschaft zum Ziele gesetzt, um übermäßige Konzentration wirtschaftlicher Macht zu beseitigen und die Entwicklung eines Kriegpotentials zu verhindern." Abgedruckt in Official Gazette of the Allied High Commission for Germany, 1950, Nr. 20, S. 299 ff. (299). – *Schwabe*, in: Vom Marshallplan zur EWG, 1990, S. 522.

799 *Möller/Hildebrand*, Dokumente, Bd. 2, 1997, S. 642 ff. Nr. 182, Rechtsgutachter im Bundesministerium für Wirtschaft Schneider an Staatssekretär Schalfejew, Vermerk, 25.10.1950; Lettre de Jean Monnet à Robert Schuman, 22.12.1950, in: *Monnet/Schuman*, Correspondances, 1986, S. 90 f. – *Lappenküper*, Beziehungen, 2001, S. 265 f.; *Schwabe*, in: Die Anfänge des Schuman-Plans, 1988, S. 232; *Witschke*, Gefahr für den Wettbewerb?, 2009, S. 82.

800 *Möller/Hildebrand*, Dokumente, Bd. 2, 1997, S. 642 ff. Nr. 182, Rechtsgutachter im Bundesministerium für Wirtschaft Schneider an Staatssekretär Schalfejew, Vermerk, 25.10.1950. – *Witschke*, Gefahr für den Wettbewerb?, 2009, S. 51.

801 *Kipping*, Zwischen Kartellen und Konkurrenz, 1996, S. 225; *Witschke*, Gefahr für den Wettbewerb?, 2009, S. 51.

Schuman-Planes durch die französische Regierung.[802] Auch Robert Schuman forderte das Aufbrechen der großen Konzerne im Ruhrgebiet vor Inkrafttreten der EGKS.[803]

Das alliierte Gesetz Nr. 27 verfolgte das Ziel der Auflösung der deutschen Verbundwirtschaft, so dass die Franzosen auf die Unterstützung der Amerikaner in dieser Frage zählen konnten.[804] In den USA fand Monnet somit einen Verbündeten. Nur bei einer Beteiligung am Schuman-Plan sowie nach erfolgreicher Dekonzentration wäre eine Entlassung in die Souveränität denkbar.[805] Am 22.12.1950 präzisierte Schuman die französischen Forderungen. Gemäß den Absprachen mit amerikanischen Sachverständigen ging es nun vor allem um die Auflösung des Deutschen Kohlen-Verkaufs (DKV) – eine Art Kartell – und um die Verringerung der Eigentumsbindung zwischen Kohle und Stahl.[806]

Dies fand jedoch keinen Anklang bei der deutschen Regierung. Im Herbst 1950 stockten deshalb die Verhandlungen für die EGKS. Die Deutschen weigerten sich, Details der zu gründenden EGKS zu besprechen, so lange die Frage nach der

---

802 *Adenauer*, Erinnerungen 1945–1953, 1965, S. 485 ff.; *Möller/Hildebrand*, Dokumente, Bd. 2, 1997, S. 659 ff. Nr. 189, Generalkommissar für den Plan Monnet an Minister für Auswärtige Angelegenheiten Schuman, 22.1.1951, insb. S. 661: „[...] le maintien du DKV [...] permettrait à la Ruhr d'exercer un véritable contrôle sur l'activité économique des autres pays. [...] Sans des mesures effectives de décartellisation et de déconcentration, la mise en œuvre du Plan Schuman est impossible, car elle soumettrait la Communauté des six pays à la domination des organisations monolitiques de la Ruhr et, en outre, conduirait au maintien et au renforcement des organisations de cartels dans les autres pays. [...]"; Lettre de Jean Monnet à Robert Schuman, 22.12.1950, in: *Monnet/Schuman*, Correspondances, 1986, S. 90 f.: „[...] Sa disparition (des DKV, Anm. d. Verf.) est donc une condition essentielle pour la réalisation du Plan Schuman. [...]". – *Bossuat*, in: Die Anfänge des Schuman-Plans, 1988, S. 330; *Lynch*, in: Die Anfänge des Schuman-Plans, 1988, S. 128; *Poidevin*, in: Die Anfänge des Schuman-Plans, 1988, S. 112 f.; *Schwabe*, in: Die Anfänge des Schuman-Plans, 1988, S. 232; *Schwabe*, in: Vom Marshallplan zur EWG, 1990, S. 522; *Witschke*, Gefahr für den Wettbewerb?, 2009, S. 51.

803 *Poidevin*, in: Die Anfänge des Schuman-Plans, 1988, S. 112 f.

804 *Lynch*, in: Die Anfänge des Schuman-Plans, 1988, S. 128; *Poidevin*, in: Die Anfänge des Schuman-Plans, 1988, S. 113.

805 Lettre de Jean Monnet à Robert Schuman, 22.12.1950, in: *Monnet/Schuman*, Correspondances, 1986, S. 90 f.; FRUS, 1951, Bd. 4, S. 86 ff., Nr. 43, Briefing Paper Drafted in the Office of the United States High Commissioner for Germany, 2.02.1951. – *Lynch*, in: Die Anfänge des Schuman-Plans, 1988, S. 127; *Schwabe*, in: Die Anfänge des Schuman-Plans, 1988, S. 232; *Witschke*, Gefahr für den Wettbewerb?, 2009, S. 93.

806 Lettre de Jean Monnet à Robert Schuman, 22.01.1951, in: *Monnet/Schuman*, Correspondances, 1986, S. 97 ff. (98). – *Poidevin*, in: Die Anfänge des Schuman-Plans, 1988, S. 113 m.w.N.

Entflechtung der Ruhrindustrie im Raum stand und das Ausmaß der Dekonzentrierung nicht abschätzbar war.[807] Die deutsche Regierung empfand die amerikanisch-französische Forderung als Repressalie.[808]

Die Auflösung der Verbundwirtschaft, wie sie insbesondere die DKV praktizierte, führte nach ihrer Ansicht zu einem nicht wiedergutzumachenden Schaden für das deutsche Wirtschaftspotential.[809] Dieser Meinung schlossen sich auch die Ruhrindustrie – unterstützt von ausländischen Kartellen – und die Gewerkschaften

---

807 Lettre de Jean Monnet à Robert Schuman, 22.01.1951, in: *Monnet/Schuman,* Correspondances, 1986, S. 97 ff. – *Lynch,* in: Die Anfänge des Schuman-Plans, 1988, S. 128.

808 Kabinettsprotokolle der Bundesregierung, Besprechung von Vertretern der amerikanischen Hohen Kommission mit dem Bundesminister für Wirtschaft Ludwig Erhard in Frankfurt, 10.12.1950, Dokument 71, URL: http://www.bundesarchiv.de/cocoon/barch/0000/k/k1950k/kap1_4/para2_71.html (Entnahme am 14.03.13): „Minister Erhard machte erneut den Vorschlag zur Zusammenarbeit. Er betonte, daß die Interessenten bei wirtschaftlichen Maßnahmen, die die Dekonzentrierung oder Dekartellisierung zum Ziele hätten, in der Regel unzufrieden sein würden. Wenn aber die deutsche Regierung zu solchen Plänen ‚Ja' gesagt hätte, dann sei die Möglichkeit eines politischen Ressentiments erheblich kleiner. [...] Prof. *Bowie* antwortete, daß ihn gerade diese Tatsache mißtrauisch stimme. Er fragte Minister Erhard erneut und – wie er sagte – ‚um seine Neugierde zu befriedigen', wie er glauben könne, daß die Einschaltung der deutschen Regierung nicht eine untragbare Verzögerung herbeiführe. Minister Erhard führte aus, daß – falls die deutschen Experten ihre Pläne mit der deutschen Regierung besprechen würden – die Einschaltung parlamentarischer Gremien nicht notwendig sei, denn es handele sich nicht um gesetzliche Maßnahmen. Die Gesetze würden nach den bestehenden Grundsätzen ja von den Alliierten erlassen."; Kabinettsprotokolle der Bundesregierung, Besprechung der drei Hohen Kommissare mit dem Bundeskanzler, 12.10.1950, Dokument 75, URL: http://www.bundesarchiv.de/cocoon/barch/0000/k/k1950k/kap1_4/para2_75.html (Entnahme am 14.03.13), Adenauer: „[...] Es kommt ja vor, daß besondere Experten für Dekonzentration oder für andere Sachen, die im eigenen Lande keine Erfolge erreichen, dann in anderen Ländern versuchen, ihre Ideen zu verwirklichen. Sie zeigen dann nur zu leicht einen Fanatismus, der wirklich einer besseren Sache würdig wäre. [...]". – *Küsters,* in: Die Anfänge des Schuman-Plans, 1988, S. 95 f.; *Witschke,* Gefahr für den Wettbewerb?, 2009, S. 55, 62.

809 *Möller/Hildebrand,* Dokumente, Bd. 2, 1997, S. 647 ff. Nr. 184, Bundesminister für Wirtschaft Erhard an Bundeskanzler Adenauer, 11.12.1950, insb. S. 648: „Die Kartell-Regelung im Sinne der amerikanischen bzw. französischen Vorschläge ist für unsere Bedürfnisse ungeeignet. Denn sie führt u.a. dazu, daß ein deutscher Gemeinschaftsverkauf für Kohle nicht mehr zulässig wäre. Eine solche Gemeinschaftseinrichtung ist aber unentbehrlich." – *Lappenküper,* Beziehungen, 2001, S. 263; *Witschke,* Gefahr für den Wettbewerb?, 2009, S. 82.

an.[810] Letztere fürchteten bei Auflösung der DKV den Verlust von Arbeitsplätzen.[811] Die Modalitäten der Entflechtung waren a priori eine deutsch-amerikanische Angelegenheit.[812] Daher schalteten sich jetzt McCloy und Robert Bowie in die Verhandlungen ein.[813] Robert Bowie, zudem Juraprofessor in Harvard, hatte sich auf Antitrustrecht spezialisiert.[814] Er beriet die Alliierte Hohe Kommission in Bezug auf die rechtlichen Grundlagen für die Entflechtung und Dekartellierung Deutschlands – aus Sicht der Europäer legte er dabei einen wirtschaftlich ungesunden Fanatismus an den Tag.[815]

Adenauer prangerte einerseits an, dass eine zu weitgehende Entflechtung die Wirtschaftskraft Deutschlands nachhaltig zerstörte.[816] Andererseits gefiel ihm nicht, dass trotz Eintritt in die Schuman-Plan-Verhandlungen auf gleichberechtigter Basis jetzt wieder das Recht des Besatzers einseitig Vorrang haben sollte.[817] Um seinen

---

810 *Möller/Hildebrand,* Dokumente, Bd. 2, 1997, S. 652 ff. Nr. 186, Bankier Pferdmenges an Bundeskanzler Adenauer, 27.12.1950 (in Anlage Aufzeichnung vom 23.12.1950); *Möller/Hildebrand,* Dokumente, Bd. 2, 1997, S. 655 f. Nr. 187, Generaldirektor der deutschen Kohlenbergbau-Leitung Kost an Bundeskanzler Adenauer, 5.1.1951; *Möller/Hildebrand,* Dokumente, Bd. 2, 1997, S. 656 ff. Nr. 188, Die nationalen Industrieverbände der Schuman-Plan-Länder, Entschließung, 17.01.1951. – *Poidevin,* in: Die Anfänge des Schuman-Plans, 1988, S. 113.

811 „Mêmes patrons, même combat", in: L'Humanité, 21.06.1950, URL: http://www.cvce.eu/obj/"memes_patrons_meme_combat"_dans_l_humanite_21_juin_1950-fr-e65bae37-fbdf-423d-843b-e5b86f6ca34d.html (Entnahme: 14.03.2013); *Möller/Hildebrand,* Dokumente, Bd. 2, 1997, S. 669 f. Nr. 192, Bundesausschuß des Deutschen Gewerkschaftsbundes, Entschließung, 7.5.1951. – *Poidevin,* in: Die Anfänge des Schuman-Plans, 1988, S. 113.

812 FRUS, 1951, Bd. 4, Halbbd. 1, S. 86–90, Briefing Paper Drafted in the Office of the United States High Commissioner for Germany, Frankfurt, 2.02.1951. – *Poidevin,* in: Die Anfänge des Schuman-Plans, 1988, S. 113.

813 *Poidevin,* in: Die Anfänge des Schuman-Plans, 1988, S. 113.

814 *Witschke,* Gefahr für den Wettbewerb?, 2009, S. 101.

815 *Warner,* Steel and Sovereignty, 1996, S. 25 m.w.N.: „[...] Robert Bowie, whom the British nicknamed the ‚mad mullah of decartelization'. [...]"; *Witschke,* Gefahr für den Wettbewerb?, 2009, S. 101.

816 Sondersitzung der Bundesregierung am 2.11.1950, TOP 1, Kabinettsprotokolle der Bundesregierung, URL: http://www.bundesarchiv.de/cocoon/barch/0100/k/k1950k/kap1_2/kap2_77/para3_1.html (Entnahme am 14.03.13): „[...] Maßstab für diese Aufgliederung müßten die Wirtschaftlichkeit und die Wettbewerbsfähigkeit auf dem Innen- und Auslandsmarkte sein. [...]". – *Schwabe,* in: Die Anfänge des Schuman-Plans, 1988, S. 234.

817 Adenauer: „[...] Ich meine, die Erklärung, daß die Bundesrepublik Deutschland mehr Rechte und Freiheiten bekommen soll, die Erklärung, die in New York gegeben worden ist, der Versuch der Eingliederung der deutschen Wirtschaft in die Weltwirtschaft, der Schuman-Plan, alle solche Bemühungen haben überhaupt keinen Zweck und keinen Sinn mehr, und sie versetzen der Autorität der Bundesregierung den denkbar schwersten Schlag, wenn dort mit solchen Tendenzen

Widerstand deutlich zu machen, verschleppte Deutschland von nun an die Verhandlungen zur EGKS.[818]

Die Amerikaner, vertreten insbesondere durch Bowie und McCloy, vermittelten im Streit zwischen Deutschland und Frankreich durch Gespräche u. a. mit Erhard und Hallstein und förderten die Einigungsbereitschaft der Parteien.[819] Die Alliierten zeigten sich bei der Entflechtung der deutschen Industrie flexibel. Sie bestanden nicht mehr darauf, die Entflechtung auf eigene Faust durchzuführen. Vielmehr beteiligten sie von nun an die Deutschen an der Dekonzentration.[820] Der bis März 1951 gefundene Kompromiss hatte zum Inhalt, dass sich fortan 75% der Schwerindustrie

---

gearbeitet und jede Beteiligung der Organe der Bundesregierung einfach abgelehnt wird. [...]", s. Dokument Nr. 75, Besprechung der drei Hohen Kommissare mit dem Bundeskanzler am 12.10.1950, in: Kabinettsprotokolle der Bundesregierung, URL: http://www.bundesarchiv.de/cocoon/barch/0000/k/k1950k/kap1_4/para2_76.html (Entnahme am 14.03.13). – *Schwabe*, in: Die Anfänge des Schuman-Plans, 1988, S. 234.

818 Sondersitzung der Bundesregierung am 2.11.1950, TOP 3, Kabinettsprotokolle der Bundesregierung, URL: http://www.bundesarchiv.de/cocoon/barch/0100/k/k1950k/kap1_2/kap2_77/para3_3.html (Entnahme am 14.03.13) zum Verhältnis Schuman-Plan – Ruhr-Statut: „Es besteht Einigkeit darüber, daß nicht paraphiert wird, bevor nicht die letzten wesentlichen Punkte geklärt und festgelegt sind.“; Nachdem Hallstein in der Kabinettssitzung vom 12.12.1950 erklärt hatte, dass die Verhandlungen vor dem Abschluss stehen, und er um weitere Instruktionen mangels Klarheit in der Kartell- und Entflechtungsfrage gebeten hatte, sprach sich Adenauer dafür aus, dass „[d]ie Fragen des Ruhrstatuts und der sonstigen besatzungsrechtlichen Regelungen [...] eindeutig geklärt sein [müßten], bevor das Vertragswerk unterschrieben werde. Dies alles spreche dafür, die Verhandlungen mit der größten Vorsicht weiterzuführen. Die deutsche Delegation solle dabei jedoch nicht die Beseitigung des Ruhrstatutes, sondern wirtschaftliche Fragen in den Vordergrund stellen.“ s. 116. Kabinettssitzung, TOP 1, 12.12.1950, Kabinettsprotokolle der Bundesregierung, URL: http://www.bundesarchiv.de/cocoon/barch/0000/k/k1950k/kap1_2/kap2_89/para3_1.html, entnommen am 5.03.2013. – *Schwabe*, in: Die Anfänge des Schuman-Plans, 1988, S. 235.

819 Sondersitzung der Bundesregierung am 2.11.1950, TOP 1, Kabinettsprotokolle der Bundesregierung, URL: http://www.bundesarchiv.de/cocoon/barch/0000/k/k1950k/kap1_2/kap2_77/para3_1.html (Entnahme am 14.03.13); 117. Kabinettssitzung, TOP A, 19.12.1950, Kabinettsprotokolle der Bundesregierung, URL: http://www.bundesarchiv.de/cocoon/barch/0000/k/k1950k/kap1_2/kap2_90/para3_12.html (Entnahme am 14.03.13). – *Berghahn*, The Americanisation of West German Industry, 1986, S. 145; *Griffiths*, in: Die Anfänge des Schuman-Plans, 1988, S. 61; *Schwabe*, in: Vom Marshallplan zur EWG, 1990, S. 522.

820 Dokument Nr. 75, Besprechung der drei Hohen Kommissare mit dem Bundeskanzler am 12.10.1950, in: Kabinettsprotokolle der Bundesregierung, URL: http://www.bundesarchiv.de/cocoon/barch/0000/k/k1950k/kap1_4/para2_75.html (Entnahme am 14.03.13); Dokument Nr. 76, Telefongespräch von Blankenhorn mit McCloy am 13.10.1950, Kabinettsprotokolle der Bundesregierung, URL: http://www.

verbundwirtschaftlich organisierte (vorher 100%), die Ruhrstahlindustrie kontrollierte nunmehr 15% der deutschen Stahlindustrie (vorher 55%) und die DKV wurde in 26 unabhängige Unternehmen überführt (vorher: 12 Unternehmen).[821] Damit bestand ein Gleichgewicht zwischen deutscher und französischer Schwerindustrie. Trotzdem war ein dringlicher Appell McCloys an Adenauer notwendig, nicht mehr als eine gleichberechtigte Position verlangen zu können, um dessen Billigung des Kompromisses am 14.3.1951 zu erreichen.[822]

Insgesamt fiel die Entflechtung indes glimpflicher aus als ursprünglich erwartet, die Wettbewerbsfähigkeit der deutschen Schwerindustrie blieb erhalten.[823] Die Neuorganisation ging aber weit genug, um die Franzosen zu beruhigen, die sich jetzt mit der deutschen Industrie auf Augenhöhe befanden.

Für Adenauer und Monnet blieb die schwierige Aufgabe, diese Lösung in ihren Ländern der Öffentlichkeit zu vermitteln. Die deutsche Gesellschaft fühlte sich von den Alliierten bevormundet und empfand selbst die abgeschwächte Entflechtung als schweren Eingriff. Daher wurde der Kompromiss als ausschließlich deutscher Vorschlag ausgegeben.[824] Das Bekanntwerden der Intervention der USA und

---

bundesarchiv.de/cocoon/barch/0100/k/k1950k/kap1_4/para2_76.html (Entnahme am 14.03.13). – *Schwabe*, in: Die Anfänge des Schuman-Plans, 1988, S. 234.

821 FRUS 1951, Bd. 4, Halbbd. 1, S. 97 f., The United States High Commissioner for Germany (McCloy) to the Secretary of State, Frankfurt, 3.03.1951. – *Gillingham*, Rebirth, 1991, S. 301; *Lappenküper*, Beziehungen, 2001, S. 266; *Lynch*, in: Die Anfänge des Schuman-Plans, 1988, S. 128.

822 In einem Treffen zwischen dem französischen Premier Minister Pleven und dem amerikanischen Präsidenten Truman am 30.01.1950 lobte Truman die französische Regierung für die Einführung von Antitrustvorschriften im Schuman-Plan, s. FRUS 1951, Bd. 4, Halbbd. 1, S. 316 f.; FRUS 1951, Bd. 4, Halbbd. 1, S. 97 f. The United States High Commissioner for Germany (McCloy) to the Secretary of State, Frankfurt, 3.03.1951, McCloy zu Adenauer: „I told him I was deeply discouraged about prospects for constructive solution and could see no way out as long as Germans adhered to insistence on preferred coal position. [...] I stressed our earlier efforts with French to insure Germany fully equal status in Schuman Plan and stated that conversely Germany should not expect better than equal position."; FRUS 1951, Bd. 4, Halbbd. 1, S. 102 f., The United States High Commissioner for Germany (McCloy) to the Secretary of State, 15.03.1951: „Chancellor stated he prepared to go ahead with initialing of Schuman Plan as soon as details worked out."; Sondersitzung der Bundesregierung am 9.03.1951, TOP 4, Kabinettsprotokolle der Bundesregierung, URL: http://www.bundesarchiv.de/cocoon/barch/0100/k/k1951k/kap1_2/kap2_22/para3_4.html (Entnahme am 14.03.2013); *Monnet*, Mémoires, 1976, S. 413. – *Poidevin*, in: Die Anfänge des Schuman-Plans, 1988, S. 113 f.; *Schwabe*, in: Die Anfänge des Schuman-Plans, 1988, S. 238; *Witschke*, Gefahr für den Wettbewerb?, 2009, S. 70, 103.

823 *Adenauer*, Erinnerungen 1945–1953, 1965, S. 487. – *Schwabe*, in: Die Anfänge des Schuman-Plans, 1988, S. 238; *Witschke*, Gefahr für den Wettbewerb?, 2009, S. 70.

824 FRUS 1951, Bd. 4, Halbbd. 1, S. 102 f., The United States High Commissioner for Germany (McCloy) to the Secretary of State, Frankfurt, 15.03.1951: „Since then

Frankreichs hätte die ungewollte Dekonzentrierung zusätzlich mit dem Stigma des Besatzerrechtes belegt.[825] Nach Abschluss der Entflechtung nach Gesetz Nr. 27 unterlag die deutsche Schwerindustrie nur noch den Regelungen des EGKS-Vertrages, insbesondere Artt. 65 und 66 EGKS-Vertrag.[826] Art. 66 Ziffer 2 des EGKS-Vertrages sah indes vor, dass die Hohe Behörde bei einer Entflechtungsmaßnahme gemäß des Grundsatzes der Nichtdiskriminierung „der Größe der innerhalb der Gemeinschaft bestehenden Unternehmen gleicher Art insoweit Rechnung zu tragen ist, als die Hohe Behörde dies für gerechtfertigt hält, um die aus einer Ungleichheit der Wettbewerbsbedingungen sich ergebenden Nachteile zu vermeiden“.[827] In der Debatte um die Ratifizierung des Schuman-Plans im deutschen Bundestag wurde diese Nichtdiskriminierungsklausel von den Befürwortern der Montanunion genutzt, um eine Neukonzentration der deutschen Kohle- und Stahlwirtschaft in Aussicht zu stellen.[828]

Monnet hingegen durfte nicht den Eindruck erwecken, sich gegenüber Deutschland zu nachgiebig gezeigt zu haben.[829] Er verwies ebenfalls auf die Artikel zu Kartellverbot und Fusionskontrolle. Sie ermöglichten seiner Ansicht nach die Aufrechterhaltung der Entflechtung und somit eine dauerhafte Kontrolle und Schwächung Deutschlands.[830] Die Alliierten beendeten 1951 im Gegenzug die

we have worked with Chancellor's office on draft of letter from Chancellor to High Commission submitting proposals by Federal Government for solution of problems of steel united companies, integration coal and steel, and dissolution DKV. This letter delivered to the High Commission this morning. [...] Proposals in letter conform to those we had indicated would be satisfactory.“

825 Zusammentreffen von Erhard und Bowie u.a., Dokument Nr. 71, 10.10.1950, Kabinettsprotokolle der Bundesregierung, URL: http://www.bundesarchiv.de/cocoon/barch/0000/k/k1950k/kap1_4/para2_71.html#Start (Entnahme: 14.03.13). – *Berghahn*, The Americanisation of West German Industry, 1986, S. 154; *Schwabe*, in: Die Anfänge des Schuman-Plans, 1988, S. 238.

826 *Verhandlungen des Deutschen Bundestages*, Stenographische Berichte, 1. Wahlperiode, 182. Sitzung, 9.01.1952, S. 7596. – *Gith*, Entstehungsgeschichte des europäischen Kartellrechts, 2003, S. 52 ff.; *Witschke*, Gefahr für den Wettbewerb?, 2009, S. 74.

827 *Verhandlungen des Deutschen Bundestages*, Stenographische Berichte, 1. Wahlperiode, 182. Sitzung, 9.01.1952, S. 7596. – *Gith*, Entstehungsgeschichte des europäischen Kartellrechts, 2003, S. 52 ff.

828 *Verhandlungen des Deutschen Bundestages*, Stenographische Berichte, 1. Wahlperiode, 182. Sitzung, 9.01.1952, S. 7591, 7596. – *Reuter*, La CECA, 1953, S. 219; *Witschke*, Gefahr für den Wettbewerb?, 2009, S. 73.

829 *Witschke*, Gefahr für den Wettbewerb?, 2009, S. 75 ff.

830 Lettre de Jean Monnet à Robert Schuman, 22.01.1951, in: *Monnet/Schuman*, Correspondances, 1986, S. 97 ff. (99). – *Witschke*, Gefahr für den Wettbewerb?, 2009, S. 74 u. S. 76 Fn. 155.

Demontagen.[831] Die Amerikaner verzichteten auf den Vorbehalt im Besatzungsstatut bezüglich der Kontrolle der Ruhrindustrie und der Entflechtung.[832] So wurden die Voraussetzungen geschaffen, damit sowohl Frankreich als auch Deutschland den Schuman-Plan akzeptieren konnten.

Zusammenfassung zu Kapitel 6

Die USA waren bereit, den sog. Schuman-Plan mitzutragen, wenn und soweit er nicht auf ein internationales Kartell hinauslief. Den Verhandlungen um den Schuman-Plan schlossen sich die Benelux-Staaten und Italien an, Großbritannien lehnte aus Furcht vor der Abgabe von Souveränitätsrechten eine Teilnahme ab.

Getrieben von Monnet als „Motor" des Vertragswerks, einigten sich die Mitgliedstaaten im Laufe der Verhandlungen auf eine supranationale Struktur. Sie traten an die Hohe Behörde Souveränitätsrechte, u.a. das staatliche Kartellaufsichtsrecht, im eng begrenzten Bereich der Kohle- und Stahlindustrie ab. Sie bestanden aber darauf, Einflussmöglichkeiten zu behalten. Im Ministerrat, der mit der Hohen Behörde zusammenwirkte, konnten sie ihre nationalen Interessen verteidigen. Letztendlich ausschlaggebend für die Ausarbeitung des EGKS-Vertrages war die Einigung auf einen Kompromiss in wesentlichen Fragen, die die deutsch-französischen Beziehungen belasteten. Die anderen Mitgliedstaaten waren nicht so sehr involviert in diese binationalen Fragen, die die sensibelsten Bereiche von Deutschland und Frankreich betrafen. Ein Hauptproblem der alliierten Besatzung Deutschlands wurde im Verlauf der Schuman-Plan-Verhandlungen gelöst, und zwar die Entflechtung der deutschen Schwerindustrie. Frankreich hatte die Entflechtung zur Bedingung für den Vertragsabschluss gemacht. Mit Hilfe der Aufnahme einer Nichtdiskriminierungsklausel in den EGKS-Vertrag sowie einer für Deutschland wirtschaftlich vertretbaren Entflechtung der Schwerindustrie konnte dieser Streit beigelegt werden.

---

831 *Balabkins*, Germany Under Direct Controls, 1964, S. 142; *Robert*, Konzentrationspolitik, 1976, S. 89.

832 Entscheidung Nr. 10 „Programm für die Revision der Besatzungskontrollen" v. 6.03.1951: „1. Die in Ziffer 2 b) vorbehaltenen Befugnisse hinsichtlich der Dezentralisation werden nur ausgeübt werden, um die Durchführung der alliierten Programme über die Stahl-, Kohlen- und Filmindustrien, die I. G.-Farben und die Großbanken sowie die Durchführung der Maßnahmen zu sichern, die am 31. Dezember 1950 auf Grund von Gesetzen der Alliierten Hohen Kommission erforderlich waren oder die auf Grund bestehender Gesetze in Angriff genommen worden sind. Nach Durchführung dieser Programme und Maßnahmen werden diese Befugnisse aufgegeben." Abgedruckt in Official Gazette of the Allied High Commission for Germany, 1951, Nr. 49, S. 794 f. (794).

Kapitel 7: Kompromissfindung im Vertragswerk und Ratifizierung

I. Kartellverbot und Fusionskontrolle

Schuman und Monnet hatten gegenüber den Vertretern der Vereinigten Staaten wiederholt bekräftigt, dass ein internationales Kartell nicht in ihrem Sinne läge.[833] Andererseits konnten sie nicht verhindern, dass teilweise sowohl die deutsche und französische Stahlindustrie als auch die Regierungen der Teilnehmerstaaten – sogar die französische Regierung – ein internationales Kartell favorisierten.[834] Selbst wenn die Wirtschaftsvereinigung Eisen und Stahl als Vertreterin der deutschen Eisen- und Stahlindustrie die Vorteile der Abschaffung der Wettbewerbsbeschränkungen durchaus erkannte, bedeuteten Kartellabsprachen aus ihrer Sicht einen höheren Gewinn an Wettbewerbsfähigkeit.[835] Wie auch die französische Industrie wandte sie sich zudem gegen die als „dirigistisch" empfundenen Befugnisse der Hohen Behörde.[836]

Mit Ende des Zweiten Weltkrieges hatten die französischen Industriellen alsbald Versuche zur Gründung von Kartellen unternommen. So organisierten sich die französischen Stahlproduzenten trotz Auflösung der Verbände unter dem Vichy-Regime bereits 1945 erneut im Chambre Syndicale de la Sidérurgie Française (CSSF) unter

833 Erklärung der französischen Regierung über eine gemeinsame deutsch-französische Schwerindustrie v. 9.05.1950 (Schuman-Plan): „Im Gegensatz zu einem internationalen Kartell [...] wird die geplante Organisation die Verschmelzung der Märkte und die Ausdehnung der Produktion gewährleisten.", in: *Schwarz*, Der Aufbau Europas, 1980, S. 109. – *Berghahn*, The Americanisation of West German Industry, 1986, S. 129; *Lacroix-Riz*, in: Die Anfänge des Schuman-Plans, 1988, S. 252; *Lynch*, in: Die Anfänge des Schuman-Plans, 1988, S. 127.

834 *Bührer*, Ruhrstahl und Europa, 1986, S. 170 ff.

835 *Berghahn*, The Americanisation of West German Industry, 1986, S. 125 f.; *Bührer*, Ruhrstahl und Europa, 1986, S. 176 ff., 198 f.

836 *Möller/Hildebrand*, Dokumente, Bd. 2, 1997, S. 596 ff. Nr. 172 (insb. S. 605), Direktor der „Vereinigten Stahlwerke" Sohl, Aufzeichnung, 2.6.1950; *Möller/Hildebrand*, Dokumente, Bd. 2, 1997, S. 606 ff. Nr. 173 (insb. S. 608), Geschäftsführender Gesellschafter von „Klöckner & Co." Henle, Aufzeichnung, 10.06.1950; *Möller/Hildebrand*, Dokumente, Bd. 2, 1997, S. 652 ff. Nr. 186, Bankier Pferdmenges an Bundeskanzler Adenauer, 27.12.1950 (in Anlage Aufzeichnung vom 23.12.1950); *Möller/Hildebrand*, Dokumente, Bd. 2, 1997, S. 655 f. Nr. 187, Generaldirektor der deutschen Kohlenbergbau-Leitung Kost an Bundeskanzler Adenauer, 5.1.1951; *Möller/Hildebrand*, Dokumente, Bd. 2, 1997, S. 656 ff. Nr. 188, Die nationalen Industrieverbände der Schuman-Plan-Länder, Entschließung, 17.01.1951. – *Berghahn*, The Americanisation of West German Industry, 1986, S. 126 ff.; *Lynch*, in: Die Anfänge des Schuman-Plans, 1988, S. 126; *Mioche*, in: Europäische Integration, 1993, S. 244.

dem Vorsitz von Jules Aubrun.[837] Das CSSF stand bis 1953 unter der Präsidentschaft von Jules Aubrun, sein Nachfolger war Pierre Ricard. Im Jahre 1946 wurde der Dachverband der französischen Industrie[838] geschaffen, der sog. Conseil National du Patronat Français (CNPF), mit Georges Villiers als Präsidenten.[839] Der CNPF befürwortete unter der Führung von Georges Villiers zwar den Schuman-Plan als Grundstein zur Einigung Europas. Aber auch der CNPF befürchtete dirigistische Eingriffe der Hohen Behörde und bevorzugte Kartellabsprachen als Basis für eine europäische Wirtschaftsgemeinschaft.[840]

Schon seit Dezember 1949 hatte das Chambre Syndicale de la Sidérurgie Française einen Entwurf für ein nationales Kartell vorbereitet, das als Grundlage für ein internationales Kartell dienen sollte.[841] Die Tatsache, dass die französische Stahlindustrie nicht an den Schuman-Plan-Verhandlungen teilnehmen durfte, nährte zusätzlich ihr Misstrauen gegenüber Monnet und seinen Plänen.[842] Ihre Anfragen bei der belgischen Stahlindustrie zur Bereitschaft einer Kartellabsprache blieben jedoch erfolglos.[843]

Der französische Verband der Stahlindustrie übte in Briefen an Schuman sowie in der Öffentlichkeit heftige Kritik am Schuman-Plan.[844] Ein Mitglied der französischen Delegation – Etienne Hirsch – versuchte, auf die Stahlindustrie einzugehen. Grundbedingung war allerdings, dass es nicht zu einem internationalen Kartell kam.[845]

Die USA beobachteten diese Entwicklungen mit Argwohn. Im September 1950 hielten sie ihr Eingreifen für geboten. Die amerikanische Regierung hätte die Unterstützung des Schuman-Planes vor der amerikanischen Bevölkerung nicht rechtfertigen können, wenn der Schuman-Plan Grundlagen für ein Kartell gelegt hätte.[846] Sie drang verstärkt gegenüber Monnet und seiner Delegation darauf, Vorkehrungen

837 *Kipping*, Zwischen Kartellen und Konkurrenz, 1996, S. 37.

838 Vglb. mit dem deutschen BDI, Dachverband der deutschen Industrie.

839 *Kipping*, Zwischen Kartellen und Konkurrenz, 1996, S. 37.

840 *Kipping*, Zwischen Kartellen und Konkurrenz, 1996, S. 344; *Mioche*, in: Europäische Integration, 1993, S. 243, 249; *Mioche*, in: Die Anfänge des Schuman-Plans, 1988, S. 310 f.

841 *Mioche*, in: Die Anfänge des Schuman-Plans, 1988, S. 307 f.

842 *Lynch*, in: Die Anfänge des Schuman-Plans, 1988, S. 126; *Mioche*, in: Die Anfänge des Schuman-Plans, 1988, S. 309.

843 *Mioche*, in: Die Anfänge des Schuman-Plans, 1988, S. 310.

844 Lettre de la Chambre syndicale de la sidérurgie française à Robert Schuman, 12.07.1950, URL: http://www.cvce.eu/obj/lettre_de_la_chambre_syndicale_de_la_siderurgie_francaise_a_robert_schuman_12_juillet_1950-fr-fe7d800c-406e-4b89-94f7-591ca81c2e5b.html (Entnahme: 14.03.2013); *Haas*, Uniting of Europe, 1958, S. 176 ff. – *Mioche*, in: Die Anfänge des Schuman-Plans, 1988, S. 310.

845 *Mioche*, in: Die Anfänge des Schuman-Plans, 1988, S. 309 m.w.N.

846 *Witschke*, Gefahr für den Wettbewerb?, 2009, S. 56.

gegen das Entstehen von Kartellen auf dem europäischen Markt für Kohle und Stahl zu schaffen.[847]

Auch aufgrund der finanziellen Abhängigkeit Frankreichs von den USA machte sich Monnet diese Ideen zu Eigen.[848] Am 4. Oktober 1950 präzisierte Monnet das Memorandum vom 28.09.1950 und verlangte Wettbewerbsvorschriften für die EGKS.[849]

In Deutschland führte dieser Aufruf dazu, dass Ideen für ein europäisches Kartellrecht entwickelt wurden. Man sah kein striktes Kartellverbot vor, sondern einen Genehmigungsvorbehalt der Hohen Behörde.[850] Vorsichtig äußerte sich die deutsche Delegation auch im Hinblick auf Fusionen. Die Hohe Behörde hatte danach „bei ihrer Entscheidung darauf Bedacht zu nehmen, dass der Vertrag oder Beschluss nicht zu Zusammenschlüssen führt, die den Wettbewerb wesentlich beschränken oder die Streuung und Größenverhältnisse der Unternehmen in wirtschaftlich oder sozial ungünstiger Weise verändern könnten."[851]

---

847 The Acting Secretary of State (Webb) to the Embassy in France, FRUS, 1950, Bd. 3, S. 754–758, Washington, 3.10.1950, insb. S. 757: „We gather High Auth is charged with enforcing provision that there should be no agreements which restrain competition, yet may approve price fixing and production quota agreements. These exceptions seems to us to remove most of substance of general remarks against restrictive practices and we fail to see how such private agreements, with or without High Auth approval, can be consistent with Schuman Plan conception. Moreover, we see little in proposed powers of Auth which suggest it will really be able to make investigations and enforce findings against enterprises engaged in restrictive practices." – *Witschke*, Gefahr für den Wettbewerb?, 2009, S. 46, 49.

848 *Monnet/Schuman*, Correspondances, 1986, S. 97, Lettre de Jean Monnet à Robert Schuman vom 22.01.1951. – *Berghahn*, The Americanisation of West German Industry, 1986, S. 140; *Griffiths*, in: Die Anfänge des Schuman-Plans, 1988, S. 62; *Kipping*, Zwischen Kartellen und Konkurrenz, 1996, S. 53; *Lynch*, in: Die Anfänge des Schuman-Plans, 1988, S. 128.

849 Die Bemerkungen Monnets zum Memorandum vom 28.09.1950 sind abgedruckt in *Schulze/Hoeren*, Dokumente, Bd. 3, 2000, S. 20 ff., Dok. 7. – *Griffiths*, in: Die Anfänge des Schuman-Plans, 1988, S. 62; *Kipping*, Zwischen Kartellen und Konkurrenz, 1996, S. 344; *Lynch*, in: Die Anfänge des Schuman-Plans, 1988, S. 127 f.; *Witschke*, Gefahr für den Wettbewerb?, 2009, S. 46, 49.

850 Bestimmungen zum Schuman-Plan vom 21.10.1950, abgedruckt in *Schulze/Hoeren*, Dokumente, Bd. 3, 2000, S. 23 f., Dok. 8.

851 Bestimmungen zum Schuman-Plan vom 21.10.1950, abgedruckt in *Schulze/Hoeren*, Dokumente, Bd. 3, 2000, S. 23 f., Dok. 8.

Am 27.10.1950 formulierte Monnet sehr viel strengere Vorschläge[852] für Kartellverbot und Fusionskontrolle.[853] Zuständig für alle Maßnahmen in diesem Bereich war nach seinen Vorschlägen die Hohe Behörde.[854] Im Einzelnen ist zwar nicht geklärt, inwiefern sich die Amerikaner an diesen Gesetzesentwürfen beteiligten. Sowohl Monnet als auch Bowie gaben an, dass Monnet die Initiative ergriff, woraufhin Bowie in seinem Auftrag einen entsprechenden Gesetzesentwurf ausgearbeitet hätte.[855] Der Entwurf sah die Befugnis der Hohen Behörde vor, jede wettbewerbseinschränkende Abrede zu verbieten.[856] Ausnahmen vom Kartellverbot gab es keine.[857] Nur für Fusionen bestand eine eng begrenzte Genehmigungsmöglichkeit, wenn die „Transaktionen [...] die Verbesserung der Produktionsbedingungen oder andere wirtschaftliche Vorteile, falls diese im allgemeinen wirtschaftlichen Interesse liegen, zum Ziel haben."[858] Diese Regelungen gingen selbst über das amerikanische Antitrustrecht hinaus.[859]

---

852 Vorschläge Monnets sind abgedruckt in *Schulze/Hoeren,* Dokumente, Bd. 3, 2000, S. 25 ff., Dok. 9; Unter die Überschriften „Einschränkende Vereinbarungen oder Praktiken" sowie „Vereinbarungen oder Praktiken, die dazu tendieren, einem Unternehmen eine beherrschende Stellung auf dem Markte zu sichern" fasste Monnet das Verbot wettbewerbsbeschränkender Verhaltensweisen durch Vereinbarung zwischen Unternehmen und einen Genehmigungsvorbehalt für alle Fusionen, die der Jurisdiktion der Hohen Behörde unterlagen.

853 *Kipping,* Zwischen Kartellen und Konkurrenz, 1996, S. 222; *Witschke,* Gefahr für den Wettbewerb?, 2009, S. 51.

854 *Schulze/Hoeren,* Dokumente, Bd. 3, 2000, S. 25 ff., Dok. 9.

855 *Bowie,* in: Témoignages, 1989, S. 82: „Pendant les négociations, Jean Monnet reconnut que les dispositions relatives à l'Autorité de la Ruhr et la Loi 27, qui s'appliquaient uniquement aux entreprises allemandes, devraient prendre fin avec la formation de la Communauté du charbon et de l'acier. Pour obéir au principe d'égalité de la Communauté, toutes les restrictions ultérieures devraient être appliquées également à tous les partenaires. En conséquence, pour réglementer la future structure et la concurrence de ces sociétés et d'autres sociétés au sein de la Communauté, Jean Monnet décida que le traité devrait inclure les dispositions antitrusts. A sa demande, je lui fournis des projets basés sur l'expérience des Etats-Unis, concernant tant les pratiques commerciales restrictives que les groupes et les monopoles."; *Monnet,* Mémoires, 1976, S. 413. – *Gerber,* Law and Competition, 2001, S. 338; *Kipping,* Zwischen Kartellen und Konkurrenz, 1996, S. 216 ff.; *Witschke,* Gefahr für den Wettbewerb?, 2009, S. 51.

856 *Schulze/Hoeren,* Dokumente, Bd. 3, 2000, S. 25 ff. (26), Dok. 9: „Es wird vorgeschlagen, zu verbieten, daß irgendein der Jurisdiktion der Hohen Behörde unterliegendes Unternehmen nur gemeinsam mit einem anderen Unternehmen handeln kann, oder irgendeine Vereinbarung schließen kann, deren Ziel, oder deren direktes oder indirektes Ergebnis auf dem gemeinsamen Markte darin bestehen würde: [...]." – *Griffiths,* in: Vom Marshallplan zur EWG, 1990, S. 276.

857 *Schulze/Hoeren,* Dokumente, Bd. 3, 2000, S. 25 ff., Dok. 9.

858 *Schulze/Hoeren,* Dokumente, Bd. 3, 2000, S. 25 ff. (27), Dok. 9.

859 *Witschke,* Gefahr für den Wettbewerb?, 2009, S. 53.

Gegen diese Bestimmungen sprachen sich fast alle Delegationen aus, da sie praktisch Absprachen und Fusionen insgesamt unmöglich machten.[860] Im Hinblick darauf, dass in Europa bis dato keine Gesetzgebung existierte, die Kartellverbot und Fusionskontrolle vorsah, maßte sich die neue europäische Gemeinschaft mehr Rechte zu als die Nationalstaaten selber besaßen.[861] Die französische Regierung konnte sich mit Monnets Entwurf nicht anfreunden und ihr Staatssekretariat für Wirtschaftsfragen erstellte einen am französischen Recht orientierten Gegenentwurf.[862] Dieser verbat nicht alle, sondern nur schädliche Absprachen.[863]

Selbst Eberhard Günther, der in Deutschland für ein Kartellgesetz eintrat, sprach sich gegen den Entwurf aus, der sowohl strenger als die Havanna Charta als auch der deutsche Regierungsentwurf für ein GWB war.[864] Auch das Bundeswirtschaftsministerium unter Ludwig Erhard forderte am 10.11.1950 eine Begrenzung der Kompetenzen der Hohen Behörde.[865] Die deutsche Delegation bestand im Hinblick auf die Kartellaufsicht auf einer Genehmigungsfähigkeit in Ausnahmefällen.[866] Auf dem Gebiet der Zusammenschlüsse lehnte sie die Vorschläge der französischen Delegation mit Hinweis auf den Schutz der nationalen Eigentumsverhältnisse rundum ab.[867]

Wie bereits dargelegt, kamen im Dezember 1950 die Verhandlungen zum Stillstand. Die deutsche Delegation war nicht bereit, über ein europäisches Kartellrecht zu sprechen, solange keine Einigung bei der Entflechtung der deutschen Industrie erreicht war.[868] Die französische Delegation beharrte indes mit amerikanischer

---

860 *Schulze/Hoeren,* Dokumente, Bd. 3, 2000, Einführung S. XXIII sowie S. 47 ff., Dok. 21. – *Griffiths,* in: Die Anfänge des Schuman-Plans, 1988, S. 63.

861 *Witschke,* Gefahr für den Wettbewerb?, 2009, S. 62.

862 *Kipping,* Zwischen Kartellen und Konkurrenz, 1996, S. 344.

863 *Kipping,* Zwischen Kartellen und Konkurrenz, 1996, S. 344.

864 *Berghahn,* The Americanisation of West German Industry, 1986, S. 141 m.w.N.

865 Stellungnahme der deutschen Delegation zu den Vorschlägen über die Inkraftsetzung des Schuman-Plans vom 10.11.1950, abgedruckt in *Schulze/Hoeren,* Dokumente, Bd. 3, 2000, S. 30 ff., Dok. 12. – *Küsters,* in: Die Anfänge des Schuman-Plans, 1988, S. 95; *Witschke,* Gefahr für den Wettbewerb?, 2009, S. 62.

866 Stellungnahme der deutschen Delegation zu den Vorschlägen über die Inkraftsetzung des Schuman-Plans vom 10.11.1950, abgedruckt in *Schulze/Hoeren,* Dokumente, Bd. 3, 2000, S. 30 ff. (31), Dok. 12.

867 Stellungnahme der deutschen Delegation zu den Vorschlägen über die Inkraftsetzung des Schuman-Plans vom 10.11.1950, abgedruckt in *Schulze/Hoeren,* Dokumente, Bd. 3, 2000, S. 30 ff. (32), Dok. 12: „Die vorgeschlagenen Maßnahmen greifen so tief in die wirtschaftliche, soziologische und politische Struktur der Unionsländer ein, dass es Sache der Regierungen der Unionsländer bleiben muss, diese Fragen selbst zu regeln. Dies ist auch deshalb erforderlich, weil die Wirtschaftsverfassungen der Unionsländer verschieden sind [...]."

868 *Monnet/Schuman,* Correspondances, 1986, S. 90 f., Lettre de Jean Monnet à Robert Schuman vom 22.12.1950: „Les Allemands ont dit, très naturellement, qu'ils désiraient, avant d'accepter ces articles, connaître quel sort allait être fait à leurs

Unterstützung auf die Aufnahme von kartellrechtlichen Artikeln in den Vertrag.[869] In einem Memorandum der französischen Delegation vom 7.12.1950 wurde die Notwendigkeit einer starken Hohen Behörde hervorgehoben.[870] Ohne die unerlässlichen Eingriffsrechte wäre sie nicht in der Lage, den betroffenen Markt zu regeln.[871] Bezeichnend ist aber, dass die französische Stahlindustrie diese Regelungen nicht ernst nahm – sie war überzeugt, „einen Weg [zu] finden, die Vertragsbestimmungen in ihrem Sinne anzuwenden".[872] Trotz Eintretens der französischen Delegation für ein Kartellverbot[873] fanden sich sogar innerhalb der französischen Regierung weiterhin Befürworter von internationalen Kartellen.[874] Im Dezember 1950 gab es Bestrebungen im französischen Parlament, die Vertragsbestimmungen einzeln zur Abstimmung zu stellen. Auf diese Art und Weise hätte das Parlament eine Ablehnung der unerwünschten Kartellbestimmungen erreichen können, ohne den Vertrag im Ganzen zum Scheitern zu bringen.[875] So legte Monnet im Dezember einen neuen Entwurf vor, nach dem die Hohe Behörde das Recht hatte, bestimmte Absprachen und Fusionen zu genehmigen.[876]

Parallel zu dem Konflikt zwischen Deutschland und Frankreich wegen der Entflechtungsfragen musste auch im Hinblick auf die Antitrustbestimmungen der Gegensatz zwischen der Position Monnets, der für ein striktes Kartellverbot eintrat, und dem deutschen Wunsch nach Genehmigungsmöglichkeiten aufgelöst werden.[877] Die Amerikaner kämpften in dieser Sache für ein Kartellverbot.[878] Sie wünschten, dass die Formulierung der Artikel amerikanischen Maßstäben genügte[879] und dass

industries, ce qui est justement l'objet des négociations en cours." – *Witschke*, Gefahr für den Wettbewerb?, 2009, S. 61.

869 *Witschke*, Gefahr für den Wettbewerb?, 2009, S. 61 m.w.N. in Fn. 86.

870 Memorandum zur Erreichung der Ziele des Schuman-Plans vom 7.12.1950, abgedruckt in *Schulze/Hoeren*, Dokumente, Bd. 3, 2000, S. 47 ff., Dok. 21.

871 Memorandum zur Erreichung der Ziele des Schuman-Plans vom 7.12.1950, abgedruckt in *Schulze/Hoeren*, Dokumente, Bd. 3, 2000, S. 47 ff. (48), Dok. 21: „La Haute Autorité ne peut y faire échec que si elle dispose de pouvoirs suffisants et si elle les exerce avec une vigilance constante." – *Berghahn*, The Americanisation of West German Industry, 1986, S. 143.

872 *Witschke*, Gefahr für den Wettbewerb?, 2009, S. 72 m.w.N.

873 *Lacroix-Riz*, in: Die Anfänge des Schuman-Plans, 1988, S. 252 m.w.N.

874 *Lacroix-Riz*, in: Die Anfänge des Schuman-Plans, 1988, S. 252 m.w.N.

875 *Witschke*, Gefahr für den Wettbewerb?, 2009, S. 61 Fn. 86.

876 Interner Entwurf zu Artikel 42 vom 29.11.1950, abgedruckt in *Schulze/Hoeren*, Dokumente, Bd. 3, 2000, S. 44 ff., Dok. 19. – *Griffiths*, in: Die Anfänge des Schuman-Plans, 1988, S. 65.

877 *Lynch*, in: Die Anfänge des Schuman-Plans, 1988, S. 128.

878 *Schwabe*, in: Die Anfänge des Schuman-Plans, 1988, S. 228.

879 *Berghahn*, The Americanisation of West German Industry, 1986, S. 144.

die Hohe Behörde der amerikanischen Kartellbehörde, der Federal Trade Commission, entsprach.[880]

Die deutsche Delegation fand sich zunächst indes nicht mit den – amerikanisch geprägten – französischen Vorschlägen ab. Am 18.2.1951 machte sie eigene, entschärfte Vorschläge.[881] Ihr lag an einer Begrenzung der Kompetenzen der Hohen Behörde zugunsten der Mitgliedstaaten.[882] Die deutschen Vorschläge fanden keinen Anklang bei den Amerikanern und wurden abgelehnt oder nur in verschärfter Form übernommen.[883]

Im Ergebnis führte der Widerstand Deutschlands dennoch zu einer Abmilderung des Entwurfes. Die Hohe Behörde war jetzt verpflichtet, bestimmte Zusammenschlüsse und Kartelle bei Vorliegen der vertraglichen Voraussetzungen zu genehmigen.[884] Allerdings meldeten die Deutschen weiterhin Vorbehalte an.[885] Sie fürchteten, dass die deutsche Schwerindustrie nach Ausführung der von den Alliierten geforderten Entflechtung weiterhin den Eingriffen durch die Hohe Behörde unterläge.[886] Diesen Bedenken konnte erst wirksam mit Ende des Besatzungsstatuts begegnet werden.[887]

---

880 *Kipping*, Zwischen Kartellen und Konkurrenz, 1996, S. 351; *Réveillard*, in: L'américanisation de l'Europe occidentale, 2002, S. 106.

881 Entwurf zu Artikel 61 vom 18.02.1951 (Vermerk „projet délégation allemande"), abgedruckt in *Schulze/Hoeren*, Dokumente, Bd. 3, 2000, S. 65 f., Dok. 27. – *Witschke*, Gefahr für den Wettbewerb?, 2009, S. 66.

882 *Witschke*, Gefahr für den Wettbewerb?, 2009, S. 67.

883 *Schulze/Hoeren*, Dokumente, Bd. 3, 2000, Einführung S. XXIV; *Berghahn*, The Americanisation of West German Industry, 1986, S. 142; *Witschke*, Gefahr für den Wettbewerb?, 2009, S. 67 m.w.N. in Fn. 112 und 113.

884 Annex zu den Artikeln 60, 61, 73bis, 73ter und 73quater vom 14.03.1951, abgedruckt in *Schulze/Hoeren*, Dokumente, Bd. 3, 2000, S. 87 ff., Dok. 39 und Artikel 60 vom 14.03.1950, abgedruckt in *Schulze/Hoeren*, Dokumente, Bd. 3, 2000, S. 97 f., Dok. 40. – *Griffiths*, in: Die Anfänge des Schuman-Plans, 1988, S. 65.

885 Annex zu den Artikeln 60, 61, 73bis, 73ter und 73quater vom 14.03.1951, abgedruckt in *Schulze/Hoeren*, Dokumente, Bd. 3, 2000, S. 87 ff., Dok. 39. – *Griffiths*, in: Die Anfänge des Schuman-Plans, 1988, S. 65; *Warner*, Steel and Sovereignty, 1996, S. 236; *Witschke*, Gefahr für den Wettbewerb?, 2009, S. 149 ff.; *Witschke*, Gefahr für den Wettbewerb?, 2009, S. 68.

886 *Griffiths*, in: Die Anfänge des Schuman-Plans, 1988, S. 65; *Warner*, Steel and Sovereignty, 1996, S. 149 ff.

887 Vermerk zum Verhältnis Schuman-Plan und Entflechtung nach dem Gesetz Nr. 27 vom 1.02.1952, abgedruckt in: *Schulze/Hoeren*, Dokumente, Bd. 3, 2000, S. 99 f., Dok. 41: „Der Schumanplan hat aber die Wirkung, daß der auf Grund des Gesetzes Nr. 27 geschaffene Zustand der deutschen Grundstoffindustrien nicht ‚versteinert' wird, sondern daß auf Grund des bereits erwähnten Artikels 66 des Schumanplans künftige Zusammenschlüsse von der Hohen Behörde genehmigt werden können." – *Warner*, Steel and Sovereignty, 1996, S. 157 ff.

Mit der Gründung der Hohen Behörde wurde die Internationale Ruhrbehörde überflüssig.[888] Die Deutschen baten darum, das Ruhrstatut schon mit Unterzeichnung des Vertrages außer Kraft zu setzen.[889] Die Franzosen, die lediglich eine Ersetzung der Internationalen Ruhrbehörde durch die Hohe Behörde im Zeitpunkt der tatsächlichen Stabübergabe bevorzugten, setzten sich durch.[890] Die Internationale Ruhrbehörde löste sich mit der Aufnahme der Tätigkeit durch die EGKS am 20.09.1952 auf und der EGKS-Vertrag ersetzte die Regelungen des Ruhrstatuts.[891]

II. Das institutionelle Gefüge der Montanunion

Am 19.03.1951 paraphierten die sechs Delegationen den Vertragsentwurf.[892] Der Vertrag wurde am 18.04.1951 in Paris unterzeichnet.[893] Nach der Vertragsunterzeichnung waren weitere Fragen zu klären, die die Delegationen aufgrund ihrer politischen Dimension nicht auf Arbeitsebene lösen konnten.[894] So blieb zunächst offen, wo der Sitz der EGKS sein sollte, ferner die Zusammensetzung der Hohen Behörde, die Sitzverteilung in der Gemeinsamen Versammlung sowie die Stimmengewichtung im Ministerrat.[895] Mit den institutionellen Problemen beschäftigten sich die Außenminister der Mitgliedstaaten auf einer Konferenz am 12.04.1951 in Paris.[896]

1. Die Hohe Behörde

Anders als die nationalen Kartellaufsichtsbehörden übte die Hohe Behörde neben der Kartellaufsicht zahlreiche andere Aufgaben aus. Der EGKS-Vertrag betraute die Hohe Behörde zwar mit der Kartellaufsicht, schuf aber keine spezialisierte Kartellstelle für die Wahrnehmung der kartellrechtlichen Aufsichtsbefugnisse. Die

888 *Griffiths*, in: Die Anfänge des Schuman-Plans, 1988, S. 67 f. m.w.N.; *Poidevin*, in: Die Anfänge des Schuman-Plans, 1988, S. 110 f. m.w.N.
889 *Griffiths*, in: Die Anfänge des Schuman-Plans, 1988, S. 68 m.w.N.
890 *Griffiths*, in: Die Anfänge des Schuman-Plans, 1988, S. 68 m.w.N.
891 *Dichgans*, Montanunion, 1980, S. 41; *Poidevin*, in: Die Anfänge des Schuman-Plans, 1988, S. 112.
892 Télégramme du Chancelier Adenauer à Jean Monnet vom 19.03.1951, abgedruckt in: *Monnet/Schuman*, Correspondances, 1986, S. 108 Nr. 32: „A l'occasion du paraphe de la grande œuvre d'intégration européenne marquée de votre esprit et conduite sous votre énergique direction je vous adresse mes vœux de bonheur les plus sincères.“ – *Mosler*, in: FS Hallstein, 1966, S. 363; *Spierenburg/Poidevin*, The History, 1994, S. 23.
893 *Adenauer*, Erinnerungen 1945–1953, 1965, S. 423; *Monnet*, Mémoires, 1976, S. 415 ff. Es war der erste Besuch eines deutschen Staatsmannes in Paris nach dem Zweiten Weltkrieg.
894 *Spierenburg/Poidevin*, The History, 1994, S. 23.
895 *Mosler*, in: FS Hallstein, 1966, S. 363; *Spierenburg/Poidevin*, The History, 1994, S. 23 f.
896 *Spierenburg/Poidevin*, The History, 1994, S. 24.

Gründerväter konzipierten die Hohe Behörde nicht als rein technische Aufsichtsbehörde, sondern als politisches Organ mit aufsichtsrechtlichen Befugnissen.[897]

Der Hohen Behörde kamen nach dem Vertragstext wirtschaftspolitisch wichtige Funktionen zu. Ihre Erklärungen hatten unmittelbare Auswirkungen auf den Markt für Kohle und Stahl.[898] Sie nahm nach der Konzeption des Vertrages eine zentrale Rolle ein.[899] Gemäß Art. 5 EGKS-Vertrag erhellte und erleichterte die Gemeinschaft durch ihr Hauptorgan, die Hohe Behörde, das Handeln der Beteiligten, stellte den Unternehmen Finanzierungsmittel für ihre Investitionen zur Verfügung und beteiligte sich an den Lasten der Anpassung, sorgte für die Schaffung, Aufrechterhaltung und Beachtung normaler Wettbewerbsbedingungen und griff in die Erzeugung und den Markt nur dann direkt ein, wenn es die Umstände erforderten.[900] Für Reuter war sie zugleich Sachverständige, Bankier und Schiedsrichterin.[901]

Aus diesem Grund war für die Teilnehmerstaaten die Zusammensetzung der Hohen Behörde ein politisch sensibles Thema. Jedes Land wünschte, seinen Einfluss bei den Entscheidungen der Hohen Behörde möglichst gut geltend machen zu können, um die Politik der EGKS im Sinne der eigenen nationalen Politik zu prägen. Dabei wurden insbesondere zwei Positionen vertreten. Deutschland und Frankreich forderten, stärker in der Hohen Behörde repräsentiert zu sein als die sog. „kleinen" Länder, d.h. Italien und die Benelux-Staaten. Deutschland und Frankreich hatten sich am 4. April 1951 untereinander auf eine gleichberechtigte Vertretung ihrer Länder geeinigt.[902] Sie stützten ihre Forderung nach mehr Stimmgewicht – sowohl in der Hohen Behörde als auch im Ministerrat – darauf, dass sie über ein stärkeres Wirtschaftspotential und höhere Produktionskapazitäten verfügten als die anderen Teilnehmerstaaten.[903] Sie schlugen mithin vor, dass die Hohe Behörde aus fünf Mitgliedern bestehen sollte.[904] Damit hätte die Hohe Behörde aus weniger Mitgliedern bestanden als Teilnehmerstaaten am Schuman-Plan vorhanden waren.

---

897 Ausführliche Analyse der Literatur zur Praxis der Hohen Behörde in: *Witschke*, Gefahr für den Wettbewerb? 2009, S. 16 ff.

898 *Dichgans*, Montanunion, 1980, S. 80.

899 *Mosler*, in: FS Hallstein, 1966, S. 364; *Ophüls*, in: NJW 1951, S. 289 ff. (289, 290 f.) vergleicht die Hohe Behörde mit einer Regierung; *Reuter*, La CECA, 1953, S. 83.

900 BGBl. 1952, II, S. 447 ff. (449 f.).

901 *Reuter*, La CECA, 1953, S. 83 f.

902 Der Kompromiss zwischen deutscher und französischer Delegation ist aus der Aufzeichnung des Ministerialrates im Bundesministerium der Justiz, Ophüls, vom 10.4.1951 zu ersehen, abgedruckt in: *Möller/Hildebrand*, Dokumente, Bd. 1, 1997, S. 246 ff. Nr. 60; *Monnet*, Mémoires, 1976, S. 414. – *Küsters*, in: Die Anfänge des Schuman-Plans, 1988, S. 96; *Spierenburg/Poidevin*, The History, 1994, S. 24.

903 *Monnet*, Mémoires, 1976, S. 414. – *Küsters*, in: Die Anfänge des Schuman-Plans, 1988, S. 96 m.w.N.; *Spierenburg/Poidevin*, The History, 1994, S. 24.

904 *Monnet*, Mémoires, 1976, S. 414. – *Griffiths*, in: Vom Marshallplan zur EWG, 1990, S. 268; *Küsters*, in: Die Anfänge des Schuman-Plans, 1988, S. 97 m.w.N.; *Spierenburg/Poidevin*, The History, 1994, S. 24.

Die Mitglieder hätten somit – zumindest theoretisch – auch die Interessen der nicht repräsentierten Teilnehmerstaaten vertreten müssen. Die von Art. 9 Abs. 5 EGKS-Vertrag[905] geregelte Unabhängigkeit von den nationalen Regierungen wäre dadurch gewährleistet worden.[906]

Damit konnten sich Italien, Belgien, Niederlande und Luxemburg aber nicht abfinden. Sie bestanden darauf, ebenfalls eigene Vertreter in die Hohe Behörde zu entsenden, so dass diese sechs Mitglieder hätte (ein Mitglied pro Staat).[907] Erst während der Ministerkonferenz vom 12.-18.04.1951 einigte man sich letztendlich auf neun Mitglieder jeweils für eine Amtszeit von 6 Jahren (Art. 9 Abs. 1 EGKS-Vertrag).[908] Jeder Staat sollte durch mindestens ein Mitglied vertreten sein, aber nicht durch mehr als zwei Mitglieder.[909] Deutschland und Frankreich durften zwei Mitglieder ernennen, Benelux und Italien je ein Mitglied und die bereits ernannten Mitgliedern wählten das neunte Mitglied (Art. 10 Abs. 1 EGKS-Vertrag).[910]

Präsident und Vizepräsident wurden für die Dauer von zwei Jahren – Wiederwahl zulässig – ernannt (Art. 11 EGKS-Vertrag).[911] Der deutsche Vorschlag eines Rotationssystems, wonach die Mitglieder der Hohen Behörde sich im Jahresrhythmus an der Spitze in der Reihenfolge ihres Dienstalters abwechseln sollten, war nicht

---

905 BGBl. 1952, II, S. 447 ff. (450): „Artikel 9 [...] Die Mitglieder der Hohen Behörde üben ihre Tätigkeit in voller Unabhängigkeit im allgemeinen Interesse der Gemeinschaft aus. Sie dürfen bei der Erfüllung ihrer Pflichten weder Anweisungen von einer Regierung oder einer anderen Stelle einholen, noch solche Anweisungen entgegennehmen. Sie haben jede Handlung zu unterlassen, die mit dem überstaatlichen Charakter ihrer Tätigkeit unvereinbar ist. [...]".

906 *Griffiths*, in: Vom Marshallplan zur EWG, 1990, S. 268; *Küsters*, in: Die Anfänge des Schuman-Plans, 1988, S. 97 m.w.N.

907 *Griffiths*, in: Vom Marshallplan zur EWG, 1990, S. 268; *Küsters*, in: Die Anfänge des Schuman-Plans, 1988, S. 96 f.

908 *Auriol*, Journal du Septennat, Bd. 5, 1975, S. 173. – *Griffiths*, in: Vom Marshallplan zur EWG, 1990, S. 268; *Reuter*, La CECA, 1953, S. 54.

909 *Griffiths*, in: Vom Marshallplan zur EWG, 1990, S. 268.

910 BGBl. 1952, II, S. 447 ff. (450); Schuman stellte im Conseil des Ministres die Verhandlungsergebnisse vor, 17.04.1951, s. *Auriol*, Journal du Septennat, Bd. 5, 1975, S. 173: „1. Le nombre: on n'a voulu que cinq pour éviter que pour chaque pays il y en eût un par Etat. Mais opposition violente de la part des petits Etats. Neuf membres: un par pays et un coopté, un syndicaliste. Me suis difficilement résigné car c'est un peu lourd." – *Küsters*, in: Die Anfänge des Schuman-Plans, 1988, S. 97; *Poidevin*, in: Die Anfänge des Schuman-Plans, 1988, S. 114 f.

911 BGBl. 1952, II, S. 447 ff. (451); *Auriol*, Journal du Septennat, Bd. 5, 1975, S. 173. – *Küsters*, in: Die Anfänge des Schuman-Plans, 1988, S. 97; *Reuter*, La CECA, 1953, S. 56.

mehrheitsfähig.[912] Monnet als erster Präsident der Hohen Behörde zog sich nach Ablauf der zweijährigen Amtszeit 1954 aus dem Vorsitz der Montanunion zurück.[913]

Die Hohe Behörde als Kollegialorgan gliederte sich in Ministerkabinette. Die Organisationform in Kabinetten lehnte sich an die Organisation der französischen Ministerien an.[914] Jedem Mitglied der Hohen Behörde stand ein Kabinett bestehend aus ein bis zwei Mitarbeitern zu.[915] Im Vorfeld zu den wöchentlich stattfindenden Plenarsitzungen der Mitglieder der Hohen Behörde fanden Vorberatungen unter den Kabinettsmitarbeitern statt, um bereits zu einem Konsens zu finden.[916] Dies erleichterte die Entscheidungsfindung in der Plenarsitzung.[917]

Monnets erklärtes Ziel als Präsident der Hohen Behörde war, Bürokratie möglichst zu vermeiden.[918] Vielmehr sollten beratende Ausschüsse bestehend aus Fachleuten eine wasserkopfartige Behörde überflüssig machen.[919] Dementsprechend verfügte die Hohe Behörde im Jahre 1953 nur über 200 Mitarbeiter.[920] Hintergrund für die zögerliche Personalpolitik der Montanunion war neben der Ungewissheit über den endgültigen Sitz der Gemeinschaft, dass die Teilnehmerstaaten davon ausgingen, dass die Institutionen der EGKS alsbald in die Europäische Verteidigungsgemeinschaft (EVG) und die Europäische Politische Gemeinschaft (EPG) integriert würden.[921] Erst als sowohl EVG als auch EPG fehlschlugen, trat am 1.7.1956 das Personalstatut der EGKS in Kraft, wonach die Mitarbeiter unkündbare – mithin auch unabhängige – Beamte waren.[922] Die Europäische Wirtschaftsgemeinschaft (EWG) und die Europäische Atomgemeinschaft (EAG) übernahmen das Beamtenstatut der EGKS.[923]

---

912 *Küsters*, in: Die Anfänge des Schuman-Plans, 1988, S. 97.

913 *Mioche*, in: Europäische Integration, 1993, S. 245 ff. Dies nahm nach *Mioche* die französische Industrie mit Erleichterung wahr, da sie zu diesem Zeitpunkt noch nicht in der Lage war, die Pionierleistung Monnets für ein geeintes Europa anzuerkennen.

914 *Dichgans*, Montanunion, 1980, S. 79; *Knöpfle*, in: EuR Jg 3 (1968), S. 44 f.; *Krenzler*, in: EuR Jg. 9 (1974), S. 75; *Reuter*, La CECA, 1953, S. 56.

915 *Cardon de Lichtbuer* (ehemaliger Kabinettschef von Herrn Albert Coppé), in: 50 Jahre EGKS, 2002, S. 77 ff. (79); *Dichgans*, Montanunion, 1980, S. 79; *Knöpfle*, in: EuR Jg 3 (1968), S. 44 f.; *Krenzler*, in: EuR Jg. 9 (1974), S. 76.

916 *Cardon de Lichtbuer*, in: 50 Jahre EGKS, 2002, S. 77 ff. (79); *Dichgans*, Montanunion, 1980, S. 79; *Knöpfle*, in: EuR Jg 3 (1968), S. 45; *Krenzler*, in: EuR Jg. 9 (1974), S. 76 ff.

917 *Dichgans*, Montanunion, 1980, S. 79.

918 *Herbst*, in: Europäische Integration, 1993, S. 168.

919 *Monnet*, Mémoires, 1976, S. 436. – *Herbst*, in: Europäische Integration, 1993, S. 163.

920 *Dichgans*, Montanunion, 1980, S. 79.

921 *Herbst*, in: Europäische Integration, 1993, S. 168, 181 m.w.N.

922 *Herbst*, in: Europäische Integration, 1993, S. 168, 182 f. m.w.N.

923 *Herbst*, in: Europäische Integration, 1993, S. 186 ff. unter Hinweis auf Artikel 212 EWG-Vertrag und Artikel 186 Euratom-Vertrag. *Herbst* kritisiert, dass die Übernahme des Beamtenstatuts der EGKS zur Bürokratisierung der europäischen

2. Der Beratende Ausschuss für Kohle und Stahl

Gegenstand der Außenministerkonferenz bildete neben der Amtsgestaltung der Hohen Behörde die Zusammensetzung des Beratenden Ausschusses für Kohle und Stahl. Die Verhandlungen darüber waren weniger konfliktreich. Als bloßes Beratungsgremium, in dem Vertreter der Industrie, der Arbeitnehmer und der Verbraucher tagten, kam ihm kein unmittelbarer politischer Stellenwert zu.[924] Einzige Vorgabe war gemäß Art. 18 EGKS-Vertrag, dass er „aus mindestens dreißig und höchstens einundfünfzig Mitgliedern bestehen" sollte.[925]

3. Der Ministerrat

Im Ministerrat galt in bestimmten Fällen das Prinzip der Einstimmigkeit, z.B. Art. 9 Abs. 2, Art. 58 § 3, Art. 59 §§ 1, 2, 5 u. 6, Art. 61 a.E. EGKS-Vertrag.[926] Es handelte sich ebenfalls um ein Kollegialorgan. Die Verpflichtung zur Einstimmigkeit entband die Mitgliedstaaten nicht davon, die Entscheidungen in Form einer Beratung zu treffen.[927] Der Ministerrat wurde beschickt durch je ein Regierungsmitglied der Mitgliedstaaten (Art. 27 EGKS-Vertrag).[928] Grundsätzlich bestand nicht die Möglichkeit der Vertretung, was aufgrund der häufigen Sitzungen eine starke Belastung für die Minister der nationalen Regierungen darstellte.[929] Ministerrat und Hohe Behörde mussten in vielen Fällen miteinander kooperieren.[930] Ein Mitglied der deutschen Delegation, Paul Reuter, spricht gar von einer „tutelle" des Ministerrates.[931] So konnten die wichtigsten Entscheidungen nur gemeinsam von Hoher Behörde und Ministerrat gefällt werden.[932] Ein Weisungsrecht kam ihm nicht zu, allerdings konnte er in zwei Fällen (Art. 58 § 3 und Art. 59 § 6 EGKS-Vertrag) durch einstimmig gefassten Entschluss die Hohe Behörde überstimmen.[933] Dem Ministerrat kam aber insbesondere die Aufgabe zu, die Politik der Mitgliedstaaten und der Hohen Behörde

---

Gemeinschaften beitrug. Seiner Ansicht nach wären die Abschaffung des Lebenszeitbeamtens sowie der Nationalitätenproporz vorzugswürdig gewesen.

924 *Dichgans*, Montanunion, 1980, S. 109 (Hans Dichgans war ein langjähriges Mitglied des Beratenden Ausschusses für Kohle und Stahl); *Küsters*, in: Die Anfänge des Schuman-Plans, 1988, S. 99; *Reuter*, La CECA, 1953, S. 57 f.

925 BGBl. 1952, II, S. 447 ff. (452). – *Küsters*, in: Die Anfänge des Schuman-Plans, 1988, S. 99; *Reuter*, La CECA, 1953, S. 57.

926 *Witschke*, Gefahr für den Wettbewerb?, 2009, S. 107; *Reuter*, La CECA, 1953, S. 63 f.

927 *Reuter*, La CECA, 1953, S. 63.

928 BGBl. 1952, II, S. 447 ff. (454). – *Reuter*, La CECA, 1953, S. 62.

929 *Reuter*, La CECA, 1953, S. 63.

930 *Reuter*, La CECA, 1953, S. 86.

931 *Reuter*, La CECA, 1953, S. 86.

932 *Ophüls*, in: NJW 1951, S. 289 ff. (290); *Reuter*, La CECA, 1953, S. 86.

933 BGBl. 1952, II, S. 447 ff. (461 f.). – *Reuter*, La CECA, 1953, S. 86.

in einem ständigen Miteinander zu harmonisieren (Art. 26 EGKS-Vertrag).[934] Hier offenbarte sich der Mechanismus der Supranationalität. Die Regierungsvertreter im Ministerrat legten aufgrund der Übertragung von Souveränitätsrechten die Politik ihres Landes in dem – wenn auch eng umgrenzten – Bereich „Kohle und Stahl" abschließend fest.[935]

Der Aufbau der EGKS mit ihren vier Institutionen – Hohe Behörde, Ministerrat, Gerichtshof und Gemeinsame Versammlung – war auf eine Erweiterung der Gemeinschaft angelegt und setzte sich in der Europäischen Wirtschaftsgemeinschaft (EWG)[936], später Europäischen Gemeinschaft (EG)[937] und schließlich der Europäischen Union (EU) fort.[938] Mit der Entstehung der EGKS waren im Kern die Institutionen eines vereinten Europas geschaffen.

III. Ratifizierungsdebatten

Nach der Außenministerkonferenz begannen die Ratifizierungen in den Teilnehmerländern. In den Benelux-Staaten kam der Ratifizierungsprozess zügig und weitgehend konfliktfrei zum Abschluss, nur die kommunistischen Parteien stimmten gegen den Montanunionsvertrag.[939] In Italien gab es zwar neben den Kommunisten noch andere Gegner des Vertragswerkes, die Ratifizierung erfolgte aber schon am 17.06.1952.[940]

Sowohl in Frankreich als auch in Deutschland nutzte die Opposition die Ratifizierungsdebatten um den Schuman-Plan, um die gesamte Politik ihrer jeweiligen Regierung in Frage zu stellen.[941] In Frankreich mussten Schuman und seine Partei

---

934 BGBl. 1952, II, S. 447 ff. (454): „Artikel 26: Der Rat übt seine Befugnisse in den in diesem Vertrag vorgesehenen Fällen und in der dort angegebenen Weise aus, insbesondere um die Tätigkeit der Hohen Behörde und der für die allgemeine Wirtschaftspolitik ihrer Länder verantwortlichen Regierungen aufeinander abzustimmen. Der Rat und die Hohe Behörde unterrichten und beraten einander zu diesem Zweck. […]". – *Ophüls,* in: NJW 1951, S. 289 ff. (290); *Reuter,* La CECA, 1953, S. 86.

935 *Reuter,* La CECA, 1953, S. 87.

936 Gesetz zu den Verträgen vom 25. März 1957 zur Gründung der Europäischen Wirtschaftsgemeinschaft und der Europäischen Atomgemeinschaft, abgedruckt in: BGBl. 1957, Teil II, Nr. 23 v. 19.08.1957, S. 753 ff. (1156 ff.).

937 Gesetz zu dem Vertrag vom 8. April 1965 zur Einsetzung eines gemeinsamen Rates und einer gemeinsamen Kommission der Europäischen Gemeinschaften, abgedruckt in: BGBl. 1965, Teil II, Nr. 43 v. 27.10.1965, S. 1453 ff.

938 *Mosler,* in: FS Hallstein, 1966, S. 355, 359, 378, 385 „Modellcharakter für weitere Einigungswerke".

939 *Monnet,* Mémoires, 1976, S. 424 f. – *Spierenburg/Poidevin,* The History, 1994, S. 32 Fn. 12.

940 *Monnet,* Mémoires, 1976, S. 425. – *Spierenburg/Poidevin,* The History, 1994, S. 32.

941 *Spierenburg/Poidevin,* The History, 1994, S. 32.

MRP einen harten Kampf durchfechten.[942] Viele Franzosen sahen die zu gründende Montanunion als zu deutschlandfreundlich und als von den USA diktiert an, sie fürchteten, von der deutschen Schwerindustrie übervorteilt zu werden.[943] Kommunisten, Industrielle und Gaullisten protestierten gegen die EGKS.[944] Der Conseil National du Patronat Français indes stellte seinen Kampf gegen den Schuman-Plan ein und enthielt sich im November bei der Wahl über die EGKS im Conseil économique et social, einem Beratungsgremium des französischen Parlaments.[945] Für den Conseil National du Patronat Français überwogen die Vorteile des freien Wettbewerbs. So versprach sich der Leiter von Renault und wichtiges Mitglied der französischen Industrie, Pierre Lefaucheux, aufgrund des zu erwartenden Wettbewerbs Preissenkungen, die die Schließung unrentabler Unternehmen zur Folge hätten.[946] Das Chambre Syndicale de la Sidérurgie Française hingegen versuchte bis zum Schluss, die EGKS zu verhindern,[947] konnte aber ab dem Herbst 1951 nicht mehr auf den Beistand des Conseil National du Patronat Français zählen.[948] Die französische Stahlindustrie stand somit auf verlorenem Posten. Allerdings war der Präsident des Chambre Syndicale de la Sidérurgie Française, Jules Aubrun, ein Vertrauter von Robert Schuman und in Wahrheit kompromissbereit.[949]

Erst nach langen Diskussionen in verschiedenen Ausschüssen begann die eigentliche Debatte in der Nationalversammlung.[950] Letzten Endes gewann die europafreundliche Partei Robert Schumans, die MRP, die Mehrheit für sich und am 13.12.1951 verabschiedete die Nationalversammlung den Schuman-Plan.[951] Die zweite Kammer – der Senat – stimmte erst am 1.04.1952 für die Ratifikation.[952] Die Kommunisten hatten ihre Oppositionshaltung beibehalten, die Gaullisten enthielten sich. Die französische Industrie sah indes ein Entgegenkommen der französischen

---

942 *Monnet,* Mémoires, 1976, S. 427.

943 *Monnet,* Mémoires, 1976, S. 427. – *Lacroix-Riz,* in: Die Anfänge des Schuman-Plans, 1988, S. 267; *Spierenburg/Poidevin,* The History, 1994, S. 33.

944 *Monnet,* Mémoires, 1976, S. 427.

945 *Mioche,* in: Die Anfänge des Schuman-Plans, 1988, S. 312 m.w.N.; *Spierenburg/Poidevin,* The History, 1994, S. 33.

946 *Mioche,* in: Die Anfänge des Schuman-Plans, 1988, S. 317 m.w.N.

947 z.B. Schreiben von Aubrun an Schuman vom 3.4.1951 und 5.4.1951, abgedruckt in: *Möller/Hildebrand,* Dokumente, Bd. 2, 1997, S. 666 ff. Nr. 191. – *Mioche,* in: Die Anfänge des Schuman-Plans, 1988, S. 312, 317 m.w.N.

948 Telegramm des Hohen Kommissars François-Poncet an das Ministerium für Auswärtige Angelegenheiten, Telegramm Nr. 7853 vom 10.11.1951, abgedruckt in: *Möller/Hildebrand,* Dokumente, Bd. 2, 1997, S. 967 Nr. 278: „M. Villiers de son côté aurait déclaré que l'industrie entière approuvait le Plan Schuman." – *Mioche,* in: Die Anfänge des Schuman-Plans, 1988, S. 311.

949 *Mioche,* in: Die Anfänge des Schuman-Plans, 1988, S. 316.

950 *Monnet,* Mémoires, 1976, S. 424 ff. – *Spierenburg/Poidevin,* The History, 1994, S. 33.

951 *Monnet,* Mémoires, 1976, S. 428. – *Lacroix-Riz,* in: Die Anfänge des Schuman-Plans, 1988, S. 266 m.w.N.; *Spierenburg/Poidevin,* The History, 1994, S. 33.

952 *Monnet,* Mémoires, 1976, S. 428 ff. – *Spierenburg/Poidevin,* The History, 1994, S. 33 f.

Regierung in der Entsendung des Industriellen Léon Daum an die Hohe Behörde.[953] Die Erwartungen einer industrienahen Politik Daums wurden aber enttäuscht, vielmehr zeigte er sich als vertragstreuer Europäer.[954]

Auch Adenauer konnte die Ratifizierung in Deutschland nach längeren Diskussionen, insbesondere mit der Industrie,[955] erreichen. Die SPD unter Kurt Schumacher wehrte sich entschlossen gegen die Montanunion.[956] Ihrer Ansicht nach wäre die EGKS nur ein neues Mittel für Frankreich, Deutschland wirtschaftlich zu beherrschen.[957] Ferner verstelle die Montanunion den Weg zu einer deutschen Wiedervereinigung.[958] Weder die SPD – der DGB begrüßte z.B. die neue europäische Gemeinschaft – noch die Industrie hatten Erfolg mit ihren Bemühungen.[959] Im Folgenden konzentrierte sich die WVESI[960] – ähnlich dem CSSF – auf die Suche von geeigneten Kandidaten, die bestmöglich die Interessen der deutschen Stahlindustrie im Rahmen der EGKS vertreten sollten.[961] Am 11.01.1952 stimmte der Bundestag mit 232 zu 143 Stimmen für die Ratifizierung des EGKS-Vertrages, am 1.02.1952 verzichtete der Bundesrat darauf, Einspruch gegen das Ratifizierungsgesetz zu erheben, so dass es in Kraft trat.[962]

IV. Die Klärung der Sitzfrage

Die Außenminister der Teilnehmerstaaten entschieden, den Start der neuen Gemeinschaft mit einem „Interim Schuman Plan Committee" in die Wege zu leiten.[963] Sie beauftragten das Komitee u. a. damit, Vorschläge für den Sitz der Institutionen der EGKS auszuarbeiten.[964] Diese Frage war gemäß Art. 77 EGKS-Vertrag[965] vertagt worden. Das Komitee trat im Mai 1951 in Unkel (nahe Bonn), Ende Juni 1951 in Rom

953 *Mioche*, in: Die Anfänge des Schuman-Plans, 1988, S. 313 f. m.w.N.
954 *Mioche*, in: Die Anfänge des Schuman-Plans, 1988, S. 314.
955 Dazu im Einzelnen *Bührer*, Ruhrstahl und Europa, 1986, S. 206 ff. und *Warner*, Steel and Sovereignty, 1996, S. 149 ff.
956 *Monnet*, Mémoires, 1976, S. 425. – *Spierenburg/Poidevin*, The History, 1994, S. 32.
957 *Monnet*, Mémoires, 1976, S. 425: „[...] trouvai[t] pittoresque la liste des arguments des industriels et des socialistes allemands qui exprimaient les mêmes craintes, mais en sens contraire, que leurs homologues français." – *Spierenburg/Poidevin*, The History, 1994, S. 32.
958 *Spierenburg/Poidevin*, The History, 1994, S. 32.
959 *Spierenburg/Poidevin*, The History, 1994, S. 32.
960 Wirtschaftsvereinigung Eisen- und Stahlindustrie.
961 *Bührer*, Ruhrstahl und Europa, 1986, S. 207 ff. – im Ergebnis wurden Franz Etzel und Heinz Potthoff als Vertreter Deutschlands in der Hohen Behörde nominiert.
962 *Monnet*, Mémoires, 1976, S. 426. – *Spierenburg/Poidevin*, The History, 1994, S. 32 f.; *Warner*, Steel and Sovereignty, 1996, S. 158.
963 *Spierenburg/Poidevin*, The History, 1994, S. 34.
964 *Spierenburg/Poidevin*, The History, 1994, S. 34.
965 BGBl. 1952, II, S. 447 ff. (471): „Artikel 77 Der Sitz der Organe der Gemeinschaft wird durch Übereinkommen der Regierungen der Mitgliedstaaten festgelegt."

und vom 12.-14. Juni 1952 in Den Haag zusammen, ohne in der Sitzfrage zu einem Ergebnis zu gelangen.[966] So blieb die Frage dann doch der Außenministerkonferenz überlassen, die am 23.07.1952 in Paris tagte.[967] In dieser Sitzung, die bis zum Morgen dauerte, einigten sich die Regierungsoberhäupter der Teilnehmerstaaten auf den Sitz der Hohen Behörde.[968]

Schumans Vorschlag Saarbrücken[969] und Adenauers Favorit Straßburg blieben ohne Widerhall, da man sich darauf einigte, den Sitz in den „kleinen" Ländern anzusiedeln.[970] Paris kam aus demselben Grund nicht in Frage. Darüber hinaus fand Frankreich mit Monnet als Präsidenten der Hohen Behörde schon ausreichend Berücksichtigung.[971] Brüssel wurde aus innenpolitischen Gründen nicht vorgeschlagen, obwohl sich dafür möglicherweise eine Mehrheit gebildet hätte.[972] Im Endeffekt setzte sich Luxemburg durch, was der luxemburgische Außenminister Bech erst spät in der Nacht in die Runde warf.[973] Dem kleinsten Land der Montanunion konnte damit zu mehr Einfluss verholfen werden. Die Sitzwahl geschah aber nur „à titre précaire", d.h. vorläufig.[974] Dieses Provisorium hielt aber mehrere Jahre an. Der Beratende Ausschuss für Kohle und Stahl blieb in Luxemburg.[975] Noch heute befinden sich Teile der Europäischen Kommission, in der die Hohe Behörde aufging, in Luxemburg.

---

966 *Spierenburg/Poidevin,* The History, 1994, S. 34 f.

967 *Küsters,* in: Die Anfänge des Schuman-Plans, 1988, S. 99.

968 *Adenauer,* Erinnerungen 1945–1953, 1965, S. 437; *Monnet,* Mémoires, 1976, S. 432 ff.: „La discussion sur le siège fut une ultime et décisoire parade du droit de veto. [...] Cette nuit-là acheva de nous convaincre – mais en était-il encore besoin? – que l'Europe des États souverains n'était pas capable de tirer d'elle-même, quelle que fût la bonne volonté de ses dirigeants, les décisions sages qui s'imposaient pour le bien commun." – *Küsters,* in: Europäische Integration, 1993, S. 270; ausführlich zu der Diskussion und den verschiedenen Vorschlägen s. *Spierenburg/Poidevin,* The History, 1994, S. 36 ff.

969 The Ambassador in France (Dunn) to the Department of State, Paris, 24.07.1952, in: FRUS, 1952–1954, Vol. VI, Part 1, S. 133 f. – *Spierenburg/Poidevin,* The History, 1994, S. 36.

970 *Dichgans,* Montanunion, 1980, S. 74; *Küsters,* in: Europäische Integration, 1993, S. 270; *Küsters,* in: Die Anfänge des Schuman-Plans, 1988, S. 99; *Spierenburg/Poidevin,* The History, 1994, S. 36.

971 *Küsters,* in: Die Anfänge des Schuman-Plans, 1988, S. 99 m.w.N.

972 *Dichgans,* Montanunion, 1980, S. 74; *Küsters,* in: Die Anfänge des Schuman-Plans, 1988, S. 99.

973 *Monnet,* Mémoires, 1976, S. 433 f. – *Dichgans,* Montanunion, 1980, S. 74; *Spierenburg/Poidevin,* The History, 1994, S. 36 ff.

974 *Monnet,* Mémoires, 1976, S. 433. – *Dichgans,* Montanunion, 1980, S. 74.

975 *Dichgans,* Montanunion, 1980, S. 74.

V. Auswirkungen der Wiedererlangung der Souveränität durch Deutschland auf den EGKS-Vertrag

Deutschland wurde mit Abschluss der Pariser Verträge, die am 5.5.1955 in Kraft traten, souverän.[976] Diese Verträge verpflichteten Deutschland jedoch in Artikel 9 Abs. 1 und 2, die Entflechtung gemäß dem alliierten Gesetz Nr. 27 zu vollenden.[977] Artikel 9 Abs. 3 der Pariser Verträge schränkte diese Verpflichtung indes insoweit ein, dass Zusammenschlüsse, die nicht gegen den EGKS-Vertrag verstießen, zulässig waren, selbst wenn sie ursprünglich dem alliierten Entflechtungsgesetz unterlagen.[978]

Die Aussage Adenauers, der Vertragstext erlaube eine Rückverflechtung der deutschen Industrie, stand von nun an auch im Einklang mit dem geltenden Besatzungsrecht. Denn die Genehmigung der Fusion durch die Hohe Behörde gemäß Art. 66 EGKS-Vertrag[979] war nach Artikel 9 Abs. 3 der Pariser Verträge vorrangig gegenüber der Entflechtungsregelung gemäß dem alliierten Gesetz Nr. 27.[980] Eine

---

976 *Küsters*, in: Europäische Integration, 1993, S. 292; *Witschke*, Gefahr für den Wettbewerb?, 2009, S. 150.

977 Protokoll über die Beendigung des Besatzungsregimes in der Bundesrepublik Deutschland unterzeichnet in Paris am 23.10.1954, Änderungen zu dem Vertrag zur Regelung aus Krieg und Besatzung entstandener Fragen, in: BGBl. II 1955/7 S. 235: „Artikel 9 (1) Die von der Alliierten Hohen Kommission erlassenen Rechtsvorschriften über die Umgestaltung des deutschen Kohlenbergbaus und der deutschen Eisen- und Stahlindustrie bleiben in dem Umfang, in dem sie am Tage des Inkrafttretens dieses Vertrages gelten, in Kraft, soweit und solange vor diesem Zeitpunkt angeordnete Entflechtungsmaßnahmen noch durchzuführen sind oder Berechtigte noch geschützt werden müssen. (2) Die Bundesregierung wird dafür sorgen, daß die Durchführungsverordnungen oder Anordnungen der Alliierten Hohen Kommission oder der ihr nachgeordneten Dienststellen auf Grund der in Absatz (1) dieses Artikels bezeichneten Rechtsvorschriften angeordneten Maßnahmen, die auf Grund der durch diese Anordnungen gebilligten Pläne zu treffen sind, vollständig durchgeführt werden." – *Witschke*, Gefahr für den Wettbewerb?, 2009, S. 150.

978 Protokoll über die Beendigung des Besatzungsregimes in der Bundesrepublik Deutschland unterzeichnet in Paris am 23.10.1954, Änderungen zu dem Vertrag zur Regelung aus Krieg und Besatzung entstandener Fragen, in: BGBl. II 1955/7 S. 235: „[...] (3) Die Bestimmungen dieses Artikels stehen den auf Grund des Vertrages über die Gründung der Europäischen Gemeinschaft für Kohle und Stahl zulässigen Erweiterungen oder Zusammenschlüssen von Unternehmen des deutschen Kohlenbergbaus und der deutschen Eisen- und Stahlindustrie nicht entgegen." – *Witschke*, Gefahr für den Wettbewerb?, 2009, S. 151.

979 BGBl. 1952, II, S. 447 ff. (465 f.): „Artikel 66 § 1. Der vorherigen Genehmigung der Hohen Behörde unterliegt [...] jedes Vorgehen, das unmittelbar oder mittelbar seiner Natur nach und infolge der Tätigkeit einer Person oder eines Unternehmens, einer Gruppe von Personen oder Unternehmen zu einem Zusammenschluß zwischen Unternehmen führt [...]".

980 *Witschke*, Gefahr für den Wettbewerb?, 2009, S. 151.

andere Regelung wäre wirtschaftspolitisch auch nicht vertretbar gewesen. Die Unternehmen mussten die Möglichkeit haben, auf marktwirtschaftliche Veränderungen zu reagieren.[981] Die Alliierten beabsichtigten von vornherein nicht, den auf der Basis des alliierten Gesetzes Nr. 27 entflochtenen Unternehmen jegliches Wachstum und wirtschaftlich sinnvolle Zusammenschlüsse zu untersagen.[982] Für die Wahrung des freien Wettbewerbs trotz Rückverflechtungen war jetzt vielmehr gemäß Art. 66 i.V.m. Artt. 79, 80 EGKS-Vertrag die Hohe Behörde zuständig, was Verhandlungen zwischen den Teilnehmerländern auf supranationaler Ebene erforderlich machte.[983]

VI. Die Hohe Behörde als Kartellbehörde

Am 23.07.1952 trat der Vertrag, der das erste europäische Wettbewerbsgesetz für den Wirtschaftsbereich „Kohle und Stahl" sowie die Hohe Behörde als Kartellaufsicht regelte, in Kraft.[984] Am 10.08.1952 begann die Hohe Behörde ihre Arbeit.[985] Der Vertrag schuf erstmals unmittelbar geltendes europäisches Recht. Krawielicki sprach von einem europäischen Wirtschaftsverwaltungsrecht, welches im Zuständigkeitsbereich der Hohen Behörde gegenüber den nationalen öffentlich-rechtlichen Aufsichtsnormen vorrangig war.[986] Er bezog sich dabei vor allem auf die kartellrechtlichen Vorschriften.[987] Dazu zählte er das allgemeine Diskriminierungsverbot gemäß Art. 4 lit. b EGKS-Vertrag[988] sowie das Verbot diskriminierender Preise nach Art. 60, Art. 63 und Art. 64 EGKS-Vertrag[989]. Kern der Kartellvorschriften war aber das Kapitel VI mit dem Titel „Kartelle und Zusammenschlüsse". In diesem Kapitel regelte Art. 65 EGKS-Vertrag[990] das Verbot wettbewerbsbeschränkender Praktiken

981 *Witschke*, Gefahr für den Wettbewerb?, 2009, S. 173.
982 *Witschke*, Gefahr für den Wettbewerb?, 2009, S. 173.
983 *Witschke*, Gefahr für den Wettbewerb?, 2009, S. 173, 313.
984 *Lehnich*, Die Wettbewerbsbeschränkung, 1956, S. 472 ff.
985 *Gith*, Entstehungsgeschichte des europäischen Kartellrechts, 2003, S. 59.
986 *Krawielicki*, Monopolverbot, 1952, S. 3, 6 ff.
987 *Krawielicki*, Monopolverbot, 1952, S. 3; *Witschke*, Gefahr für den Wettbewerb?, 2009, S. 12.
988 BGBl. 1952, II, S. 447 ff. (449): „Artikel 4: Als unvereinbar mit dem gemeinsamen Markt für Kohle und Stahl werden innerhalb der Gemeinschaft gemäß der Bestimmungen dieses Vertrages aufgehoben und untersagt: [...] b) Maßnahmen oder Praktiken, die eine Diskriminierung zwischen Erzeugern oder Käufern oder Verbrauchern herbeiführen, insbesondere hinsichtlich der Preis- und Lieferbedingungen und der Beförderungstarife, sowie Maßnahmen oder Praktiken, die den Käufer an der freien Wahl seines Lieferanten hindern; [...]".
989 BGBl. 1952, II, S. 447 ff. (462 ff.).
990 BGBl. 1952, II, S. 447 ff. (464): „Artikel 65 § 1. Verboten sind alle Vereinbarungen zwischen Unternehmen, alle Beschlüsse von Verbänden von Unternehmen und alle verabredeten Praktiken, die darauf abzielen würden, auf dem gemeinsamen Markt unmittelbar oder mittelbar den normalen Wettbewerb zu verhindern, einzuschränken oder zu verfälschen, insbesondere [...]. § 2. Die Hohe Behörde ge-

und Art. 66 EGKS-Vertrag[991] die Fusionskontrolle. Ferner nannte Krawielicki das Verbot des Dumping mit Lohnsenkungen (Art. 68 EGKS-Vertrag[992]).

Bei Verstößen sah der Maßnahmenkatalog der Hohen Behörde Verwaltungsstrafen oder mittelbaren Zwang durch Zwangsgeld, z.B. Art. 58 § 4, Art. 59 § 7, Art. 64, Art. 65 § 5, Art. 66 § 6 und 68 § 6 EGKS-Vertrag, sowie im Vorfeld Auskunfts-, Kontroll- und Aufsichtsrechte, z.B. Art. 47 EGKS-Vertrag, vor.[993] Artt. 63 §§ 1, 3, Art. 66 § 5 Abs. 6, Art. 68 § 2 Satz 2 EGKS-Vertrag regelten eine Form der Amtshilfe durch die Mitgliedstaaten.[994] Der EGKS-Vertrag manifestierte in Art. 65 § 1 EGKS-Vertrag ein sehr weitgehendes Kartellverbot.[995] Es bestand aber die Möglichkeit der Genehmigung (Art. 65 § 2 EGKS-Vertrag). Fusionen kontrollierte die Hohe Behörde auf der Grundlage der in Art. 66 § 1 EGKS-Vertrag vorgesehenen Genehmigungspflicht für Zusammenschlüsse von Unternehmen. Die Monopolaufsicht erfolgte nach Art. 66 § 7 EGKS-Vertrag, der den Missbrauch einer marktbeherrschenden Stellung untersagte. Monopole und marktbeherrschende Stellungen verbot der EGKS-Vertrag indes nicht, solange kein Missbrauch feststellbar war.[996] Die in Art. 66 §§ 1, 7 EGKS-Vertrag geregelten Instrumente der Fusionskontrolle und Monopolaufsicht dienten dazu, internationale Kartelle zu verhindern und die Neuordnung der Ruhrindustrie auf Dauer zu verankern.[997]

Der Wortlaut des Montanunion-Vertrages war damit richtungsweisend. Der Vertrag zur Montanunion wurde zu Recht als „das erste Antitrustgesetz Europas“ bezeichnet.[998] Krawielicki erwartete schon 1952, dass diese Regelungen in den Mitgliedstaaten und in den zukünftigen europäischen Gemeinschaften ebenfalls ihren Niederschlag fänden und Orientierungsfunktion übernähmen.[999] Politisch wurde die Montanunion ein Erfolg. Nicht umsonst bezeichnen viele Autoren und Politiker

---

nehmigt jedoch für bestimmte Erzeugnisse Vereinbarungen über Spezialisierung oder über gemeinsamen Ein- oder Verkauf, wenn sie feststellt [...]“.

991 BGBl. 1952, II, S. 447 ff. (465 ff.).

992 BGBl. 1952, II, S. 447 ff. (468 f.): „Artikel 68 [...] § 2. Stellt die Hohe Behörde fest, daß ein oder mehrere Unternehmen ungewöhnlich niedrige Preise anwenden, und daß sich diese Preise aus Löhnen ergeben, die von diesen Unternehmen auf ein im Vergleich zu den Löhnen desselben Gebietes ungewöhnlich niedriges Niveau festgesetzt worden sind, so richtet sie an diese [...] Empfehlungen. [...]“.

993 *Krawielicki*, Monopolverbot, 1952, S. 3.

994 *Krawielicki*, Monopolverbot, 1952, S. 3 f.

995 *Reuter*, La CECA, 1953, S. 209.

996 *Reuter*, La CECA, 1953, S. 208.

997 *Krawielicki*, Monopolverbot, 1952, S. 5 f.

998 *Krawielicki*, Monopolverbot, 1952, S. 1; *Monti*, in: 50 Jahre EGKS, 2002, S. 161; *Ophüls*, in: NJW 1951, S. 289 ff. (291); *Schlochauer*, in: JZ 1951, 289 f. (290); *Witschke*, Gefahr für den Wettbewerb?, 2009, S. 12, 25.

999 *Krawielicki*, Monopolverbot, 1952, S. 6 f.

den EGKS-Vertrag oft als „Friedensvertrag“.[1000] Er war der Grundstein für den europäischen Einigungsprozess.[1001]

Rechtlich und politisch brisant waren vor allem die Entflechtungsvorschriften. Die Nichtdiskriminierungsklausel – nach deutscher Auslegung – und die Pariser Verträge hatten die Rückverflechtung rechtlich möglich gemacht. Tatsächlich kam es zu Fusionen in der deutschen Schwerindustrie, die die alliierten Entflechtungsmaßnahmen wieder rückgängig machten.[1002]

Die Hohe Behörde genehmigte diese Zusammenschlüsse durchweg, „weil sie dem Ziel dienen, die Produktion zu rationalisieren und die Preise zu senken.“[1003] Insofern liegt es nahe, von einer Ineffizienz der Fusionskontrollvorschriften und einem Scheitern der alliierten Neuordnung zu sprechen.

1000 *Griffiths*, in: Die Anfänge des Schuman-Plans, 1988, S. 70; *Hogan*, The Marshall Plan, 1987, S. 439; *Steinert*, in: Relations internationales, 1975, Nr. 4, S. 155 ff. (177); *Witschke*, Gefahr für den Wettbewerb?, 2009, S. 14 m.w.N. in Fn. 16.

1001 Adenauer: „Der Schuman-Plan war der Anfang der europäischen Einigung. Mit der Unterzeichnung des Montanunion-Vertrages begann in meinen Augen ein neuer Abschnitt der europäischen Geschichte.“, in: *Adenauer*, Erinnerungen 1945–1953, 1965, S. 423; *Monnet*, Mémoires, 1976, S. 350 et passim. – *Bührer*, in: Europäische Integration, 1993, S. 90 m.w.N.; *Schwabe*, in: Die Anfänge des Schuman-Plans, 1988, S. 132; *Witschke*, Gefahr für den Wettbewerb?, 2009, S. 14 m.w.N. in Fn. 15.

1002 *Gillingham*, Rebirth, 1991, S. 312; *Sieber*, in: WWI-Mitteilungen, Jg. 11 (1958), S. 47–55 mit Fallstudien zur deutschen Kohle- und Stahlindustrie (August Thyssen-Hütte, Rheinische Stahlwerke, Krupp, Mannesmann, Gutehoffnungshütte, Hoesch, Klöckner, Flick); *Witschke*, Gefahr für den Wettbewerb?, 2009, S. 163 und passim belegt mit ausführlichen Fallstudien zur deutschen, belgischen und französischen Ruhrstahlindustrie.

1003 EGKS-Tätigkeitsbericht 1953, S. 120; EGKS-Tätigkeitsbericht 1954, S. 116 f.; EGKS-Tätigkeitsbericht 1955, S. 154 f.; EGKS-Tätigkeitsbericht 1956, S. 147–149; EGKS-Tätigkeitsbericht 1957, Bd. 2, S. 97–104 (mit ausführlicher Auflistung aller seit Inkrafttreten des EGKS-Vertrages genehmigten Fusionen); EGKS-Tätigkeitsbericht 1958, S. 156–159; EGKS-Tätigkeitsbericht 1962, S. 331; EGKS-Tätigkeitsbericht 1963, S. 195–202. – *Der Spiegel*, Nr. 24, 13.6.1951, Das größte Abenteuer, S. 16–18: „Diese Zerschlagung der historisch gewachsenen Verbundwirtschaft an Rhein und Ruhr ist irreparabel, wenn die Montan-Union in Kraft tritt. Mit den Artikeln 65 und 66 des Montan-Vertrages werden Rhein und Ruhr auf 50 Jahre die Daumenschrauben angelegt: jede Korrektur dieser Ruhrzerschlagung bedarf dann der Zustimmung der Hohen Behörde des Schumanplanes.“; *Der Spiegel*, Nr. 2, 5.1.1955, Verbundwirtschaft. Die Töchter kommen wieder, S. 10–12: „Luxemburgs Hohe Montanbehörde hat bisher alle ihr bekanntgewordenen deutschen Rückverflechtungen wohlwollend zur Kenntnis genommen bzw. genehmigt, weil sie dem erklärten Ziel der Montanunion dienen, die Produktion zu rationalisieren und die Preise zu senken.“; *Gillingham*, Rebirth, 1991, S. 355; *Gith*, Entstehungsgeschichte des europäischen Kartellrechts, 2003, S. 60 f.; *Sieber*, in: WWI-Mitteilungen, Jg. 11 (1958), S. 55; *Warner*, Steel and Sovereignty, 1996, S. 236; *Witschke*, Gefahr für den Wettbewerb?, 2009, S. 13 ff., 18.

Dagegen spricht aber, dass die Alliierten, wie oben aufgezeigt, in den Pariser Verträgen sogar den Weg für die erneute Konzentration der Ruhrindustrie frei gemacht hatten, sie mithin duldeten.[1004] Selbst die französische Regierung stemmte sich nicht gegen die Rückverflechtung, obwohl für sie die Entflechtung noch während der Schuman-Plan-Verhandlungen unerlässlich für ihre Teilnahme an der EGKS gewesen war. Zum Einen wollte sie die deutsch-französischen Beziehungen nicht belasten.[1005] Zum Anderen hatte sie ihr Hauptziel, d.h. die ausreichende Versorgung der französischen Stahlindustrie mit Kohle aus dem Ruhrgebiet, schon anderweitig erreicht, und zwar durch den Kauf der Harpen AG.[1006]

Das zeigt, dass sowohl Amerikaner als auch Franzosen mit der Entflechtung nicht allein wirtschaftliche Ziele verfolgten. Vielmehr standen die europäischen Einigung und die Befriedung der deutsch-französischen Beziehungen im Vordergrund. Politische Motive überwogen gegenüber wirtschaftlichen Erwägungen.[1007] Selbst Monnet plädierte für eine an der Praxis orientierte Anwendung des Vertrages, um die europäische Integration zu fördern.[1008]

Zu einer strikten Anwendung der in Art. 66 EGKS-Vertrag vorgesehenen Fusionskontrolle war die Hohe Behörde nach einer Auffassung in der Literatur politisch gar nicht befugt.[1009] Allein ein Ausufern der Konzentration sollte verhindert und eine Beaufsichtigung sichergestellt werden.[1010] Für ein erfolgreiches Einschreiten gegen Zusammenschlüsse verfügte die Hohe Behörde demnach trotz der im Vertrag geregelten umfangreichen Eingriffsbefugnisse nicht über die erforderliche Autorität.[1011]

Das lag daran, dass die Mitgliedsländer trotz Abgabe von Souveränität zugunsten der Supranationalität nicht auf jegliche Einflussnahme verzichten wollten, z.B. im Rahmen der Kooperation der Hohen Behörde mit dem Ministerrat.[1012] Oftmals wurde die Hohe Behörde zum politischen Kräftemessen genutzt, wenn es um die rein rechtliche Frage nach der Zulässigkeit einer Fusion ging.[1013] Dennoch kam der Montanunion die wichtige Aufgabe eines Diskussionsforums für Initiativen der

---

1004 *Witschke*, Gefahr für den Wettbewerb?, 2009, S. 167.

1005 *Witschke*, Gefahr für den Wettbewerb?, 2009, S. 166.

1006 *Witschke*, Gefahr für den Wettbewerb?, 2009, S. 109, 166.

1007 *Adenauer*, Erinnerungen 1945–1953, 1965, S. 328, 335; *Gith*, Entstehungsgeschichte des europäischen Kartellrechts, 2003, S. 60 f.; *Monnet*, Mémoires, 1976, S. 357 ff.; *Witschke*, Gefahr für den Wettbewerb?, 2009, S. 16 ff., 109 f., 164.

1008 *Spierenburg*, in: Témoignages, 1989, S. 509 f.: „Mais c'était un homme intègre, sans ambition personnelle, qui ne faisait que se battre pour faire avancer ses idées."; *Gith*, Entstehungsgeschichte des europäischen Kartellrechts, 2003, S. 60 f.; *Witschke*, Gefahr für den Wettbewerb?, 2009, S. 178.

1009 *Witschke*, Gefahr für den Wettbewerb?, 2009, S. 203.

1010 *Witschke*, Gefahr für den Wettbewerb?, 2009, S. 203.

1011 *Witschke*, Gefahr für den Wettbewerb?, 2009, S. 179, S. 331 m.w.N.

1012 *Brüggemeier*, Entwicklung des Rechts im organisierten Kapitalismus, Bd. 2, 1979, S. 288.

1013 *Witschke*, Gefahr für den Wettbewerb?, 2009, S. 311 ff.

weitergehenden europäischen Integration zu.[1014] Die Teilnehmerländer konnten erstmals die Zusammenarbeit in einem supranationalen Organ erproben. Die Montanunion selber war auch deshalb kein internationales Kartell. Schließlich bestimmten nicht die Unternehmer das Marktgeschehen, sondern die Hohe Behörde.[1015]

Zusammenfassung zu Kapitel 7

Die USA unterstützten den Schuman-Plan nur unter der Voraussetzung, dass die Montanunion kein internationales Kartell bildete. Die Industrie der Teilnehmerländer und sogar die Regierungen der Teilnehmerländer verschlossen sich der Idee einer Kartellierung indes nicht gänzlich. Monnet erkannte, dass bei Ermöglichung von Kartellen die französische Stahl- und Kohleindustrie ins Hintertreffen insbesondere gegenüber der deutschen Stahl- und Kohleindustrie gelangen könnte. Daher forderte er die Aufnahme eines absoluten Kartellverbots ohne Genehmigungsmöglichkeit und eine Fusionskontrolle in den EGKS-Vertrag. Diese Vorschläge stießen auf Widerstand und fanden letztendlich nur in einer abgeschwächten Form Eingang in den Vertragstext. Trotzdem sah der EGKS-Vertrag eine vergleichsweise moderne Monopolaufsicht sowie eine Kartellbehörde mit echten Entscheidungsbefugnissen – die Hohe Behörde – vor. Die Hohe Behörde trat somit in einer Doppelfunktion auf – einerseits als politisches Organ, andererseits als Aufsichtsbehörde. Ihre Entscheidungen traf sie in Kooperation mit dem Ministerrat, in dem Vertreter der Regierungen der Mitgliedstaaten saßen. Darüber hinaus regelte der EGKS-Vertrag die Entflechtung von konzentrierten Industriezweigen. Die Entflechtungsvorschriften erlangten vor allem für die am 5.5.1955 souverän gewordene Bundesrepublik Bedeutung, da diese Vorschriften Vorrang vor dem alliierten Gesetz Nr. 27, welches die Entflechtung der deutschen Schwerindustrie zum Inhalt hatte, genossen. Der EGKS-Vertrag verfolgte indes weniger wirtschaftliche Ziele, sondern sollte aus Sicht der Gründerväter den politischen Frieden zwischen Deutschland und Frankreich herstellen und festigen. Dies prägte die Verwaltungspraxis der Hohen Behörde. Die deutsche Kohle- und Stahlindustrie nutzte die stark politisierte Fusionskontrolle dazu, ihre Entflechtung rückgängig zu machen.

1014 *Bührer*, in: Europäische Integration, 1993, S. 87.

1015 *Krawielicki*, Monopolverbot, 1952, S. 5, a.A. *Phlips*, Competition Policy, Cambridge 1995, S. 121: „[...] Article 60 makes tacit collusion possible."; *Stegemann*, European Steel Market, 1977, S. 239: „[...] the diagnosis ‚imperfect collusion' generally characterized the market behaviour of ECSC steel producers [...]"; *Witschke*, Gefahr für den Wettbewerb?, 2009, S. 313, 330.

Kapitel 8: Von der Hohen Behörde der EGKS zur Generaldirektion Wettbewerb der Europäischen Kommission

I. Römische Verträge und Europäische Kommission

1. Eine neue Initiative: der Spaak-Report (1956)

Die europabegeisterte Stimmung hielt nicht an, so dass eine weitere Integration vorerst scheiterte. Die Initiativen zur Gründung einer Europäischen Politischen Gemeinschaft (EPG) sowie einer Europäischen Verteidigungsgemeinschaft (EVG) verliefen im Sande.[1016]

Entscheidend für den Fortgang der europäischen Integration war der Spaak-Report von 1956, der auf eine Initiative des belgischen Außenminister Paul-Henri Spaak verfasst wurde.[1017] Hans von der Groeben – zum damaligen Zeitpunkt Vorsitzender des Ausschusses „Gemeinsamer Markt" – und Pierre Uri zeichneten für die Erstellung des Spaak-Reports verantwortlich.[1018] Unter der Voraussetzung, dass die französischen Übersee-Gebiete (TOM = territoires d'outre-mer) ebenfalls am gemeinsamen Markt der EWG teilhaben, war auch Frankreich für die Idee einer EWG zu gewinnen.[1019] Dies geschah nach Mioche, der umfangreiches Quellenmaterial der französischen Verbände auswertete, überwiegend mit Unterstützung des Verbandes der französischen Industrie – CNPF –, die wirtschaftlichen Vorteile eines gemeinsamen Marktes waren unverkennbar.[1020] Selbst manche Mitglieder des französischen Verbandes der Stahlindustrie schlossen sich dem an, auch wenn der damalige Präsident Jean Raty europafeindlich blieb.[1021]

2. Römische Verträge und Bildung der Kommission der EWG

Am 25.03.1957 unterschrieben die Vertreter der Mitgliedstaaten die Gründungsverträge der EWG (sog. Römische Verträge). Diese traten am 1.1.1958 in Kraft. Die Verträge enthielten von vornherein Wettbewerbsregeln, da die Mitgliedstaaten eine liberale Wirtschaftsordnung für das Funktionieren des gemeinsamen Marktes als

---

1016 *Gith,* Entstehungsgeschichte des europäischen Kartellrechts, 2003, S. 68; *Küsters,* in: Europäische Integration, 1993, S. 292.

1017 *Gith,* Entstehungsgeschichte des europäischen Kartellrechts, 2003, S. 69; *Schulze/ Hoeren,* Dokumente, Bd. 3, 2000, Einführung S. XXVI f.

1018 *Gith,* Entstehungsgeschichte des europäischen Kartellrechts, 2003, S. 71.

1019 *Bossuat,* in: Europäische Integration, 1993, S. 223 f.

1020 *Mioche,* in: Europäische Integration, 1993, S. 253 ff.

1021 *Mioche,* in: Europäische Integration, 1993, S. 253.

unerlässlich ansahen.[1022] Die Schaffung der Wettbewerbsregeln im EWG-Vertrag war indes die Frucht eines langwierigen Prozesses, gezeichnet von Kompromissen um Begrifflichkeiten und Definitionen. Anders als beim Schuman-Plan trat Deutschland nun, vertreten durch von der Groeben, für strenge Antitrustregeln ein, während Frankreich mildere Regeln nach dem Missbrauchsprinzip bevorzugte.[1023] Der Spaak-Bericht äußerte sich relativ vage, ein Kartellverbot forderte er nicht.[1024] Als es im Bundeswirtschaftsministerium im Herbst 1956 zu einem Stimmungsumschwung kam und Ludwig Erhard sowie Müller-Armack nur noch Richtlinien und nicht wie vorher eine detaillierte Kartellgesetzgebung favorisierten, blieb von der Groeben standhaft.[1025] Letztendlich erfolgreich verteidigte er die ursprüngliche deutsche Position, d.h. ein Kartellverbot sowie eine davon getrennte Kartell- und Monopolaufsicht.[1026] Am Ende der Verhandlungen stand ein Kompromiss – ein interpretationsfähiges, relativ offen formuliertes Kartellverbot mit Genehmigungsmöglichkeit (Art. 85 EWG-Vertrag[1027]).[1028] Eine Fusionskontrolle war zu diesem Zeitpunkt nicht konsensfähig, Monopole unterlagen daher nur einer Missbrauchsaufsicht

---

1022 *von der Groeben,* in: Kartelle und Monopole, 1960, Bd. 1, S. 52 ff.; *von der Groeben,* Aufbaujahre, 1982, S. 156 f.; *Hallstein,* in: Kartelle und Monopole, 1960, Bd. 2, S. 1006.

1023 *Gith,* Entstehungsgeschichte des europäischen Kartellrechts, 2003, S. 76; *Schulze/Hoeren,* Dokumente, Bd. 3, 2000, Einführung S. XXV.

1024 *Schulze/Hoeren,* Dokumente, Bd. 3, 2000, Einführung S. XXVII.

1025 *Gith,* Entstehungsgeschichte des europäischen Kartellrechts, 2003, S. 77 ff.; *Schulze/Hoeren,* Dokumente, Bd. 3, 2000, Einführung S. XXVIII f.

1026 *Gith,* Entstehungsgeschichte des europäischen Kartellrechts, 2003, S. 77 ff.; *Schulze/Hoeren,* Dokumente, Bd. 3, 2000, Einführung S. XXXIV.

1027 Art. 85 EWG-Vertrag lautete: „1. Mit dem Gemeinsamen Markt unvereinbar und verboten sind alle Vereinbarungen zwischen Unternehmen, Beschlüsse von Unternehmensvereinigungen und aufeinander abgestimmte Verhaltensweisen, welche den Handel zwischen Mitgliedstaaten zu beeinträchtigen geeignet sind und eine Verhinderung, Einschränkung oder Verfälschung des Wettbewerbs innerhalb des Gemeinsamen Marktes bezwecken oder bewirken, insbesondere [...] 3. Die Bestimmungen des Absatzes 1 können für nicht anwendbar erklärt werden auf Vereinbarungen [...], die unter angemessener Beteiligung der Verbraucher an dem entstehenden Gewinn zur Verbesserung der Warenerzeugung oder –verteilung oder zur Förderung des technischen und wirtschaftlichen Fortschritts beitragen, ohne daß [...]", abgedruckt in: BGBl. 1957, Teil II, Nr. 23 v. 19.08.1957, S. 753 ff. (824 ff.) Gesetz zu den Verträgen vom 25. März 1957 zur Gründung der Europäischen Wirtschaftsgemeinschaft und der Europäischen Atomgemeinschaft.

1028 Ausführlich zur Entstehung der einzelnen kartellrechtlichen Vertragsbestimmungen und zu den Etappen der Verhandlungen s. *Gith,* Entstehungsgeschichte des europäischen Kartellrechts, 2003, S. 81 ff.

(Art. 86 EWG-Vertrag[1029]).[1030] Eine endgültige Regelung des Verfahrens fand nicht statt. Vielmehr blieben diese Fragen vorerst offen und sollten später durch Verordnung geregelt werden (Artt. 87–89 EWG-Vertrag).[1031] Art. 87 Abs. 1 EWG-Vertrag verpflichtete den Ministerrat binnen drei Jahren nach Inkrafttreten des Vertrages eine solche Durchführungsverordnung auf Vorschlag der Kommission zu erlassen.[1032] Im Übrigen erhielt die Kommission – neben den Mitgliedstaaten (Art. 88 EWG-Vertrag) – den Auftrag, bereits ab Inkrafttreten für die Einhaltung der Wettbewerbsregeln des Vertrages zu sorgen (Art. 89 EWG-Vertrag).[1033] Die in Art. 87 EWG-Vertrag geforderte Durchführungsverordnung erging aber erst im Jahre 1962 (Erste Durchführungsverordnung des EWG-Rates zu den Artikeln 85 und 86 des

---

1029 Art. 86 EWG-Vertrag lautete: „Artikel 86: Mit dem Gemeinsamen Markt unvereinbar und verboten ist die mißbräuchliche Ausnutzung einer beherrschenden Stellung auf dem Gemeinsamen Markt oder auf einem wesentlichen Teil desselben durch ein oder mehrere Unternehmen, soweit dies dazu führen kann, den Handel zwischen Mitgliedstaaten zu beeinträchtigen. [...]", abgedruckt in: BGBl. 1957, Teil II, Nr. 23 v. 19.08.1957, S. 753 ff. (826) Gesetz zu den Verträgen vom 25. März 1957 zur Gründung der Europäischen Wirtschaftsgemeinschaft und der Europäischen Atomgemeinschaft.

1030 Vorschläge von Herrn von der Groeben zum Entwurf für die Abfassung von Artikeln betreffend den Gemeinsamen Markt vom 4.07.1956, abgedruckt in: *Schulze/ Hoeren,* Dokumente, Bd. 3, 2000, S. 148 f. sowie Einführung S. XXXIV. – *Gith,* Entstehungsgeschichte des europäischen Kartellrechts, 2003, S. 98 ff.

1031 BGBl. 1957, Teil II, Nr. 23 v. 19.08.1957, S. 753 ff. (828) Gesetz zu den Verträgen vom 25. März 1957 zur Gründung der Europäischen Wirtschaftsgemeinschaft und der Europäischen Atomgemeinschaft. – Zur Entstehungsgeschichte dieser Normen s. *Gith,* Entstehungsgeschichte des europäischen Kartellrechts, 2003, S. 124 ff.

1032 BGBl. 1957, Teil II, Nr. 23 v. 19.08.1957, S. 753 ff. (828) Gesetz zu den Verträgen vom 25. März 1957 zur Gründung der Europäischen Wirtschaftsgemeinschaft und der Europäischen Atomgemeinschaft.

1033 Art. 88 EWG-Vertrag lautete: „Artikel 88: Bis zum Inkrafttreten der gemäß Artikel 87 erlassenen Vorschriften entscheiden die Behörden der Mitgliedstaaten im Einklang mit ihren eigenen Rechtsvorschriften und den Bestimmungen der Artikel 85, insbesondere Absatz 3, und 86 über die Zulässigkeit von Vereinbarungen, Beschlüssen und aufeinander abgestimmten Verhaltensweisen sowie über die mißbräuchliche Ausnutzung einer beherrschenden Stellung auf dem Gemeinsamen Markt. Artikel 89: 1. Unbeschadet des Artikels 88 achtet die Kommission, sobald sie ihre Tätigkeit aufgenommen hat, auf die Verwirklichung der in den Artikeln 85 und 86 niedergelegten Grundsätze. [...]", abgedruckt in: BGBl. 1957, Teil II, Nr. 23 v. 19.08.1957, S. 753 ff. (828) Gesetz zu den Verträgen vom 25. März 1957 zur Gründung der Europäischen Wirtschaftsgemeinschaft und der Europäischen Atomgemeinschaft. – Die Problematik von Doppelverfahren oder widersprechenden Entscheidungen wurde nicht geregelt s. *Gith,* Entstehungsgeschichte des europäischen Kartellrechts, 2003, S. 142 f.

Vertrages vom 6.02.1962[1034]).[1035] Da diese Verordnung die Tragweite von Artt. 85 und 86 EWG-Vertrag mitsamt den Folgen eines Verstoßes sowie Verfahren und Zuständigkeit regelte, wurde sie auch als „europäisches Wettbewerbsgesetz" bezeichnet.[1036]

3. Wettbewerbsbehörde und Wettbewerbsregeln der EWG

Exekutivorgan der Gemeinschaft war die Europäische Kommission. Sie nahm ihre Arbeit mit Inkrafttreten der Verträge am 1.1.1958 in Brüssel auf.[1037] Grundsätzlich war sie die zuständige Wettbewerbsbehörde, da ihr laut des Vertrages die Umsetzung der Wettbewerbspolitik zukam. Ihr Auftrag wurde ihr aber – nicht zuletzt wegen der ungenauen und offenen Formulierung im Vertragstext sowie der unklaren Kompetenzverteilung – zu Anfang von den Mitgliedstaaten streitig gemacht. Die Mitgliedstaaten bestritten die direkte Anwendbarkeit der Artt. 85, 86 EWG-Vertrag durch die Kommission.[1038] Insbesondere Frankreich gestand der Kommission auf diesem Gebiet nicht zu, Verwaltungsentscheidungen zu erlassen und durchzusetzen.[1039] Die Kommission ihrerseits bestand mit dem Ziel des Abbaus von Handelsbeschränkungen darauf, die Wettbewerbsregeln unmittelbar anwenden zu dürfen.[1040]

Nach Bestätigung ihrer Sichtweise durch den EuGH mit Urteil vom 6.04.1962[1041] konnte die Kommission endlich anfangen, die Wettbewerbspolitik zur Schaffung des gemeinsamen Marktes effektiv einzusetzen.[1042] Dazu war eine Vereinheitlichung und Harmonisierung der Wettbewerbsordnungen der Mitgliedstaaten erforderlich.[1043]

In der Praxis hatten die bei den Vertragsverhandlungen heiß umkämpften Wettbewerbsregelungen zunächst wenig Auswirkung.[1044] Es galt erst einmal, sich einen

---

1034 Erste Durchführungsverordnung des EWG-Rates zu den Artikeln 85 und 86 des Vertrages, in: *Amtsblatt der EWG, Nr. 13 vom 21/02/1962, S. 204–211.*

1035 Zur Entstehungsgeschichte der ersten Kartellverordnung der EWG s. *Gith,* Entstehungsgeschichte des europäischen Kartellrechts, 2003, S. 147 ff.

1036 *Gith,* Entstehungsgeschichte des europäischen Kartellrechts, 2003, S. 199; *Schulze/Hoeren,* Dokumente, Bd. 3, 2000, Vorwort S. VII.

1037 *Monti,* in: 50 Jahre Bundeskartellamt, 2008, S. 33.

1038 *Gith,* Entstehungsgeschichte des europäischen Kartellrechts, 2003, S. 149 ff.; *von der Groeben,* Aufbaujahre, 1982, S. 82 ff.

1039 *Clément,* in: Kartelle und Monopole, 1960, Bd. 1, S. 394; *Gith,* Entstehungsgeschichte des europäischen Kartellrechts, 2003, S. 149 f.; *von der Groeben,* Aufbaujahre, 1982, S. 158, 294.

1040 *Gith,* Entstehungsgeschichte des europäischen Kartellrechts, 2003, S. 153 f.; *Schulze/Hoeren,* Dokumente, Bd. 3, 2000, Vorwort S. VI f.; *von der Groeben,* in: Kartelle und Monopole, 1960, Bd. 1, S. 56 f.; *von der Groeben,* Aufbaujahre, 1982, S. 296.

1041 EuGH, Urt. v. 6.04.1962, Rs. 13/61, Slg. 1962, 105–118 (111 ff.) – De Geus/Bosch.

1042 *von der Groeben,* in: Kartelle und Monopole, 1960, Bd. 1, S. 56; *von der Groeben,* Aufbaujahre, 1982, S. 294; *Schulze/Hoeren,* Dokumente, Bd. 3, 2000, Vorwort S. VII.

1043 *von der Groeben,* in: Kartelle und Monopole, 1960, Bd. 1, S. 56; *Günther,* Wege zur Europäischen Wettbewerbsordnung, 1968, S. 107 f.

1044 *von der Groeben,* Aufbaujahre, 1982, S. 80.

Überblick über die tatsächlichen Gegebenheiten auf dem gemeinsamen Markt zu verschaffen.[1045] Anhand von regelmäßigen Zusammentreffen und Kartellrechtskonferenzen mit den Behörden der Mitgliedstaaten, Vertretern der betroffenen Wirtschaftssektoren etc. bildete sich langsam eine europäische Wettbewerbsordnung.[1046]

Der erste Kommissar für Wettbewerb war der Deutsche Dr. Hans von der Groeben, auch die Generaldirektoren wurden oftmals von Deutschland gestellt, z.B. Claus-Dieter Ehlermann und Alexander Schaub.[1047] Deutschland nahm deshalb eine Pionierrolle im europäischen Wettbewerbsrecht ein, weil zu diesem Zeitpunkt das Bundeskartellamt die einzige und erste „echte" Kartellbehörde innerhalb der EWG war.[1048] Sowohl die gezielte Personalpolitik der Bundesrepublik als auch der Erfahrungsvorsprung des Bundeskartellamtes hatten maßgeblichen Einfluss auf die europäische Wettbewerbspolitik, die fortan von deutschen Vorstellungen geprägt wurde.[1049]

Zur Aufrechterhaltung der Einflussnahme auf Entscheidungen der Europäischen Kommission gründeten die Mitgliedstaaten 1962 den Beratenden Ausschuß für Kartell- und Monopolfragen. Er bestand aus Vertretern der Mitgliedstaaten und musste vor jeder Entscheidung angehört werden (Art. 10 Abs. 3 Erste Durchführungsverordnung des EWG-Rates zu den Artikeln 85 und 86 des Vertrages).[1050]

4. Die Neuorientierung der Kommission in einer gewachsenen Gemeinschaft

Am 1.07.1967 ging die Hohe Behörde in der Kommission der Europäischen Gemeinschaft (EG) auf und die Kommission der Europäischen Gemeinschaft war fortan zuständig für die Umsetzung der Kartellregeln der Montanunion, der EWG und von

---

1045 Kommission der Europäischen Wirtschaftsgemeinschaft, Erster Gesamtbericht, 1958, S. 62 ff.: „80. Es ist im übrigen klar, daß bei der Durchführung der Vertragsbestimmungen den bestehenden Wirtschaftsverhältnissen Rechnung getragen werden muß [...]. Ferner muß jede Maßnahme auf einer grundlegenden Kenntnis der Struktur der betroffenen Wirtschaftszweige [...] beruhen."; Kommission der Europäischen Wirtschaftsgemeinschaft, Zweiter Gesamtbericht, 1959, S. 81 ff. – *von der Groeben*, Aufbaujahre, 1982, S. 82; *von der Groeben*, in: Kartelle und Monopole, 1960, Bd. 1, S. 54.

1046 *von der Groeben*, in: Kartelle und Monopole, 1960, Bd. 1, S. 56 ff; *Günther*, Wege zur Europäischen Wettbewerbsordnung, 1968, S. 133.

1047 *Barnett*, in: 50 Jahre Bundeskartellamt, 2008, S. 55; *Graf Lambsdorff*, in: 50 Jahre Bundeskartellamt, 2008, S. 35; *Monti*, in: 50 Jahre Bundeskartellamt, 2008, S. 33.

1048 *Lasserre*, in: 50 Jahre Bundeskartellamt, 2008, S. 52.

1049 *Graf Lambsdorff*, in: 50 Jahre Bundeskartellamt, 2008, S. 35; *Günther*, Wege zur Europäischen Wettbewerbsordnung, 1968, S. 106.

1050 *von der Groeben*, Aufbaujahre, 1982, S. 161.

Euratom.[1051] Die Kommission in Brüssel verteilte die einzelnen Aufgabenfelder der Hohen Behörde auf ihre Generaldirektionen.[1052]

Die Gemeinschaft ergänzte die materiell-rechtlichen Wettbewerbsregeln durch die Schaffung einer Fusionskontrolle auf europäischer Ebene im Rahmen der Verordnung (EWG) Nr. 4064/89 des Rates vom 21.12.1989 über die Kontrolle von Unternehmenszusammenschlüssen.[1053] Die Generaldirektion Wettbewerb, die die wettbewerbsrechtlichen Entscheidungen der Europäischen Kommission vorbereitet, wurde um die sog. Merger Task Force vergrößert, um eine ordnungsgemäße Umsetzung der neuen Regeln gewährleisten zu können.[1054] Die nationalen Behörden der Mitgliedstaaten entsandten eigene Vertreter in die neue Abteilung, die sich damit je zur Hälfte aus europäischen Beamten und von den Mitgliedstaaten entsandten Beamten zusammensetzte.[1055]

Die Kommission hielt in der Anfangszeit alle Fäden in der Hand. Eine Dezentralisierung und Abgabe von Kompetenzen an die Behörden der Mitgliedstaaten kam nicht in Betracht. Mangels einheitlicher Wettbewerbsordnungen und vergleichbar schlagkräftiger Kartellbehörden in den Mitgliedstaaten musste die Kommission erst die Voraussetzungen für eine spätere Dezentralisierung schaffen.[1056]

II. Struktur der Generaldirektion Wettbewerb

1. Das Verhältnis zur Kommission

Innerhalb der EU besteht, was das Wettbewerbsrecht anlangt, eine Aufgabenteilung. Die Europäische Kommission ist das entscheidungsbefugte Organ (Art. 17 EUV, Artt. 4 ff. Geschäftsordnung der Kommission (GOK)).[1057] Die Kommission ist

---

1051 Fusionsvertrag vom 8.04.1965, in Kraft getreten am 1.07.1967, in: BGBl. 1965, Teil II, Nr. 43 vom 27.10.1965, S. 1453 ff. – *Dichgans*, Montanunion, 1980, S. 77; *Herbst*, in: Europäische Integration, 1993, S. 165, 168; *Ipsen*, Europäisches Gemeinschaftsrecht, 1972, S. 93, Rn. 50 u. S. 160 Rn. 39; *Knöpfle*, in: EuR Jg 3 (1968), S. 30 ff. (30).

1052 *Dichgans*, Montanunion, 1980, S. 150 f.

1053 Abgelöst durch die Verordnung (EG) Nr. 139/2004 des Rates über die Kontrolle von Unternehmenszusammenschlüssen („EG-Fusionskontrollverordnung") vom 20.01.2004. – *Gith*, Entstehungsgeschichte des europäischen Kartellrechts, 2003, S. 201; *Graf Lambsdorff*, in: 50 Jahre Bundeskartellamt, 2008, S. 35; *Ortwein*, Das Bundeskartellamt, 1998, S. 238.

1054 *European Commission*, XXth Report on Competition, S. 38; Stellungnahme der Bundesregierung zum Tätigkeitsbericht des Bundeskartellamtes 1991/1992, abgedruckt in: BT-Drucksache XII/5200, S. I–IX (VII). – *Ortwein*, Das Bundeskartellamt, 1998, S. 239.

1055 *Ortwein*, Das Bundeskartellamt, 1998, S. 239.

1056 *von der Groeben*, in: Kartelle und Monopole, 1960, Bd. 1, S. 60 f.; *Steindorff*, in: Kartelle und Monopole, 1960, Bd. 1, S. 184.

1057 *Mishiro*, Die Annäherung des Wettbewerbsverfahrens an das Gerichtsverfahren, 2004, S. 221 ff.

als Kollegialorgan, Art. 17 Abs. 4 EUV, Art. 1 GOK, organisiert. Sie setzt sich aus den Kommissaren, Vizepräsidenten (seit 2014) und dem Präsidenten zusammen, der die politischen Leitlinien festlegt (Art. 17 Abs. 6 EUV, Artt. 2 f. GOK). Der Präsident weist den Kommissionsmitgliedern einen speziellen Aufgabenbereich zu (Art. 3 Abs. 2 GOK). Innerhalb der Kommission ist derzeit die Dänin Margrethe Vestager die zuständige Kommissarin für Wettbewerbsrecht.[1058] Die Kommissionsmitglieder verfügen über einen eigenen Mitarbeiterstab („Kabinett"), Art. 19 GOK, der sie unterstützt.[1059] Darüber hinaus hat die Kommission zur Vorbereitung und Durchführung ihrer Amtstätigkeit und zur Verwirklichung der vom Präsidenten festgelegten Prioritäten und politischen Leitlinien Dienststellen eingerichtet, die in Generaldirektionen und gleichgestellte Dienste gegliedert sind (Art. 21 GOK).[1060] Die Generaldirektionen sind dem für sie zuständigen Kommissar hierarchisch untergeordnet.[1061] Für die Wettbewerbspolitik wurde die Generaldirektion IV eingerichtet. Sie nimmt die notwendigen Ermittlungen vor und unterbreitet der Kommission einen Entscheidungsentwurf.[1062] Die Leitung der Generaldirektion und deren Vertretung nach außen unterstehen einem Generaldirektor.[1063] Die Generaldirektionen sind in Direktionen, die Direktionen in Referate („Units") gegliedert (Art. 21 GOK), die sog. „Case-Teams" bilden können.[1064] Die einzelnen Direktionen sind entweder für bestimmte Wirtschaftsbranchen zuständig, z.B. Energie, Finanzdienstleistungen, Telekommunikation, oder allgemein für die Verfolgung von Hardcore-Kartellen (Direktion G).[1065] Darüber hinaus existieren Direktionen für die Überwachung von staatlichen Beihilfen (State Aid) und für die Fusionskontrolle (Mergers).[1066] Daneben wurden speziell für die GD Wettbewerb die Ämter des Chefökonomen (chief competition economist) und des Anhörungsbeauftragten (hearing officer) geschaffen.[1067] Eine wichtige Rolle spielt auch der Juristische Dienst (legal service). Gemäß Art. 23 Abs. 4 GOK ist der Juristische Dienst zu allen Entwürfen von Beschlüssen

1058 *Lange/Pries*, Kartellrecht, 2011, S. 238 Rn. 620.

1059 *Knöpfle*, in: EuR Jg 3 (1968), S. 30 ff. (44 ff.); *Krenzler*, in: EuR Jg. 9 (1974), S. 75 ff.; *Mishiro*, Die Annäherung des Wettbewerbsverfahrens an das Gerichtsverfahren, 2004, S. 222 f. Fn. 311.

1060 *Mishiro*, Die Annäherung des Wettbewerbsverfahrens an das Gerichtsverfahren, 2004, S. 223.

1061 *Mishiro*, Die Annäherung des Wettbewerbsverfahrens an das Gerichtsverfahren, 2004, S. 223 ff.

1062 *Mishiro*, Die Annäherung des Wettbewerbsverfahrens an das Gerichtsverfahren, 2004, S. 221; *Seliger*, in: WuW 1997, S. 874.

1063 *Lange/Pries*, Kartellrecht, 2011, S. 238 Rn. 620; *Mishiro*, Die Annäherung des Wettbewerbsverfahrens an das Gerichtsverfahren, 2004, S. 223.

1064 *Lange/Pries*, Kartellrecht, 2011, S. 238 Rn. 620; *Mishiro*, Die Annäherung des Wettbewerbsverfahrens an das Gerichtsverfahren, 2004, S. 223.

1065 *Lange/Pries*, Kartellrecht, 2011, S. 238 Rn. 620.

1066 *Lange/Pries*, Kartellrecht, 2011, S. 238 Rn. 620.

1067 *Lange/Pries*, Kartellrecht, 2011, S. 238 Rn. 620; *Mishiro*, Die Annäherung des Wettbewerbsverfahrens an das Gerichtsverfahren, 2004, S. 224, 267.

und Vorschlägen von Rechtsakten sowie zu allen Vorlagen, die rechtliche Wirkungen haben können, zu hören.[1068] Eine abweichende Stellungnahme des Juristischen Dienstes ist im Vorschlag der federführenden Dienststelle zu erwähnen (Art. 23 Abs. 7 GOK).[1069] Der Juristische Dienst untersteht unmittelbar dem Kommissionspräsidenten.[1070]

Beratende Ausschüsse unterstützen die Generaldirektionen bei ihrer Arbeit.[1071] Die federführende Generaldirektion arbeitet eng mit anderen Generaldirektionen, deren Aufgabenbereich ebenfalls betroffen ist, sowie mit dem Juristischen Dienst zusammen (Art. 23 GOK).[1072]

2. Unabhängigkeit

Insbesondere deutsche Vertreter bemängelten oft die Weisungsgebundenheit der Generaldirektion Wettbewerb gegenüber der Kommission. Die deutsche Kritik richtete sich gegen den hierarchischen Aufbau und forderte eine unabhängige Wettbewerbsbehörde, fand aber bisher keine Berücksichtigung.[1073] Vorteil einer unabhängigen Wettbewerbsbehörde wäre aus deutscher Sicht die Abkopplung der verwaltungsrechtlichen Entscheidung von der Wettbewerbspolitik der Kommission und somit das Zurückdrängen des – potentiell protektionistischen – Einflusses der

---

1068 *Mishiro*, Die Annäherung des Wettbewerbsverfahrens an das Gerichtsverfahren, 2004, S. 269.

1069 Zum Juristischen Dienst s. http://ec.europa.eu/dgs/legal_service/index_de.htm (Entnahme: 13.03.2013). – *Mishiro*, Die Annäherung des Wettbewerbsverfahrens an das Gerichtsverfahren, 2004, S. 269.

1070 *Mishiro*, Die Annäherung des Wettbewerbsverfahrens an das Gerichtsverfahren, 2004, S. 269.

1071 *Mishiro*, Die Annäherung des Wettbewerbsverfahrens an das Gerichtsverfahren, 2004, S. 223.

1072 *Mishiro*, Die Annäherung des Wettbewerbsverfahrens an das Gerichtsverfahren, 2004, S. 224.

1073 Stellungnahme der Bundesregierung zum Tätigkeitsbericht des Bundeskartellamtes 1989/1990, abgedruckt in: BT-Drucksache XII/847, S. I–VI (V); Stellungnahme der Bundesregierung zum Tätigkeitsbericht des Bundeskartellamtes 1991/1992, abgedruckt in: BT-Drucksache XII/5200, S. I–IX (VI); Stellungnahme der Bundesregierung zum Tätigkeitsbericht des Bundeskartellamtes 1993/1994, abgedruckt in: BT-Drucksache XIII/1660, S. I–IX (V f.); Stellungnahme der Bundesregierung zum Tätigkeitsbericht des Bundeskartellamtes 1995/1996, abgedruckt in: BT-Drucksache XIII/7900, S. II–IX (VI). – *Bartodziej*, Reform, 1994, S. 20 ff., 25 ff.; *Günther*, in: WuW 1952, S. 250; *Mishiro*, Die Annäherung des Wettbewerbsverfahrens an das Gerichtsverfahren, 2004, S. 225 ff; *Ortwein*, Das Bundeskartellamt, 1998, S. 263 f.; *Wilks/McGowan*, in: Journal of Common Market Studies, Bd. 32, 1995, S. 259 ff. (260) (Permalink: http://search.ebscohost.com/login.aspx?direct=true&db=buh&AN=9508160453&lang=de&site=ehost-live, Entnahme am 22.05.2013); *Wolf*, in: Umbruch, 1995, S. 74 ff.; *Seliger*, in: WuW 1997, S. 874 ff.

Mitgliedstaaten.[1074] Dies könnte ferner zu einer höheren Effizienz und einer Verkürzung der Verfahren führen.[1075]

Eine klare Trennung von wirtschaftspolitischen Entscheidungen und verwaltungsrechtlichen Entscheidungen im Wettbewerbsrecht, wie sie die Verfechter eines unabhängigen europäischen Kartellamtes vertreten, ist aber – genauso wie im deutschen Kartellrecht – aufgrund von unbestimmten Rechtsbegriffen und Ermessensspielräumen praktisch unmöglich.[1076] Eine Weisungsunabhängigkeit der Generaldirektion Wettbewerb stünde auch einer einheitlichen Wirtschaftspolitik der Kommission entgegen. Ein Austausch zwischen den Generaldirektionen wäre dann nämlich ausgeschlossen.[1077]

3. Der Beratende Ausschuss als Forum der Mitgliedstaaten

Trotz Abgabe von Souveränitätsrechten an die Europäische Kommission war es den Mitgliedstaaten ein Anliegen, am Entscheidungsprozess in wirtschaftspolitischen Fragen teilzuhaben. So wurde gemäß Art. 10 VO Nr. 17 des Rates vom 6. Februar 1962[1078] (Erste Durchführungsverordnung zu Artt. 85, 86 EWG-Vertrag) der Beratende Ausschuss für Kartell- und Monopolfragen gegründet, in dem Ver-

1074 Stellungnahme der Bundesregierung zum Tätigkeitsbericht des Bundeskartellamtes 1989/1990, abgedruckt in: BT-Drucksache XII/847, S. I–VI (V); Stellungnahme der Bundesregierung zum Tätigkeitsbericht des Bundeskartellamtes 1991/1992, abgedruckt in: BT-Drucksache XII/5200, S. I–IX (VI); Stellungnahme der Bundesregierung zum Tätigkeitsbericht des Bundeskartellamtes 1993/1994, abgedruckt in: BT-Drucksache XIII/1660, S. I–IX (V f.); Stellungnahme der Bundesregierung zum Tätigkeitsbericht des Bundeskartellamtes 1995/1996, abgedruckt in: BT-Drucksache XIII/7900, S. II–IX (VI). – *Günther*, Wege zur Europäischen Wettbewerbsordnung, 1968, S. 111 f., 135 f.; *Gutzler*, in: 10 Jahre Bundeskartellamt, 1968, S. 184; *Lowe*, in: 50 Jahre Bundeskartellamt, 2008, S. 56; sehr ausführlich zu dieser Diskussion unter Darstellung der maßgeblichen Literaturmeinungen *Mishiro*, Die Annäherung des Wettbewerbsverfahrens an das Gerichtsverfahren, 2004, S. 225 ff., 245 ff.; *Seliger*, in: WuW 1997, S. 876 ff.

1075 *Günther*, Wege zur Europäischen Wettbewerbsordnung, 1968, S. 134 f.; *Gutzler*, in: 10 Jahre Bundeskartellamt, 1968, S. 184 f.; *Ortwein*, Das Bundeskartellamt, 1998, S. 117 m.w.N.

1076 Unter Darstellung der Diskussion ergreift *Mishiro* Partei gegen ein unabhängiges Kartellamt, s. *Mishiro*, Die Annäherung des Wettbewerbsverfahrens an das Gerichtsverfahren, 2004, S. 231 ff. 258.

1077 *Mishiro*, Die Annäherung des Wettbewerbsverfahrens an das Gerichtsverfahren, 2004, S. 259.

1078 Amtsblatt der Europäischen Gemeinschaften, P 13, Jg. 5 vom 21.2.1962, S. 204 ff.

treter der Wettbewerbsbehörden der Mitgliedstaaten saßen (Art. 14 Abs. 2 VO (EG) Nr. 1/2003[1079]).[1080]

Dieser diente auch der Abstimmung von europäischer und nationaler Wettbewerbspolitik.[1081] Die erste Sitzung fand am 25.09.1962 statt.[1082] Die Zusammenarbeit institutionalisierte sich im Laufe der Zeit. Art. 14 Abs. 3 VO (EG) Nr. 1/2003 regelte z.B. förmlich den bisher nur gewohnheitsrechtlich anerkannten Vorsitz der Kommission.[1083] Die Kommission war und ist verpflichtet, den Ausschuss vor gesetzlich geregelten Entscheidungen anzuhören (Art. 10 Abs. 3 VO Nr. 17 bzw. Art. 14 Abs. 1 VO (EG) Nr. 1/2003). Mit Schaffung der Fusionskontrolle wurde parallel zur Kartellaufsicht ein Beratender Ausschuss für die Kontrolle von Unternehmenszusammenschlüssen eingerichtet, Art. 19 Abs. 3, 4 Fusionskontrollverordnung, der auch heute noch die Interessen der Mitgliedstaaten vertritt und vor Entscheidungen anzuhören ist.[1084]

4. Trennung von Ermittlung und Entscheidung

Wie oben dargestellt bereitet die Generaldirektion Wettbewerb die Entscheidung vor. Dabei ist sie sowohl für die Ermittlung als auch für die Verfassung des Entwurfes zuständig, den die Generaldirektion vertreten durch den Kommissar für Wettbewerb der Kommission zur Entscheidung vorlegt.[1085] Eine Trennung zwischen Verwaltungs- und Bußgeldverfahren findet nicht statt, beides wird im Rahmen einer Gesamtentscheidung geregelt.[1086]

Unter rechtsstaatlichen Gesichtspunkten könnte – ähnlich wie beim Bundeskartellamt – die Vermischung von Ermittlungs- und Entscheidungsbefugnissen auf europäischer Ebene bedenklich sein. Schließlich beruht die Entscheidung auf einem Entwurf der Ermittlungsbehörde.[1087] Allerdings zeigte sich die Trennung in

1079 Amtsblatt der Europäischen Gemeinschaften, L 1, Jg. 46 vom 4.01.2003, S. 1 ff.

1080 *Günther*, Wege zur Europäischen Wettbewerbsordnung, 1968, S. 109; *Mishiro*, Die Annäherung des Wettbewerbsverfahrens an das Gerichtsverfahren, 2004, S. 249.

1081 *Günther*, Wege zur Europäischen Wettbewerbsordnung, 1968, S. 152.

1082 *Ortwein*, Das Bundeskartellamt, 1998, S. 240; *Sauter*, in: 50 Jahre Bundeskartellamt, 2008, S. 67.

1083 *Mishiro*, Die Annäherung des Wettbewerbsverfahrens an das Gerichtsverfahren, 2004, S. 248; *Sauter*, in: 50 Jahre Bundeskartellamt, 2008, S. 67.

1084 *Mishiro*, Die Annäherung des Wettbewerbsverfahrens an das Gerichtsverfahren, 2004, S. 249; *Ortwein*, Das Bundeskartellamt, 1998, S. 240.

1085 *Mishiro*, Die Annäherung des Wettbewerbsverfahrens an das Gerichtsverfahren, 2004, S. 264.

1086 *Mishiro*, Die Annäherung des Wettbewerbsverfahrens an das Gerichtsverfahren, 2004, S. 264.

1087 *Mishiro*, Die Annäherung des Wettbewerbsverfahrens an das Gerichtsverfahren, 2004, S. 299.

der Praxis als uneffektiv.[1088] Rechtsstaatlichen Bedenken wurde durch die Einrichtung des Anhörungsbeauftragten, die Einschaltung des Juristischen Dienstes sowie des Beratenden Ausschusses begegnet.[1089] Ferner war der Rechtsweg zum Gericht Erster Instanz und zum Europäischen Gerichtshof eröffnet.[1090] Der EuGH verwies in seiner Entscheidung vom 29.10.1980 darauf, dass die Kommission kein Gericht i.S.v. Art. 6 Abs. 1 EMRK sei.[1091] Damit ist klargestellt, dass die Kommission als Verwaltungsbehörde – anders als ein Gericht – nicht zur Trennung von Entscheidung und Anklage verpflichtet ist.[1092]

Im Übrigen ist die Kommission der politischen Kontrolle durch das Europäische Parlament unterworfen. Das Parlament ist zuständig für die Genehmigung des Haushaltes (Art. 314 AEUV) und für die Entlastung der Kommissare (Art. 319 AEUV), im äußersten Fall kann sie ein Misstrauensvotum aussprechen (Art. 234 AEUV).[1093] Darüber hinaus ist der jährliche Gesamt- und Wettbewerbsbericht Gegenstand der parlamentarischen Debatte.[1094]

III. Die Aufsicht über Kartelle durch die Hohe Behörde und die EG-Kommission

1. Die Spruchpraxis der Hohen Behörde in Kartellsachen

Nachdem die Hohe Behörde im ersten Jahr ihres Bestehens die Wettbewerbsregeln des EGKS-Vertrages in der Praxis nicht einsetzte, erinnerte die Hohe Behörde 1953 die Unternehmen daran, dass sie gemäß Art. 65 EGKS-Vertrag vertraglich zur Anzeige von Kartellen verpflichtet waren, und hielt sie dazu an, im Falle eines nach dem Vertrag erlaubten Kartellverhaltens einen Genehmigungsantrag zu stellen.[1095] Daraufhin gingen 60 Anträge auf Genehmigung bei der Hohen Behörde ein.[1096] In

1088 *European Commission,* Response of the Commission of the European Communities to the Resolution on the Nineteenth Report on Competition Policy, in: XXth Report on Competition, Annex, Point 14, S. 258. – *Mishiro,* Die Annäherung des Wettbewerbsverfahrens an das Gerichtsverfahren, 2004, S. 266.

1089 *Mishiro,* Die Annäherung des Wettbewerbsverfahrens an das Gerichtsverfahren, 2004, S. 266.

1090 *Mishiro,* Die Annäherung des Wettbewerbsverfahrens an das Gerichtsverfahren, 2004, S. 266.

1091 EuGH 29.10.1980, C 209/78, Van Landewyck/Kommission, in: Slg. 1980, 3125 (3248) Rn. 79–81 „FEDETAB".

1092 a.A. *Mishiro,* Die Annäherung des Wettbewerbsverfahrens an das Gerichtsverfahren, 2004, S. 270 f.

1093 *Mishiro,* Die Annäherung des Wettbewerbsverfahrens an das Gerichtsverfahren, 2004, S. 272 f.

1094 *Mishiro,* Die Annäherung des Wettbewerbsverfahrens an das Gerichtsverfahren, 2004, S. 273.

1095 EGKS-Tätigkeitsbericht 1952; EGKS-Tätigkeitsbericht 1953, S. 119.

1096 EGKS-Tätigkeitsbericht 1953, S. 119.

den Folgejahren tendierte die Hohe Behörde zur Genehmigung der Kartelle, auch wenn die Genehmigungen teilweise entweder erst nach Vornahme von kartellinternen Umstrukturierungsmaßnahmen erteilt wurden oder unter Auflagen standen.[1097] Bis 1958 untersagte die Hohe Behörde bei insgesamt 123 Anträgen auf Kartellgenehmigung nur vier Kartelle.[1098] Sofern sie Anhaltspunkte für ein durch Art. 65 EGKS-Vertrag verbotenes Verhalten hatte, begnügte sie sich mit Hinweisen an die betroffenen Unternehmen und der Auflage von verstärkten Mitteilungspflichten, z.B. im Schrottsektor.[1099]

Ab 1961 genehmigte sie Kartelle vermehrt vor dem Hintergrund, dass sie aus Rationalisierungsgründen erforderlich wären.[1100] Bis 1962 untersagte die Hohe Behörde zwei weitere Kartelle, vertraute in den Folgejahren aber allein auf „weiche" Maßnahmen.[1101] In der Zeit von 1962 bis 1966 kam es zu keinen weiteren Untersagungen. 1966 musste die Hohe Behörde eine Tendenz zur stärkeren Kartellierung und Konzentration und einer damit einhergehenden fortschreitenden Oligopolisierung feststellen.[1102] Erstmals seit 1962 lehnte sie 1966 einen Kartellerlaubnisantrag ab.[1103] Die zurückhaltende Haltung der Hohen Behörde zur Durchsetzung von Art. 65 EGKS-Vertrag stand im Zusammenhang mit Art. 60 § 2 EGKS-Vertrag[1104]:

„§ 2. Im Hinblick auf die vorerwähnten Ziele

a) müssen die von den Unternehmen auf dem gemeinsamen Markt angewandten Preistafeln und Verkaufsbedingungen in dem Umfang und in der Form veröffentlicht werden, welche die Kommission nach Anhörung des Beratenden Ausschusses vorschreibt; [...];

b) dürfen die angewandten Arten der Preisstellung nicht dazu führen, daß die von einem Unternehmen auf dem gemeinsamen Markt angewandten Preise, wenn sie auf ihr Äquivalent an dem Ort zurückgeführt sind, der für die Aufstellung seiner Preistafel gewählt wurde,

- *die Preise überschreiten, die in dieser Preistafel für ein vergleichbares Geschäft vorgesehen sind,*
- *diese Preise in einem Umfang unterschreiten, der hinausgeht über*
- *das Maß, das es erlaubt, das erfolgte Angebot nach der für einen anderen Ort aufgestellten Preistafel auszurichten, die dem Käufer die günstigsten Bedingungen am Lieferort bietet, oder*

1097 EGKS-Tätigkeitsbericht 1954, S. 114 f.; EGKS-Tätigkeitsbericht 1955, S. 139 ff.; EGKS-Tätigkeitsbericht 1956, S. 159, Nr. 163.

1098 EGKS-Tätigkeitsbericht 1957, Bd. 2, S. 84 ff.; EGKS-Tätigkeitsbericht 1958, S. 146 ff.

1099 EGKS-Tätigkeitsbericht 1960, S. 171 ff.; EGKS-Tätigkeitsbericht 1961, S. 212.

1100 EGKS-Tätigkeitsbericht 1961, S. 210 f.; EGKS-Tätigkeitsbericht 1963, S. 182 f.

1101 EGKS-Tätigkeitsbericht 1962, S. 330; EGKS-Tätigkeitsbericht 1963, S. 190–194; EGKS-Tätigkeitsbericht 1964, S. 179; EGKS-Tätigkeitsbericht 1965, S. 179.

1102 EGKS-Tätigkeitsbericht 1966, S. 151.

1103 EGKS-Tätigkeitsbericht 1966, S. 151.

1104 BGBl. 1952, II, Nr. 7, S. 447 ff. (463).

- *die Grenzen, die durch Entscheidungen der Kommission nach Stellungnahme des Beratenden Ausschusses für jede Gruppe von Erzeugnissen festgesetzt sind; [...]*

  Sie hindern die Unternehmen nicht, ihre Angebote nach den Bedingungen auszurichten, die von Unternehmen außerhalb der Gemeinschaft gemacht werden; [...].“

Art. 60 § 2 EGKS-Vertrag verpflichtete die Unternehmen zur Veröffentlichung der Preise. Ferner hatten die Unternehmen nur einen geringen Spielraum, um von den veröffentlichen Preisen abzuweichen, sog. Frachtbasenpreissystem.[1105] Da die Ausgangspreise sowie die Abweichungsmarge im Markt damit bekannt waren, förderte dieses System die Abstimmung von Preisen unter den Unternehmen. Die Hohe Behörde leitete wegen Verstoßes gegen Art. 60 § 2 EGKS-Vertrag zahlreiche Verfahren ein und verhängte sogar Geldbußen.[1106] Diese Maßnahmen führten aber keineswegs zu einem stärkeren Wettbewerb. Vielmehr stützten sie im Grunde genommen die Kartellierung.[1107] Die Hohe Behörde konnte den Widerspruch zwischen Art. 60 § 2 EGKS-Vertrag und Art. 65 EGKS-Vertrag nicht auflösen und beschränkte sich daher darauf, bei schwerwiegenden Verstößen gegen Art. 65 EGKS-Vertrag Hinweise und Auflagen zu erteilen.

Ein gutes Beispiel für die Arbeit der Hohen Behörde als Kartellaufsichtsbehörde lieferte die Behandlung der gemeinschaftlichen Kohlenverkaufsstellen, die in den Mitgliedstaaten zentral für das Gebiet des Mitgliedstaates den Kohlenverkauf wahrnahmen. Es handelte sich um ein Thema, mit dem die Hohe Behörde seit ihrem Entstehen bis zu ihrer Fusion mit der EG-Kommission befasst war.[1108] Da die zentralen Kohlenverkaufsstellen unter sich die Gebiete aufteilten (meist flächendeckend für das Gebiet eines Mitgliedstaates) und in ihrem Gebiet die Preise diktierten, forderte die Hohe Behörde sie bereits in den Anfangsjahren ihrer Tätigkeit zu Umstrukturierungen und zur Reorganisation auf, um den Wettbewerb beim Kohlenverkauf zu fördern.[1109] Die französische Kohlenverkaufsstelle (A.T.I.C.) zum Beispiel stand jedoch unter staatlichem Einfluss und die französische Regierung weigerte sich zäh, die Reorganisationsmaßnahmen, die die Hohe Behörde forderte, umzusetzen.[1110] Letztendlich endete das Verfahren 1960 mit einem Vergleich zwischen der Hohen Behörde und Frankreich.[1111] Die drei deutschen Kohlenverkaufsstellen, die im Rahmen der EGKS-Vertragsverhandlungen gegründet worden waren, zeigten

---

1105 EGKS-Tätigkeitsbericht 1957, Bd. 2, S. 51 ff.; EGKS-Tätigkeitsbericht 1958, S. 143 f.; EGKS-Tätigkeitsbericht 1959, S. 181–184.

1106 EGKS-Tätigkeitsbericht 1960, S. 162 ff. (165); EGKS-Tätigkeitsbericht 1961, S. 198 f.; EGKS-Tätigkeitsbericht 1962, S. 332 ff.

1107 *Witschke*, Gefahr für den Wettbewerb?, 2009, S. 319 ff.

1108 EGKS-Tätigkeitsbericht 1953, S. 119.

1109 EGKS-Tätigkeitsbericht 1956, S. 149–159.

1110 EGKS-Tätigkeitsbericht 1957, Bd. 1, S. 75–79; EGKS-Tätigkeitsbericht 1957, Bd. 2, S. 95; EGKS-Tätigkeitsbericht 1959, S. 185–197.

1111 EGKS-Tätigkeitsbericht 1960, S. 173.

ebenfalls immer wieder Tendenzen zur Kartellierung und Monopolisierung.[1112] Die fortdauernden und zermürbenden Diskussionen mit den Mitgliedstaaten über die Zulässigkeit von zentralen Kohlenverkaufsstellen führte dazu, dass die Hohe Behörde ihre ablehnende Haltung 1966 schließlich aufgab. Sie erlaubte, dass die Zahl der deutschen Kohlenverkaufsstellen auf zwei zurückging.[1113] Bereits 1958 erkannte sie an, dass die kartellähnlichen Strukturen der Kohlenverkaufsstellen im Vertragsgebiet unumgänglich seien.[1114] 1961 schlug sie sogar vor, Art. 65 EGKS-Vertrag insoweit anzupassen, dass gemeinschaftliche zentrale Verkaufs- oder Einkaufsstellen unter bestimmten Bedingungen zulässig waren. Der Gerichtshof zeigte sich mit dieser Vertragsänderung allerdings nicht einverstanden.[1115] Daran lässt sich ablesen, dass die Hohe Behörde mehr und mehr zu einem Instrument der nationalen Interessen der Mitgliedstaaten wurde. Dies stand einer konsequenten und einheitlichen Wettbewerbspolitik im Wege.

Der Schwerpunkt der Arbeit der Hohen Behörde lag aber ohnehin nicht auf der Kartellaufsicht. Vielmehr konzentrierte sie sich wettbewerbspolitisch darauf, die nationalen Handelsschranken abzubauen und protektionistisches Verhalten der Mitgliedstaaten zu unterbinden.[1116] Neben Kartellabsprachen der Unternehmen verhinderten oft staatliche Maßnahmen, z. B. Verstaatlichungen und Subventionen, den freien Wettbewerb unter den Unternehmen der verschiedenen Mitgliedstaaten. Die Hohe Behörde hielt die Regierungen der Mitgliedstaaten dazu an, diskriminierende Verhaltensweisen zu unterlassen.[1117]

2. Die Spruchpraxis der Europäischen Kommission in Kartellsachen

a) *Fusion der Gemeinschaften und siebziger Jahre*

Gestützt auf das Urteil des EuGH zur direkten Anwendbarkeit der Artt. 85 und 86 EWG-Vertrag untersuchte die EG-Kommission bis zur Fusion der Gemeinschaften am 1.07.1967 ungefähr 30.000 Fälle.[1118] Ab dem Fusionsdatum wendete sie auch die Artt. 65 und 66 EGKS-Vertrag an. In dieser Funktion unternahm sie ab 1968 Anstrengungen, Art. 60 EGKS-Vertrag abzuändern.[1119] Insbesondere der oben zitierte Art. 60 § 2 EGKS-Vertrag passte nicht in das Bild der Wettbewerbspolitik der Europäischen

1112 EGKS-Tätigkeitsbericht 1960, S. 166 ff.
1113 EGKS-Tätigkeitsbericht 1961, S. 207; EGKS-Tätigkeitsbericht 1962, S. 314 ff.; EGKS-Tätigkeitsbericht 1963, S. 177.
1114 EGKS-Tätigkeitsbericht 1958, S. 150–156.
1115 EGKS-Tätigkeitsbericht 1961, S. 199 ff.
1116 EGKS-Tätigkeitsbericht 1957, Bd. 2, S. 59 ff.
1117 EGKS-Tätigkeitsbericht 1958, S. 149 f. Nr. 11.
1118 EGKS/EWG/EAG-Tätigkeitsbericht 1967, S. 57.
1119 EGKS/EWG/EAG-Tätigkeitsbericht 1968, S. 53 f.

Kommission.[1120] 1969 verhängte sie erstmals zwei Geldbußen wegen eines Verstoßes gegen das Kartellverbot des EWG-Vertrages.[1121] Aber auch bei der Anwendung der Vorschriften des EGKS-Vertrages zeigte sich die Europäische Kommission weniger zurückhaltend als die Hohe Behörde. Die Schrottindustrie, die von der Hohen Behörde nur verwarnt worden war, wurde 1970 von der Europäischen Kommission mit hohen Geldbußen wegen eines Verstoßes gegen Art. 65 EGKS-Vertrag belegt.[1122] Insgesamt erließ die Europäische Kommission in den siebziger Jahren jährlich ca. dreißig bis vierzig förmliche Entscheidungen auf der Grundlage von Artt. 85, 86 EWG-Vertrag und Artt. 65, 66 EGKS-Vertrag.[1123]

Die meisten Verfahren, die die Europäische Kommission als Wettbewerbsbehörde führte, erledigten sich, indem die Unternehmen das vertragswidrige Verhalten aufgaben.[1124] Eine immer ausgefeiltere Entscheidungspraxis der Europäischen Kommission sowie die inhaltliche Ausweitung des Anwendungsbereiches der kartellrechtlichen Vorschriften kennzeichneten die siebziger Jahre. So behalf die Europäische Kommission sich mangels einer europäischen Fusionskontrolle mit der Anwendung von Art. 86 EWG-Vertrag auf Zusammenschlüsse.[1125]

b) Achtziger und neunziger Jahre

Von 1990 bis 1994 stieg die Höhe der Geldbußen merklich. 1990 beurteilte die Europäische Kommission die Verhängung von 48 Mio. ECU als eine einmalig hohe Strafe, 1994 erhöhte sich der zu zahlende Betrag bereits auf 150 Mio. Euro.[1126] Das Inkrafttreten der Fusionskontrolle 1990 führte Anfang der neunziger Jahre zwar zunächst zu einer Zunahme der von der Europäischen Kommission zu bearbeitenden Verfahren. Schon 1992 beobachtete die Europäische Kommission jedoch wieder einen leichten Rückgang der Verfahren, da die dezentrale Anwendung der europäischen Wettbewerbsvorschriften durch die nationalen Wettbewerbsbehörden der Mitgliedstaaten zunehmend an Bedeutung gewann.[1127] Im Übrigen setzte sich in den achtziger und neunziger Jahren der oben beschriebene Trend fort. Die Mehrzahl

1120 EGKS/EWG/EAG-Tätigkeitsbericht 1969, S. 68.
1121 EGKS/EWG/EAG-Tätigkeitsbericht 1969, S. 59, 63 f.
1122 EGKS/EWG/EAG-Tätigkeitsbericht 1970, S. 20, 26.
1123 EGKS/EWG/EAG-Tätigkeitsbericht 1967, S. 53; EGKS/EWG/EAG-Tätigkeitsbericht 1968, S. 42, 44; EGKS/EWG/EAG-Tätigkeitsbericht 1969, S. 58, 61 f., 66 ff.; EGKS/EWG/EAG-Tätigkeitsbericht 1970, S. 19, 21 ff.; EGKS/EWG/EAG-Wettbewerbsbericht 1971, S. 15; EGKS/EWG/EAG-Wettbewerbsbericht 1972, S. 10; EGKS/EWG/EAG-Wettbewerbsbericht 1974, S. 41 ff., 43 f.; EGKS/EWG/EAG-Wettbewerbsbericht 1975, S. 8 f.; EGKS/EWG/EAG-Wettbewerbsbericht 1976, S. 11; EGKS/EWG/EAG-Wettbewerbsbericht 1977, S. 255 ff.; EGKS/EWG/EAG-Wettbewerbsbericht 1978, S. 241 ff.; EGKS/EWG/EAG-Wettbewerbsbericht 1979, S. 195 ff.
1124 EGKS/EWG/EAG-Wettbewerbsbericht 1973, S. 17 f.
1125 EGKS/EWG/EAG-Wettbewerbsbericht 1973, S. 9.
1126 EG-Wettbewerbsbericht 1990, S. 15; EU-Wettbewerbsbericht 1994, S. 100.
1127 EG-Wettbewerbsbericht 1992, S. 84.

der Verfahren erledigte sich weiterhin im Verhandlungswege, allerdings endeten mehr Verfahren nicht nur mit einem Verbot, sondern auch mit Geldbußen.[1128]

Zusammenfassung zu Kapitel 8

Die im EWG-Vertrag vorgesehenen Wettbewerbsregeln blieben zunächst weit hinter dem EGKS-Vertrag zurück. Es gab keine Fusionskontrolle, die Zuständigkeitszuweisung war nicht klar und ein Verfahren zur Durchsetzung und Kontrolle der Kartellregeln war nicht vorhanden. Letztendlich zeigte sich die Europäische Kommission auf der Grundlage eines Urteils des EuGH, welches die unmittelbare Anwendung der im Vertrag vorgesehenen Wettbewerbsregeln legitimierte, aber entschlossener als die Hohe Behörde der Montanunion. Die Hohe Behörde unterlag stärker politischen Zwängen, sie wandte die kartellrechtlichen Regelungen nur selten an. Die Europäische Kommission hingegen schreckte nicht vor der Einleitung von Verfahren zurück und verhängte hohe Bußgelder.

Die Generaldirektion Wettbewerb fungiert als schlagkräftige Fachbehörde innerhalb der Europäischen Kommission. Die Generaldirektion Wettbewerb ist allerdings keine unabhängige Wettbewerbsbehörde, sondern arbeitet der Europäischen Kommission als dem politischen Organ zu.

1128 Für die achtziger Jahre: EG-Wettbewerbsbericht 1980, S. 71, 201–203; EG-Wettbewerbsbericht 1981, S. 181; EG-Wettbewerbsbericht 1982, S. 59, 195–197; EG-Wettbewerbsbericht 1983, S. 14, 71 f., 286–288; EG-Wettbewerbsbericht 1984, S. 15, 258–260; EG-Wettbewerbsbericht 1985, S. 65, 260–262; EG-Wettbewerbsbericht 1986, S. 55, 255–259; EG-Wettbewerbsbericht 1987, S. 59 f., 299–301; EG-Wettbewerbsbericht 1988, S. 14, 57, 275–278; EG-Wettbewerbsbericht 1989, S. 55, 279–282. Für die neunziger Jahre: EG-Wettbewerbsbericht 1990, S. 85, 363–368; EG-Wettbewerbsbericht 1991, S. 68, 381–389; EG-Wettbewerbsbericht 1992, S. 84 ff.; EG-Wettbewerbsbericht 1993, S. 129 f., 492 ff.; EU-Wettbewerbsbericht 1994, S. 100, 126, 425; EU-Wettbewerbsbericht 1995, S. 48 f., 71, 327, 337; EU-Wettbewerbsbericht 1996, S. 54, 377; EU-Wettbewerbsbericht 1997, S. 39 f.; EU-Wettbewerbsbericht 1998, S.64, 399; EU-Wettbewerbsbericht 1999, S. 64, 409.

Teil 3: Entstehung einer entscheidungsbefugten Kartellbehörde in Frankreich

Ein strenges Kartellverbot fand in Frankreich nach dem Zweiten Weltkrieg keine Mehrheit und wurde von den beteiligten Akteuren auch nur sehr selten befürwortet. Überhaupt war die Einführung eines Kartellgesetzes und damit einer behördlichen Kartellaufsicht in den Wirren der Vierten Republik (1946–1958), die durch instabile, ständig wechselnde Regierungen gekennzeichnet war, schwierig durchzusetzen. Es gehörte zu den Charakteristika der französischen Wirtschaft, dass sie von der sog. Planification beherrscht wurde, die die Marktteilnehmer durch die Vorgabe von mehr oder minder unverbindlichen Planzielen zu steuern suchte. Solange das Commissariat du plan existierte, war kein Platz für eine unabhängige entscheidungsbefugte Kartellbehörde. Erst die Anforderungen des europäischen Binnenmarktes führten zu einer Liberalisierung und dem Erfordernis einer Regulierung eines freien Wettbewerbes. Der Einfluss des Europarechts bewirkte, dass in Frankreich im Jahre 2008 eine vom Wirtschaftsminister unabhängige Kartellbehörde errichtet wurde, die mit der Kartellaufsicht der EU-Mitgliedstaaten und der EU vergleichbar ist.

Kapitel 9: Schaffung einer Kartellaufsicht ohne Eingriffsbefugnisse

I. Kartellrechtsentwicklung und Kartellpolitik vor 1946

Während des Zweiten Weltkrieges herrschte in Frankreich aufgrund der Mangellage ein Zwangsbewirtschaftungssystem.[1129] Das Vichy-Regime fasste z. B. alle Verbände zusammen und schuf – vergleichbar mit den Zwangskartellen des Dritten Reiches – staatliche Kartelle.[1130]

Nach dem Zweiten Weltkrieg wurde die Zwangsbewirtschaftung zwar aufgelöst.[1131] Trotzdem führte Frankreich keine wettbewerbsorientierte Marktwirtschaft ein. Um kriegsbedingtem Schwarzmarkt und Wucher vorzubeugen, erließ die Regierung am 30.06.1945 die Preisverordnungen Nr. 45–1483 (Ordonnance No. 45–1483 relative aux prix) und Nr. 45–1484 (Ordonnance No. 45–1484 relative à la constatation, la poursuite et la répression des infractions à la législation économique), die Verkaufsverweigerungen und willkürliche Preiserhöhungen unter Strafe stellten.[1132] Es handelte sich um strafrechtliche Vorschriften. Die Preisverordnungen zielten darauf ab, bestimmte wettbewerbsschädliche Verhaltensweisen zu untersagen. Sie dienten nicht dazu, Kartelle per se zu verbieten. Indirekt fiel in ihren Anwendungsbereich missbräuchliches, kartelltypisches Verhalten. Trotzdem verhinderten sie die Kartellbildung kaum und schränkten die Kartelle in ihrer Tätigkeit nur geringfügig ein.[1133]

1129 *Freitag,* Konzentrationspolitik, 1972, S. 30 f.

1130 *Schatz,* Die Zulässigkeit, 1964, S. 17 unter Hinweis auf das Gesetz über die Organisation der Nation in Kriegszeiten (Loi du 11 juillet 1938 relative à l'organisation générale de la nation en temps de guerre, abgedruckt in: JO 13.7.1938, S. 8330), sowie das Gesetz über die Organisationskomitees vom 16.08.1940 (Loi du 16 août 1940 concernant l'organisation provisoire de la production industrielle, JO 18.08.1940, S. 4731, abgedruckt in: *Jeanneney/Perrot,* Textes, 1957, S. 455 f.); *Sennewald,* Kartelle, 1964, S. 43; *Wild,* Das marktbeherrschende Unternehmen, 1969, S. 17.

1131 *Freitag,* Konzentrationspolitik, 1972, S. 32; *Schatz,* Die Zulässigkeit, 1964, S. 17 unter Hinweis auf das Gesetz über die Auflösung der Organisationskomitees vom 26.04.1946 (Loi n° 46–827 du 26 avril 1946 portant dissolution d'organismes professionnels et organisation pour la période transitoire de la répartition des produits industriels, abgedruckt in: JO 28.04.1946, S. 3534); *Sennewald,* Kartelle, 1964, S. 43; *Wild,* Das marktbeherrschende Unternehmen, 1969, S. 17.

1132 Ordonnance n° 45–1483 du 30 juin 1945 relative aux prix, JO v. 8.07.1945, S. 4150, abgedruckt in *Fourgoux/Marchi,* Réglementation des prix, 1985, Annexe, S. 145 ff. u. S. 153 ff. – *Freitag,* Konzentrationspolitik, 1972, S. 32; *Malaurie-Vignal,* Droit de la concurrence, 5. Aufl., 2011, S. 5; *Mainguy/Respaud/Depincé,* Droit de la Concurrence, 2010, S. 15, 36; *Schatz,* Die Zulässigkeit, 1964, S. 18.

1133 *Ententes et Monopoles dans le Monde/France,* in: La Documentation Française, 1953, Nr. 1736 und 1737. – *Schatz,* Die Zulässigkeit, 1964, S. 18 nennt als Gründe

Da Frankreich schon vor dem Zweiten Weltkrieg den Anschluss an die Weltwirtschaft verloren hatte und sich durch die Kriegsschäden die Lage nochmals verschlimmert hatte,[1134] bestand in Regierungskreisen Konsens, dass die Modernisierung der Industrie unerlässlich war und Vorrang hatte.[1135] Darüber hinaus musste Frankreich ein Konzept entwickeln, um von der finanziellen Unterstützung und den Wiederaufbauprogrammen der Amerikaner profitieren zu können.[1136] 1950 sollte die französische Wirtschaft daher dem liberalen internationalen Markt gewachsen sein.[1137] Zu diesem Zweck wies die Ordonnance vom 23.11.1944 dem Wirtschaftsministerium – damals unter der Leitung von Pierre Mendès France – die Aufgabe zu, einen Ausrüstungsplan (plan d'équipement) zu entwerfen.[1138] Mit Rücktritt von Mendès France im April 1945 scheiterte dieses Projekt vorerst.[1139]

De Gaulle, der zunächst die Position des Präsidenten der „provisorischen Regierung der französischen Republik" (Sept. 1944-Nov. 1945) und vom 13.11.1945 bis Mitte Januar 1946 die des ersten Ministerpräsidenten der Vierten Republik innehatte, erteilte schließlich Jean Monnet den Auftrag, ein Modernisierungsprogramm zu erarbeiten.[1140] Monnet hatte seit Oktober 1943 in Washington die französische Beschaffungsstelle geleitet.[1141] Dort hatte er die amerikanische Kriegswirtschaft kennen gelernt, die mit statistischen Methoden arbeitete.[1142] Sie zeichnete sich durch Schnelligkeit, Wachstum und Pragmatismus aus.[1143]

Monnet zählte darauf, mit Hilfe einer planwirtschaftlichen Arbeitsweise, die sich zu Kriegszeiten als effektiv erwiesen hatte, die französische Wirtschaft zu

---

hierfür die Möglichkeit der Umgehung durch Rabattsysteme und den Einfluss der Berufsverbände auf die staatlich festgesetzten Preise; ebenso auch *Wild,* Das marktbeherrschende Unternehmen, 1969, S. 17.

1134 *Monnet,* Mémoires, 1976, S. 275 ff.; *De Lattre,* in: Le Plan Marshall, 1993, S. 723.

1135 *Birmes,* Fusionskontrolle, 1994, S. 57; *Hedtkamp,* Planification in Frankreich, 1966, S. 36 ff.; *Hidien,* Investieren in Frankreich, 1991, S. 12; *Kipping,* Zwischen Kartellen und Konkurrenz, 1996, S. 38.

1136 *Monnet,* Mémoires, 1976, S. 295. – *Bauchet,* La Planification, 1966, S. 10; *Lacroix-Riz,* Le choix de Marianne, 1958, S. 136 ff.; *Wall,* Making, 1991, S. 160.

1137 *Lynch,* in: Die Anfänge des Schuman-Plans, 1988, S. 117.

1138 *Bauchet,* La Planification, 1966, S. 10; *Gillingham,* Rebirth, 1991, S. 139; *Kipping,* Zwischen Kartellen und Konkurrenz, 1996, S. 39; *Kuisel,* Capitalism, 1981, S. 191 ff.; *Williams,* Crisis and compromise, 1972, S. 26 f.

1139 *Bauchet,* La Planification, 1966, S. 10; *Gillingham,* Rebirth, 1991, S. 139; *Kipping,* Zwischen Kartellen und Konkurrenz, 1996, S. 39; *Kuisel,* Capitalism, 1981, S. 196 ff.; *Williams,* Crisis and compromise, 1972, S. 26 f.

1140 *Monnet,* Mémoires, 1976, S. 270. – *Freitag,* Konzentrationspolitik, 1972, S. 6; *Hidien,* Investieren in Frankreich, 1991, S. 12, 284 ff.

1141 *Monnet,* Mémoires, 1976, S. 251, 275. – *Gillingham,* Rebirth, 1991, S. 139.

1142 *Monnet,* Mémoires, 1976, S. 269. – *Franck,* 697 ministres, 1990, S. 22; *Gillingham,* Rebirth, 1991, S. 139.

1143 *Monnet,* Mémoires, 1976, S. 269. – *Gillingham,* Rebirth, 1991, S. 138.

erneuern.[1144] De Gaulle ließ sich von Monnet von der Notwendigkeit der Modernisierung der neuen Republik und des dafür notwendigen Entwicklungsplanes überzeugen.[1145] Durch Gründung des Plankommissariats mit Verordnung vom 3.1.1946 schuf de Gaulle die Voraussetzungen der französischen „Planification".[1146] Die Leitung übernahm Monnet als erster Generalkommissar.[1147] Das Plankommissariat war hierarchisch direkt unterhalb der Ebene des Premierministers angesiedelt.[1148] Zu den Aufgaben des Plankommissariates gehörten die Erarbeitung der Grundideen des jeweiligen Planes, die Harmonisierung der von den Modernisierungskommissionen vorgelegten Branchenpläne sowie die Kontrolle und Ausführung des Planes unter jährlicher Berichterstattung.[1149] Im Rahmen der Einigung des französischen Ministerpräsidenten Léon Blum und des amerikanischen Außenministers James F. Byrnes im Frühjahr 1946 gewährten die USA den Franzosen Hilfsgelder, deren Verteilung sich an dem von Monnet zu entwerfenden Plan orientieren sollte.[1150]

II. Der Monnet-Plan

Im Folgenden entwickelte Monnet den sog. Monnet-Plan, der von 1946 bis 1952 vollzogen wurde.[1151] Aufgrund der kriegsbedingten Mangellage im Jahre 1946 mussten aber vorrangig die Grundbedürfnisse der Bevölkerung durch erhöhte Produktion befriedigt werden. Die Modernisierung der Industrieanlagen im Rahmen des „Plan de modernisation et d'équipement" hatte vorerst dahinter zurückzutreten.[1152]

Es handelte sich nicht um eine imperative, sondern um eine sog. indikative Planung, d.h. die Zielvorgaben waren für die private Industrie grundsätzlich nicht

1144 *Monnet,* Mémoires, 1976, S. 269. – *Franck,* 697 ministres, 1990, S. 22; *Hedtkamp,* Planification in Frankreich, 1966, S. 32.

1145 *Monnet,* Mémoires, 1976, S. 277. – *Kuisel,* Capitalism, 1981, S. 222 f.

1146 Décret n° 46–2 du 3 janvier 1946 portant création à la présidence du Gouvernement d'un conseil du plan de modernisation et d'équipement et fixant les attributions du commissaire général du plan, JO v. 4.01.1946, S. 130; *Monnet,* Mémoires, 1976, S. 284. – *Bauchet,* Le Plan, 1986, S. 6; *Gillingham,* Rebirth, 1991, S. 139 f.; *Kipping,* Zwischen Kartellen und Konkurrenz, 1996, S. 39; *Kuisel,* Capitalism, 1981, S. 224.

1147 *Freitag,* Konzentrationspolitik, 1972, S. 6; *Kipping,* Zwischen Kartellen und Konkurrenz, 1996, S. 39; *Lynch,* in: Die Anfänge des Schuman-Plans, 1988, S. 117.

1148 Ausführlich zum Verhältnis des Commissariat général du Plan zum Premier Ministre s. *Bauchet,* Le Plan, 1986, S. 20 f.; *Kipping,* Zwischen Kartellen und Konkurrenz, 1996, S. 39.

1149 *Freitag,* Konzentrationspolitik, 1972, S. 9.

1150 *Monnet,* Mémoires, 1976, S. 296 ff. – *Bauchet,* La Planification, 1966, S. 10; *Lacroix-Riz,* Le choix de Marianne, 1958, S. 136 ff.; *Wall,* Making, 1991, S. 160.

1151 Sehr kritisch *Gillingham,* Rebirth, 1991, S. 137 m.w.N.: „The Monnet Plan [...] met few of its targets, wasted money on a grand scale, helped create runaway inflation, and had to be abandoned in all but name in 1952."; *Williams,* Crisis and compromise, 1972, S. 27 f.

1152 *Kipping,* Zwischen Kartellen und Konkurrenz, 1996, S. 39 f.

verbindlich.[1153] Für den Staat, somit auch für die verstaatlichten Unternehmen, waren die Planziele hingegen verpflichtend.[1154] Charles de Gaulle bezeichnete den Plan indes im Ganzen, d.h. auch für private Unternehmen, als eine „ardente obligation", dabei bestand aber grundsätzlich nur eine rein moralische Verpflichtung.[1155]

Auf Privatunternehmen konnte der Staat indirekt Druck ausüben, sich den Zielen des Planes unterzuordnen,[1156] indem die Verwaltung im Rahmen der sog. „technique d'incitation" Steuervorteile oder begünstigende Verwaltungsakte unter der Bedingung, dass die Planziele erreicht wurden, gewährte.[1157] In späteren Plänen regelten spezielle Verträge zwischen Staat und Privatunternehmen diese Art der „Zusammenarbeit", Gegenleistung für eine staatliche Begünstigung war ein bestimmtes planförderndes Verhalten.[1158] Das neue Schlagwort lautete „économie contractuelle".[1159] Der Staat sah sich aber nicht immer gezwungen, zu solchen Mitteln zu greifen. Das Vertrauen auf die Modernität und Effektivität der Planification führte teils dazu, dass sich Unternehmen freiwillig den Planzielen unterordneten.[1160] Ein nicht plankonformes Verhalten schien aus Sicht der Unternehmen

---

1153 *Bauchet,* Le Plan, 1986, S. 9 definiert die französische „planification" als „[...] une combinaison de plan et de marché, avec des objectifs limités, une élaboration concertée, une exécution par incitation."; *Albrecht,* Planifikateure beim Werk, 1964, S. 32; *Freitag,* Konzentrationspolitik, 1972, S. 6, 15; *Giersch,* in: Hamburger Jahrbuch, Jg. 9, 1964, S. 61 ff. (86) „Orientierungsplan ohne Vollzugsverbindlichkeit für private Unternehmer".

1154 *Albrecht,* Planifikateure beim Werk, 1964, S. 32; *Freitag,* Konzentrationspolitik, 1972, S. 15.

1155 *Hübner/Constantinesco,* Einführung, 2. Aufl., 1984, S. 106; *Kleps,* in: ORDO, Doppelbd. 15/16, 1965, S. 275 ff. (317).

1156 *Bauchet,* Le Plan, 1986, S. 9 spricht von einer „tutelle financière" des Finanzministeriums; *Freitag,* Konzentrationspolitik, 1972, S. 15; *Giersch,* in: Hamburger Jahrbuch, Jg. 9, 1964, S. 61 ff. (86); *Kipping,* Zwischen Kartellen und Konkurrenz, 1996, S. 40; *Kleps,* in: ORDO, Doppelbd. 15/16, 1965, S. 275 ff. (311 f.) „moral persuasion"; *Tholl,* in: ORDO, Doppelbd. 15/16, 1965, S. 197 ff. (258 ff.).

1157 *Birmes,* Fusionskontrolle, 1994, S. 63; *Freitag,* Konzentrationspolitik, 1972, S. 122 f.; *Hedtkamp,* Planification in Frankreich, 1966, S. 42 deutet verfassungsrechtliche Probleme im Rahmen der selektiven Investitionspolitik an, und zwar im Hinblick auf das Demokratieprinzip und den Gleichheitsgrundsatz; *Hoffmann,* in: Rechtsfragen der Planifikation, 1967, S. 26 ff. (33 ff.); *Tholl,* in: ORDO, Doppelbd. 15/16, 1965, S. 197 ff. (248 f.).

1158 *Freitag,* Konzentrationspolitik, 1972, S. 124 f.; *Günther,* in: WuW, Jg. 13, 1963, S. 191 ff. (197); zum „contrat économique" s. *Toeche-Mittler,* Das Verbandskartell, 1969, S. 58 ff.

1159 *Fikentscher,* in: Rechtsfragen der Planifikation, 1967, S. 55 ff. (59f.); *Freitag,* Konzentrationspolitik, 1972, S. 124 f.; *Toeche-Mittler,* Das Verbandskartell, 1969, S. 59.

1160 *Albrecht,* Planifikateure beim Werk, 1964, S. 32, 105 f.; *Freitag,* Konzentrationspolitik, 1972, S. 16; *Giersch,* in: Hamburger Jahrbuch, Jg. 9, 1964, S. 61 ff. (88); *Hoffmann,* in: Rechtsfragen der Planifikation, 1967, S. 26 ff. (32 f.).

eher nachteilig, da sie davon ausgehen mussten, dass sich ihre Mitbewerber den Planzielen beugten und entsprechende Vorteile nutzen konnten.[1161]

Die gelenkte Wirtschaft, sog. „économie dirigée“, fand in Frankreich allgemeine Zustimmung, auch wenn im Einzelnen die Intensität des staatlichen Einflusses nicht unumstritten war.[1162] Der sofortige Übergang von der kriegsbedingten Zwangsbewirtschaftung zur freien Marktwirtschaft erschien nach dem Zweiten Weltkrieg zunächst nicht praktikabel. In den Augen der Mehrheit der Franzosen waren die Probleme, vor denen die französische Wirtschaft stand, zu groß, als dass man sie dem „freien Spiel der Kräfte des Marktes“ hätte überlassen können.[1163] Der sozialistische Einfluss spielte in der Nachkriegszeit eine erhebliche Rolle, planwirtschaftliche Methoden wurden als brauchbare Alternative zur freien Marktwirtschaft empfunden.[1164] In der unmittelbaren Nachkriegszeit war in den wirtschaftspolitischen Anschauungen die Blockbildung zwischen Ost und West nicht verfestigt. So lange die Wirtschaftspolitik Erfolg und Aufschwung versprach, neigten die französischen Wirtschaftspolitiker dazu, pragmatisch und unvoreingenommen Elemente einer liberalen und einer geplanten Wirtschaftordnung zu mischen. Ideologische Motive spielten dabei eine eher untergeordnete Rolle.

Neues und innovatives Element des Monnet-Plans war die Mitwirkung von Unternehmerverbänden, Gewerkschaften und staatlicher Verwaltung bei der Gestaltung des Planes in sog. Modernisierungskommissionen, sog. économie concertée.[1165] Die Vertreter der Wirtschaft waren gleichzeitig Mitglieder des Wirtschaft- und Sozialrates (Conseil économique et social) und des Obersten Planungsrates (Conseil

1161 *Freitag,* Konzentrationspolitik, 1972, S. 116; *Günther,* in: WuW, Jg. 13, 1963, S. 191 ff. (199); *Hoffmann,* in: Rechtsfragen der Planifikation, 1967, S. 26 ff. (32 f.).

1162 *Kipping,* Zwischen Kartellen und Konkurrenz, 1996, S. 38 m.w.N.; *Malaurie-Vignal,* Droit de la concurrence, 5. Aufl., 2011, S. 4.

1163 *Fikentscher,* in: Rechtsfragen der Planifikation, 1967, S. 55 ff. (55 f.); *Hedtkamp,* Planification in Frankreich, 1966, S. 33; *Kleps,* in: ORDO, Doppelbd. 15/16, 1965, S. 275 ff. (297); kritisch zur angeblich in Frankreich mangelnden Risikobereitschaft der Unternehmer, sog. „malthusianisme économique“, *Tholl,* in: ORDO, Doppelbd. 15/16, 1965, S. 197 ff. (210 f.), Hauptursache für die mangelnde Investitionsbereitschaft in Frankreich sei die französische Wirtschaftspolitik seit 1930.

1164 *Andrieu,* in: Le Mouvement Social, Nr. 134, Jan.-März 1986, S. 131 ff. (131, 145); *Hedtkamp,* Planification in Frankreich, 1966, S. 35.

1165 *Monnet,* Mémoires, 1976, S. 281 ff., 306. – *Bauchet,* Le Plan, 1986, S. 21 ff.; *Bauchet,* La Planification, 1966, S. 48 ff.; *Freitag,* Konzentrationspolitik, 1972, S. 10; *Gombert,* in: L'américanisation de l'Europe occidentale, 2002, S. 76; *Hogan,* The Marshall Plan, 1987, S. 434; *Kipping,* Zwischen Kartellen und Konkurrenz, 1996, S. 40; *Kleps,* in: ORDO, Doppelbd. 15/16, 1965, S. 275 ff. (300) „œuvre collective“; *Kuisel,* Capitalism, 1981, S. 219 ff.; *Lob,* Entwicklung, 1988, S. 16; sehr kritisch *Tholl,* in: ORDO, Doppelbd. 15/16, 1965, S. 197 ff. (242) – er bezeichnet die Vorstellung der konstruktiven Zusammenarbeit von Wirtschaft und Staat mit dem Ziel des Allgemeinwohls als „märchenhaft“.

supérieur du plan), die wiederum das Plankommissariat berieten.[1166] Hedtkamp sprach von einer „mit syndikalistischen und wettbewerbswirtschaftlichen Elementen durchwebte[n] französische[n] Art der Wirtschaftslenkung".[1167] Den Modernisierungskommissionen oblag die Branchenplanung. Für jeden national bedeutenden Wirtschaftszweig wurde eine Modernisierungskommission gebildet, bestehend u. a. aus Vertretern der jeweiligen Branche.[1168] In einem sog. „Dialog" legten die Modernisierungskommissionen die Branchenziele fest, die aus ihrer Sicht realisierbar waren und zugleich den vom Plankommissariat erarbeiteten gesamtwirtschaftlichen Planzielen entsprachen.[1169] Aus Sicht Monnets stellte die sog. „Planification" das effektivste Mittel dar, um eine stärkere Konzentration der französischen Wirtschaft sowie mehr Wachstum zu gewährleisten.[1170] Er erhob beides – Konzentration und Wachstum („productivité") – zu den Hauptzielen unmittelbar nach dem Zweiten Weltkrieg.[1171]

Andernfalls fürchtete Frankreich um seine internationale Wettbewerbsfähigkeit.[1172] Finanziert werden sollte dieser Prozess insbesondere durch amerikanische Gelder.[1173] Monnet vertrat die Ansicht, eine effektive und fruchtbare Zusammenarbeit mit den USA unter Beibehaltung größtmöglicher wirtschaftlicher und politischer Unabhängigkeit Frankreichs wäre vor allem dann möglich, wenn Frankreich einerseits seine Deutschlandpolitik revidierte und andererseits eigene Vorschläge für den Wiederaufbau der französischen Wirtschaft vorlegte.[1174] Der Modernisierungsplan war somit auch Teil der französischen Strategie, sich trotz ausländischer Finanzierungshilfen wirtschaftliche Autonomie und innenpolitische Selbstständigkeit zu bewahren.[1175] So vermochte Monnet 1946 dem Wunsch der Amerikaner nach Liberalisierung vorerst das Ziel der „Modernisierung" entgegenzusetzen.[1176]

1166 *Freitag*, Konzentrationspolitik, 1972, S. 10; *Hedtkamp*, Planification in Frankreich, 1966, S. 119.

1167 *Hedtkamp*, Planification in Frankreich, 1966, S. 40.

1168 *Hedtkamp*, Planification in Frankreich, 1966, S. 117 ff.

1169 *Hedtkamp*, Planification in Frankreich, 1966, S. 122 ff.

1170 *Monnet*, Mémoires, 1976, S. 281.

1171 *Blum-Picard*, in: Gide, Le projet français de loi anti-trust, 1952, S. II f.; *Monnet*, Mémoires, 1976, S. 281. – *Hedtkamp*, Planification in Frankreich, 1966, S. 36 ff.; *Jenny*, in: Annals, Bd. 52, Dez. 1981, Nr. 4, S. 477 ff. (477); *Lob*, Entwicklung, 1988, S. 15; *Stoffaes*, in: Le Plan Marshall, 1993, S. 756.

1172 *Freitag*, Konzentrationspolitik, 1972, S. 7.

1173 *Lynch*, in: Die Anfänge des Schuman-Plans, 1988, S. 117.

1174 *Monnet*, Mémoires, 1976, S. 295. – *Margairaz*, in: Le Plan Marshall, 1993, S. 147;

1175 *Monnet*, Mémoires, 1976, S. 295. – *Andrieu*, in: Le Mouvement Social, Nr. 134, Jan.-März 1986, S. 131 ff. (152); *Gombert*, in: L'américanisation de l'Europe occidentale, 2002, S. 77; *Margairaz*, in: Le Plan Marshall, 1993, S. 152; *Wall*, Making, 1991, S. 165.

1176 *Monnet*, Mémoires, 1976, S. 296 ff. – *Andrieu*, in: Le Mouvement Social, Nr. 134, Jan.-März 1986, S. 131 ff. (152); *Gillingham*, Rebirth, 1991, S. 141; *Lynch*, in: Die Anfänge des Schuman-Plans, 1988, S. 117; *Margairaz*, in: Le Plan Marshall, 1993, S. 149.

III. Die Liberalisierung im Zuge des Marshall-Planes und Planification

Der Monnet-Plan legte die Konzentration der französischen Industrie fest. Zur Verwirklichung dieser Konzentrationsstrategie griff die französische Regierung von 1944 bis 1946 zum Instrument der „Nationalisation", d.h. der Verstaatlichung.[1177] Die „Nationalisation" zielte auf die Schlüsselindustrien in strategisch wichtigen Wirtschaftsbranchen, z.B. in der Automobilindustrie, bei den Fluggesellschaften, im Bankensektor, in der Gas- und Elektrizitätswirtschaft und im Versicherungssektor.[1178] Möglicherweise euphemistisch umschrieb das Schlagwort „nationalisation sans étatisation" diese Verstaatlichungswelle der Nachkriegszeit.[1179] Unter Hinweis auf die Präambel der Verfassung der Vierten Republik wurde argumentiert, dass die Schlüsselindustrien von Natur aus Kollektiveigentum wären, d.h. die Verstaatlichung führte allein dazu, sie ihrer wahren Berufung zurückzuführen.[1180]

Im Wege der Verstaatlichung erhielt der Staat direkte Kontrollrechte über die Unternehmen und konnte sie nach seinen Vorstellungen lenken.[1181] Vertreter der staatlichen Aufsichtsorgane repräsentierten fortan die verstaatlichten französischen Grundindustrien innerhalb der Modernisierungskommissionen.[1182]

1177 *Andrieu/Le Van/Prost (Hg.),* Les nationalisations, 1987, S. 249 ff. (1944–1946: Nationalisations der sog. Libération gemäß des Programms des Conseil National de la Résistance); *Andrieu,* in: Le Mouvement Social, Nr. 134, Jan.-März 1986, S. 131 ff. (145, 152); *Birmes,* Fusionskontrolle, 1994, S. 58; *Freitag,* Konzentrationspolitik, 1972, S. 128 f.; *Kleps,* in: ORDO, Doppelbd. 15/16, 1965, S. 275 ff. (297); *Lob,* Entwicklung, 1988, S. 15.

1178 *Andrieu/Le Van/Prost (Hg.),* Les nationalisations, 1987, S. 249 ff.; *Freitag,* Konzentrationspolitik, 1972, S. 7; *Fridenson,* in: Le Capitalisme Français, 1987, S. 175 ff. (175); *Gombert,* in: L'américanisation de l'Europe occidentale, 2002, S. 75 f.; *Kipping,* Zwischen Kartellen und Konkurrenz, 1996, S. 37; *Lasserre,* in: 50 Jahre Bundeskartellamt, 2008, S. 52; *Müller-Ohlsen,* Wirtschaftsplanung und Wirtschaftswachstum in Frankreich, 1967, S. 166 ff.

1179 *Andrieu,* in: Le Mouvement Social, Nr. 134, Jan.-März 1986, S. 131 ff. (145); *Becher,* Rechtsstellung, 1967, S. 5 ff.; *Freitag,* Konzentrationspolitik, 1972, S. 129.

1180 Präambel der Verfassung der Vierten Republik vom 27.10.1946: „9. Tout bien, toute entreprise, dont l'exploitation a ou acquiert les caractères d'un service public national ou d'un monopole de fait doit devenir la propriété de la collectivité.", URL: http://www.legifrance.com/Droit-francais/Constitution/Preambule-de-la-Constitution-du-27-octobre-1946, Entnahme am 4.06.2013. – *Andrieu,* in: Le Mouvement Social, Nr. 134, Jan.-März 1986, S. 131 ff. (145): Das Programm des Conseil National de la Résistance sah die Rückkehr der Produktionsmittel an die Nation vor „le retour à la nation des grands moyens de production"; *Becher,* Rechtsstellung, 1967, S. 5; *Freitag,* Konzentrationspolitik, 1972, S. 129.

1181 *Freitag,* Konzentrationspolitik, 1972, S. 131.

1182 *Freitag,* Konzentrationspolitik, 1972, S. 131.

Der Monnet-Plan bildete zugleich die maßgebliche Leitlinie für die Verteilung der Marshall-Plan-Hilfen in Frankreich.[1183] Deshalb wurde das ursprüngliche Enddatum für den Plan auf 1952 verlegt, damit die Durchführung von Monnet-Plan und Marshall-Plan zeitlich zusammenfielen.[1184] Das Plankommissariat konnte sich bei Kontroversen bezüglich der Verteilung der Gelder, die die USA im Rahmen des ERP zur Verfügung stellten, gegenüber der Marshall-Plan-Behörde durchsetzen. Das Plankommissariat unterstand direkt dem Ministerpräsidenten, so dass Unstimmigkeiten in Kürze auf höchster politischer Ebene verhandelt werden konnten.[1185] Darüber hinaus berief sich das Plankommissariat darauf, dass der Modernisierungsplan durch den Volkswillen legitimiert wäre. Als Ergebnis der Verhandlungen der Modernisierungskommissionen verkörperte der Plan den Willen der französischen Politik, der „Nation".[1186] Dementsprechend segneten die Marshall-Plan-Behörden die Vergabe von Krediten an verstaatlichte Unternehmen, wie es der Monnet-Plan bestimmte, ab.[1187] Teilweise begrüßte die Bevölkerung die Wahrnehmung wirtschaftlicher Interessen durch den Staat im Zuge der Verstaatlichungen sogar, da sich auf diese Weise der Einfluss der Wirtschaft auf die Politik verringerte.[1188]

Ein weiteres Instrument der „planificaton" bestand in der Preiskontrolle.[1189] Gemäß den Preisverordnungen vom 30.06.1945 unterlag die Preisbildung staatlicher Kontrolle.[1190] Ursprünglich dienten die Preisverordnungen der Inflationsbekämpfung und der Bekämpfung von Preiskartellen. Im Rahmen der „Planification" nutzte die Preisbehörde ihr Recht zur zentralen Preisbestimmung desweiteren, um zur Verwirklichung von Planzielen beizutragen.[1191] Die Festsetzung von Maximalpreisen

---

1183 *Monnet,* Mémoires, 1976, S. 295: „A quel point le plan et l'aide extérieure étaient liés [...]" und S. 298: „Ce que j'exposai du plan fut accueilli avec un si grand intérêt que nous fûmes plongés bientôt dans un climat de coopération active dans lequel la modernisation de la France devenait un objectif commun au prêteur (= USA, Anm. d. Verf.) et à l'emprunteur (= Frankreich, Anm. d. Verf.) [...]". – *Bauchet,* Le Plan, 1986, S. 6; *Freitag,* Konzentrationspolitik, 1972, S. 6.

1184 *Freitag,* Konzentrationspolitik, 1972, S. 11; *Margairaz,* in: Le Plan Marshall, 1993, S. 153.

1185 *Monnet,* Mémoires, 1976, S. 285: „Aucun poste ministériel ne m'eût offert un champ d'action aussi vaste que celui que m'ouvrit la fonction indéfinissable de commissaire au Plan, délégué auprès du président du gouvernement."

1186 *Monnet,* Mémoires, 1976, S. 282: „Toute la nation doit être associée à cet effort." und S. 303: „En 1948, le plan était la politique de la France, et autour de sa nécessité, largement reconnue parce que inlassablement expliquée, l'accord de tous s'était établi." – *Margairaz,* in: Le Plan Marshall, 1993, S. 161; *Wall,* in: Le Plan Marshall, 1993, S. 136 ff.; *Wall,* Making, 1991, S. 160 f.

1187 *Wall,* in: Le Plan Marshall, 1993, S. 137; *Wall,* Making, 1991, S. 160 f.

1188 *Blum-Picard,* in: Gide, Le projet français de loi anti-trust, 1952, S. II.

1189 *Birmes,* Fusionskontrolle, 1994, S. 59 f.; *Donnedieu de Vabres,* in: Institutionen und Grundfragen des Wettbewerbsrechts, 1988, S. 25.

1190 *Birmes,* Fusionskontrolle, 1994, S. 58 ff.; *Lob,* Entwicklung, 1988, S. 35.

1191 *Birmes,* Fusionskontrolle, 1994, S. 58; *Lob,* Entwicklung, 1988, S. 35.

durch den Staat wurde hingenommen, da dies dem höheren Ziel der Umsetzung des Planes zuträglich war.[1192] Zwar blieben private Preiskartelle verboten. Die staatlichen Höchstpreise und die Ahndung von Verstößen gegen die Preisdisziplin durch die Preisbehörde machten jedoch die Organisation in privaten Kartellen praktisch überflüssig.[1193]

Der Monnet-Plan führte zunächst zu dem gewünschten Erfolg, die Wachstumsrate stieg und die Konzentration von Unternehmen wurde nachhaltig gefördert.[1194] Andererseits hinkte der Monnet-Plan auf lange Sicht seinen selbst gesteckten Zielen, insbesondere der Herstellung der Wettbewerbsfähigkeit Frankreichs auf dem Weltmarkt, hinterher.[1195]

IV. Ein Kartellrecht für Frankreich

1. Der Weg zum ersten Regierungsentwurf

Der Monnet-Plan hatte den Aufbau einer boomenden Wirtschaft nach dem Vorbild der USA zum Ziel. Ein strenges Kartellrecht war jedoch nicht Teil des „Plan de modernisation et d'équipement".[1196] Vielmehr schloss sich die französische Industrie alsbald nach Kriegsende wieder in Verbänden und Kartellen zusammen.[1197]

Die Amerikaner übten – anders als in Deutschland – keinen Druck auf Frankreich aus, ein Wettbewerbsgesetz nach amerikanischem Vorbild einzuführen.[1198] Zwar verpflichtete auf der Ebene des Völkerechts die Havanna-Charta Frankreich zu einer Kartellgesetzgebung und in den Folgejahren stieg die Relevanz von internationalen

1192 *Jenny,* in: Annals, Bd. 52, Dez. 1981, Nr. 4, S. 477 ff. (485); *Lob,* Entwicklung, 1988, S. 35.

1193 *Jenny,* in: Annals, Bd. 52, Dez. 1981, Nr. 4, S. 477 ff. (485); *Lob,* Entwicklung, 1988, S. 35.

1194 *Gombert,* in: L'américanisation de l'Europe occidentale, 2002, S. 73, 76.

1195 *Freitag,* Konzentrationspolitik, 1972, S. 11; *Müller-Ohlsen,* Wirtschaftsplanung und Wirtschaftswachstum in Frankreich, 1967, S. 79 f.

1196 *David,* in: L'américanisation de l'Europe occidentale, 2002, S. 60; *Kipping,* Zwischen Kartellen und Konkurrenz, 1996, S. 348; *Lacroix-Riz,* in: Die Anfänge des Schuman-Plans, 1988, S. 251 m.w.N.; *Lynch,* in: Die Anfänge des Schuman-Plans, 1988, S. 127 m.w.N.

1197 Zur CRP, Vorgängerorganisation des CNPF, und zur Gründung des CNPF (21.12.1945 erste Vollversammlung, 12.06.1946 Verabschiedung der Satzung des CNPF) s. *Jeanneney,* L'argent caché, 2. Aufl., 1984, S. 242 ff., S. 260 ff. sowie *Weber,* Le parti des patrons, 2. Aufl., 1991, S. 90 ff.; *Berghahn,* The Americanisation of West German Industry, 1986, S. 101; *Ehrmann,* Organized Business, 1957, S. 114 ff.; *Franck,* 697 ministres, 1990, S. 18 f.; *Kipping,* Zwischen Kartellen und Konkurrenz, 1996, S. 37; *Mioche,* in: Die Anfänge des Schuman-Plans, 1988, S. 307.

1198 *Kipping,* Zwischen Kartellen und Konkurrenz, 1996, S. 350.

Kartellregelungen.[1199] Die erste Initiative für ein französisches Kartellrecht hatte aber einen rein französischen Ursprung und kam Anfang 1947 aus der Mitte des Conseil de la République. Der Conseil de la République stellte in der Vierten Republik die Zweite Kammer dar, eine Art Oberhaus. Heute nimmt der sog. Sénat diese Rolle ein. Auslöser für den Gesetzesvorschlag des Linksrepublikaners Landry (Rassemblement des gauches républicaines) waren Arbeitslosigkeit und ständig steigende Preise.[1200] Am 20.02.1947 verlangte er eine Anzeigepflicht für Kartelle sowie das Verbot aller sog. artifiziellen Monopole, d.h. von Monopolstellungen die sich nicht aus der Natur der Sache ergaben (z.B. singuläre Rohstoffvorkommen), sondern die auf Absprachen und Zusammenschlüssen zwischen den beteiligten Unternehmen beruhten.[1201] Dem schloss sich der Berichterstatter der Commission des affaires économiques, des douanes et des conventions commerciales, Colardeau, an.[1202] Er forderte im Auftrag des Conseil de la République von der Regierung, eine entsprechende Regelung zu erlassen und eine „Commission des ententes" als Aufsichtsbehörde zu schaffen.[1203]

1199 *Ententes et Monopoles dans le Monde/France,* in: La Documentation Française, 1953, S. 129 ff. (z.B. auch in der EGKS, s.o. S. 146 ff., und in den europäischen Nachbarländern). – *Touffait/Herzog,* in: JCP, 1967, Doc. I, N° 2047.

1200 Annexe N° 37 aux procès-verbaux des séances du Conseil de la République, Session de 1947, Séance du 20 février 1947, in: Documents parlementaires, Conseil de la République, 1ère législature, Sessions de 1946–1947, S. 38: Landry spricht von einer „féodalité économique" und prangert die Trusts als Schuldige für künstlich hohe Preise und Arbeitslosigkeit an „La collectivité souffre grandement du malthusianisme économique que pratiquent les trusts. [...] est une grande cause de ce terrible fléau, le chômage [...]" – *Sennewald,* Kartelle, 1964, S. 43; *Touffait/Herzog,* in: JCP, 1967, Doc. I, N° 2047: „La nécessité d'une nouvelle réglementation des ententes [...] a été imposée par des impératifs économiques d'ordre interne."

1201 Annexe N° 37 aux procès-verbaux des séances du Conseil de la République, Session de 1947, Séance du 20 février 1947, in: Documents parlementaires, Conseil de la République, 1ère législature, Sessions de 1946–1947, S. 37 f.; *Ententes et Monopoles dans le Monde/France,* in: La Documentation Française, 1953, S. 111. – *Freitag,* Konzentrationspolitik, 1972, S. 32; *Sennewald,* Kartelle, 1964, S. 44; *Wild,* Das marktbeherrschende Unternehmen, 1969, S. 18.

1202 RAPPORT des Conseiller de la République, Colardeau, im Auftrag der Commission des affaires économiques, des douanes et des conventions commerciales, in: Conseil de la République, Documents parlementaires, Annexes aux procès-verbaux des séances, Session 1946, Annexe N° 437 (Session 1947, Séance du 18 juillet 1947), S. 424 ff. (426 f.).

1203 RAPPORT des Conseiller de la République, Colardeau, im Auftrag der Commission des affaires économiques, des douanes et des conventions commerciales, in: Conseil de la République, Documents parlementaires, Annexes aux procès-verbaux des séances, Session 1946, Annexe N° 437 (Session 1947, Séance du 18 juillet 1947), S. 424 ff. (426 f.).

Die Radikalsozialisten Henri Queuille und André Marie legten in der Assemblée Nationale (= Nationalversammlung), der Ersten Kammer der Vierten Republik[1204], am 16.11.1948 einen Entwurf für ein Gesetz zur Veränderung der Artt. 419 und 420 Code pénal vor, die wettbewerbswidrige Verhaltensweisen strafrechtlich erfassten.[1205] In dieselbe Richtung ging der Gesetzesentwurf vom 22.06.1950 der Abgeordneten des Conseil de la République, André Armengaud und Pierre Marcilhacy, der ebenfalls nur auf eine Reform der Artt. 419, 420 und 421 Code pénal sowie auf die Schaffung einer Sachverständigenkommission („collège d'experts") hinauslief.[1206] Der Conseil de la République verfolgte bis zuletzt den Ansatz einer bloßen Modifizierung von Art. 419 Code pénal und zeigte sich in der Hinsicht wenig kompromissbereit.[1207] Am 13.01.1950 stellte der Volksrepublikaner Henri Teitgen in der Nationalversammlung einen Entwurf vor, der eine umfassende Reform beschwor.[1208] Der Entwurf unterschied zwischen „guten" (zulässigen) und „schlechten" (verbotenen) Kartellen, die nach dem auslegungsfähigen Begriff des Gemeinwohls („intérêt général", Art. 1 Teitgen-Entwurf) noch abgegrenzt werden sollten.[1209] Entsprechend der Vorlage des Conseil de la République verpflichtete Art. 4 Teitgen-Entwurf

---

1204 Das französische Parlament besteht bis heute aus zwei Kammern – einerseits die Assemblée Nationale und andererseits der Sénat. Beide Kammern sind bei Gesetzgebungsverfahren einzubinden.

1205 *Ententes et Monopoles dans le Monde/France,* in: La Documentation Française, 1953, S. 112 f.; Assemblée Nationale, Documents parlementaires, Annexes aux procès-verbaux des séances, Session 1948, Annexe N° 5597 (Session 1948, Séance du 16 novembre 1948), S. 2226; JO (N° 134 v. 17.11.1948), Débats parlementaires, Assemblée Nationale, 1ère Législature, Session de 1948, 243e séance, Séance du Mardi 16 Novembre 1948, S. 7010. – *Freitag,* Konzentrationspolitik, 1972, S. 32; *Schatz,* Die Zulässigkeit, 1964, S. 19; *Sennewald,* Kartelle, 1964, S. 45; *Souleau,* in: Droit Social, 1953, S. 577 ff. (578); *Wild,* Das marktbeherrschende Unternehmen, 1969, S. 18.

1206 *Ententes et Monopoles dans le Monde/France,* in: La Documentation Française, 1953, S. 114 (Drucksache der Nationalversammlung Nr. 10407); JO (N° 75 v. 23.06.1950), Débats parlementaires, Assemblée Nationale, 1ère Législature, Session de 1950, 168e séance, Séance du Jeudi 22 Juin 1950, S. 5179. – *Freitag,* Konzentrationspolitik, 1972, S. 32 f.; *Schatz,* Die Zulässigkeit, 1964, S. 19; *Souleau,* in: Droit Social, 1953, S. 577 ff. (578); *Sennewald,* Kartelle, 1964, S. 45; *Wild,* Das marktbeherrschende Unternehmen, 1969, S. 18.

1207 JO (N° 18 v. 21.02.1953), Débats parlementaires, Conseil de la République, Session de 1953, 19ème séance, Séance du Vendredi 20 Février 1953, S. 740 f.

1208 Assemblée Nationale, Documents parlementaires, Annexe aux procès-verbaux des séances, Séance du 13.01.1950, Nr. 8967, Zusammenfassung und Kommentar abgedruckt in: *Ententes et Monopoles dans le Monde/France,* in: La Documentation Française, 1953, S. 115 ff. – *Souleau,* in: Droit Social, 1953, S. 577 ff. (578).

1209 *Ententes et Monopoles dans le Monde/France,* in: La Documentation Française, 1953, S. 116. – *Freitag,* Konzentrationspolitik, 1972, S. 33; *Schatz,* Die Zulässigkeit, 1964, S. 20 f.; *Sennewald,* Kartelle, 1964, S. 46; *Wild,* Das marktbeherrschende Unternehmen, 1969, S. 18 ff.

Kartelle zur Anmeldung.[1210] Über die Zulässigkeit des Kartells entschied der Wirtschaftsminister (Art. 6 Teitgen-Entwurf).[1211] Der Entwurf von Henri Teitgen wurde kurze Zeit später aufgrund eines Regierungsentwurfs hinfällig.

Auf der Grundlage des Antrages von Landry und des Berichtes Colardeaus hatte die Regierung eigene Anstrengungen für die Schaffung eines französischen Kartellgesetzes unternommen.[1212] In der Sitzung der Nationalversammlung vom 12.05.1950 präsentierte die Regierung, der auch Teitgen angehörte, ihr Reformprojekt.[1213] Der Entwurf übernahm generalklauselartig das Allgemeinwohl als Differenzierungskriterium (Artt. 1 und 2 Regierungsentwurf) und sah eine wirtschaftlich versierte Verwaltungsbehörde, den „Conseil supérieur des ententes" vor (Art. 3 Regierungsentwurf).[1214]

Auch dieser Entwurf fand keine ungeteilte Zustimmung. Die Abgeordneten bemängelten insbesondere seine Unbestimmtheit und den großen Ermessensspielraum des Conseil supérieur des ententes.[1215] Der Entwurf der Abgeordneten Queuille und Marie, der Teitgen-Entwurf sowie der Regierungsentwurf wurden im Folgenden der Commission des affaires économiques zugeleitet.

1210 *Ententes et Monopoles dans le Monde/France,* in: La Documentation Française, 1953, S. 117. – *Freitag,* Konzentrationspolitik, 1972, S. 33; *Schatz,* Die Zulässigkeit, 1964, S. 20 f.; *Sennewald,* Kartelle, 1964, S. 46; *Wild,* Das marktbeherrschende Unternehmen, 1969, S. 18 ff.

1211 *Ententes et Monopoles dans le Monde/France,* in: La Documentation Française, 1953, S. 117; JO v. 22.06.1950, Avis et rapports du Conseil Économique, Session de 1950, S. 248. – *Freitag,* Konzentrationspolitik, 1972, S. 33; *Schatz,* Die Zulässigkeit, 1964, S. 20 f. – für *Schatz* eine weitere Ausprägung des in Frankreich vorherrschenden Wirtschaftsdirigismus; *Sennewald,* Kartelle, 1964, S. 46; *Wild,* Das marktbeherrschende Unternehmen, 1969, S. 18 ff.

1212 *Sennewald,* Kartelle, 1964, S. 44.

1213 *Ententes et Monopoles dans le Monde/France,* in: La Documentation Française, 1953, S. 118 ff.; Assemblée Nationale, Documents parlementaires, Annexe aux procèsverbaux de la séance, Session de 1950, Séance du 12 mai 1950, Annexe N° 9951, S. 899 ff. – *Souleau,* in: Droit Social, 1953, S. 577 ff. (578).

1214 *Ententes et Monopoles dans le Monde/France,* in: La Documentation Française, 1953, S. 118 ff.; Assemblée Nationale, Documents parlementaires, Annexe aux procèsverbaux de la séance, Session de 1950, Séance du 12 mai 1950, Annexe N° 9951, S. 899 ff. – *Freitag,* Konzentrationspolitik, 1972, S. 33; *Kipping,* Zwischen Kartellen und Konkurrenz, 1996, S. 348; *Mioche,* in: Die Anfänge des Schuman-Plans, 1988, S. 307; *Schatz,* Die Zulässigkeit, 1964, S. 20 f.; *Sennewald,* Kartelle, 1964, S. 47; *Wild,* Das marktbeherrschende Unternehmen, 1969, S. 19 f.

1215 *Freitag,* Konzentrationspolitik, 1972, S. 33; *Schatz,* Die Zulässigkeit, 1964, S. 20 f.; *Sennewald,* Kartelle, 1964, S. 47; *Wild,* Das marktbeherrschende Unternehmen, 1969, S. 18 ff.

2. Gegenentwürfe zum Regierungsentwurf

Die Literatur griff den Regierungsentwurf scharf an.[1216] Im Parlament kam es zu einer Reihe von Änderungsvorschlägen zum Regierungsentwurf.[1217] Teilweise forderten die Kritiker eine Stärkung der Regierung, um ihr mehr politischen Spielraum bei der Anwendung des Kartellgesetzes zu gewähren.[1218] Der Conseil économique verlangte hingegen in seiner Stellungnahme vom 21.06.1950 eine Verschärfung des Regierungsentwurfes.[1219] Nach seiner Ansicht waren die Zuständigkeiten der zu schaffenden Kartellbehörde von den Aufgaben der Gerichte stärker abzugrenzen,[1220] die Tatbestände der Kartellgesetzgebung bedürften der Präzisierung.[1221] Der Conseil économique setzte sich darüber hinaus dafür ein, neben vorbeugenden Maßnahmen auch Strafmaßnahmen vorzusehen, sowie ein verpflichtendes Kartellregister.[1222] Auch die Sozialisten nahmen den Regierungsentwurf zum Anlass, ihren Wunsch nach einer strengen Kartellgesetzgebung erneut deutlich zu machen. Im Namen der sozialistischen Fraktion der Nationalversammlung bestand Gazier – ähnlich Landry im Jahre 1947 – auf einem Kartellverbot (Art. 4 f. des Gazier-Entwurfs) und einer Registerpflicht für Kartelle (Art. 1 des Gazier-Entwurfs).[1223] Die Sozialisten befürworteten ebenfalls die Schaffung einer Kartellbehörde, der sog. Commission Nationale de Surveillance (Art. 6 des Gazier-Entwurfs), die von spezialisierten Wirtschaftsgerichten (Tribunaux Économiques in Erster Instanz, Cour économique d'appel als Berufungsinstanz, Chambre économique der Cour de Cassation in der Revisionsinstanz), Art. 10 ff. des Gazier-Entwurfs, unterstützt werden sollte.[1224]

1216 *Blum-Picard,* in: Gide, Le projet français de loi anti-trust, 1952, S. IV; *Gide,* Le projet français de loi anti-trust, 1952, S. 39 ff. 49 ff., 54 stellt ein absolutes Trustverbot mit einem wirtschaftlichen Selbstmord gleich („suicide économique").

1217 *Gide,* Le projet français de loi anti-trust, 1952, S. 41.

1218 *Gide,* Le projet français de loi anti-trust, 1952, S. 41.

1219 JO v. 22.06.1950, N° 9, Avis et Rapports du Conseil Économique, Session de 1950, Séances des 20 et 21 Juin 1950, S. 232 ff.; *Gide,* Le projet français de loi anti-trust, 1952, S. 41.

1220 JO v. 22.06.1950, N° 9, Avis et Rapports du Conseil Économique, Session de 1950, Séances des 20 et 21 Juin 1950, S. 232 ff. (S. 235, li. Sp., II) C) c)).

1221 JO v. 22.06.1950, N° 9, Avis et Rapports du Conseil Économique, Session de 1950, Séances des 20 et 21 Juin 1950, S. 232 ff. (S. 235, li. Sp., II) C) b)). – *Sennewald,* Kartelle, 1964, S. 49.

1222 JO v. 22.06.1950, N° 9, Avis et Rapports du Conseil Économique, Session de 1950, Séances des 20 et 21 Juin 1950, S. 232 ff. (S. 235, li. Sp., II) C) a)). – *Sennewald,* Kartelle, 1964, S. 49.

1223 Assemblée Nationale, Documents parlementaires, Annexe aux procès-verbaux de la séance, Session de 1950, Séance du 8.06.1950, N° 10223, S. 1091 f.; *Ententes et Monopoles dans le Monde/France,* in: La Documentation Française, 1953, S. 122 ff.; *Gide,* Le projet français de loi anti-trust, 1952, S. 41. – *Souleau,* in: Droit Social, 1953, S. 577 ff. (578 f.).

1224 *Freitag,* Konzentrationspolitik, 1972, S. 34; *Schatz,* Die Zulässigkeit, 1964, S. 21 f.

Die Commission des affaires économiques, der Wirtschaftsausschuss der Nationalversammlung, hinterlegte am 23.02.1951 im Parlament ihre Stellungnahme zum Regierungsentwurf und zu den Vorschlägen von Henri Teitgen und Gazier.[1225] Der Berichterstatter des Wirtschaftsausschusses, Marcel Poimboeuf, fasste die Entwürfe zusammen, ließ dabei den Regierungsentwurf im Wesentlichen unverändert, ergänzte ihn aber um Regelungen des Teitgen- und des Gazier-Entwurfes.[1226] Am 17.06.1951 endete die erste Legislaturperiode der Vierten Republik. Am 2.08.1951 setzte der Wirtschaftsausschuss der 2. Legislaturperiode seine Stellungnahme fort.[1227]

René Pleven empfahl am 19.12.1951 im Conseil des ministres, dem Ministerrat, ein strenges Antitrustgesetz, was aber nicht weiterverfolgt wurde.[1228] Auch die Gaullisten, die sich in der Partei des „Rassemblement du peuple français" (= R.P.F.) vereint hatten, warteten mit einem Entwurf auf.[1229] Ihre Vorlage, die das Parlament am 21.12.1951 verhandelte, enthielt eine Anmeldepflicht für Kartelle (Art. 1 des RPF-Entwurfs).[1230] Zur Kartellaufsicht waren zwei Organe zuständig – ein Beratungsgremium, die „Commission des ententes industrielles et commerciales" (Art. 2 des RPF-Entwurfs) und der mit Entscheidungskompetenz ausgestattete Ministerrat.[1231]

1225 JO (N° 30 v. 24.02.1951), Débats parlementaires, Assemblée Nationale, 1ère Législature, Session de 1951, 60e séance, Séance du Vendredi 23 Février 1951, S. 1592.

1226 *Ententes et Monopoles dans le Monde/France,* in: La Documentation Française, 1953, S. 124 ff.; *Gide,* Le projet français de loi anti-trust, 1952, S. 41. – *Sennewald,* Kartelle, 1964, S. 50; *Schatz,* Die Zulässigkeit, 1964, S. 22.

1227 Assemblée Nationale, Documents parlementaires, Annexe aux procès-verbaux de la séance, Session de 1951, Séance du 2 août 1951, Annexe N° 496, S. 1671 ff.; JO (N° 101 v. 03.08.1951), Débats parlementaires, Assemblée Nationale, 2ème Législature, Session de 1951, 1ère séance, Séance du Jeudi 2 août 1951, S. 6174; *Gide,* Le projet français de loi anti-trust, 1952, S. 41. – *Sennewald,* Kartelle, 1964, S. 50.

1228 WuW Jg. 1, 1951, S. 50 „Regierung Pleven für baldige Verabschiedung des Kartellgesetzes – Missbrauchsgesetzgebung wahrscheinlich" aus dem deutschsprachen Vortrag „Fragen der Kartell-Verhinderung", Radio Paris v. 18.08.1951 sowie WuW Jg. 2, 1952, S. 269 „Vorlage eines neuen Kartellgesetzentwurfes"; *Lacroix-Riz* vermutet, dass der Entwurf allein der Besänftigung der Forderung der US-Amerikaner nach einem strengen Kartellrecht diente, s. *Lacroix-Riz,* in: Die Anfänge des Schuman-Plans, 1988, S. 252.

1229 Assemblée Nationale, Session de 1951, Document N° 2145, abgedruckt in: *Ententes et Monopoles dans le Monde/France,* in: La Documentation Française, 1953, S. 126 f. – *Souleau,* in: Droit Social, 1953, S. 577 ff. (579).

1230 Assemblée Nationale, Session de 1951, Document N° 2145, abgedruckt in: *Ententes et Monopoles dans le Monde/France,* in: La Documentation Française, 1953, S. 127. – *Freitag,* Konzentrationspolitik, 1972, S. 34; *Schatz,* Die Zulässigkeit, 1964, S. 22; *Sennewald,* Kartelle, 1964, S. 49.

1231 Assemblée Nationale, Session de 1951, Document N° 2145, abgedruckt in: *Ententes et Monopoles dans le Monde/France,* in: La Documentation Française, 1953, S. 127. – *Freitag,* Konzentrationspolitik, 1972, S. 34; *Schatz,* Die Zulässigkeit, 1964, S. 22; *Sennewald,* Kartelle, 1964, S. 49.

An der Vielfalt der vorgelegten Entwürfe und dem Dissens zwischen Conseil de la République und Assemblée Nationale wurde schon im Jahr 1951 deutlich, dass sich die Mehrheit nur schwierig auf ein einheitliches Konzept einigen konnte. Jede politische Partei verfolgte eigene Vorstellungen. Die Diskussion faserte aus, ohne Aussicht darauf, in einem Kompromiss zu münden.

3. Die Studienreise in die USA

Neuen Schwung bekam der von Poimboeuf zusammengefasste Regierungsentwurf durch die Studienreise einer Regierungsdelegation unter der Leitung der Abgeordneten der Nationalversammlung, Germaine Poinso-Chapuis, in die USA.[1232] Die USA hatten der französischen Regierung angeboten, eine Studienkommission in die USA zu entsenden, um das amerikanische Wirtschaftssystem sowie die dort geltende Antitrustgesetzgebung in der Praxis kennen zu lernen.[1233] Nach der Wahl der neuen Nationalversammlung im Juni 1951 beauftragte die neu gewählte Assemblée Nationale Germaine Poinso-Chapuis, die in den USA gesammelten Erfahrungen in den ursprünglichen Regierungsentwurf einzuarbeiten.[1234] Inspiriert von der Studienreise verschärfte Poinso-Chapuis den Regierungsentwurf insofern, dass zur Präzisierung des Verbotstatbestandes die untersagten Verhaltensweisen aufgezählt (Art. 2 § 2 des Regierungsentwurfs Poinso-Chapuis)[1235] und Preisbindung sowie Bezugs- und Liefersperre unter Verbot gestellt wurden.[1236] Damit begrenzte Poinso-Chapuis zwar den Ermessensspielraum der zuständigen Behörde, das auslegungsbedürftige

---

1232 Assemblée Nationale, Documents parlementaires, Annexe aux procès-verbaux de la séance, Session de 1952, Séance du 27 mars 1952, Nr° 3085, S. 633 ff.; *Ententes et Monopoles dans le Monde/France,* in: La Documentation Française, 1953, S. 127 f. – *Freitag,* Konzentrationspolitik, 1972, S. 34; *Schatz,* Die Zulässigkeit, 1964, S. 22 f.; *Wild,* Das marktbeherrschende Unternehmen, 1969, S. 20.

1233 *Gombert,* in: L'américanisation de l'Europe occidentale, 2002, S. 73 ff.; *Kipping,* Zwischen Kartellen und Konkurrenz, 1996, S. 350.

1234 Assemblée Nationale, Documents parlementaires, Annexe aux procès-verbaux de la séance, Session de 1952, Séance du 27 mars 1952, Nr° 3085, S. 633 ff.; *Ententes et Monopoles dans le Monde/France,* in: La Documentation Française, 1953, S. 127 f.; *Gide,* Le projet français de loi anti-trust, 1952, S. 41. – *Souleau,* in: Droit Social, 1953, S. 577 ff. (579); *Touffait/Herzog,* in: JCP, 1967, Doc. I, N° 2047.

1235 Assemblée Nationale, Documents parlementaires, Annexe aux procès-verbaux de la séance, Session de 1952, Séance du 27 mars 1952, Nr° 3085, S. 633 ff. (638); *Ententes et Monopoles dans le Monde/France,* in: La Documentation Française, 1953, S. 127 f.; *Gide,* Le projet français de loi anti-trust, 1952, S. 42. – *Sennewald,* Kartelle, 1964, S. 50.

1236 Assemblée Nationale, Documents parlementaires, Annexe aux procès-verbaux de la séance, Session de 1952, Séance du 27 mars 1952, Nr° 3085, S. 633 ff. (638); *Ententes et Monopoles dans le Monde/France,* in: La Documentation Française, 1953, S. 127 f.; *Blum-Picard,* in: Gide, Le projet français de loi anti-trust, 1952, S. III f. *Gide,* Le projet français de loi anti-trust, 1952, S. 41. – *Freitag,* Konzentrationspolitik,

Abgrenzungskriterium des Allgemeinwohls („intérêt général") (Art. 1er des Regierungentwurfs Poinso-Chapuis), behielt Poinso-Chapuis indes bei:[1237]

„Art. 1er. – Les ententes professionnelles, qui contribuent à servir l'intérêt général en améliorant les conditions de la production ou de la distribution, en abaissant les prix de vente à tous les stades sont et demeurent librement conclues.

Art. 2. – Peuvent être évoquées par le conseil supérieur des ententes (...) ou de lui être déférées, toutes action, convention, pratique, entente ou coalition portant atteinte à l'intérêt général et ayant pour effet soit d'élever ou de maintenir les prix, soit d'entraver le développement de la production ou des échanges."[1238]

Laut einer Auffassung in der Literatur wäre die Preisverordnung mit Inkrafttreten des Antitrustgesetzes hinfällig geworden.[1239] Zuständiges Exekutivorgan war auf Verwaltungsebene der „Conseil supérieur des ententes" (Artt. 4 und 5 des Regierungsentwurfes Poinso-Chapuis) angelehnt an die amerikanische Federal Trade Commission.[1240] Er hatte insbesondere die Aufgabe, problematische Sachverhalte zu ermitteln und Lösungen vorzuschlagen.[1241] Wenn die Parteien die Sache nicht einvernehmlich klärten, sollte der Conseil supérieur des ententes die Sache an ein spezielles Kartellgericht, dem Tribunal national des ententes, abgeben (Art. 13

1972, S. 34; *Schatz,* Die Zulässigkeit, 1964, S. 22 f.; *Sennewald,* Kartelle, 1964, S. 50; *Wild,* Das marktbeherrschende Unternehmen, 1969, S. 20.

1237 *Gide,* Le projet français de loi anti-trust, 1952, S. 42. – *Freitag,* Konzentrationspolitik, 1972, S. 34; *Schatz,* Die Zulässigkeit, 1964, S. 23; kritisch gegenüber dem vagen und seiner Ansicht nach unzureichendem Kriterium des „intérêt général" *Baudouin-Bugnet,* in: WuW, Jg. 2, 1952, S. 781 ff. (781).

1238 Assemblée Nationale, Documents parlementaires, Annexe aux procès-verbaux de la séance, Session de 1952, Séance du 27 mars 1952, Nr° 3085, S. 633 ff. (638) – freie Übersetzung: *„Art. 1. – Unternehmensabsprachen, die dem Allgemeinwohl dienen, indem sie die Herstellungs- oder Vertriebsbedingungen verbessern und/oder den Kaufpreis senken, sind und bleiben jederzeit zulässig. Art. 2. – Jedes Verhalten, jede Vereinbarung, Handlungsweise, Absprache oder Vereinigung, die das Allgemeinwohl verletzt und dazu führt, entweder die Preise zu erhöhen oder zu fixieren, oder die Entwicklung bei der Herstellung oder beim Handel zu erschweren, können durch den Conseil supérieur des ententes beanstandet (...) oder ihm vorgelegt werden.";* *Gide,* Le projet français de loi anti-trust, 1952, S. 42.

1239 *Gide,* Le projet français de loi anti-trust, 1952, S. 46.

1240 Assemblée Nationale, Documents parlementaires, Annexe aux procès-verbaux de la séance, Session de 1952, Séance du 27 mars 1952, Nr° 3085, S. 633 ff. (638); *Gide,* Le projet français de loi anti-trust, 1952, S. 47. – *Freitag,* Konzentrationspolitik, 1972, S. 34; *Mainguy/Respaud/Depincé,* Droit de la Concurrence, 2010, S. 36; *Schatz,* Die Zulässigkeit, 1964, S. 23 f.; *Sennewald,* Kartelle, 1964, S. 48; *Souleau,* in: Droit Social, 1953, S. 577 ff. (579).

1241 *Gide,* Le projet français de loi anti-trust, 1952, S. 47. – *Freitag,* Konzentrationspolitik, 1972, S. 34; *Mainguy/Respaud/Depincé,* Droit de la Concurrence, 2010, S. 36; *Schatz,* Die Zulässigkeit, 1964, S. 23 f.; *Sennewald,* Kartelle, 1964, S. 48.

des Regierungsentwurfs Poinso-Chapuis).[1242] Diesem Gericht, dem ein Commissaire du gouvernement als Vertreter der Regierung assistierte (Art. 15 des Regierungsentwurfs Poinso-Chapuis), kam die endgültige Entscheidung zu (Art. 18 des Regierungsentwurfs Poinso-Chapuis).[1243] Anders als die vorher strafrechtliche Gesetzgebung herrschten nach diesem Entwurf wirtschaftliche „Strafen" – entsprechend dem amerikanischen Vorbild – vor, d.h. die Unternehmen waren verpflichtet, die entsprechenden Maßnahmen zu ergreifen, um die Wettbewerbsbeschränkung zu beseitigen, sowie Schadensersatz zu leisten (Art. 18 des Regierungsentwurfs Poinso-Chapuis).[1244] Art. 419 Code pénal wäre damit als unvereinbar außer Kraft gesetzt worden.[1245]

Über diesen Vorschlag bestand Konsens innerhalb der Nationalversammlung und sie nahm am 10.07.1952 den Entwurf als „Loi organisant le contrôle des ententes économiques et assurant la liberté de la production et du commerce" an.[1246] Auch wenn wider Erwarten das Unterhaus zu einem Kompromiss gefunden hatte, scheiterte das Gesetz letztendlich am Conseil de la République. Im Auftrag des Wirtschaftsausschusses des Conseil de la République arbeitete der Senator Bardon-Damarzid Anfang 1953 – trotz der Annahme des Gesetzes in der Nationalversammlung – einen Reformvorschlag aus, der Art. 419 Code pénal ergänzte.[1247] In den Sitzungen

---

1242 Assemblée Nationale, Documents parlementaires, Annexe aux procès-verbaux de la séance, Session de 1952, Séance du 27 mars 1952, Nr° 3085, S. 633 ff. (638); *Gide,* Le projet français de loi anti-trust, 1952, S. 47 f. – *Schatz,* Die Zulässigkeit, 1964, S. 23 f.; *Souleau,* in: Droit Social, 1953, S. 577 ff. (579).

1243 Assemblée Nationale, Documents parlementaires, Annexe aux procès-verbaux de la séance, Session de 1952, Séance du 27 mars 1952, Nr° 3085, S. 633 ff. (638).

1244 Assemblée Nationale, Documents parlementaires, Annexe aux procès-verbaux de la séance, Session de 1952, Séance du 27 mars 1952, Nr° 3085, S. 633 ff. (638). – *Baudouin-Bugnet,* in: WuW, Jg. 2, 1952, S. 781 ff. (784).

1245 *Baudouin-Bugnet,* in: WuW, Jg. 2, 1952, S. 781 ff. (781).

1246 JO (N° 69 v. 11.07.1952), Débats parlementaires, Assemblée Nationale, 2ème Législature, Session de 1952, 1ère séance, Séance du Jeudi 10 Juillet 1952, S. 3795 f., 3799; *Gide,* Le projet français de loi anti-trust, 1952, S. 42. – *Freitag,* Konzentrationspolitik, 1972, S. 34; *Schatz,* Die Zulässigkeit, 1964, S. 22 f.; *Sennewald,* Kartelle, 1964, S. 50; *Wild,* Das marktbeherrschende Unternehmen, 1969, S. 20.

1247 JO (N° 17 v. 20.02.1953), Débats parlementaires, Conseil de la République, 2ème Législature, Session de 1953, 18ème séance, Séance du Jeudi 19 Février 1953, S. 712 sowie Documents annexés aux débats parlementaires du Conseil de la République, Session de 1953, Séance du 19 février 1953, Annexe 9, S. 264 f.; *Ententes et Monopoles dans le Monde/France,* in: La Documentation Française, 1953, S. 128, 183 ff.; *Poinso-Chapuis,* in: Droit Social, 1953, S. 576 f. (576) kritisierte den Konservatismus des Senats, dessen Entwurf kein Wirtschaftsstrafrecht schaffe, sondern dem alten Sanktionssystem, das aus einer Kombination aus Strafrecht und zivilrechtlichen Schadensersatzklagen bestand, verhaftet bleibe. – *Freitag,* Konzentrationspolitik, 1972, S. 32 f.; *Schatz,* Die Zulässigkeit, 1964, S. 19; *Sennewald,* Kartelle, 1964, S. 45, 51; *Wild,* Das marktbeherrschende Unternehmen, 1969, S. 20.

vom 20.02.1953 und 26.02.1953 lehnte der Conseil de la République den von der Assemblée Nationale gewählten Gesetzesentwurf ab und billigte stattdessen den Entwurf von Bardon-Damarzid.[1248] Der Conseil de la République rügte am Entwurf der Assemblée Nationale insbesondere die Unbestimmtheit des Kriteriums des „intérêt général"; die Gegenvorschläge des Conseil de la République hingegen strebten mehrheitlich keine ganzheitliche Reform an, sondern eine Ergänzung der bereits bestehenden Regelungen.[1249] Darüber hinaus stand man der Schaffung des Tribunal des ententes als Ausnahmegericht kritisch gegenüber.[1250]

Mit Ablehnung des Gesetzesentwurfes der Assemblée Nationale durch das Oberhaus rückte eine Einigung auf ein Kartellgesetz in weite Ferne.[1251] Die Kompromissversuche der amtierenden Regierung unter René Mayer erlahmten mit ihrem Fall.[1252] Sie überließ die Klärung dieser Frage der Folgeregierung.

4. Regelung im Verordnungswege

Da trotzdem Handlungsbedarf bestand, das Zustandekommen eines Gesetzes aber nicht mehr wahrscheinlich war, griff die Folgeregierung Laniel zum Mittel der Verordnung.[1253] Die Nationalversammlung ermächtigte die Regierung – vertreten durch ihren Premierminister Laniel – durch das Gesetz Nr. 53–611 vom 11.07.1953[1254] per

1248 Für die Diskussion des Regierungsentwurfs und des Entwurfs von Bardon-Damarzid im Conseil de la République am 20.02.1953 und 26.02.1953, s. JO (N° 18 v. 21.02.1953), Débats parlementaires, Conseil de la République, 2ème Législature, Session de 1953, 19ème séance, Séance du Vendredi 20 Février 1953, S. 738–761 und JO (N° 20 v. 27.02.1953), Débats parlementaires, Conseil de la République, 2ème Législature, Session de 1953, 21ème séance, Séance du Jeudi 26 Février 1953, S. 781–804. – *Freitag,* Konzentrationspolitik, 1972, S. 34; *Schatz,* Die Zulässigkeit, 1964, S. 24; *Sennewald,* Kartelle, 1964, S. 45, 51; *Souleau,* in: Droit Social, 1953, S. 577 ff. (577); *Wild,* Das marktbeherrschende Unternehmen, 1969, S. 20.

1249 JO (N° 18 v. 21.02.1953), Débats parlementaires, Conseil de la République, 2ème Législature, Session de 1953, 19ème séance, Séance du Vendredi 20 Février 1953, S. 738–761 und JO (N° 20 v. 27.02.1953), Débats parlementaires, Conseil de la République, 2ème Législature, Session de 1953, 21ème séance, Séance du Jeudi 26 Février 1953, S. 781–804. – *Baudouin-Bugnet,* in: WuW, Jg. 2, 1952, S. 781 ff. (781).

1250 *Baudouin-Bugnet,* in: WuW, Jg. 2, 1952, S. 781 ff. (785); *Souleau,* in: Droit Social, 1953, S. 577 ff. (579).

1251 *Freitag,* Konzentrationspolitik, 1972, S. 35; *Hoffmann,* Spruchpraxis Kartellkommission, 1976, S. 4; *Lob,* Entwicklung, 1988, S. 26; *Poinso-Chapuis,* in: Droit Social, 1953, S. 576; *Schatz,* Die Zulässigkeit, 1964, S. 24 f.; *Souleau,* in: Droit Social, 1953, S. 577 ff. (577, 579); *Wild,* Das marktbeherrschende Unternehmen, 1969, S. 20.

1252 *Poinso-Chapuis,* in: Droit Social, 1953, S. 576.

1253 *Poinso-Chapuis,* in: Droit Social, 1953, S. 576.

1254 JO v. 11.07.1953, S. 6144, Loi n° 53–611 du 11 juillet 1953 portant redressement économique et financier: „Art. 7. – I. – Le Gouvernement pourra, par décrets pris en conseil des ministres, sur le rapport du ministre des finances et des affaires économiques et des ministres intéressés et après avis du conseil d'Etat prendre des

Verordnung alle Maßnahmen zur Aufrechterhaltung und Wiederherstellung des freien Wettbewerbs in Industrie und Handel zu treffen.[1255] Die Ermächtigung galt bis zum 1.10.1953.[1256] Die auf Grundlage dieses Ermächtigungsgesetzes verfassten Verordnungen bedurften zu ihrer Wirksamkeit der Ratifizierung durch das Parlament – ohne Ratifizierung waren die Verordnungen schwebend unwirksam.[1257]

Die Regierung nutzte diese Ermächtigung, um am 9.8.1953 die Verordnung Nr. 53–704[1258] zu erlassen. Die neuen Regelungen wurden unter dem Titel IV „Maintien de la libre Concurrence“ als Artt. 59bis, 59ter und 59^quater^ in die Preisverordnung eingeführt.[1259] Die Verordnung behielt die Differenzierung zwischen „bonnes ententes“ und „mauvaises ententes“ bei.[1260] Art. 59bis sah zwar ein Verbot aller Absprachen vor, die zu einer künstlichen Steigerung der Preise führten und somit wettbewerbsbeschränkend wirkten.[1261] Art. 59ter nahm aber von diesem Verbot die Kartelle aus, die

---

mesures relatives: [...] Au maintien ou au rétablissement d’une libre concurrence industrielle et commerciale [...].“

1255 *Freitag,* Konzentrationspolitik, 1972, S. 35; *Schatz,* Die Zulässigkeit, 1964, S. 24 f.

1256 JO v. 11.07.1953, S. 6144, Loi n° 53–611 du 11 juillet 1953 portant redressement économique et financier: „Art. 7. – [...] II. – Les pouvoirs visés par le présent article sont conférés au Gouvernement en fonction lors de la promulgation de la présente loi et prendront fin en tout état de cause le 1er octobre 1953. [...]“.

1257 JO v. 11.07.1953, S. 6144, Loi n° 53–611 du 11 juillet 1953 portant redressement économique et financier: „Art. 7. – [...] III. – [...] Ils [les décrets prévus au présent article, Anm. d. Verf.] entreront provisoirement en vigueur dès leur publication au Journal officiel de la République française, mais ne deviendront définitifs qu’après leur ratification par le Parlement auquel ils seront soumis avant le 31 décembre 1953.“ – *Freitag,* Konzentrationspolitik, 1972, S. 35; *Schatz,* Die Zulässigkeit, 1964, S. 24 f.

1258 JO v. 10.08.1953, S. 7045 ff., Décret n° 53–704 du 9 août 1953 relatif au maintien ou au rétablissement de la libre concurrence industrielle et commerciale; auch abgedruckt in: WuW, Jg. 3, 1953, S. 643–645. – *Freitag,* Konzentrationspolitik, 1972, S. 35.

1259 JO v. 10.08.1953, S. 7046; *Freitag,* Konzentrationspolitik, 1972, S. 36; *Wild,* Das marktbeherrschende Unternehmen, 1969, S. 21.

1260 *Birmes,* Fusionskontrolle, 1994, S. 61; *Hitzler,* Systeme der Fusionskontrolle, 1979, S. 5 f.; *Kipping,* Zwischen Kartellen und Konkurrenz, 1996, S. 349; *Wild,* Das marktbeherrschende Unternehmen, 1969, S. 22.

1261 JO v. 10.08.1953, S. 7046: „Art. 59 *bis*. – Sont prohibées, sous réserve des dispositions de l’article 59 *ter*, toutes les actions concertées, conventions, ententes expresses ou tacites, ou coalitions sous quelque forme et pour quelque cause que ce soit, ayant pour objet ou pouvant avoir pour effet d’entraver le plein exercice de la concurrence en faisant obstacle à l’abaissement des prix de revient ou de vente, ou en favorisant une hausse artificielle des prix. [...]“; deutsche Übersetzung in: *Schatz,* Die Zulässigkeit, 1964, Anhang, S. IV f. – *Birmes,* Fusionskontrolle, 1994, S. 60; *Freitag,* Konzentrationspolitik, 1972, S. 36 f.; *Wild,* Das marktbeherrschende Unternehmen, 1969, S. 21.

eine Verbesserung der Produktion vermochten oder durch Rationalisierung und Spezialisierung zur Entwicklung des wirtschaftlichen Fortschrittes beitrugen.[1262]

Daneben blieb Art. 419 Code pénal anwendbar, d.h. Verfahren gemäß Artt. 59bis ff. der Preisverordnung und gemäß Art. 419 Code pénal standen nebeneinander.[1263] Dies ging nicht nur andeutungsweise aus den Motiven der Verordnung hervor,[1264] auch die Cour de Cassation sprach sich in ihrem Urteil vom 12. November 1957 dafür aus, dass Art. 419 Code pénal sowie der Grundsatz der Handels- und Gewerbefreiheit (Art. 7 des Décrets vom 2./17. März 1791, s.o. S. 182) von dem Verfahren gem. Artt. 59bis ff. der Preisverordnung unberührt bliebe.[1265] Das Verfahren unter Einschaltung der Commission technique des ententes und des Wirtschaftsministers entfiel daher, wenn bereits ein Strafverfahren gem. Art. 419 Code pénal eingeleitet oder eine zivilrechtliche Nichtigkeits- und Schadensersatzklage anhängig gemacht worden war.[1266]

Zugleich veränderte die Verordnung Artikel 37 der Preisverordnung von 1945.[1267] Anders als in Deutschland, wo Kartelle bis heute dem GWB unterliegen und das UWG unlauteres Verhalten zu unterbinden sucht,[1268] behandelte die französische Preisverordnung nunmehr sowohl Wettbewerbsbeschränkungen durch Kartelle als auch – in Artikel 37 – unlauteres Verhalten bei der Preisbildung.[1269] Verboten waren – ohne Genehmigungsmöglichkeit – Preisbindung (prix imposés), Diskriminierung sowie Verkaufverweigerung (refus de vente).[1270] Das französische Wettbewerbsrecht

---

1262 JO v. 10.08.1953, S. 7046: „Art. 59 *ter*. – Ne sont pas visés par les dispositions de l'article 59 *bis*, les actions concertées, conventions ou ententes: [...] 2° Dont les auteurs seront en mesure de justifier qu'elles ont pour effet d'améliorer et d'étendre les débouchés de la production, ou d'assurer le développement du progrès économique par la rationalisation et la spécialisation."; deutsche Übersetzung in: *Schatz,* Die Zulässigkeit, 1964, Anhang, S. V f. – *Birmes,* Fusionskontrolle, 1994, S. 61; *Hitzler,* Systeme der Fusionskontrolle, 1979, S. 5 f.; *Wild,* Das marktbeherrschende Unternehmen, 1969, S. 22.

1263 JO v. 10.08.1953, S. 7046. – *Freitag,* Konzentrationspolitik, 1972, S. 37.

1264 JO v. 10.08.1953, S. 7046: „Au vu de l'avis de cette commission [...] le ministre chargé des affaires économiques pourra transmettre le dossier au parquet compétent en vue de l'application des dispositions prévues soit par l'ordonnance du 30 juin 1945, soit à l'article 419 code pénal."

1265 *Freitag,* Konzentrationspolitik, 1972, S. 36.

1266 *Freitag,* Konzentrationspolitik, 1972, S. 86; *Hoffmann,* Spruchpraxis Kartellkommission, 1976, S. 6 f.; *Plaisant,* in: WuW, Jg. 18, 1968, S. 360 ff. (366).

1267 JO v. 10.08.1953, S. 7046.

1268 *Belke,* in: ZHR, Bd. 127, 1965, S. 48 ff. (55, 70, 72); *Labudek,* Diskriminierung und Behinderung im französischen Kartellrecht, 1992, S. 123–136; *Sonnenberger/Dammann,* Französisches Handels- und Wirtschaftsrecht, 3. Aufl., 2008, S. 292.

1269 JO v. 10.08.1953, S. 7046: „pratiques des prix illicites".

1270 *Freitag,* Konzentrationspolitik, 1972, S. 36; *Wild,* Das marktbeherrschende Unternehmen, 1969, S. 22, 58 ff.

trennte nicht zwischen kollektivem und individuellem wettbewerbsschädlichen Verhalten, sondern vermengte Kartellrecht und unlauteren Wettbewerb.[1271] Ein spezielles Gesetz, das wie das deutsche UWG den unlauteren Wettbewerb regelt, existierte im französischen Recht nicht.[1272]

5. Einzelheiten der Regelung

Mit Inkrafttreten der Verordnung vom 27.01.1954 nahm auf der Grundlage von Art. 59quater[1273] der Preisverordnung in Frankreich die „Commission technique des ententes" ihre Arbeit auf.[1274] Die Commission technique des ententes ernannte am 15.02.1954 ihre Mitglieder und hielt ihre Eröffnungssitzung am 9.04.1954.[1275] Sie setzte sich aus einem Präsidenten, fünf Mitgliedern der hohen Gerichtsbarkeiten, vier Mitgliedern aus Berufsverbänden sowie zwei Persönlichkeiten mit besonderer wirtschaftlicher Sachkunde zusammen.[1276] Ihr erster Präsident war Jean Toutée, ein Mitglied des Conseil d'État.[1277] Die Mitglieder der Commission technique des ententes übten ihre Tätigkeit als Gutachter nur nebenberuflich aus, es handelte sich nicht um eine selbständige Behörde mit verbeamteten Mitarbeitern wie z.B. das Bundeskartellamt.[1278] Entscheidungen traf die Commission technique des ententes mit einfacher Mehrheit, bei Gleichstand gab die Stimme des Präsidenten den

1271 *Sonnenberger/Dammann,* Französisches Handels- und Wirtschaftsrecht, 3. Aufl., 2008, S. 292.

1272 *Sonnenberger/Dammann,* Französisches Handels- und Wirtschaftsrecht, 3. Aufl., 2008, S. 316 ff.

1273 JO v. 10.08.1953, S. 7046: „Art. 59 *quater*. – Il est créé une commission technique des ententes [...]".

1274 JO v. 10.08.1953, S. 7046: „Art. 59 *quater*. – [...] une commission technique des ententes composée des personnalités suivantes [...]: Un conseiller d'État, président; Cinq personnalités choisies parmi les membres du conseil d'État, les magistrats de la cour de cassation, des autres juridictions de l'ordre judiciaire et de la cour des comptes; Quatre membres d'organisations professionnelles; Deux membres du comité national de la productivité et choisis en raison de leur compétence en matière économique [...]". – *Birmes,* Fusionskontrolle, 1994, S. 61; *Lasserre,* in: 50 Jahre Bundeskartellamt, 2008, S. 51.

1275 Die Tätigkeit der Kartellkommission in Frankreich – Antwort des Staatssekretärs im französischen Wirtschaftsministerium v. 29.01.1957, abgedruckt in: WuW, Jg. 9, 1959, S. 441 ff. (442). – *Bouzat,* in: RDTC, Bd. 7, 1954, S. 433.

1276 *Freitag,* Konzentrationspolitik, 1972, S. 80; *Hoffmann,* Spruchpraxis Kartellkommission, 1976, S. 5; *Schatz,* Die Zulässigkeit, 1964, S. 100 f.; *Wild,* Das marktbeherrschende Unternehmen, 1969, S. 117.

1277 *Wild,* Das marktbeherrschende Unternehmen, 1969, S. 117.

1278 *Freitag,* Konzentrationspolitik, 1972, S. 80.

Ausschlag.[1279] Als Hilfsorgane dienten Berichterstatter, die die Commission für die jeweiligen Fälle ernannte, sowie ein Sekretariat (Art. 59^{quater}).[1280]

Die Commission technique des ententes überprüfte hauptsächlich die ihr vorgelegten Verhaltensweisen auf deren Rechtmäßigkeit (Art. 59^{quater} PreisVO).[1281] Das Verfahren vor der Commission technique des ententes leitete entweder der Wirtschaftsminister oder die Commission – in letzterem Fall von Amts wegen – ein.[1282] Die Einleitung von Amts wegen durch die Commission technique des ententes blieb in der Praxis aber die Ausnahme, weil der Commission technique des ententes die notwendigen Mittel fehlten, um vorbereitende Ermittlungen zur Erhärtung des Anfangsverdachtes vorzunehmen.[1283] Die Verfahrensvorschriften für die Einleitung eines Verfahrens vor der Commission technique des ententes bestimmten enge gesetzliche Fristen, die nur schwer eingehalten werden konnten.[1284]

Das Wirtschaftsministerium rief die Commission technique des ententes nicht immer an, wenn es zu einen Wettbewerbsverstoß kam. Vielmehr lag dies im Ermessen des Wirtschaftsministers. Statt der Anrufung der Commission bestand die

1279 JO v. 10.08.1953, S. 7046 sowie JO v. 28.01.1954, S. 1004 (Art. 14 Décret n° 54–97 du 27 janvier 1954). – *Freitag,* Konzentrationspolitik, 1972, S. 81.

1280 *Freitag,* Konzentrationspolitik, 1972, S. 81 f.; *Schatz,* Die Zulässigkeit, 1964, S. 101 f.

1281 JO v. 10.08.1953, S. 7046: „Art. 59 ^{quater}. – [...] La commission technique des ententes est chargée d'examiner les infractions éventuelles aux prescriptions de l'article 59 ^{bis} ainsi que les justifications qui peuvent être fournies en application de l'article 59 ^{ter}. [...]"; *Freitag,* Konzentrationspolitik, 1972, S. 79 übersetzt Art. 59^{quater} Abs. 3 wie folgt: „Die technische Kommission hat die Aufgabe, nachzuprüfen, ob die ihr vorgelegten Praktiken verboten sind oder nach den Vorschriften des vorstehenden Artikels gerechtfertigt werden können." – *Wild,* Das marktbeherrschende Unternehmen, 1969, S. 22.

1282 JO v. 28.01.1954, S. 1004, Décret n° 54–97 du 27 janvier 1954 portant règlement d'administration publique pour l'application des dispositions du décret n° 53–704 du 9 août 1953 relatives au maintien ou au rétablissement de la libre concurrence industrielle et commerciale: „[...] Section II. – Du fonctionnement de la commission technique des ententes. Art. 4 – La commission technique des ententes est saisie par le ministre chargé des affaires économiques [...]. La commission peut se saisir d'office." – *Freitag,* Konzentrationspolitik, 1972, S. 83; *Schatz,* Die Zulässigkeit, 1964, S. 103.

1283 JO v. 28.01.1954, S. 1004 f., Décret n° 54–97 du 27 janvier 1954 portant règlement d'administration publique pour l'application des dispositions du décret n° 53–704 du 9 août 1953 relatives au maintien ou au rétablissement de la libre concurrence industrielle et commerciale: „[...] Section II. – Du fonctionnement de la commission technique des ententes. Art. 4 – La commission technique des ententes est saisie par le ministre chargé des affaires économiques [...]. La commission peut se saisir d'office." – *Freitag,* Konzentrationspolitik, 1972, S. 83; *Schatz,* Die Zulässigkeit, 1964, S. 103.

1284 *Schatz,* Die Zulässigkeit, 1964, S. 107.

Möglichkeit, den Wettbewerbsverstoß im Rahmen eines informellen Verfahrens mit den betroffenen Unternehmen zu klären.

Entschieden sich die Commission technique des ententes oder der Wirtschaftsminister für die Einleitung eines Verfahrens, so ernannte der Präsident der Commission einen Berichterstatter.[1285] Der Berichterstatter hatte ab der Ernennung zwei Monate Zeit, um einen Gutachtenvorschlag zu erstellen.[1286] Dieser Vorschlag konnte von den Beteiligten zur Stellungnahme innerhalb eines Monats eingesehen werden und wurde im Folgenden an den beteiligten Minister weitergeleitet.[1287] In nicht öffentlicher Sitzung verhandelte die Commission technique des ententes die Sache, anwesend war auch ein Vertreter des Wirtschaftsministeriums, der sog. „Commissaire du gouvernement".[1288] Die Commission technique des ententes hatte die Möglichkeit, sich in ihren Gutachten für die Abgabe des Falles an die Staatsanwaltschaft auszusprechen, die Entscheidung darüber oblag aber ausschließlich dem Wirtschaftsminister (Art. 59^{quater} PreisVO i.V.m. Artt. 16 u. 17 der Verordnung des Conseil d'Etat vom 27.01.1954).[1289] Die Stellungnahme der Commission technique des ententes war für den Wirtschaftsminister nicht verbindlich. Der Wirtschaftsminister genehmigte das Kartell möglicherweise, wenn eine Ausnahme nach Art. 59ter PreisVO vorlag, oder er leitete gegebenenfalls gemäß Art. 59^{quater} ein Strafverfahren ein. Darüber hinaus bestand die Möglichkeit, zu einem Vergleich mit dem

---

1285 Art. 7 Abs. 1 des Décret n° 54–97 v. 27.01.1954, abgedruckt in JO v. 28.01.1954, S. 1004 sowie in deutscher Übersetzung in *Schatz,* Die Zulässigkeit, 1964, Anhang E, S. XV–XX. – *Freitag,* Konzentrationspolitik, 1972, S. 84.

1286 Art. 7 Abs. 2 des Décret n° 54–97 v. 27.01.1954, abgedruckt in JO v. 28.01.1954, S. 1004 sowie in deutscher Übersetzung in *Schatz,* Die Zulässigkeit, 1964, Anhang E, S. XV–XX. – *Freitag,* Konzentrationspolitik, 1972, S. 84.

1287 Art. 9 f. des Décret n° 54–97 v. 27.01.1954, abgedruckt in JO v. 28.01.1954, S. 1004 sowie in deutscher Übersetzung in *Schatz,* Die Zulässigkeit, 1964, Anhang E, S. XV–XX. – *Freitag,* Konzentrationspolitik, 1972, S. 84.

1288 Art. 12 des Décret n° 54–97 v. 27.01.1954, abgedruckt in JO v. 28.01.1954, S. 1004 sowie in deutscher Übersetzung in *Schatz,* Die Zulässigkeit, 1964, Anhang E, S. XV–XX. – *Freitag,* Konzentrationspolitik, 1972, S. 84.

1289 JO v. 10.08.1953, S. 7046: „Art. 59 *quater*. – [...] Au vu de l'avis de la commission technique des ententes [...], le ministre chargé des affaires économiques peut transmettre le dossier au parquet [...]"; JO v. 28.01.1954, S. 1004 f.: „Art. 16. – L'avis émis par la commission technique des ententes est transmis au ministre chargé des affaires économiques. Art. 17. – Le ministre chargé des affaires économiques peut avant de prendre sa décision définitive [...]". – *Birmes,* Fusionskontrolle, 1994, S. 61; *Lasserre,* in: 50 Jahre Bundeskartellamt, 2008, S. 51; *Souleau,* in: Droit Social, 1953, S. 577 ff. (583).

Unternehmen zu gelangen (Art. 17 der Ausführungsverordnung vom 27.01.1954).[1290] In den meisten Fällen kam die Vergleichslösung zum Tragen.[1291]

Der Verordnungsgeber konzipierte die Commission technique des ententes als reines Beratungsorgan ohne jegliche Entscheidungsbefugnisse.[1292] Sie traf keine Entscheidungen, sondern übte eine Gutachtertätigkeit aus. Souleau verglich sie mit dem im Entwurf von Armengaud und Marcilhacy vorgesehenen „collège d'experts".[1293] Rechtsprechende Funktionen kamen ihr nicht zu, ihr Wesen ähnelte dem einer Behörde.[1294]

Die Entscheidung des Wirtschaftsministers, d.h. entweder die Genehmigung des Kartells (z. B. unter Auflagen) oder die Abgabe an die Staatsanwaltschaft zwecks Einleitung eines Strafverfahrens, waren zwar nach allgemeinen Rechtsgrundsätzen vor den Gerichten anfechtbar.[1295] Den Zivil- oder Strafgerichten oblag aber in letzter Instanz das Urteil über die Rechtmäßigkeit des beanstandeten Verhaltens.[1296] Die Entscheidungen der Zivil- und Strafgerichte in Kartellsachen waren im Rahmen des jeweils vorgesehenen Rechtsweges anfechtbar.

Die Commission technique des ententes versuchte auch nicht, sich über die Gutachtertätigkeit hinausgehende Kompetenzen anzueignen. So bezeichnete sie sich selber als „echten wirtschaftlichen Ratgeber",[1297] dem die Aufgabe zukomme, die Unternehmen zu wettbewerbskonformem Verhalten zu erziehen.[1298]

1290 *Plaisant/Lassier,* in: Internationales Handbuch, 1958, S. 203; *Touffait/Herzog,* in: JCP, 1967, Doc. I, N° 2047.

1291 *Freitag,* Konzentrationspolitik, 1972, S. 85 unter Hinweis auf Commission technique des ententes, Rapport pour les années 1963 à 1966, JO 1967, S. 5; *Jenny/Weber,* in: The Antitrust Bulletin, Bd. 20, 1975, S. 597 ff. (625); *Schatz,* Die Zulässigkeit, 1964, S. 109 f., 113 ff.; *Wild,* Das marktbeherrschende Unternehmen, 1969, S. 96, 115.

1292 *Hoffmann,* Spruchpraxis Kartellkommission, 1976, S. 5; *Lagrange,* in: Kartelle und Monopole, 1960, Bd. 2, S. 889; *Lasserre,* in: 50 Jahre Bundeskartellamt, 2008, S. 51; *Ortwein,* Das Bundeskartellamt, 1998, S. 63; *Schatz,* Die Zulässigkeit, 1964, S. 101.

1293 *Souleau,* in: Droit Social, 1953, S. 577 ff. (582).

1294 *Bouzat,* in: RDTC, Bd. 7, 1954, S. 433 kritisierte, dass die Commission technique des ententes weder eindeutig Verwaltungsbehörde noch Gericht war, und bezeichnete sie als „commission administrative parajudiciaire"; *Wild,* Das marktbeherrschende Unternehmen, 1969, S. 115.

1295 Sog. „Principe général du droit", Entscheidung des Conseil d'Etat v. 17.02.1950, Ministre de l'Agriculture c. Dame Lamotte, abgedruckt in: *GAJA,* 2003, S. 410–411.

1296 *Lagrange,* in: Kartelle und Monopole, 1960, Bd. 2, S. 889.

1297 *Commission technique des ententes,* Rapport au ministre chargé des affaires économiques pour les années 1954 et 1955, JO v. 14.01.1960, Documents Administratifs, S. 1 ff. (2, 3), zitiert in: *Belke,* in: ZHR, Bd. 127, 1965, S. 48 ff. (68), in: *Schatz,* Die Zulässigkeit, 1964, S. 110 und in: *Wild,* Das marktbeherrschende Unternehmen, 1969, S. 115.

1298 *Commission technique des ententes,* Rapport au ministre chargé des affaires économiques pour les années 1954 et 1955, JO v. 14.01.1960, Documents Administratifs, S. 1 ff. (2), zitiert in: *Schatz,* Die Zulässigkeit, 1964, S. 110 f.

Zusammenfassung zu Kapitel 9

Die französische Regierung schlug nach dem Zweiten Weltkrieg den Weg der „planification" der Wirtschaft ein. Richtungsweisend für die „planification" war der sog. Monnet-Plan. Der Monnet-Plan versuchte, durch Konzentration der Wirtschaft im Rahmen von Verstaatlichungen der Grundindustrien, Preisregulierung und Vorgabe von mehr oder minder freiwilligen Planzielen das Wachstum und die Produktivität der französischen Wirtschaft zu fördern. Die „planification" erlaubte nur eingeschränkt einen freien Wettbewerb, die Regulierung von Kartellen blieb daher nebensächlich.

Trotzdem äußerte 1947 die französische Nationalversammlung aufgrund zunehmender Kartellierung der Wirtschaft den Wunsch nach einem Kartellgesetz. Bis 1951 entwickelte die Regierung einen Regierungsentwurf, der von einer Studienreise einer französischen Delegation in die USA beeinflusst wurde („Regierungsentwurf Poinso-Chapuis"). Eine gesetzliche Regelung des Kartellrechts scheiterte aber immer wieder an den politischen Interessengruppen.

Um missbräuchlichen Preisabsprachen trotzdem begegnen zu können, griff die Regierung daher 1953 zum Instrument der Verordnung. Da ein Konsens über eine umfassende Regelung nicht zu erreichen war, begnügte sich die Regierung mit der Integration eines Verbotes von Preisabsprachen mit weitreichender Genehmigungsmöglichkeit. Die neu gegründete Commission technique des ententes sollte die Aufgaben der Kartellaufsicht ausüben, verfügte aber über keinerlei Entscheidungsbefugnisse. Die Entscheidung über die Einleitung eines Strafverfahrens oder über die Erteilung einer Genehmigung blieb dem Wirtschaftsminister überlassen.

Kapitel 10: Französisches Kartellrecht in den fünfziger Jahren

I. Streit um die Verfassungsmäßigkeit der neuen Kartellvorschriften

Die Regierung Laniel war durch das Ermächtigungsgesetz zum Erlass der Verordnung zur Wahrung der Wettbewerbsfreiheit befugt worden. Trotzdem integrierte die Regierung diese Vorschriften in die Preisverordnung und erließ keine spezielle Verordnung zur Wahrung der Wettbewerbsfreiheit.[1299] Diese Regelungsstruktur wirkt auf den ersten Blick unnötig kompliziert. Der Grund lag einerseits darin, dass die neu zu schaffende „Commission technique des ententes" auf diese Art und Weise auf die Erfahrungen der für die Ausführung der Preisverordnung zuständigen „Direction Générale des Prix et Enquêtes Économiques" zurückgreifen konnte.[1300] Ein anderer Grund wog aber sehr viel schwerer. Das Ermächtigungsgesetz erlaubte es der Regierung nämlich nicht ausdrücklich, Sanktionen für die verbotenen wettbewerbsbeschränkenden Verhaltensweisen festzulegen.[1301] Vielmehr hatte sich das Parlament vorbehalten, im Wege von formellen Gesetzen die Bereiche zu regeln, die ihm nach der Verfassung und der republikanischen Tradition zustanden.[1302] Die Exekutive durfte keine Strafbestimmungen erlassen. Sowohl der zu diesem Zeitpunkt geltende Art. 4 Code pénal[1303] als auch die republikanische Tradition forderten ein Gesetz im formellen Sinne, d.h. ein vom Parlament erlassenes Gesetz,

---

1299 *Wild,* Das marktbeherrschende Unternehmen, 1969, S. 23; *Schmidt,* Wettbewerbspolitik und Kartellrecht, 2001, S. 195.

1300 *Souleau,* in: Droit Social, 1953, S. 577 ff. (580); *Wild,* Das marktbeherrschende Unternehmen, 1969, S. 23.

1301 *Wild,* Das marktbeherrschende Unternehmen, 1969, S. 23 f.

1302 JO v. 11.07.1953, S. 6144, Loi n° 53–611 du 11 juillet 1953 portant redressement économique et financier: „Art. 7. – III. – Les décrets prévus au présent article pourront modifier ou abroger les dispositions législatives en vigueur sans qu'il puisse être porté atteinte aux matières réservées à la loi, soit en vertu de la Constitution soit par la tradition républicaine dont les principes ont été réaffirmés dans le préambule de la Constitution, ni à la protection des biens et des libertés publiques. [...]"; *Tricot* (Commissaire du gouvernement), Conclusions, in: D. 1958, Jur., S. 656–659.

1303 Art. 4 Code pénal ancien (aufgehoben durch das Gesetz vom 16.12.1992): „Nulle contravention, nul délit, nul crime ne peut être punis de peines qui n'étaient pas prononcées par la loi avant qu'ils fussent commis." – freie Übersetzung: Art. 4 Code pénal a.F.: „Ordnungswidrigkeiten, Vergehen und Verbrechen dürfen nur bestraft werden, wenn ein vor Begehung der Tat erlassenes Gesetz eine Strafe vorsieht."

um ein Verhalten unter Strafe zu stellen.[1304] Verbote in einer separaten Wettbewerbsverordnung hätten nur als Appelle dienen können. Die Regierung beabsichtigte, durch die Integration der neuen Wettbewerbsvorschriften in die Preisverordnung die in der Preisverordnung bereits enthaltenen Strafvorschriften auch für die neuen Artt. 59bis ff. fruchtbar zu machen.[1305]

Die Taktik der Regierung Laniel ging indes nicht auf. Der Conseil d'Etat erklärte die Verordnung mangels ausreichender Ermächtigungsgrundlage für verfassungswidrig und nichtig.[1306] Er beanstandete, dass die Integration in die Preisverordnung einen Rückgriff auf das dort bereits vorgesehene Strafverfahren ermöglichte, obwohl das Ermächtigungsgesetz dies nicht ausdrücklich zuließ.[1307] Die in die Preisverordnung neu eingefügten Verbote des wettbewerbsbeschränkenden Verhaltens bestanden zwar fort, konnten aber nicht durchgesetzt werden, da das Urteil des Conseil d'Etat einer Anwendung der bestehenden Strafvorschriften auf die neuen Regelungen im Wege stand.[1308] Die zivilrechtliche Unwirksamkeit des untersagten Verhaltens blieb von dem Urteil indes unberührt.[1309]

Diesen Zustand empfand die Folgeregierung unter dem Regierungschef Félix Gaillard als unbefriedigend. Sie ließ sich daher durch das Gesetz Nr. 57–1263 vom 13.12.1957 umfassend ermächtigen und war nun ausdrücklich befugt, ein

---

1304 *Tricot* (Commissaire du gouvernement), Conclusions, in: D. 1958, Jur., S. 656–659. – *Auby,* in: D. 1960, Chr. IX, S. 45 ff. (46); *Bouzat,* in: RTDC Bd. VI, 1953, S. 999; *Delvolvé,* in: D. 1960, Chr. XXXII, S. 203 ff. (203); *Safferling,* in: WuW, Jg. 10, 1962, S. 661 ff. (661 f.); *Souleau,* in: Droit Social, 1953, S. 577 ff. (580); *Wild,* Das marktbeherrschende Unternehmen, 1969, S. 23 f.

1305 *Venturini,* Monopolies, 1971, S. 95; *Wild,* Das marktbeherrschende Unternehmen, 1969, S. 23 f.

1306 Conseil d'Etat, Ass. Plén., Décision v. 18.06.1958, „Syndicat des Grossistes en matériel électrique de la région de Provence et autres", abgedruckt in: D. 1958, Jur., S. 656–659 mit den Conclusions von M. Tricot, Commissaire du gouvernement; JCP, 1958, II Jur., N° 10727 mit Anmerkung von J. R.; Deutsche Übersetzung der Entscheidung des Conseil d'État in Auszügen abgedruckt in: *Peters,* WuW, Jg. 6, 1959, S. 439 ff. (439). – *Auby,* in: D. 1960, Chr. IX, S. 45 ff. (46); *Venturini,* Monopolies, 1971, S. 95; *Freitag,* Konzentrationspolitik, 1972, S. 36; *Hoffmann,* Spruchpraxis Kartellkommission, 1976, S. 4; *Schatz,* Die Zulässigkeit, 1964, S. 52; *Safferling,* in: WuW, Jg. 10, 1962, S. 661 ff. (662); *Wild,* Das marktbeherrschende Unternehmen, 1969, S. 24.

1307 *Freitag,* Konzentrationspolitik, 1972, S. 37; *Hoffmann,* Spruchpraxis Kartellkommission, 1976, S. 4; *Touffait/Herzog,* in: JCP, 1967, Doc. I, N° 2047; *Schatz,* Die Zulässigkeit, 1964, S. 52; *Wild,* Das marktbeherrschende Unternehmen, 1969, S. 24.

1308 *Freitag,* Konzentrationspolitik, 1972, S. 37; *Hoffmann,* Spruchpraxis Kartellkommission, 1976, S. 4; *Peters,* WuW, Jg. 6, 1959, S. 439 ff. (439); *Schatz,* Die Zulässigkeit, 1964, S. 52; *Wild,* Das marktbeherrschende Unternehmen, 1969, S. 24.

1309 *Peters,* WuW, Jg. 6, 1959, S. 439 ff. (439).

Strafverfahren vorzusehen.[1310] Die Regierung Gaillard trat allerdings bereits am 15.04.1958 zurück, die Nachfolgeregierung mit Pierre Pflimlin als Regierungschef (13.05.1958 bis 31.05.1958) stürzte ebenfalls nach kurzer Zeit.[1311] Damit endete die Vierte Republik, und zwar ohne, dass eine der beiden Regierungen von der Ermächtigung hätte Gebrauch machen können. Die Frist zur Ermächtigung lief jedoch nur bis zum 30.06.1958.[1312] Am 1.06.1958 übernahm de Gaulle die Regierung. Bevor die Ermächtigungsfrist für den Erlass einer Verordnung mit Strafvorschriften ablief, bestätigte die Regierung de Gaulle die Verordnung vom 9.08.1953 durch eine auf dem Ermächtigungsgesetz vom 13.12.1957 beruhende Verordnung Nr. 58–545 vom 24.06.1958, die mit der ursprünglichen Verordnung inhaltlich übereinstimmte.[1313] Grundsätzlich waren jetzt die Strafvorschriften der Preisverordnung auf die neuen kartellrechtlichen Tatbestände anwendbar.

Wiederum wurde die Verfassungsmäßigkeit der Verordnung angezweifelt.[1314] Ursprünglich hätte das Parlament das Kabinett Gaillard ermächtigt, nicht aber das Kabinett de Gaulle.[1315] Darüber hinaus wäre die Regierung von de Gaulle als provisorische Regierung zwischen der Vierten und Fünften Republik nicht dazu berechtigt

---

1310 JO v. 14.12.1957, S. 11346 f., Loi n° 57–1263, du 13 décembre 1957 tendant au rétablissement de l'équilibre économique et financier: „§ 4. – Stabilisation des prix et organisation des marchés. Le Gouvernement pourra [...] par décret [...] avant le 30 juin 1958, prendre toute mesure tendant, en vue de l'abaissement réel des prix, à l'assainissement et à l'amélioration de la distribution, au maintien et au rétablissement de la libre concurrence. Les décrets tendant au maintien ou au rétablissement de la libre concurrence pourront prévoir que les infractions aux règles qu'ils déterminent seront constatées, poursuivies et réprimées suivant les dispositions actuellement prévues pour les infractions visées à l'article 1er (2°) de l'ordonnance n° 45–1484 du 30 juin 1945. [...]". – *Auby,* in: D. 1960, Chr. IX, S. 45 ff. (46); *Schatz,* Die Zulässigkeit, 1964, S. 52; *Wild,* Das marktbeherrschende Unternehmen, 1969, S. 24 f.

1311 *Auby,* in: D. 1960, Chr. IX, S. 45 ff. (47).

1312 *Auby,* in: D. 1960, Chr. IX, S. 45 ff. (47).

1313 JO v. 25.06.1958, S. 5877 f., Décret n° 58–545 du 24 juin 1958 modifiant certaines dispositions de l'ordonnance n° 45–1483 du 30 juin 1945 relatives au maintien de la libre concurrence; Deutsche Übersetzung abgedruckt in: WuW, Jg. 6, 1959, S. 213–216. – *Auby,* in: D. 1960, Chr. IX, S. 45 ff. (46); *Freitag,* Konzentrationspolitik, 1972, S. 36; *Hoffmann,* Spruchpraxis Kartellkommission, 1976, S. 4; *Safferling,* in: WuW, Jg. 10, 1962, S. 661 ff. (662); *Schatz,* Die Zulässigkeit, 1964, S. 52 f.; *Wild,* Das marktbeherrschende Unternehmen, 1969, S. 25.

1314 *J. R.,* Observations, in: JCP, 1958, II Jur., N° 10727. – *Auby,* in: D. 1960, Chr. IX, S. 45 ff. (46); *Delvolvé,* in: D. 1960, Chr. XXXII, S. 203 ff. (204); *Peters,* WuW, Jg. 6, 1959, S. 439 ff. (441); *Safferling,* in: WuW, Jg. 10, 1962, S. 661 ff. (663); *Schatz,* Die Zulässigkeit, 1964, S. 53; *Wild,* Das marktbeherrschende Unternehmen, 1969, S. 25.

1315 *Auby,* in: D. 1960, Chr. IX, S. 45 ff. (49 f.); *Delvolvé,* in: D. 1960, Chr. XXXII, S. 203 ff. (204); *Hémard,* in: RTDC, Bd. 13, 1960, S. 130 ff. (132, N° 6); *Peters,* WuW, Jg. 6, 1959, S. 439 ff. (441); *Safferling,* in: WuW, Jg. 10, 1962, S. 661 ff. (663); *Schatz,* Die Zulässigkeit, 1964, S. 53; *Wild,* Das marktbeherrschende Unternehmen, 1969, S. 25.

gewesen, Straftatbestände zu erlassen.[1316] Diese Einwände fanden letztendlich keinen Widerhall. Conseil d'Etat und Cour de Cassation entschieden nach mehreren widersprüchlichen Entscheidungen der Untergerichte zugunsten der Wirksamkeit der Verordnung.[1317] Die Übertragung der – politisch neutralen – Ermächtigung auf eine andere Regierung begegnete keinen rechtlichen Bedenken. Eine Beschränkung der allgemeinen politischen Handlungsfreiheit der Zwischenregierung von de Gaulle hatte keine Auswirkungen auf den Erlass eines wirtschaftlichen Spezialgesetzes.[1318] Die zuständigen Stellen konnten somit die neuen kartellrechtlichen Vorschriften vollumfänglich anwenden und wettbewerbswidriges Verhalten – neben den zivilrechtlichen Rechtsfolgen – auch unter Strafe stellen.

II. Die „Commission technique des ententes" und der Konflikt des „droit de la concurrence" vs. „planification"

Auf den ersten Blick verfügte Frankreich im Vergleich zu seinen europäischen Nachbarn früh über kartellrechtliche Vorschriften (die Artt. 59bis ff. der Preisverordnung) und über eine Kartellaufsicht, nämlich die Commission technique des ententes.

Trotz des Kartellverbotes in Art. 59bis der Preisverordnung und den relativ weitreichenden Kompetenzen der Commission technique des ententes, z.B. die Möglichkeit der Einleitung eines Verfahrens von Amts wegen, fällt aber auf, dass nur wenige Verfahren vor der Commission technique des ententes eingeleitet wurden.[1319] Grundsätzlich endeten die Verfahren mit einem Gutachten, das entweder die Einleitung eines Strafverfahrens empfahl oder keine weiteren Schritte für notwendig

---

1316 *Auby,* in: D. 1960, Chr. IX, S. 45 ff. (49 f.); *Delvolvé,* in: D. 1960, Chr. XXXII, S. 203 ff. (204); *Hémard,* in: RTDC, Bd. 13, 1960, S. 130 ff. (132, N° 6); *Safferling,* in: WuW, Jg. 10, 1962, S. 661 ff. (663); *Schatz,* Die Zulässigkeit, 1964, S. 53.

1317 Cour de Cassation, Chambre criminelle, Arrêt v. 13.07.1961, in: JCP 1961, II Jur., N° 12241, 1ère espèce und Cour de Cassation, Chambre criminelle, Arrêt v. 13.07.1961, in: JCP 1961, II Jur., N° 12241, 2e espèce: „[...] le décret du 24 juin 1958, lui-même régulièrement édicté dans les délais et conditions fixés par la loi d'habilitation du 13 décembre 1957, que la loi du 3 juin 1958 n'a pas abrogée [...]". – *Delvolvé,* in: D. 1960, Chr. XXXII, S. 203 ff. (204); *Ryziger,* in: Gaz. Pal. 1960, 2e sem., Doc., S. 6 ff.; *Safferling,* in: WuW, Jg. 10, 1962, S. 661 ff. (664 f.); *Schatz,* Die Zulässigkeit, 1964, S. 54 f.; *Wild,* Das marktbeherrschende Unternehmen, 1969, S. 25 f.

1318 *Ryziger,* in: Gaz. Pal. 1960, 2^{e} sem., Doc., S. 6, 9; *Safferling,* in: WuW, Jg. 10, 1962, S. 661 ff. (665); *Schatz,* Die Zulässigkeit, 1964, S. 53 f.

1319 *Glais,* in: RTDC, Bd. 37, 1984, S. 419 ff. (419); *Hoffmann,* Spruchpraxis Kartellkommission, 1976, S. 156 ff.; *Jenny/Weber,* in: The Antitrust Bulletin, Bd. 20, 1975, S. 597 ff. (600); *Krelle,* in: Theorie und Praxis der Kartelle, 1972, S. 247; *Plaisant/ Lassier,* in: Internationales Handbuch, 1958, S. 178 f. u. 204; *Schatz,* Die Zulässigkeit, 1964, S. 113; *Sennewald,* Kartelle, 1964, S. 57 f., 180 ff.

erachtete. Am 9.04.1954 hatte sie ihre Tätigkeit aufgenommen und erstellte bis 1963 jährlich nur ca. fünf Gutachten.[1320] Nur in einem der Gutachten forderte sie die Einleitung eines Strafverfahrens.[1321] In den übrigen Fällen begnügte sie sich mit der Empfehlung an die betroffenen Unternehmen, das beanstandete Verhalten einzustellen.[1322] Dies hing zumindest in den Anfangsjahren möglicherweise mit der oben beschriebenen unsicheren Rechtslage um die Wirksamkeit der Strafandrohung der in die Preisverordnung integrierten Vorschriften zusammen. Erst mit den Urteilen der Cour de Cassation von 1961[1323] stand die Verfassungsmäßigkeit der Strafvorschriften nicht mehr in Frage.

Verantwortlich dafür war darüber hinaus das komplizierte und schwerfällige Verfahren des Art. 59^{quater} der Preisverordnung sowie das Fehlen einer ständigen Kartellbehörde mit hauptberuflichen Angestellten.[1324]

Zudem war die Commission technique des ententes politisch nicht unabhängig.[1325] Die Commission technique des ententes setzte sich nicht nur aus Richtern der Hohen Gerichte, sondern auch aus vier Mitgliedern der Berufsverbände sowie zwei Persönlichkeiten mit besonderer wirtschaftlicher Sachkunde zusammen. Die Verfahren fanden zudem nicht öffentlich statt. Zu Recht stellte sich die Frage, ob die Commission technique des ententes unter diesen Umständen eine neutrale Entscheidung im Sinne des freien Wettbewerbs fällen konnte.[1326] Im Übrigen spielte

---

1320 Die Tätigkeit der Kartellkommission in Frankreich – Antwort des Staatssekretärs im französischen Wirtschaftsministerium v. 29.01.1957, abgedruckt in: WuW, Jg. 9, 1959, S. 441 ff. (442).

1321 *Commission technique des ententes,* Rapport au ministre des affaires économiques pour les années 1960, 1961 et 1962, abgedruckt in: *Sennewald,* Kartelle, 1964, Anhang VI, S. 203–220 (218 f.). – Liste der von der von der Commission technique des ententes veröffentlichten Stellungnahmen, abgedruckt in: *Hoffmann,* Spruchpraxis Kartellkommission, 1976, S. 167–174 (167 ff.); *Schatz,* Die Zulässigkeit, 1964, S. 113; Sennewald, Kartelle, 1964, S. 174 Fn. 635.

1322 Die Tätigkeit der Kartellkommission in Frankreich – Antwort des Staatssekretärs im französischen Wirtschaftsministerium v. 29.01.1957, abgedruckt in: WuW, Jg. 9, 1959, S. 441 ff. (442).

1323 Cour de Cassation, Chambre criminelle, Arrêts v. 13.07.1961, in: JCP 1961, II Jur., N° 12241, 1ère espèce und 2e espèce.

1324 *Freitag,* Konzentrationspolitik, 1972, S. 86 f.; *Hoffmann,* Spruchpraxis Kartellkommission, 1976, S. 159 f.; *Jenny/Weber,* in: The Antitrust Bulletin, Bd. 20, 1975, S. 597 ff. (600, 637 f.); *Schatz,* Die Zulässigkeit, 1964, S. 113.

1325 *Freitag,* Konzentrationspolitik, 1972, S. 86 f.; *Hoffmann,* Spruchpraxis Kartellkommission, 1976, S. 159 f.; *Sennewald,* Kartelle, 1964, S. 55; a.A. *Wild,* Das marktbeherrschende Unternehmen, 1969, S. 116.

1326 *Scherer,* Industrial Market Structure 1970, S. 438: „Up to present there has been little zeal in governmental circles for systematic promotion of competitive market processes. Enforcement, carried out in an atmosphere of secrecy by a commission whose membership includes businessmen and bankers, has been lackadaisical."; a.A. *Venturini,* Monopolies, 1971, S. 330.

der Wirtschaftsminister sowohl bei der Einleitung des Verfahrens als auch bei der endgültigen Entscheidung eine herausragende Rolle. So war der Wirtschaftsminister nicht verpflichtet, ein Verfahren vor der Commission technique des ententes einzuleiten; er musste einer Empfehlung der Commission technique des ententes auch nicht folgen. Wenn das Wirtschaftsministerium einen Wettbewerbsverstoß vermutete, kam es nicht automatisch zu einer Anrufung der Commission technique des ententes. Die Commission technique des ententes verfügte nicht über die Zuständigkeiten und Kapazitäten, ein eigenes Verwaltungsverfahren mit Sanktionsmöglichkeiten durchzuführen.[1327] Die Voraussetzungen für eine Genehmigung eines wettbewerbsbeschränkenden Verhaltens orientierten sich zudem auch an der aktuellen Wirtschaftspolitik.[1328] So hatte die Commission technique des ententes insbesondere die Planziele der Planification zu berücksichtigen, dazu zählte auch die Förderung von Unternehmenskonzentrationen zur Verbesserung der Wettbewerbsfähigkeit der französischen Wirtschaft.[1329] Solange kein Missbrauch feststellbar war und die Unternehmenskonzentration zum Fortschritt beitrug, schlug die Commission technique des ententes dem Wirtschaftsminister in ihren Gutachten nicht die Weiterleitung an die Staatsanwaltschaft vor.[1330] So äußerte sich der Staatssekretär des Wirtschaftsministeriums zu der Tätigkeit der Commission technique des ententes bezeichnenderweise wie folgt:

„Die Kommission hat sich bemüht, nicht einer systematischen Unterdrückung aller wettbewerbsbeschränkenden Praktiken zu folgen, sondern im Gegenteil in Zusammenarbeit mit den Beteiligten (den interessierten Berufsgruppen) die hinsichtlich der Entwicklung des wirtschaftlichen Fortschrittes und der im Interesse des Gemeinwohls anzuwendenden gültigen Formeln zu finden. Die Kommission steht daher Absprachen, die der industriellen Konzentration und der Spezialisierung dienen, weitgehend begünstigend gegenüber, sobald die Beteiligten nachweisen können, daß die von ihnen beabsichtigten Maßnahmen vom Standpunkt des technischen und wirtschaftlichen Fortschritts aus gesehen gesund sind, daß dem Verbraucher aus diesen Maßnahmen

---

1327 *Belke,* in: ZHR, Bd. 127, 1965, S. 48 ff. (69); *Sennewald,* Kartelle, 1964, S. 55.

1328 *Donnedieu de Vabres,* in: Institutionen und Grundfragen des Wettbewerbsrechts, 1988, S. 25.

1329 *Jeantet,* Observations, in: JCP, 1964, II Jur., N° 13616, wonach Art. 59bis mehr eine technische Ordnungsfunktion im Rahmen eines neu erwachten Neoliberalismus habe, in dem strafrechtliche Sanktionen nur „ultima ratio" seien („C'est [= l'article 59bis, Anm. der Verf.], teinté de néolibéralisme, le contrôle économique exercé par l'administration et dont la sanction pénale n'est que l'*ultima ratio.*"). – *Hoffmann,* Spruchpraxis Kartellkommission, 1976, S. 3; *Lob,* Entwicklung, 1988, S. 49; *Sennewald,* Kartelle, 1964, S. 57 f., 180 ff.; *Wild,* Das marktbeherrschende Unternehmen, 1969, S. 32, 39, 124 ff., 162.

1330 *Belke,* in: ZHR, Bd. 127, 1965, S. 48 ff. (68); *Freitag,* Konzentrationspolitik, 1972, S. 88; *Glais,* in: RTDC, Bd. 37, 1984, S. 419 ff. (419); *Jenny/Weber,* in: The Antitrust Bulletin, Bd. 20, 1975, S. 597 ff. (599, 617).

ein angemessener Vorteil erwächst und daß der Wettbewerb in ausreichendem Maße erhalten bleibt.“[1331]

Plankonforme Kartelle galten als „gute“ Kartelle, d.h. sie profitierten von der Genehmigungsmöglichkeit des Art. 59ter der Preisverordnung.[1332] Die Toleranzschwelle für eine Untersagung lag demnach sehr hoch.

Staatliche Förderung und Unterstützung sah die Mehrheit als unerlässlich für die französische Wirtschaft an, andernfalls wären private Unternehmen nicht in der Lage zu überleben und die Wettbewerbsfähigkeit wäre gefährdet.[1333] Die französische Politik beurteilte die Förderung von horizontalen Konzentrationen und Zusammenschlüssen durch Verstaatlichung oder staatliche Hilfen als besser geeignet an, um die Wettbewerbsfähigkeit der französischen Wirtschaft wiederherzustellen.[1334] Zunächst außer Acht ließ sie hierbei, dass eine uneingeschränkte Konzentrationspolitik unweigerlich Unternehmen mit Monopolstellung schuf und neue Wettbewerber nicht mehr in den Markt gelangen konnten.[1335] Eine ähnliche Wirkung hatte die erste Welle (1944–1946) der Verstaatlichungen („nationalisations“) der Schlüsselindustrien.[1336]

Allerdings glaubte die französische Regierung, nur durch Planification und Verstaatlichungen auf dem gemeinsamen Markt bestehen und nationale Unabhängigkeit

---

1331 Die Tätigkeit der Kartellkommission in Frankreich – Antwort des Staatssekretärs im französischen Wirtschaftsministerium v. 29.01.1957, abgedruckt in: WuW, Jg. 9, 1959, S. 441 ff. (444).

1332 *Freitag,* Konzentrationspolitik, 1972, S. 126; *Toeche-Mittler,* Das Verbandskartell, 1969, S. 83 ff.

1333 *Ullmo,* Planificaton, 1974, S. 30.

1334 *Blum-Picard,* in: Gide, Le projet français de loi anti-trust, 1952, S. III: „Des ententes, des fusions, des concentrations sont indispensables.“ – *Freitag,* Konzentrationspolitik, 1972, S. 89, 121; *Gruhler,* in: Wettbewerbsbeschränkungen auf internationalen Märkten, 1988, S. 276; *Hoffmann,* in: Rechtsfragen der Planifikation, 1967, S. 26 ff. (43); *Jenny/Weber,* in: The Antitrust Bulletin, Bd. 20, 1975, S. 597 ff. (612 f.); *Kleps,* in: ORDO, Doppelbd. 15/16, 1965, S. 275 ff. (310); *Lob,* Entwicklung, 1988, S. 38 ff.; *Plaisant,* in: WuW, Jg. 18, 1968, S. 360 ff. (367); *Wild,* Das marktbeherrschende Unternehmen, 1969, S. 39.

1335 *Günther,* in: WuW, Jg. 13, 1963, S. 191 ff. (200); *Hoffmann,* in: Rechtsfragen der Planifikation, 1967, S. 26 ff. (43); *Jenny/Weber,* in: The Antitrust Bulletin, Bd. 20, 1975, S. 597 ff. (613); *Jenny,* in: Annals, Bd. 52, Dez. 1981, Nr. 4, S. 477 ff. (484); *Jenny/Weber,* in: The Journal of Industrial Economics, Bd. 31, Nr. 2, Dez. 1983, S. 113 ff. (128); *Wild,* Das marktbeherrschende Unternehmen, 1969, S. 49.

1336 *Birmes,* Fusionskontrolle, 1994, S. 62; *Fikentscher,* in: Rechtsfragen der Planifikation, 1967, S. 55 ff. (75); *Freitag,* Konzentrationspolitik, 1972, S. 87, 125; *Schmidt,* Wettbewerbspolitik und Kartellrecht, 2001, S. 195; *Hoffmann,* Spruchpraxis Kartellkommission, 1976, S. 156 ff.; *Rives,* in: Kartelle und Verbände in unserer Zeit, 1956, S. 117; *Wild,* Das marktbeherrschende Unternehmen, 1969, S. 32 ff.

bewahren zu können.[1337] Zum Schutz der Unabhängigkeit der französischen Wirtschaft auf dem Weltmarkt gestand sie den Unternehmen nur „ein bisschen" unternehmerische Freiheit zu.[1338] Die Instrumente der Planification ließen wenig Spielraum für freien Wettbewerb.[1339] Die Kooperation von Staat und Wirtschaft z.B. im Rahmen der „économie concertée" und „économie contractuelle" stand im Widerspruch zu einem selbständigen Unternehmertum.[1340] Die Unternehmen durften nicht selbst bestimmen, sondern der Staat sprach bei fast allen Entscheidungen mit. In den Modernisierungskommissionen formulierten die Kommissionsmitglieder Branchenziele. Dies gelang nur, wenn die aus dem privaten Unternehmenssektor stammenden Kommissionsmitglieder ihre eigenen unternehmensrelevanten Daten offen legten. Die Vertreter der Wirtschaftsverbände, die den Modernisierungskommissionen angehörten, erhielten damit die einmalige Chance, Preise und Unternehmenspolitik innerhalb der Modernisierungskommissionen abzustimmen. Nach Auffassung von Stimmen in der Literatur entspräche ein solches Verhalten dem kartellrechtlich relevanten „bewussten Parallelverhalten".[1341] Die auf diese Art und Weise abgestimmten marktrelevanten Verhaltensweisen gingen im Folgenden in den Plan als Branchenziele ein.[1342]

1337 *Fikentscher,* in: Rechtsfragen der Planifikation, 1967, S. 55 ff. (63); *Gruhler,* in: Wettbewerbsbeschränkungen auf internationalen Märkten, 1988, S. 276 f.; *Lob,* Entwicklung, 1988, S. 40.

1338 *Ullmo,* Planificaton, 1974, S. 35: „Le plan doit se combiner avec un certain nombre de libertés: [...] une certaine liberté d'entreprise."

1339 *Birmes,* Fusionskontrolle, 1994, S. 62; *Fikentscher,* in: Rechtsfragen der Planifikation, 1967, S. 55 ff. (75); *Freitag,* Konzentrationspolitik, 1972, S. 87, 125; *Schmidt,* Wettbewerbspolitik und Kartellrecht, 2001, S. 195; *Hoffmann,* in: Rechtsfragen der Planifikation, 1967, S. 26 ff. (33); *Hoffmann,* Spruchpraxis Kartellkommission, 1976, S. 156 ff.; *Rives,* in: Kartelle und Verbände in unserer Zeit, 1956, S. 117; *Wild,* Das marktbeherrschende Unternehmen, 1969, S. 32 ff.

1340 *Birmes,* Fusionskontrolle, 1994, S. 62; *Fikentscher,* in: Rechtsfragen der Planifikation, 1967, S. 55 ff. (60, 75); *Freitag,* Konzentrationspolitik, 1972, S. 87, 125; *Kleps,* in: ORDO, Doppelbd. 15/16, 1965, S. 275 ff. (306); *Schmidt,* Wettbewerbspolitik und Kartellrecht, 2001, S. 195; *Hoffmann,* Spruchpraxis Kartellkommission, 1976, S. 156 ff.; *Rives,* in: Kartelle und Verbände in unserer Zeit, 1956, S. 117; *Wild,* Das marktbeherrschende Unternehmen, 1969, S. 32 ff.

1341 *Albrecht,* Planifikateure beim Werk, 1964, S. 157 f.; *Birmes,* Fusionskontrolle, 1994, S. 62; *Fikentscher,* in: Rechtsfragen der Planifikation, 1967, S. 55 ff. (74 f.); *Freitag,* Konzentrationspolitik, 1972, S. 117 ff.; *Giersch,* in: Hamburger Jahrbuch, Jg. 9, 1964, S. 61 ff. (87) „ein vom Staat organisiertes und gesteuertes Superkartell der Branchenverbände"; *Hoffmann,* in: Rechtsfragen der Planifikation, 1967, S. 26 ff. (38 ff.); *Kleps,* in: ORDO, Doppelbd. 15/16, 1965, S. 275 ff. (306); *Tholl,* in: ORDO, Doppelbd. 15/16, 1965, S. 197 ff. (244); *Toeche-Mittler,* Das Verbandskartell, 1969, S. 69 f.; *Venturini,* Monopolies, 1971, S. 330 ff.

1342 *Birmes,* Fusionskontrolle, 1994, S. 62; *Freitag,* Konzentrationspolitik, 1972, S. 118 ff., 122; *Giersch,* in: Hamburger Jahrbuch, Jg. 9, 1964, S. 61 ff. (88); *Hoffmann,* in:

Einen ähnlichen Effekt erzielte die Verständigung zwischen Staat und Wirtschaft über Preise im Rahmen der staatlichen Preisreglementierung.[1343] Mittels der Planification förderte der französische Staat Preisabsprachen und kartellähnliche Verhaltensweisen. Da dies im Rahmen der Planification erfolgte und aus Sicht der französischen Regierung dem Wohle der Gesamtwirtschaft diente, war dieses Verhalten fast unangreifbar. Dies führte dazu, dass das neu geschaffene Kartellrecht praktisch ins Leere lief.[1344]

Die Schwäche der Commission technique des ententes und ihre Unfähigkeit, tatsächlich den freien Wettbewerb zu schützen, prangerte insbesondere die deutsche Fachliteratur an.[1345] Für den deutschen Juristen Schatz war die Commission technique des ententes daher ein bloßes „Organ des französischen Wirtschaftsdirigismus".[1346] Die Defizite der Commission technique des ententes waren in Frankreich zwar ebenfalls bekannt, die französische Fachliteratur sah diese aber nicht unbedingt als Nachteil an.[1347] Sie stand mehrheitlich hinter der Planification und nahm die daraus folgende Beschneidung des Wettbewerbs billigend in Kauf.

Dies änderte sich nicht maßgeblich mit Abnahme der Verstaatlichungen und der staatlichen Eingriffe in die Wirtschaft mit dem Auslaufen der amerikanischen Hilfe ab 1955.[1348] Auch die Schaffung des gemeinsamen Marktes, wodurch die französische Wirtschaft vermehrt Einflüssen von außen ausgesetzt wurde, was eine langfristige Planung verkomplizierte, brachte keine Stärkung der Kartellkommission oder eine vermehrte Anwendung des Kartellrechts mit sich.[1349]

Rechtsfragen der Planifikation, 1967, S. 26 ff. (41); *Tholl,* in: ORDO, Doppelbd. 15/16, 1965, S. 197 ff. (255); a.A. *Lob,* Entwicklung, 1988, S. 21: Nach seiner Meinung war eine Abstimmung auf Ebene der Modernisierungskommissionen unmöglich, da die Kommissionen dafür zu gemischt wären.

1343 *Glais,* in: RTDC, Bd. 37, 1984, S. 419 ff. (421).

1344 *Birmes,* Fusionskontrolle, 1994, S. 62; *Fikentscher,* in: Rechtsfragen der Planifikation, 1967, S. 55 ff. (75); *Freitag,* Konzentrationspolitik, 1972, S. 87, 125; *Glais,* in: RTDC, Bd. 37, 1984, S. 419 ff. (421); *Schmidt,* Wettbewerbspolitik und Kartellrecht, 2001, S. 195; *Hoffmann,* Spruchpraxis Kartellkommission, 1976, S. 156 ff.; *Rives,* in: Kartelle und Verbände in unserer Zeit, 1956, S. 117; *Wild,* Das marktbeherrschende Unternehmen, 1969, S. 32 ff.

1345 Z.B. *Belke,* in: ZHR, Bd. 127, 1965, S. 48 ff. (69); *Freitag,* Konzentrationspolitik, 1972, S. 86 f.; *Schatz,* Die Zulässigkeit, 1964, S. 113; *Sennewald,* Kartelle, 1964, S. 55.

1346 *Schatz,* Die Zulässigkeit, 1964, S. 110 f.

1347 *Plaisant/Lassier,* in: Internationales Handbuch, 1958, S. 204.

1348 *Freitag,* Konzentrationspolitik, 1972, S. 123; *Mioche,* in: Europäische Integration, 1993, S. 246; *Tholl,* in: ORDO, Doppelbd. 15/16, 1965, S. 197 ff. (247).

1349 *Bauchet,* La Planification, 1966, S. 12 f., 310 ff.; *Freitag,* Konzentrationspolitik, 1972, S. 271; *Günther,* in: WuW, Jg. 13, 1963, S. 191 ff. (195 ff.); *Lob,* Entwicklung, 1988, S. 24; *Sennewald,* Kartelle, 1964, S. 182; *Ullmo,* Planificaton, 1974, S. 46 beklagt die Unvereinbarkeit von gemeinsamem Markt und Planification: „En fait, les principaux problèmes des relations entre la planification nationale et le Marché commun restent posés."

III. Der Beginn des gemeinsamen Marktes

Die weitere Entwicklung des Kartellrechts in Frankreich ist nur vor dem Hintergrund von zwei Grundströmungen verständlich. Auf der einen Seite stand die Planification, auf der anderen Seite die Gründung der EWG im Jahre 1958. Der erste Plan beschränkte sich noch auf den Wiederaufbau unter Beseitigung der Kriegsschäden und Förderung von Basissektoren.[1350] Die Planification der 1950er Jahre hingegen weitete ihren Anwendungsbereich auf immer mehr Bereiche der Wirtschaft aus.[1351]

1. Reformversuche des Finanzministers Pinay

Das Jahr 1958 stellte in zweierlei Hinsicht einen Wendepunkt in der französischen Politik dar. An die Spitze der neu gegründeten sog. Fünften Republik trat mit de Gaulle nicht nur eine neue charismatische Persönlichkeit, auch die Öffnung der Grenzen im Zuge der Verwirklichung des gemeinsamen europäischen Binnenmarktes rückte näher.[1352] Unmittelbar nach der Machterlangung durch de Gaulle 1958 versuchte der neue Finanzminister Pinay auf der Grundlage eines Reformvorschlages von Jacques Rueff marktwirtschaftliche Ideen in Frankreich einzuführen. Mit dem Rücktritt Pinays im Jahre 1960 scheiterte sein Projekt.[1353]

Während der kurzen Amtszeit von Pinay reformierte die Regierung eine Vorschrift des französischen Wettbewerbsrechts, ließ indes die kartellrechtlichen Kernvorschriften (Artt. 59bis ff. der Preisverordnung) unberührt. Die Verordnung vom 24.06.1958 verschärfte Art. 37 der Preisverordnung.[1354] Art. 37 Nr. 1a PreisVO sah nun ein allgemeines Diskriminierungsverbot vor.[1355] Solange nicht eine der im Gesetz vorgesehenen Ausnahmen eingriff, war der Unternehmer unter normalen Bedingungen und unter Berücksichtigung der Handelsbräuche zur Lieferung verpflichtet.[1356] Die Verordnung stellte diskriminierende Verkaufsbedingungen und

---

1350 *Fikentscher*, in: Rechtsfragen der Planifikation, 1967, S. 55 ff. (56); *Tholl*, in: ORDO, Doppelbd. 15/16, 1965, S. 197 ff. (203).

1351 *Tholl*, in: ORDO, Doppelbd. 15/16, 1965, S. 197 ff. (203).

1352 *Tholl*, in: ORDO, Doppelbd. 15/16, 1965, S. 197 ff. (204 f.).

1353 *Bilger*, in: ORDO, Bd. 37, 1986, S. 3 ff. (4); *Rosa*, in: ORDO, Bd. 33, 1982, S. 81 ff. (82); *Tholl*, in: ORDO, Doppelbd. 15/16, 1965, S. 197 ff. (205, 212).

1354 Décret n° 58–545 du 24 juin 1958 modifiant certaines dispositions de l'ordonnance n° 45–1483 du 30 juin 1945 relatives au maintien de la libre concurrence, in: JO v. 25.06.1958, S. 5877 f.

1355 JO v. 25.06.1958, S. 5877; *Birmes*, Fusionskontrolle, 1994, S. 63.

1356 JO v. 25.06.1958, S. 5877: „L'article 37 de l'ordonnance n° 45–1183 du 30 juin 1945 relative aux prix est modifié comme suit: Est assimilé à la pratique des prix illicites le fait: 1° Par tout producteur, commerçant, industriel ou artisan: a) de refuser ou de satisfaire, dans la mesure de ses disponibilités et dans les conditions conformes aux usages commerciaux, aux demandes des acheteurs de produits ou aux demandes de prestation de services, lorsque les demandes ne présentent aucun caractère anormal, qu'elles émanent de demandeurs de bonne foi et que la vente

Preiserhöhungen grundsätzlich unter Strafe.[1357] Die Neuregelung beabsichtigte die Aufrechterhaltung und Wiederherstellung des freien Wettbewerbs im Vertrieb.[1358] Für alle Händler sollten dieselben Lieferbedingungen gelten, ohne dass Mindestpreise oder Verkaufsverweigerungen zugunsten eines Konkurrenten zum Tragen kommen konnten.[1359]

Nach Rücktritt des Finanzminsters Pinay kehrte de Gaulle zum wirtschaftspolitischen Instrument der Planification zurück. Die Planification stand – vergleichbar mit der sozialen Marktwirtschaft in Deutschland – für das Wirtschaftswunder, das die „Grande Nation" nach dem Zweiten Weltkrieg, d.h. in den Jahren der sog. „Trente Glorieuses", erlebte.[1360] Daher versuchte Frankreich, die Planification innerhalb der Europäischen Wirtschaftsgemeinschaft zu verankern.[1361] Dies rief insbesondere Proteste von deutscher Seite auf den Plan.[1362] Frankreich unternahm alles, um auf die wirtschaftspolitische Konzeption der EWG in ihrem Sinne einzuwirken. Die Mitgliedstaaten der EWG nahmen das nicht hin. Die EWG drang vielmehr im Gegenzug auf eine Modernisierung des französischen Kartellrechts.

---

de produits ou la prestation de services n'est pas interdite par la loi ou par un règlement de l'autorité publique [...]". – *von Tirpitz,* in: WuW 1961, 261 f.; *Birmes,* Fusionskontrolle, 1994, S. 63.

1357 JO v. 25.06.1958, S. 5877: „L'article 37 de l'ordonnance n° 45–1183 du 30 juin 1945 relative aux prix est modifié comme suit: Est assimilé à la pratique des prix illicites le fait: 1° Par tout producteur, commerçant, industriel ou artisan: a) [...] de pratiquer habituellement des conditions discriminatoires de vente ou des majorations discriminatoires de prix qui ne sont pas justifiées par des augmentations correspondantes du prix de revient de la fourniture de service [...]".

1358 Circulaire du 31 mars 1960 relative à l'interdiction des pratiques commerciales restreignant la concurrence, sog. „Circulaire Fontanet", in: JO v. 2.04.1960, S. 3048 ff. sowie D. 1960, Lég., S. 124 ff. (124): „Le but des dispositions [...] est de maintenir ou de rétablir la libre concurrence au stade de la distribution." Zur Rechtmäßigkeit des „Circulaire Fontanet" s. Conseil d'État, Ass. Plén., Décision v. 5.05.1961, „Sté Anonyme Librairie Aristide Quillet et autre", in: JCP 1961, II Jur., N° 12135bis.

1359 Circulaire du 31 mars 1960, D. 1960, Lég., S. 124 ff. (124): „[...] il est nécessaire que [...] tous les acheteurs aient les mêmes possibilités pour assurer leur approvisionnement, sans craindre de se voir opposer un refus de vente ou appliquer des modalités de vente discriminatoires, à l'instigation, le plus souvent, de certains concurrents."

1360 *Tholl,* in: ORDO, Doppelbd. 15/16, 1965, S. 197 ff. (207).

1361 *Fikentscher,* in: Rechtsfragen der Planifikation, 1967, S. 55 ff. (57 f.); *Tholl,* in: ORDO, Doppelbd. 15/16, 1965, S. 197 ff. (197).

1362 *Fikentscher,* in: Rechtsfragen der Planifikation, 1967, S. 55 ff.; *Günther,* in: WuW, Jg. 13, 1963, S. 191 ff.; *Hoffmann,* in: Rechtsfragen der Planifikation, 1967, S. 26 ff.; *Kleps,* in: ORDO, Doppelbd. 15/16, 1965, S. 275 ff.; *Tholl,* in: ORDO, Doppelbd. 15/16, 1965, S. 197 ff.

2. Gründung der „Commission technique des ententes et des positions dominantes“

Das Gesetz Nr. 63–628 vom 2.07.1963 brachte eine Erweiterung des Verbotstatbestandes des Art. 59bis PreisVO mit sich.[1363] Die Tatbestandsänderung beruhte auf der Intention des französischen Gesetzgebers, das französische Kartellrecht an die Wettbewerbsregelungen im EWG-Vertrag anzupassen.[1364] Das Verbot erfasste von nun an auch marktbeherrschende Stellungen von Unternehmen („position dominante“), sofern sie eine Behinderung des normalen Marktablaufs bezweckten oder bewirkten.[1365] Infolgedessen erfolgte eine Umbenennung der Commission Technique des Ententes in „Commission Technique des Ententes et Positions Dominantes“.[1366] Der Gesetzgeber integrierte diese Reform der bestehenden Vorschriften der Preisverordnung in ein Finanzgesetz. Die Reform diente vorrangig dazu, dem zu schnellen Wirtschaftswachstum und den daraus folgenden Preissteigerungen zu begegnen („maintien de la stabilité financière“).[1367] Die ersten Nebenwirkungen der Planification, insbesondere eine Erhöhung der Inflationsgefahr, schlugen sich inzwischen für alle sichtbar in der Wirtschaftsentwicklung nieder.[1368] Die Aufnahme dieser

---

1363 Loi de finances du 2 juillet 1963 rectificative pour 1963 portant maintien de la stabilité économique et financière, JO v. 3.07.1963, S. 5915 ff.; Deutsche Übersetzung abgedruckt in: WuW, Jg. 14, 1964, S. 221–226.

1364 *Belke,* in: ZHR, Bd. 127, 1965, S. 48 ff. (57 f.); *Birmes,* Fusionskontrolle, 1994, S. 63; eine Harmonisierung der Startvoraussetzungen der Unternehmen innerhalb der EWG forderte *Günther,* in: WuW, Jg. 13, 1963, S. 191 ff. (202); *Wild,* Das marktbeherrschende Unternehmen, 1969, S. 26 f., 67 ff.

1365 Loi de finances du 2 juillet 1963 rectificative pour 1963 portant maintien de la stabilité économique et financière, JO v. 3.07.1963, S. 5915 ff. (5915): „Art. 3. – I. – [...] Sont prohibées dans les mêmes conditions les activités d'une entreprise ou d'un groupe d'entreprise occupant sur le marché intérieur une position dominante caractérisée par une situation de monopole ou par une concentration manifeste de la puissance économique, lorsque ces activités ont pour objet ou peuvent avoir pour effet d'entraver le fonctionnement normal du marché.“ – *Calvo,* in: Gaz. Pal., 1987, 1er sem., Doc., S. 445 ff. (445).

1366 Art. 32 Abs. 3 des Loi de finances du 2 juillet 1963 rectificative pour 1963 portant maintien de la stabilité économique et financière, JO v. 3.07.1963, S. 5915 ff. (5915). – *Calvo,* in: Gaz. Pal., 1987, 1er sem., Doc., S. 445 ff. (445).

1367 *Belke,* in: ZHR, Bd. 127, 1965, S. 48 ff. (48 f.).

1368 *Belke,* in: ZHR, Bd. 127, 1965, S. 48 ff. (49); *Giersch,* in: Hamburger Jahrbuch, Jg. 9, 1964, S. 61 ff. (87); *Jenny,* in: Annals, Bd. 52, Dez. 1981, Nr. 4, S. 477 ff. (485); *Jetter, Karl,* Die importierte Disziplin, in: FAZ v. 10.11.1989, S. 17 charakterisierte den damals herrschenden Zeitgeist mit zwei treffenden Zitaten: „Das inflatorische Patentrezept, Arbeitskämpfe und politische Unruhen über wirtschaftlich untragbare Lohnerhöhungen zu beschwichtigen, hat den Regierenden in Frankreich immer gefallen: ‚Dabei gibt es nur Inflation, aber keine Revolution!‘ Der Präsident des französischen Unternehmerverbandes CNPF erklärte im Sommer 1968 beruhigend: ‚Die Lohnexplosion wird über Preiserhöhungen und Franc-Abwertungen

Reformvorschriften in ein Finanzgesetz hatte den Vorteil, dass ein vereinfachtes und verkürztes Gesetzgebungsverfahren Anwendung fand, so dass Assemblée Nationale und Sénat die Änderung ohne vertiefte Diskussionen beschlossen.[1369] Das Gesetz Nr. 65–549 vom 9.07.1965 erweiterte das Ermittlungsverfahren durch die Möglichkeit der Anwendung der Zwangsmittel des Code de procédure pénale.[1370]

Einen größeren Einschnitt stellte die Verordnung Nr. 67–835 v. 28.9.1967 dar.[1371] Aufbauend auf das bestehende Kartellrecht sollte hier den neueren wirtschaftlichen Entwicklungen Rechnung getragen werden.[1372] Zur besseren Verfolgung von horizontalen Preisabsprachen zwischen Herstellern und Händlern setzte die Verordnung die Schwelle für ein Eingreifen herab und dehnte somit das Verbot von Preiskartellen auf alle Wettbewerbsabsprachen aus.[1373] Wiederum spielte die Annäherung der französischen Gesetzgebung an die Römischen Verträge – zumindest was die Formulierung anging – eine Rolle.[1374]

Diese an sich begrüßenswerte Verschärfung des Kartellrechts konnte aber letztendlich in der Praxis nicht zur vollen Wirkung kommen. Selbst wenn die Commission des ententes et des positions dominantes in ihren Gutachten die neuen Vorschriften anwandte und die Abgabe an die Staatsanwaltschaft vorschlug, konnte der Wirtschaftsminister als in Kartellsachen entscheidungsbefugte Stelle von dem Gutachten abweichen. Der Wirtschaftsminister hatte aufgrund des Opportunitätsprinzips die freie Wahl zwischen einem Vergleich (règlement amiable), Art. 4 der Ordonnance

---

abgefangen. [...]‘ Das Verfahren funktionierte (scheinbar) in einem planifizierten Markt mit eigenem Kolonialreich, mit einer protektionistischen Handelspolitik und Devisenreglementierung. Der Franc degradierte dabei allerdings zu einer drittrangigen Währung.“; *Tholl,* in: ORDO, Doppelbd. 15/16, 1965, S. 197 ff. (267 ff.).

1369 Zur Frage nach der Verfassungsmäßigkeit eines solchen Vorgehens *Belke,* in: ZHR, Bd. 127, 1965, S. 48 ff. (50).

1370 Loi n° 65–549 du 9juillet 1965 modifiant l'ordonnance n° 45–1484 du 30 juin 1945 relative à la constatation, la poursuite et la répression des infractions à la législation économique et l'article 4 de la loi n° 63–628 du 2 juillet 1963 ainsi que l'article 49 de l'ordonnance n° 45–1483 du 30 juin 1945 relative aux prix, JO v. 10.07.1965, S. 5915 ff.

1371 Ordonnance n° 67–835 du 28 septembre 1967 relative au respect de la loyauté en matière de concurrence, JO v. 29.09.1967, S. 9592 ff.; Deutsche Übersetzung in: WuW, Jg. 18, 1968, S. 368–371.

1372 RAPPORT au Président de la République, in: JO v. 29.09.1967, S. 9592. – *Freitag,* Konzentrationspolitik, 1972, S. 37.

1373 *Birmes,* Fusionskontrolle, 1994, S. 64; *Guyénot,* in: D. 1967, Lég., S. 431 ff. (431); *Wild,* Das marktbeherrschende Unternehmen, 1969, S. 27; *Plaisant/Lassier,* in: JCP, 1968, Doc., I, n° 2148 (deutsche Übersetzung: *Plaisant,* in: WuW, Jg. 18, 1968, S. 360 ff. (361 f.)).

1374 RAPPORT au Président de la République, in: JO v. 29.09.1967, S. 9592. – Kritisch *Guyénot,* in: D. 1967, Lég., S. 431 ff. (431).

(Freistellung von der Strafverfolgung gegen Zahlung einer Geldbuße),[1375] oder der Abgabe an die Staatsanwaltschaft unter Einleitung eines Strafverfahrens.[1376] Die Verfolgung von Wettbewerbsverstößen im Rahmen einer Vergleichslösung praktizierte die Verwaltung schon zuvor auf Grundlage von Art. 17 der Verordnung vom 27.01.1945 und die Verordnung bestätigte die Wirksamkeit dieses Verfahrens erneut.[1377] Da der Minister nunmehr ausschließlich zuständig für die Entscheidung über die Behandlung des festgestellten Wettbewerbsverstoß blieb, konnte die Staatsanwaltschaft die Sache trotz Vergleichsvorschlags des Ministers nicht mehr an sich ziehen.[1378] Plaisant/Lassier leiteten daraus ab, dass die Regierung zwar einerseits das Kartellrecht verschärfte, andererseits aber die Zügel bezüglich der Handhabe der neuen Regeln in der Hand behalten wollte.[1379] Die Neuregelung trug daher wenig zu einem „Assainissement de la concurrence"[1380] (frei zu übersetzen mit „Sanierung des Wettbewerbs") bei.

Mit der Erweiterung der Befugnisse der neu benannten Commission technique des ententes et positions dominantes änderte sich die Fallpraxis nicht wesentlich. Die Zahl der im Jahr veröffentlichten Gutachten stieg leicht auf durchschnittlich sieben Gutachten, bis 1975 schlug die Commission technique des ententes et positions dominantes nur neunmal die Einleitung von Strafverfahren vor.[1381] Die Commission technique des ententes et des positions dominantes hielt die stafrechtliche Ahndung

1375 „Le ministre peut également offrir aux parties intéressées de souscrire un règlement amiable par lequel celles-ci s'engagent à apporter à leurs activités les modifications qu'il juge nécessaire.", in: JO v. 29.09.1967, S. 9593. – *Birmes,* Fusionskontrolle, 1994, S. 64; *Freitag,* Konzentrationspolitik, 1972, S. 37, 85 f.; *Jeantet,* in: JCP, 1988, Doc. I, Nr. 3348; *Jenny/Weber,* in: The Antitrust Bulletin, Bd. 20, 1975, S. 597 ff. (625, 630 f.); *Wild,* Das marktbeherrschende Unternehmen, 1969, S. 27.

1376 *Birmes,* Fusionskontrolle, 1994, S. 64; *Plaisant/Lassier,* in: JCP, 1968, Doc., I, n° 2148 (deutsche Übersetzung: *Plaisant,* in: WuW, Jg. 18, 1968, S. 360 ff. (366)); *Wild,* Das marktbeherrschende Unternehmen, 1969, S. 27.

1377 *Guyénot,* in: D. 1967, Lég., S. 431 ff. (435); kritisch dazu: *Jenny/Weber,* in: The Antitrust Bulletin, Bd. 20, 1975, S. 597 ff. (625, 630 ff.): „[...] one may wonder whether the Commission's attempt to bring about a satisfactory level of competition in formerly cartelized markets by administrative control and persuasion rather than by prosecution in court is not doomed to be a failure."; *Mello,* in: Gaz. Pal. 1986, 1er sem., Doc., S. 240 ff. (242); *Plaisant/Lassier,* in: JCP, 1968, Doc., I, n° 2148 (deutsche Übersetzung: *Plaisant,* in: WuW, Jg. 18, 1968, S. 360 ff. (366)); *Touffait/Herzog,* in: JCP, 1967, Doc. I, N° 2047.

1378 *Freitag,* Konzentrationspolitik, 1972, S. 37, 85 f.

1379 *Plaisant/Lassier,* in: JCP, 1968, Doc., I, n° 2148 (deutsche Übersetzung: *Plaisant,* in: WuW, Jg. 18, 1968, S. 360 ff. (367)).

1380 Motiv der Neuregelung war „Assainissement de la concurrence", RAPPORT au Président de la République, in: JO v. 29.09.1967, S. 9592.

1381 Liste der von der von der Commission technique des ententes veröffentlichten Stellungnahmen, abgedruckt in: *Hoffmann,* Spruchpraxis Kartellkommission, 1976, S. 167–174 (169 ff.); *Freitag,* Konzentrationspolitik, 1972, S. 87; *Hoffmann,* Spruchpraxis Kartellkommission, 1976, S. 157 f.; *Jenny/Weber,* in: The Antitrust

von Kartellen für unverhältnismäßig. Andere Möglichkeiten, um gegen verbotene Kartelle vorzugehen, räumte das Gesetz indes nicht ein.[1382] Die Einleitung des Verfahrens vor der Commission technique des ententes et des positions dominantes lag in der Hand des Wirtschaftsministers, der nur in 60% der Fälle die Commission technique des ententes et positions dominantes anrief.[1383] Ein weiterer Grund für die geringe Zahl der von der Commission technique des ententes et positions dominantes bearbeiteten Fälle war fehlendes Personal.[1384] Die Commission technique des ententes et positions dominantes stufte von 1954 bis 1975 23 Absprachen als (noch) zulässig ein. Nur zehn dieser Absprachen überprüfte sie (unter Überschreitung der von ihr selbst gesetzten Fristen) erneut auf ihre Zulässigkeit.[1385]

3. Lockerung der Planification und Gründung der Commission de la concurrence

Die vorbeschriebene Praxis bei der Verfolgung von Wettbewerbsverstößen änderte sich während der Amtszeit de Gaulles (8.01.1959 bis 28.04.1969) nicht. Erst der VI. Plan (1971–1975) brachte eine Lockerung der Planification mit sich. Er bezweckte nicht mehr eine möglichst umfassende und detaillierte Planung.[1386] Der VI. Plan verzichtete auf die Festlegung von Branchenzielen, Hauptaufgabe war fortan die Öffnung der französischen Wirtschaft für den europäischen Markt und eine Steigerung des Wachstums durch eine stärkere Industrialisierung.[1387] Letzteres zielte vor allem darauf ab, die Vollbeschäftigung zu sichern.[1388]

Bulletin, Bd. 20, 1975, S. 597 ff. (625); *Lob,* Entwicklung, 1988, S. 325; *Wild,* Das marktbeherrschende Unternehmen, 1969, S. 127.

1382 *Touffait/Herzog,* in: JCP, 1967, Doc. I, N° 2047.

1383 *Plaisant/Lassier,* in: JCP, 1968, Doc., I, n° 2148 (deutsche Übersetzung: *Plaisant,* in: WuW, Jg. 18, 1968, S. 360 ff. (360 f.)); *Wild,* Das marktbeherrschende Unternehmen, 1969, S. 120.

1384 *Jenny/Weber,* in: The Antitrust Bulletin, Bd. 20, 1975, S. 597 ff. (632, 637).

1385 *Commission technique des ententes,* Rapport au ministre des affaires économiques pour les années 1960, 1961 et 1962, abgedruckt in: *Sennewald,* Kartelle, 1964, Anhang VI, S. 203–220 (206). – *Hoffmann,* Spruchpraxis Kartellkommission, 1976, S. 158 f.

1386 *Freitag,* Konzentrationspolitik, 1972, S. 271; *Tholl,* in: ORDO, Doppelbd. 15/16, 1965, S. 197 ff. (203); *S. W.,* Der sechste französische Wirtschaftsplan. Verabschiedung durch die Nationalversammlung, in: Neue Zürcher Zeitung v. 19.06.1970, Mittagsausgabe Nr. 279, Jg. 191, S. 13.

1387 *Freitag,* Konzentrationspolitik, 1972, S. 271; *Tholl,* in: ORDO, Doppelbd. 15/16, 1965, S. 197 ff. (203); *S. W.,* Der sechste französische Wirtschaftsplan. Verabschiedung durch die Nationalversammlung, in: Neue Zürcher Zeitung v. 19.06.1970, Mittagsausgabe Nr. 279, Jg. 191, S. 13.

1388 *S. W.,* Der sechste französische Wirtschaftsplan. Verabschiedung durch die Nationalversammlung, in: Neue Zürcher Zeitung v. 19.06.1970, Mittagsausgabe Nr. 279, Jg. 191, S. 13.

In diese widersprüchliche Zielsetzung reihte sich das Loi Royer Nr. 73–1193 vom 27.12.1973 ein.[1389] Kapitel 3 des Loi Royer trug zwar die Überschrift „Amélioration des conditions de la concurrence“, d.h. es sollte zur Verbesserung der Wettbewerbsbedingungen beitragen. Art. 37 und Art. 38 des Loi N° 73–1193 verschärften auch tatsächlich das Diskriminierungsverbot.[1390] Andererseits bezweckte das Gesetz den Schutz mittlerer und kleinerer Gewerbetreibender vor dem Großhandel – eine einseitige Begünstigung der Betriebe des Mittelstandes erfolgte somit zu Lasten eines freien Wettbewerbes gegenüber dem Großhandel.[1391] Großbetriebe des Einzelhandels bedurften gemäß Art. 29 Loi N° 73–1193 zu ihrem Bau nun einer speziellen Genehmigung durch eine „Commission départementale d'urbanisme commercial“ (= Departmentskommission für Handelsplanung).[1392] Neun Mitglieder der 20-köpfigen Kommission kamen aus dem Handel (Art. 30 Loi N° 73–1193).[1393] Dadurch und durch finanzielle Beihilfen erhielten mittelständische Unternehmen einen klaren Wettbewerbsvorteil gegenüber großen Gewerbebetrieben.[1394]

Einen wirklichen Fortschritt bedeuteten indes die Reformen durch das Gesetz N° 77–806 vom 19.07.1977.[1395] Mit diesem Gesetz fand die Fusionskontrolle in das französische Recht Eingang.[1396] Der Gesetzgeber integrierte die Fusionskontrolle als Art. 52, 53 und 54 in die Preisverordnung, er ließ die ehemaligen Kartellvorschriften (Artt. 59bis, 59ter und 59^{quater} PreisVO) bestehen, passte sie aber an und nummerierte sie neu (Artt. 50, 51 und 52 Preisverordnung).[1397]

Den Ausschlag für diesen Wandel in der Wettbewerbspolitik gab die vorsichtige Lockerung der Planification unter der Präsidentschaft von Giscard d'Estaing.[1398] Sein Finanzminister Raymond Barre, Wirtschaftswissenschaftler und ehemaliger Vizepräsident der Europäischen Kommission, setzte sich für eine stärker

1389 Loi N° 73–1193 du 27 décembre 1973 d'orientation du commerce et de l'artisanat (LOCA), JO v. 30.12.1973, S. 14139 ff.

1390 JO v. 30.12.1973, S. 14139 ff. (14142).

1391 *Birmes,* Fusionskontrolle, 1994, S. 64 f.; *Labudek,* Diskriminierung und Behinderung im französischen Kartellrecht, 1992, S. 74; *Lob,* Entwicklung, 1988, S. 50; *Poeche,* in: WuW, Jg. 24, 1974, S. 478 ff. (478).

1392 JO v. 30.12.1973, S. 14139 ff. (14142). – *Poeche,* in: WuW, Jg. 24, 1974, S. 478 ff. (479).

1393 *Poeche,* in: WuW, Jg. 24, 1974, S. 478 ff. (479).

1394 *Poeche,* in: WuW, Jg. 24, 1974, S. 478 ff. (480).

1395 Loi n° 77–806 du 19 juillet 1977 relative au contrôle de la concentration économique et à la répression des ententes illicites et des abus de position dominante, JO v. 20.07.1977, S. 3833 ff.; Deutsche Übersetzung in: WuW, Jg. 28, 1978, S. 758–766. – *Labudek,* Diskriminierung und Behinderung im französischen Kartellrecht, 1992, S. 75 f.

1396 *Hitzler,* Systeme der Fusionskontrolle, 1979, insb. S. 12–52; *Hoffmann,* in: RIW, Jg. 24, 1978, S. 566 ff.; *Sonnenberger,* in: ZHR, Bd. 142, 1978, S. 367 ff.

1397 JO v. 20.07.1977, S. 3833 ff. (3834).

1398 *Bazex,* in: AJDA, 1986, Doc., S. 635 ff. (635); *Hoffmann,* in: RIW, Jg. 24, 1978, S. 566 ff. (567); *Rosa,* in: ORDO, Bd. 33, 1982, S. 81 ff. (82 f.).

marktwirtschaftlich ausgerichtete Wirtschaft ein.[1399] Er bekämpfte im Wege dieser Reform vor allem die Inflation und stärkte die Rechte der Verbraucher.[1400] Möglicherweise erließ Frankreich diese Neuregelung, um einer europäischen Fusionskontrolle zuvorzukommen.[1401] Die Schaffung eigener nationaler Kontrollmechanismen erlaubte es Frankreich, der ungeliebten Forderung der EWG-Kommission nach einer Fusionskontrolle auf europäischer Ebene mit dem Einwand zu begegnen, dass auf nationaler Ebene bereits ein ausreichender Schutz bestünde.[1402]

Die Commission de la concurrence ersetzte die Commission technique des ententes et positions dominantes (Art. 1 des Loi N° 77–806).[1403] Sie nahm am 16.11.1977 ihre Tätigkeit auf.[1404] Auch wenn der Präsident, der Gesamtberichterstatter und einige Berichterstatter ihre Tätigkeit fortan hauptamtlich ausübten (Art. 2 des Loi N° 77–806), blieb die Commission de la concurrence ein reines Beratungsgremium ohne eigene finale Entscheidungsmacht.[1405] Die personelle Verstärkung wirkte sich nicht unmittelbar auf ihre Kompetenzen aus.

Allerdings beschränkten die Gutachten der Commission de la concurrence den Ermessensspielraum des Ministers (Art. 54 PreisVO: „dans les limites de l'avis de la commission de la concurrence") – die Gutachten der Commission de la concurrence waren also jetzt verbindlich, der Minister konnte sich nicht mehr über die Gutachten hinwegsetzen.[1406] Darüber hinaus wurden die Gutachten der Commission de la concurrence teilweise veröffentlicht und für die Anfechtung der Entscheidungen des Ministers der Rechtsweg zum Conseil d'État eröffnet (Art. 56 PreisVO: „(...) Les décisions ministérielles prises en application des articles 53, 54 et 55 peuvent

---

1399 *Bilger,* in: ORDO, Bd. 37, 1986, S. 3 ff. (4); *Birmes,* Fusionskontrolle, 1994, S. 66; *Hidien,* Investieren in Frankreich, 1991, S. 14; *Hoffmann,* in: RIW, Jg. 24, 1978, S. 566 ff. (567); *Jenny,* in: Annals, Bd. 52, Dez. 1981, Nr. 4, S. 477 ff. (485); *Lob,* Entwicklung, 1988, S. 6 f.; *Roudard,* in: GRUR Int., 1989, S. 647 ff. (648); *Rosa,* in: ORDO, Bd. 33, 1982, S. 81 ff. (81, 88 f.).

1400 *Birmes,* Fusionskontrolle, 1994, S. 66; *Hoffmann,* in: RIW, Jg. 24, 1978, S. 566 ff. (567); *Rosa,* in: ORDO, Bd. 33, 1982, S. 81 ff. (81); *Sonnenberger,* in: ZHR, Bd. 142, 1978, S. 367ff. (367 f.).

1401 *Bolze,* in: Revue des Sociétés, Jg. 105, 1987, Doc., S. 163 ff. (164); *Hoffmann,* in: RIW, Jg. 24, 1978, S. 566 ff. (567 f.); *Jenny,* in: Annals, Bd. 52, Dez. 1981, Nr. 4, S. 477 ff. (486); *Roudard,* in: GRUR Int., 1989, S. 647 ff. (648); *Sonnenberger,* in: ZHR, Bd. 142, 1978, S. 367ff. (368).

1402 *Hoffmann,* in: RIW, Jg. 24, 1978, S. 566 ff. (567 f.); *Jenny,* in: Annals, Bd. 52, Dez. 1981, Nr. 4, S. 477 ff. (486); *Sonnenberger,* in: ZHR, Bd. 142, 1978, S. 367 ff. (368).

1403 JO v. 20.07.1977, S. 3833 ff. (3833).

1404 *Hoffmann,* in: RIW, Jg. 24, 1978, S. 566 ff. (567).

1405 *Birmes,* Fusionskontrolle, 1994, S. 66; *Hoffmann,* in: RIW, Jg. 24, 1978, S. 566 ff. (567); *Lob,* in: RIW, Jg. 31, 1985, S. 858 ff. (858); *Mainguy/Respaud/Depincé,* Droit de la Concurrence, 2010, S. 36; *Sonnenberger,* in: ZHR, Bd. 142, 1978, S. 367ff. (380).

1406 *Hoffmann,* in: RIW, Jg. 24, 1978, S. 566 ff. (567); *Jenny,* in: Annals, Bd. 52, Dez. 1981, Nr. 4, S. 477 ff. (488); *Lob,* in: RIW, Jg. 31, 1985, S. 858 ff. (858); *Sonnenberger,* in: ZHR, Bd. 142, 1978, S. 367ff. (380).

faire l'objet d'un recours de pleine juridiction devant le Conseil d'Etat.").[1407] Zu den Neuheiten zählte ebenso, dass die Verordnung das Antragsrecht zur Einleitung eines Ermittlungsverfahrens vor der Commission de la concurrence sogar auf Verbraucher- und Unternehmerverbände, Gewerkschaften und Gebietskörperschaften erweiterte (Art. 52 PreisVO).[1408]

Doch trotz dieser Neuerungen, die auf eine Stärkung der Position der Commission de la concurrence hinausliefen, hielt der Minister weiterhin die Fäden in der Hand.[1409] Die Beamten des Wirtschaftsministeriums führten das Ermittlungsverfahren durch (Art. 11 Loi N° 77–806).[1410] Was die Eröffnung des Verfahrens vor der Commission de la concurrence anging, galt es zwischen Kartellverbots- und Missbrauchsverfahren auf der einen Seite und der Fusionskontrolle auf der anderen Seite zu unterscheiden. Während die Commission de la concurrence als Kartell- und Missbrauchsaufsicht ein Verfahren von Amts wegen einleiten konnte, war im Bereich der Fusionskontrolle nur der Minister dazu befugt, nach Abschluss der Ermittlungen über die Frage der Eröffnung des Verfahrens vor der Commission de la concurrence zu urteilen (Art. 6 Loi N° 77–806).[1411]

Selbst wenn das Gutachten der Commission de la concurrence den Minister band für den Fall, dass er eine Entscheidung traf, so blieb es ihm aufgrund des Opportunitätsprinzips doch vorbehalten, überhaupt keine Entscheidung zu treffen (Art. 54 PreisVO: „le ministre (...) peut (...) enjoindre (...)".[1412] Die Möglichkeit des „règlement amiable", d.h. des Vergleichs, entfiel im Gegenzug.[1413] Im Text der Durchführungsverordnung[1414] wurde zusätzlich deutlich, wie stark der Wirtschaftsminister weiterhin in das Verfahren vor der Commission de la concurrence integriert war.[1415] Er ernannte sowohl den Commissaire du gouvernement (Art. 2 des Décret N° 77–1189) als auch den Gesamtberichterstatter (Art. 5 des Décret N° 77–1189) und konnte die

1407 JO v. 20.07.1977, S. 3833 ff. (3835). – *Birmes,* Fusionskontrolle, 1994, S. 66 f.

1408 *Birmes,* Fusionskontrolle, 1994, S. 67; *Hoffmann,* in: RIW, Jg. 24, 1978, S. 566 ff. (572); *Jenny,* in: Annals, Bd. 52, Dez. 1981, Nr. 4, S. 477 ff. (488).

1409 *Hitzler,* Systeme der Fusionskontrolle, 1979, S. 222.

1410 *Jenny/Weber,* in: The Journal of Industrial Economics, Bd. 31, Nr. 2, Dez. 1983, S. 113 ff. (129).

1411 *Hoffmann,* in: RIW, Jg. 24, 1978, S. 566 ff. (570); *Lob,* in: RIW, Jg. 31, 1985, S. 858 ff. (858); *Sonnenberger,* in: ZHR, Bd. 142, 1978, S. 367 ff. (379).

1412 *Hoffmann,* in: RIW, Jg. 24, 1978, S. 566 ff. (570); *Jenny,* in: Annals, Bd. 52, Dez. 1981, Nr. 4, S. 477 ff. (490); *Mello,* in: Gaz. Pal. 1986, 1er sem., Doc., S. 240 ff. (242); *Sonnenberger,* in: ZHR, Bd. 142, 1978, S. 367 ff. (381).

1413 *Jeantet,* in: JCP, 1988, Doc. I, Nr. 3348.

1414 Décret n °77–1189 du 25 octobre 1977 fixant les conditions d'application de la loi n° 77–806 du 19 juillet 1977 relative au contrôle de la concentration économique et à la répression des ententes illicites et des abus de position dominantes, in: JCP, 1977, III, Textes, N° 46349.

1415 *Birmes,* Fusionskontrolle, 1994, S. 67.

Commission de la concurrence wie eine ministeriale Abteilung als Ratgeberorgan konsultieren (Art. 8 des Décret N° 77–1189).

Dementsprechend selten kamen die vom Wortlaut her gesehen fortschrittlichen und strengen Vorschriften in der Praxis zur Anwendung.[1416] In der Zeit ihres Bestehens erstellte die Commission de la concurrence insgesamt acht Gutachten zu Zusammenschlüssen, nur in einem Fall schlug sie eine Untersagung vor.[1417] Daher untersagte der Wirtschaftsminister ab dem Zeitpunkt des Inkrafttretens des Gesetzes bis 1987 nur eine einzige Fusion.[1418] Im Bereich der Kartell- und Missbrauchsaufsicht machte sich seit dem Gesetz von 1977 jedoch eine Steigerung der Aktivität der Commission de la Concurrence bemerkbar.[1419] 1977 verlieh der Gesetzgeber der neu geschaffenen Commission de la concurrence Befugnisse im Bereich der Fusionskontrolle und führte die Emfpehlung von Verwaltungssanktionen ein. Die Zahl der jährlich veröffentlichten Gutachten stieg bis 1986 auf ca. 22 pro Jahr.[1420] Von der Möglichkeit, Verwaltungssanktionen zu verhängen, machte die Commission de la concurrence Gebrauch und befürwortete in insgesamt ungefähr hundert Verfahren die Verhängung von Bußgelder (ca. zwölf Bußgeldentscheidungen jährlich). Der Wirtschaftsminister kam dem Vorschlag der Commission de la concurrence in den meisten Fällen nach, senkte aber bei einem Viertel der Fälle die Bußgeldhöhe stark (1985: Reduzierung auf ein Fünfzehntel der empfohlenen Geldbuße von 1,5 Mio. FF auf 100.000 FF).[1421] In anderen Fällen hielt er die Entscheidung zurück.[1422] 1986

1416 *Bolze,* in: Revue des Sociétés, Jg. 105, 1987, Doc., S. 163 ff. (164); *Hitzler,* Systeme der Fusionskontrolle, 1979, S. 222; *Jenny,* in: Annals, Bd. 52, Dez. 1981, Nr. 4, S. 477 ff. (490); *Jenny/Weber,* in: The Journal of Industrial Economics, Bd. 31, Nr. 2, Dez. 1983, S. 113 ff. (128); *Kerber,* in: WuW, Jg. 36, 1986, S. 373 ff. (375); *Lob,* Entwicklung, 1988, S. 93 ff.; *Mello,* in: Gaz. Pal. 1986, 1er sem., Doc., S. 240 ff. (242).

1417 *Lob,* Entwicklung, 1988, S. 97.

1418 *Kerber,* in: WuW, Jg. 36, 1986, S. 373 ff. (375); *Kleemann,* in: WuW, Jg. 37, 1987, S. 628 ff. (634); *Lob,* in: RIW, Jg. 31, 1985, S. 858 ff. (859); *Lob,* Entwicklung, 1988, S. 97 f.; *Lob,* in: RIW, 1990, Jg. 36, S. 530 ff. (533); *Novella/Ferrier,* Liberté des prix, 1987, S. 95 ff.; *Tonke,* in: WuW, Jg. 38, 1988, S. 952 f. (953).

1419 *Glais,* in: RTDC, Bd. 37, 1984, S. 419 ff. (419 f.); *Kleemann,* in: WuW, Jg. 37, 1987, S. 628 ff. (630); *Lob,* in: RIW, Jg. 31, 1985, S. 858 ff. (860 f.); *Lob,* in: RIW, 1990, Jg. 36, S. 530 ff. (533).

1420 *Commission de la Concurrence,* Rapport au Ministre 1986, 1987, S. VII und S. 5–11 (Annexe B und Annexe C 2). – *Hoffmann,* in: RIW, Jg. 24, 1978, S. 566 ff. (566); *Lob,* in: RIW, Jg. 32, 1986, S. 672 ff. (673 f.); *Lob,* Entwicklung, 1988, S. 325–332; *Rohlfing,* Untersuchungsverfahren, 1989, S. 10.

1421 *Commission de la Concurrence,* Rapport au Ministre 1986, 1987, S. XXIII. – *Drago,* in: JCP, 1987, Doctrine I, Nr. 3300; *Kerber,* in: WuW, Jg. 36, 1986, S. 373 ff. (375 Fn. 10); *Kleemann,* in: WuW, Jg. 37, 1987, S. 628 ff. (630); *Lob,* in: RIW, Jg. 31, 1985, S. 858 ff. (862) ; *Lob,* in: RIW, Jg. 32, 1986, S. 672 ff. (677); *Lucas de Leyssac/Gavalda,* in: D. 1986, Chronique Nr. XXXI, S. 187 ff. (192).

1422 *Kleemann,* in: WuW, Jg. 37, 1987, S. 628 ff. (630); *Lob,* in: RIW, Jg. 31, 1985, S. 858 ff. (861 f.).

schlug die Commission de la concurrence in elf Verfahren Geldbußen von insgesamt 26,2 Mio. FF vor.[1423]

4. Umschwung in der Wirtschaftspolitik unter Mitterand

Hinzu kam 1981 die Abwahl von Giscard d'Estaing als Präsident der Republik (von 27.05.1974 bis 21.05.1981) aufgrund der unbequemen Stabilisierungs- und Sanierungspolitik seiner Regierung.[1424] Noch am 19.06.1980 hatte die Handelskammer in Paris eine Liberalisierung des Kartellrechts gefordert und eine vorsichtige Deregulierung der Wirtschaft und der Preise hatte begonnen.[1425]

Die neue sozialistische Regierung unter François Mitterrand als Präsidenten bestimmte fortan die Leitlinien der französischen Wirtschaftspolitik.[1426] Mitterrand läutete seine Regierungszeit mit einem Verstaatlichungsprogramm ein.[1427] Am 14.06.1982 verhängte die Regierung eine Preisblockade.[1428] Die Politik Mitterands empfanden Teile der Bevölkerung als Rückschritt. In einem am 3.07.1982 veröffentlichten Aufsatz forderten namhafte französische Kartellspezialisten angesichts der mangelhaften Durchsetzung der Kartellvorschriften eine Reform des Verfahrens und eine Ausweitung der Kompetenzen der Aufsichtsbehörden.[1429] Auch die Preiskontrolle nahmen sie nicht mehr ohne weiteres hin. Mit Aufhebung der Preisblockade 1985 wurden Stimmen laut, die eine vollständige Liberalisierung der Preise verlangten.[1430]

Nicht zuletzt wegen des steigenden Einflusses des Europarechts interessierte sich inzwischen die französische Öffentlichkeit verstärkt für das Kartellrecht.[1431] Die Literatur favorisierte mehrheitlich eine unabhängige Behörde mit eigener

---

1423 *Commission de la Concurrence,* Rapport au Ministre 1986, 1987, S. XX.

1424 *Bilger,* in: ORDO, Bd. 37, 1986, S. 3 ff. (4).

1425 *Birmes,* Fusionskontrolle, 1994, S. 67 f., 70.

1426 *Rosa,* in: ORDO, Bd. 33, 1982, S. 81 ff. (91).

1427 *Bilger,* in: ORDO, Bd. 37, 1986, S. 3 ff. (6); *Birmes,* Fusionskontrolle, 1994, S. 68; *Fridenson,* in: Le Capitalisme Français, 1987, S. 175 ff.; *Rosa,* in: ORDO, Bd. 33, 1982, S. 81 ff. (91).

1428 Arrêté No. 82–17/A du 14 Juin 1982 relatif aux prix de tous les produits à la production et aux différents stades de la distribution, B. O. S. P. 16.6.1982 bis 31.10.1982, verlängert bis 31.12.1984, abgedruckt in *Fourgoux/Marchi,* Réglementation des prix, 1985, Annexe, S. 158 ff. – S. dazu auch *Fourgoux/Marchi,* Réglementation des prix, 1985, S. 56 ff.

1429 *Azéma/Brault/Fourgoux/Marchi,* in: Gaz. Pal., 1982, 2e sem., Doctr., S. 361 ff. (362, 366).

1430 u.a. auch die Commission de la concurrence in ihrem Jahresbericht 1984, s. *Lob,* in: RIW, Jg. 31, 1985, S. 858 ff. (860); *Fourgoux/Marchi,* Réglementation des prix, 1985, Vorwort.

1431 *Birmes,* Fusionskontrolle, 1994, S. 70; *Kerber,* in: WuW, Jg. 36, 1986, S. 373 ff. (376); *Labudek,* Diskriminierung und Behinderung im französischen Kartellrecht, 1992, S. 77 f.

Entscheidungskompetenz.[1432] Fürsprecher fand die Idee eines Kartellgesetzes aus einem Guss mit einem einheitlichen Ordnungswidrigkeitensystem.[1433] In ihren Jahresberichten zeigte die Commission de la Concurrence ein neues Selbstbewusstsein.[1434] Ihr Wunsch nach mehr Kompetenzen führte zur Aufstockung des Personalbestandes, nicht aber zur Änderung der materiell-rechtlichen Grundlagen.[1435]

Die Verstaatlichungen unter Mitterrand zeitigten bis Mitte der achtziger Jahre nicht den gewünschten Erfolg.[1436] Ferner trat die Unfähigkeit der Planification, auf unvorhergesehene Ereignisse und äußere Einflüsse flexibel zu reagieren, vor dem Hintergrund der Weltwirtschaftskrise der 80er Jahre vermehrt zu Tage.[1437] Es reifte die Erkenntnis, dass allein die staatliche Einflussnahme auf die Wirtschaft nicht genügte, um die stagnierende Konjunktur anzukurbeln.[1438]

Dies zwang Mitterrand zu einem Politikwechsel. Am 4.01.1984 verkündete er im Conseil des ministres den Rückzug des staatlichen Interventionismus zugunsten eines marktwirtschaftlichen Unternehmertums.[1439] Private Initiative des Mittelstandes stand nunmehr im Fokus der neuen Wirtschaftspolitik.[1440] Die „stille Revolution" der Sozialisten blieb nicht ohne Einfluss auf die bürgerlichen Parteien.[1441] Die Abkehr

---

1432 *Jenny/Weber,* in: The Journal of Industrial Economics, Bd. 31, Nr. 2, Dez. 1983, S. 113 ff. (128 f.); *Lob,* Entwicklung, 1988, S. 261.

1433 *Lob,* Entwicklung, 1988, S. 263.

1434 *Birmes,* Fusionskontrolle, 1994, S. 70 f.; *Lob,* in: RIW, Jg. 31, 1985, S. 858 ff. (860); *Lob,* in: RIW, Jg. 32, 1986, S. 672 ff. (677); *Lob,* in: RIW, 1990, Jg. 36, S. 530 ff. (533).

1435 *Birmes,* Fusionskontrolle, 1994, S. 70 f.

1436 *Bilger,* in: ORDO, Bd. 37, 1986, S. 3 ff. (6 f.); *Fridenson,* in: Le Capitalisme Français, 1987, S. 175 ff. (188 ff.); *Jetter, Karl,* Der aussterbende Klassenkampf. In Frankreich laufen der Linken die Sympathisanten weg, in: FAZ v. 19.05.1990, S. BuZ3.

1437 *Bauchet,* Le Plan, 1986, S. 14, 80 f.; *Bilger,* in: ORDO, Bd. 37, 1986, S. 3 ff. (7); *Hedtkamp,* Planification in Frankreich, 1966, S. 164 – staatliche Planung nur als wertvolles Hilfsmittel, aber kein Ersatz für selbständiges Verhalten der einzelnen Unternehmen in der Wirtschaft; *Hidien,* Investieren in Frankreich, 1991, S. 14.

1438 *Bilger,* in: ORDO, Bd. 37, 1986, S. 3 ff. (7); *Hidien,* Investieren in Frankreich, 1991, S. 125.

1439 „On ne fait pas marcher l'économie avec des règlements quelle que soit la qualité des fonctionnaires. En économie, ce ne sont pas les fonctionnaires qui doivent diriger, ce sont les agents économiques et les chefs d'entreprise. Il ne faut pas être sur le dos des gens.", zitiert in: *Fourgoux/Marchi,* Réglementation des prix, 1985, Vorwort; *Bilger,* in: ORDO, Bd. 37, 1986, S. 3 ff. (3, 6 f.).

1440 *Bauchet,* Le Plan, 1986, S. 88 ff.; *Gruhler,* in: Wettbewerbsbeschränkungen auf internationalen Märkten, 1988, S. 277.

1441 *Bilger,* in: ORDO, Bd. 37, 1986, S. 3 ff. (18 ff.); *Hidien,* Investieren in Frankreich, 1991, S. 12 spricht von einer von Mitterand propagierten „Modernisierung à la française"; *Jetter, Karl,* in: FAZ v. 12.07.1990, S. 10 („[...] die Sozialisten, seit 1983 von Planifikation und Marx zur Marktwirtschaft konvertiert [...]"; *Jetter, Karl,* Der aussterbende Klassenkampf. In Frankreich laufen der Linken die Sympathisanten weg, in: FAZ v. 19.05.1990, S. BuZ3: „Kulturrevolution im Sozialen"; *Schmidt,* Wettbewerbspolitik und Kartellrecht, 2001, S. 195; *Lob,* Entwicklung, 1988, S. 266.

sowohl der Sozialisten als auch der bürgerlichen Parteien vom staatlichen Wirtschaftsdirigismus führte zum Vordringen marktwirtschaftlich liberaler Ideen.[1442]

Geradezu revolutionäre Ansätze vertraten im Jahre 1984 der Gaullist Jacques Chirac, der sich zu diesem Zeitpunkt noch in der Opposition befand, und der ehemalige Staatspräsident Giscard d'Estaing. Sie setzten sich für eine vollständige Liberalisierung der Preise und die Unabhängigkeit der Commission de la concurrence vom Wirtschaftsministerium ein.[1443]

5. Die „kleine" Reform des französischen Kartellrechts

Die Chance für eine Reform des Kartellrechts und eine Ausweitung der Kompetenzen der Commission de la concurrence war gekommen. Nachdem der Sénat – damals die Vertretung der bürgerlichen Opposition – einige Änderungen vorgenommen hatte, nahmen beide Kammern das Gesetz N° 85–1408 vom 30.12.1985[1444] an.[1445] Bis dato stellten die Sozialisten noch die parlamentarische Mehrheit, so dass keine umfassende, sondern nur eine eingeschränkte Reform gelang.[1446] Die Preise

1442 Frankreichs „Bürgerliche in Bedrängnis". Chirac: Mitterrand hat Bruch mit dem Sozialismus vollzogen, in: FAZ v. 15.09.1984, S. 13: „In einer hart geführten Fernsehdebatte hat Chirac der Regierung zugegeben, daß die Politik der Sozialisten jetzt den ‚Bruch mit dem Sozialismus' vollzogen hat: Nicht aber mit der Sozialisierung der Wirtschaft. [...]"; Jacques Delors (sozialistischer Wirtschafts- und Finanzminister): „[...] le blocage des prix et des revenus a des effets pervers sur l'économie [...]", zitiert in: *Fourgoux/Marchi,* Réglementation des prix, 1985, Vorwort; *Bilger,* in: ORDO, Bd. 37, 1986, S. 3 ff. (8 ff.); *Hidien,* Investieren in Frankreich, 1991, S. 14; *Jetter, Karl,* Die importierte Disziplin, in: FAZ v. 10.11.1989, S. 17; *Jetter, Karl,* in: FAZ v. 12.07.1990, S. 10; *Jetter, Karl,* Der aussterbende Klassenkampf. In Frankreich laufen der Linken die Sympathisanten weg, in: FAZ v. 19.05.1990, S. BuZ3: „Sie sind zur Marktwirtschaft übergelaufen, zu Dezentralisierung und Liberalisierung."; *Kleemann,* in: WuW, Jg. 37, 1987, S. 628 ff. (629); *Lob,* Entwicklung, 1988, S. 266 f.

1443 Frankreichs „Bürgerliche in Bedrängnis". Chirac: Mitterrand hat Bruch mit dem Sozialismus vollzogen, in: FAZ v. 15.09.1984, S. 13; *Kerber,* in: WuW, Jg. 36, 1986, S. 373 ff. (374); *Lob,* Entwicklung, 1988, S. 269 f.; *Lob,* in: RIW, Jg. 32, 1986, S. 672 ff. (672).

1444 Loi n° 85–1408 du 30 décembre 1985 portant amélioration de la concurrence, JO v. 31.12.1985, S. 15513 f.

1445 *Fourgoux,* in: Gaz. Pal. 1986, 2ème sem., Doc., S. 451 ff. (452); *Lob,* Entwicklung, 1988, S. 270 m.w.N.; *Lob,* in: RIW, Jg. 32, 1986, S. 672 ff. (672); *Kerber,* in: WuW, Jg. 36, 1986, S. 373 ff. (374 f.) spricht von einer Verwässerung des Regierungsentwurfes durch den Senat.

1446 Frankreichs „Bürgerliche in Bedrängnis". Chirac: Mitterrand hat Bruch mit dem Sozialismus vollzogen, in: FAZ v. 15.09.1984, S. 13. – *Bolze,* in: Revue des Sociétés, Jg. 105, 1987, Doc., S. 163 ff. (164 f.) „mini-réforme"; sehr kritisch *Fourgoux,* in: Gaz. Pal. 1986, 2ème sem., Doc., S. 451 ff. (451): er spricht von einer „reformette" bzw. „toilettage"; *Kerber,* in: WuW, Jg. 36, 1986, S. 373 ff. (373).

standen weiterhin unter staatlicher Kontrolle, im Gegenzug fiel aber die Bestrafung bei Lieferverweigerung weniger hart aus (Art. 1 Abs. 1 Gesetz Nr. 85–1408).[1447] Das Missbrauchsverbot hingegen verschärfte sich (Art. 1 Abs. 2 Gesetz Nr. 85–1408).[1448] Im Rahmen der Fusionskontrolle näherte sich das französische Recht dem europäischen Recht an, indem es eine Gruppenfreistellung in Art. 51 PreisVO zuließ (Art. 2 Gesetz Nr. 85–1408).[1449] Die Zuständigkeit für die Ermittlungen erhielt nach Zusammenlegung zweier Abteilungen des Wirtschaftsministeriums die „Direction de la concurrence, de la consommation et de la répression des fraudes" (DGCCRF).[1450] Die Mitgliederzahl der Commission de la concurrence erhöhte sich erneut von 11 Mitgliedern im Jahre 1977 auf 15 Mitglieder (Art. 6 Abs. 1 Gesetz Nr. 85–1408).[1451] Zunächst befugte Art. 6 des Décret Nr. 85–909 vom 28.08.1985[1452] die Commission de la concurrenc zur fakultativen Veröffentlichung ihrer Gutachten, das Nachfolgedécret Nr. 86–202 vom 12.02.1986[1453] sah sogar eine obligatorische Veröffentlichung der Entscheidungen des Ministers sowie der Gutachten vor.[1454] Den Status der Commission de la concurrence – bislang öfter Gegenstand von Diskussionen – definierte das Gesetz als den einer „autorité administrative indépendante", d.h. einer unabhängigen Verwaltungsbehörde (Art. 6 Abs. 1 Gesetz Nr. 85–1408).[1455] Damit stand fest, dass die Commission de la concurrence ein Verwaltungsorgan und nicht ein Gericht war. Die Bezeichnung als „unabhängige" Behörde erwies sich jedoch als rein symbolisch, da der Einfluss des Wirtschaftsministers auf die Ermittlungen und das Verfahren sowie seine Alleinentscheidungskompetenz unangetastet blieben.[1456] Tiefgreifende Veränderungen wie die Abschaffung der Preiskontrolle

1447 *Birmes,* Fusionskontrolle, 1994, S. 71; *Durquet/Turek,* in: RIW, Jg. 33, 1986, S. 642 ff. (643); *Kerber,* in: WuW, Jg. 36, 1986, S. 373 ff. (376 f.); *Mello,* in: Gaz. Pal. 1986, 1er sem., Doc., S. 240 ff. (242).

1448 *Birmes,* Fusionskontrolle, 1994, S. 71.

1449 *Birmes,* Fusionskontrolle, 1994, S. 71; *Fourgoux,* in: Gaz. Pal. 1986, 2ème sem., Doc., S. 451 ff. (452); *Kerber,* in: WuW, Jg. 36, 1986, S. 373 ff. (376); *Lob,* Entwicklung, 1988, S. 271; *Lucas de Leyssac/Gavalda,* in: D. 1986, Chronique Nr. XXXI, S. 187 ff. (188 f.).

1450 *Mainguy/Respaud/Depincé,* Droit de la Concurrence, 2010, S. 55.

1451 JO v. 31.12.1985, S. 15513. – *Durquet/Turek,* in: RIW, Jg. 33, 1986, S. 642 ff. (643); *Kerber,* in: WuW, Jg. 36, 1986, S. 373 ff. (376); *Lob,* Entwicklung, 1988, S. 276; *Lob,* in: RIW, Jg. 32, 1986, S. 672 ff. (672).

1452 Décret n° 85–909 du 28 août 1985, in: JO v. 30.08.1985, S. 10015 f.

1453 Décret n° 86–202 du 12 février 1986, in: JO v. 14.02.1986, S. 2559.

1454 *Lob,* in: RIW, Jg. 32, 1986, S. 672 ff. (672 f.); *Lucas de Leyssac/Gavalda,* in: D. 1986, Chronique Nr. XXXI, S. 187 ff. (192).

1455 JO v. 31.12.1985, S. 15513. – *Chevallier,* in: JCP, 1988, Doctrine I, N° 3254; *Kerber,* in: WuW, Jg. 36, 1986, S. 373 ff. (376); *Lucas de Leyssac/Gavalda,* in: D. 1986, Chronique Nr. XXXI, S. 187 ff. (190); *Mello,* in: Gaz. Pal. 1986, 1er sem., Doc., S. 240 ff. (243); *Roudard,* in: GRUR Int., 1989, S. 647 ff. (650).

1456 *Fourgoux,* in: Gaz. Pal. 1986, 2ème sem., Doc., S. 451 ff. (452); *Kerber,* in: WuW, Jg. 36, 1986, S. 373 ff. (376); *Lob,* Entwicklung, 1988, S. 276; *Lob,* in: RIW, Jg. 32, 1986,

und die vollständige Entkriminalisierung des Kartellrechts fanden im Zuge dieser Reform nicht statt.[1457]

Auf europäischer Ebene übte allerdings einerseits die Europäische Kommission Druck auf Frankreich aus, Maßnahmen zur Vollendung des Binnenmarktes zu ergreifen.[1458] Hauptsächlich forderte sie Rechtsangleichung und Liberalisierung der Wirtschaft bis spätestens 1992.[1459] Andererseits machte der EuGH in seinem Urteil „Cullet/Leclerc“[1460] vom 29.01.1985 deutlich, dass die Festlegung von Mindestpreisen durch französische Behörden mit europäischem Recht nicht vereinbar war.[1461] Die französische Preiskontrolle ließ sich damit auf Dauer nicht aufrechterhalten.

Im März 1986 fanden schließlich Neuwahlen statt. Als Sieger ging das bürgerliche Bündnis aus RPR und UDF unter der Führung von Jacques Chirac hervor, das im Folgenden auch die Regierung stellte.[1462] Es brach die Zeit der „cohabitation“ an, mit

---

S. 672 ff. (673); *Lucas de Leyssac/Gavalda*, in: D. 1986, Chronique Nr. XXXI, S. 187 ff. (189 ff.); *Roudard*, in: GRUR Int., 1989, S. 647 ff. (650).

1457 *Birmes*, Fusionskontrolle, 1994, S. 71; *Fourgoux*, in: Gaz. Pal. 1986, 2ème sem., Doc., S. 451 ff. (451 f.); *Kerber*, in: WuW, Jg. 36, 1986, S. 373 ff. (378); *Lob*, Entwicklung, 1988, S. 273 f.; *Lob*, in: RIW, Jg. 32, 1986, S. 672 ff. (677); *Mello*, in: Gaz. Pal. 1986, 1er sem., Doc., S. 240 ff. (242 f.).

1458 *Kommission der Europäischen Gemeinschaften*, Vollendung des Binnenmarktes. Weißbuch der Kommission an den Europäischen Rat, Mailand 28./29. Juni 1985; der Anhang zum Weißbuch zur Vollendung des Binnenmarktes 1992 enthielt einen Zeitplan für die Umsetzung der von der Europäischen Kommission gesetzten Ziele.

1459 *Kommission der Europäischen Gemeinschaften*, Vollendung des Binnenmarktes. Weißbuch der Kommission an den Europäischen Rat, Mailand 28./29. Juni 1985, S. 4 Nr. 1: „Die Vollendung dieses großen einheitlichen Marktes [...] setzt voraus, daß die Mitgliedstaaten der Gemeinschaft alle Arten von Schranken abschaffen, ihre Regeln harmonisieren, ihre Rechtsvorschriften und ihre Steuerstrukturen angleichen, ihre Zusammenarbeit im monetären Bereich ausbauen und die erforderlichen flankierenden Maßnahmen treffen, um zu erreichen, daß die europäischen Unternehmen zusammenarbeiten. [...]“. – *Hidien*, Investieren in Frankreich, 1991, S. 125; *Hübner/Constantinesco*, Einführung, 2. Aufl., 1984, S. 196 unter Hinweis auf den Vortrag des Wirtschaftsministers Balladur in Frankfurt am 2.07.1987 zu den Motiven der Liberalisierung, abgedruckt in: Frankreich – Info der franz. Botschaft, Bonn Nr. 18/87 v. 8.07.1987 (Zusammenfassung unter http://discours.vie-publique.fr/notices/873187500.html, Entnahme am 23.05.2013); *Fourgoux/Marchi*, in: Gaz. Pal. 1987, 1er sem., Doc., S. 23 ff. (24) zitiert den Wirtschaftsminister Balladur: „le retour à la liberté des prix s'imposait dans la perspective de l'avènement en 1992 du grand marché intérieur européen, pour donner à notre économie et à nos entreprises un cadre comparable à celui de nos principaux concurrents“; *Roudard*, in: GRUR Int., 1989, S. 647 ff. (649).

1460 EuGH, Urteil v. 29.01.1985, Rs. 231/83 „Cullet/Leclerc“, in: Slg. 1985, S. 315 ff. (324 Rn 34).

1461 *Birmes*, Fusionskontrolle, 1994, S. 71.

1462 *Bazex*, in: AJDA, 1986, Doc., S. 635 ff. (635) zitierte das Wahlprogramm der späteren Regierungsmehrheit aus RPR und UDF vom 16.03.1986, worin insgesamt

dem sozialistischen Staatspräsidenten Mitterrand an der Spitze der französischen Republik und Chirac als Premier Ministre.[1463] Chirac begann, seine Wahlversprechen umzusetzen und eine weitere, diesmal aber umfassende, Reform des Kartellrechts durchzusetzen.[1464] Am 9.4.1986 kündigte er eine Neugestaltung des Kartellrechts an.[1465] Die Novelle von Dezember 1985 wurde in der Praxis daher kaum angewandt und erlangte somit keine weitere Bedeutung.[1466]

Zusammenfassung zu Kapitel 10

Die verfassungsrechtlich problematische Grundlage für den Erlass der Kartellverordnung von 1953 führte zum Neuerlass der Verordnung 1958. Ab diesem Zeitpunkt bestanden keine Zweifel mehr an der Geltung der Strafvorschriften der Preisverordnung für die neu integrierten kartellrechtlichen Vorschriften. Trotzdem war die Aktivität der Commission des ententes gering. Diese Entwicklung des Kartellrechts ist nur verständlich vor dem Hintergrund der „Planification". Wettbewerb und die Regulierung des Wettbewerbs blieben Randerscheinungen, die sich den Zielen der Planification unterzuordnen hatten. Es existierte zwar keine durch Kartelle gelenkte Wirtschaft, aber eine durch den Staat gelenkte Wirtschaft. Der französische Staat zögerte nicht, Kartelle als Instrumente seiner Wirtschaftsziele einzusetzen.

Marktwirtschaftliche Strömungen, die zu einer Lockerung der Planification führten, setzten sich nur selten durch. In diesen Fällen war oft eine Bewegung in der Antitrust-Gesetzgebung zu beobachten. Mit zunehmendem Selbstbewusstsein der Europäischen Gemeinschaft vermehrten sich die Impulse für eine marktwirtschaftliche Wirtschaftsordnung in Frankreich. Zeichen dafür war die Einführung der Fusionskontrolle mit der Reform von 1977. Der wirtschaftlich desaströse Rückfall in Planwirtschaft und Verstaatlichung Anfang der 80er führte zu einem Bewusstseinswandel in der Bevölkerung und zu einer Öffnung für liberale Ideen. Während sich die Verwirklichung des gemeinsamen Binnenmarktes 1992 näherte, musste sich in Frankreich etwas ändern, wenn es in Europa und international wettbewerbsfähig bleiben wollte.

---

20 Thesen formuliert waren, u.a. „[...] 9° Favoriser la création d'emplois en libérant l'économie: liberté des prix par l'abrogation des ordonnances de 1945; libération progressive des changes; développement de la concurrence par la modernisation de la législation et par la déréglementation des secteurs de base [...]"; *Lob,* in: RIW, 1988, Jg. 34, 1988, S. 92 ff. (93).

1463 *Bilger,* in: ORDO, Bd. 37, 1986, S. 3 ff. (3); *Hidien,* Investieren in Frankreich, 1991, S. 14; *Lob,* Entwicklung, 1988, S. 17, 276 f.; *Lucas de Leyssac/Gavalda,* in: D. 1986, Chronique Nr. XXXI, S. 187 ff. (196).

1464 *Bilger,* in: ORDO, Bd. 37, 1986, S. 3 ff. (3); *Hidien,* Investieren in Frankreich, 1991, S. 14; *Lob,* Entwicklung, 1988, S. 17, 277; WuW, Jg. 36, 1986, S. 444.

1465 WuW, Jg. 36, 1986, S. 444.

1466 *Lob,* Entwicklung, 1988, S. 276; *Lucas de Leyssac/Gavalda,* in: D. 1986, Chronique Nr. XXXI, S. 187 ff. (196).

Kapitel 11: Französisches Kartellrecht im Sog des europäischen Rechts

Das im März 1986 von der Regierung Chirac initiierte Liberalisierungsprogramm führte zur Einführung der „liberté des prix" (Preisgestaltungsfreiheit), der Rückgängigmachung der Verstaatlichungen durch Privatisierung und zu einer Reform des Kartellrechts.[1467] Die Aufbruchsstimmung in der französischen Wirtschaftspolitik kennzeichnende politische Schlagworte waren dementsprechend „dénationalisation" und „dérèglementation".[1468] Abgesehen von den innenpolitischen Zwängen hin zu einer Neuausrichtung der französischen Wirtschaft spielte insbesondere die Angleichung der französischen Kartellregeln an die Wettbewerbsregeln des EWG-Vertrages eine Rolle.[1469]

Das „loi de la libéralisation" vollzog den ersten Schritt in Richtung einer Liberalisierung der Wirtschaft. Die auf Grundlage des „loi de la libéralisation" erlassene Ordonnance Balladur brachte die entscheidenden Neuerungen, und zwar eine Neuregelung des Wettbewerbsrechts sowie die Schaffung des Conseil de la concurrence. Das folgende Kapitel soll diese Entwicklung nachzeichnen und Kompetenzen, Rechtsnatur, Organisation und Zusammensetzung des Conseil de la concurrence sowie sein Verhältnis zum Wirtschaftsminister darstellen.

I. Die Entstehung der „loi de la libéralisation"

Wie bereits 1953 ließ sich die Regierung durch das Parlament ermächtigen, per Erlass einer Ordonnance (Art. 38 der Verfassung der Fünften Republik)[1470] das Wett-

---

1467 *Bazex,* in: AJDA, 1986, Doc., S. 635 ff. (635); *Donnedieu de Vabres,* in: Institutionen und Grundfragen des Wettbewerbsrechts, 1988, S. 23; *Hidien,* Investieren in Frankreich, 1991, S. 14; WuW, Jg. 36, 1986, S. 444; *Kerber,* in: WuW, Jg. 36, 1986, S. 373 ff. (374 f.); *Lob,* Entwicklung, 1988, S. 17, 277; *Martino,* in: Der Markenartikel, Jg. 49, 1987, S. 161 f. (161); *Schmidt,* Wettbewerbspolitik und Kartellrecht, 2001, S. 195 f.

1468 *Bazex,* in: AJDA, 1986, Doc., S. 635 ff.; Hübner/*Constantinesco,* Einführung, 2. Aufl., 1984, S. 106.

1469 *Calvo,* in: Gaz. Pal., 1987, 1er sem., Doc., S. 445 ff. (449); *Chaput,* Le droit de la concurrence, 1988, S. 9; *Donnedieu de Vabres,* in: Institutionen und Grundfragen des Wettbewerbsrechts, 1988, S. 23 f., 28; *Fourgoux,* in: Gaz. Pal. 1986, 2ème sem., Doc., S. 451 ff. (451); *Fourgoux/Marchi,* in: Gaz. Pal. 1987, 1er sem., Doc., S. 23 ff. (24); *Hidien,* Investieren in Frankreich, 1991, S. 14; *Jeantet,* in: JCP, 1987, Doc. I, Nr. 3277; *Kleemann,* in: WuW, Jg. 37, 1987, S. 628 ff. (635); *Mello,* in: Gaz. Pal. 1986, 1er sem., Doc., S. 240 ff. (241); *Schmidt,* Wettbewerbspolitik und Kartellrecht, 2001, S. 196; *Volnay,* in: Gaz. Pal. 1986, 2ème sem., Doc., S. 788 ff. (790).

1470 Deutsche Übersetzung von Art. 38 der französischen Verfassung der Fünften Republik vom 4.10.1958 in *Grosser/Goguel,* Politik in Frankreich, 1980, S. 400: „Art. 38

bewerbsrecht neu zu ordnen.[1471] Ein Gesetzesvorschlag des ehemaligen Staatspräsidenten Giscard d'Estaing, den dieser wiederholt – einmal 1985 und einmal Anfang 1986 – in das Parlament eingebracht hatte, zeigte sich als wegweisend für die gesetzliche Ermächtigung.[1472] Das Wettbewerbsrecht sollte nicht länger ein Instrument des staatlichen Dirigismus sein und mit dem europäischen Recht in Einklang stehen.[1473] Aufgrund der Radikalität und der nicht näher präzisierten Voraussetzungen für die Reform diente die Vorlage von Giscard d'Estaing jedoch nicht als Modell für den späteren Entwurf.[1474]

Art. 1 des Ermächtigungsgesetzes vom 30.06.1986 sah ausdrücklich vor, dass die Regierung die Preisverordnungen verändern oder ganz abschaffen konnte.[1475] Deshalb war die Wahl des Ermächtigungsgesetzes politisch nicht unproblematisch. Die Regierung verfügte nur über eine knappe Mehrheit im Parlament. Wegen der einschneidenden Veränderungen, für die das Ermächtigungsgesetz die Voraussetzungen schuf, fürchtete sie, dass sich nicht alle Abgeordneten der Regierungsmehrheit bereit erklärten, dieses Gesetz zu billigen.[1476] Daher verband die Regierung Chirac die Verabschiedung des Ermächtigungsgesetzes mit der Vertrauensfrage gemäß Art. 49 al. 3 der Verfassung der Fünften Republik.[1477] Mit der Ablehnung des Gesetzes hätte das Parlament der Regierung zugleich das Vertrauen entzogen und die Regierung somit zum Rücktritt gezwungen.[1478] Unter diesen Voraussetzungen

---

Die Regierung kann zur Durchführung ihres Programms vom Parlament die Ermächtigung verlangen, während eines begrenzten Zeitraumes durch Rechtsverordnungen Maßnahmen zu treffen, die normalerweise zum Bereich der Gesetzgebung gehören. [...]".

1471 Loi N° 86-793 du 2 juillet 1986 autorisant le Gouvernement à prendre diverses mesures d'ordre économique et social, in: JO v. 3.07.1986, S. 8240 f. – *Birmes,* Fusionskontrolle, 1994, S. 73; *Lob,* Entwicklung, 1988, S. 279.

1472 *Fourgoux,* in: Gaz. Pal. 1986, 2ème sem., Doc., S. 451 ff. (452); *Kerber,* in: WuW, Jg. 36, 1986, S. 373 ff. (374); *Lob,* in: RIW, Jg. 32, 1986, S. 672 ff. (672).

1473 *Fourgoux,* in: Gaz. Pal. 1986, 2ème sem., Doc., S. 451 ff. (454); *Lob,* in: RIW, Jg. 32, 1986, S. 672 ff. (672).

1474 *Kerber,* in: WuW, Jg. 36, 1986, S. 373 ff. (374).

1475 JO v. 3.07.1986, S. 8240 f.: „Art. 1er. – Pour assurer aux entreprises une plus grande liberté de gestion et définir un nouveau droit de la concurrence, le Gouvernement est autorisé [...] à modifier ou abroger certaines dispositions de la législation économique relatives aux prix et à la concurrence, notamment celles des ordonnances n° 45-1483 du 30 juin 1945 relative aux prix et n° 45-1484 du 30 juin 1945 relative à la constatation, la poursuite et la répression des infractions à la législation économique." – *Novella/Ferrier,* Liberté des prix, 1987, S. 2.

1476 *Lob,* Entwicklung, 1988, S. 279.

1477 Art. 49 al. 3: „Le Premier Ministre peut, après délibération du conseil des ministres, engager la responsabilité du Gouvernement devant l'Assemblée nationale sur le vote d'un texte.", in: JO N° 0238 v. 5.10.1958, S. 9151 ff. – *Lob,* Entwicklung, 1988, S. 279; *Lob,* in: RIW, 1988, Jg. 34, 1988, S. 92 ff. (93).

1478 *Lob,* Entwicklung, 1988, S. 279.

gelang es der Regierung Chirac, die Wahl des Ermächtigungsgesetzes für sich zu entscheiden.

Trotzdem versuchte die Opposition weiterhin, die Reform zu verhindern. Sie legte dem Conseil Constitutionnel (Verfassungsrat) mit dem Hinweis auf verfassungsrechtliche Bedenken das Ermächtigungsgesetz vor und forderte die Nichtigkeitserklärung des Gesetzes als verfassungswidrig.[1479] Grundlage des Normenkontrollverfahrens war einerseits der Verstoß gegen den Bestimmtheitsgrundsatz, da zum Zeitpunkt des Erlasses des Ermächtigungsgesetzes ein detaillierter Verordnungsentwurf nicht vorlag.[1480] Ferner galt die Preiskontrolle nach Ansicht der Opposition als verfassungsrechtlich geschütztes Gut.[1481] Der Conseil Constitutionnel entschied zugunsten der Verfassungsmäßigkeit des Ermächtigungsgesetzes mit folgender Begründung:[1482] Der Bestimmtheitsgrundsatz wäre nicht verletzt, da eine Ermächtigung erteilt werden könnte, auch wenn der Inhalt der Verordnung noch nicht vollständig feststünde.[1483] Die Ermächtigung zur Aufhebung der Preisverordnungen, was zugleich eine Abschaffung der Preiskontrollen nach sich zöge, wäre ebenfalls verfassungsmäßig, da die Existenz von Preiskontrollen keinen verfassungsrechtlichen Schutz genieße.[1484]

Nunmehr gesetzlich zur Durchführung ihrer liberalen Reformvorstellungen ermächtigt, änderte die neue Regierung die Wirtschaftsordnung grundlegend.[1485] Noch vor Erlass des Ermächtigungsgesetzes im Mai 1986 hatten Vorarbeiten für die Reform begonnen. Der Wirtschaftsminister Edouard Balladur beauftragte eine Expertenkommission, die sog. „Groupe d'experts pour l'élaboration d'un nouveau droit de la Concurrence", unter dem Vorsitz des damaligen Präsidenten der Commission de la concurrence, Jean Donnedieu de Vabres, ein Reformprojekt auszuarbeiten.[1486]

1479 *Birmes,* Fusionskontrolle, 1994, S. 73.

1480 Conseil Constitutionnel, Décision n° 86–207 du 26 juin 1986, JO v. 27.06.1986, S. 7978 ff. (18. Considérant); Birmes, Fusionskontrolle, 1994, S. 73.

1481 Conseil Constitutionnel, Décision n° 86–207 du 26 juin 1986, JO v. 27.06.1986, S. 7978 ff. (19. Considérant).

1482 Conseil Constitutionnel, Décision n° 86–207 du 26 juin 1986, JO v. 27.06.1986, S. 7978 ff. – *Bazex,* in: AJDA, 1986, Doc., S. 635 ff. (636); *Fourgoux,* in: Gaz. Pal. 1986, 2ème sem., Doc., S. 451 ff. (451).

1483 Conseil Constitutionnel, Décision n° 86–207 du 26 juin 1986, JO v. 27.06.1986, S. 7978 ff. (21. Considérant). – *Birmes,* Fusionskontrolle, 1994, S. 73.

1484 Conseil Constitutionnel, Décision n° 86–207 du 26 juin 1986, JO v. 27.06.1986, S. 7978 ff. (25. Considérant). – *Birmes,* Fusionskontrolle, 1994, S. 73 f.

1485 *Lasserre,* L'âge des projets, 2007, S. 1; *Malaurie-Vignal,* Droit de la concurrence, 5. Aufl., 2011, S. 5.

1486 *Bach,* in: RIW, Jg. 33, 1987, S. 419 ff. (419); *Birmes,* Fusionskontrolle, 1994, S. 72; *Fourgoux,* in: Gaz. Pal. 1986, 2ème sem., Doc., S. 451 ff. (451); *Fourgoux/Marchi,* in: Gaz. Pal. 1986, 2ème sem., Doc., S. 702 ff. (702); *Jeantet,* in: JCP, 1987, Doc. I, Nr. 3277; *Lasserre,* Vingt ans après, 2006, S. 3; *Lob,* Entwicklung, 1988, S. 277 f.; *Lob,* in: RIW, 1988, Jg. 34, 1988, S. 92 ff. (93); *Novella/Ferrier,* Liberté des prix, 1987, S. 2; WuW, Jg. 36, 1986, S. 444.

Der Entwurf der Expertenkommission verfolgte zwei Hauptziele: einerseits die Schaffung einer unabhängigen Kartellbehörde, andererseits die Entkriminalisierung des Wettbewerbsrechts.[1487] Im Sommer 1986 legte die Kommission ihren Entwurf vor.[1488] Aufgrund der kurzen Zeitspanne zur Erarbeitung des Entwurfes bedauerte die Expertenkommission, kein revolutionäres Werk vorweisen zu können.[1489] Es folgten noch mehrfache Änderungen, der Entwurf diente aber im Wesentlichen als Grundlage für die vom Ministerrat verabschiedete Ordonnance Nr. 86–1243 vom 1.12.1986 „relative à la liberté des prix et de la concurrence".[1490] Strittig blieb insbesondere, welche Ausnahmen zum neuen Grundsatz der Preisfreiheit zugelassen werden sollten.[1491] Die von Donnedieu de Vabres präsidierte Kommission zögerte darüber hinaus, der neuen Behörde uneingeschränkte Unabhängigkeit zu gewähren. Daher behielt der Entwurf dem Minister ein Vetorecht im Bereich der wettbewerbsbeschränkenden Verhaltensweisen vor.[1492] Zu den wichtigen Neuerungen des Entwurfs zählte ferner die Zuweisung des Rechtsweges an die ordentlichen Gerichte.[1493] Die Zuständigkeit des Verwaltungsgerichtshofes – Conseil d'État – für die Anfechtung von Entscheidungen des Ministers im Wettbewerbsrecht entfiel danach. Diese Änderung stand symbolisch für den Kurswechsel im Wettbewerbsrecht mit dem Ziel, dieses staatlichen Eingriffen weitgehend zu entziehen.[1494] Im Übrigen erhoffte sich die Kommission einen effektiveren und schnelleren Rechtsschutz vor den ordentlichen Gerichten, denn verwaltungsrechtliche Verfahren vor dem Conseil d'État dauerten länger.[1495] Ferner begnügte er sich mangels Sachkenntnis oft mit einer Aufhebung der Entscheidung der Commission de la concurrence, ohne sich

---

1487 *Bach,* in: RIW, Jg. 33, 1987, S. 419 ff. (419); *Fourgoux/Marchi,* in: Gaz. Pal. 1986, 2ème sem., Doc., S. 702 ff. (703 f.); *Lob,* Entwicklung, 1988, S. 278; *Lob,* in: RIW, 1988, Jg. 34, 1988, S. 92 ff. (93); *Novella/Ferrier,* Liberté des prix, 1987, S. 2.

1488 *Fourgoux/Marchi,* in: Gaz. Pal. 1986, 2ème sem., Doc., S. 702 ff. (704); *Lob,* in: RIW, 1988, Jg. 34, 1988, S. 92 ff. (93).

1489 *Fourgoux/Marchi,* in: Gaz. Pal. 1986, 2ème sem., Doc., S. 702 ff. (704): „Le rapport regrette en particulier, faute de temps, de n'avoir pu s'attaquer à une œuvre plus majestueuse, plus complète – élaborer un grand droit de la concurrence [...]".

1490 Ordonnance n° 86–1243 du 1er décembre 1986 relative à la liberté des prix et de la concurrence, JO v. 9.12.1986, S. 14773 ff. – zu den verschiedenen Reformvorschlägen s. *Fourgoux,* in: Gaz. Pal. 1986, 2ème sem., Doc., S. 451 ff. (452 f.); *Lasserre,* Vingt ans après, 2006, S. 3; *Lob,* Entwicklung, 1988, S. 278 ff.

1491 *Lasserre,* Vingt ans après, 2006, S. 3.

1492 *Fourgoux/Marchi,* in: Gaz. Pal. 1986, 2ème sem., Doc., S. 702 ff. (703); *Lasserre,* Vingt ans après, 2006, S. 3.

1493 *Lasserre,* Vingt ans après, 2006, S. 3; *Lob,* in: RIW, 1988, Jg. 34, 1988, S. 92 ff. (97); *Martin,* in: JCP, 1990, Doctrine I, Nr. 3469; *Roudard,* in: GRUR Int., 1989, S. 647 ff. (651).

1494 *Jeantet,* in: JCP, 1987, Doc. I, Nr. 3277; *Jeantet,* in: JCP, 1988, Doc. I, Nr. 3348; *Martin,* in: JCP, 1990, Doctrine I, Nr. 3469; *Roudard,* in: GRUR Int., 1989, S. 647 ff. (651).

1495 *Bach,* in: RIW, Jg. 33, 1987, S. 419 ff. (426).

mit den zugrundeliegenden Sachverhalten auseinanderzusetzen.[1496] Zudem erkannte der Conseil d'État traditionell den Vorrang des Europarechts nicht an.[1497] Schließlich bestand die Gefahr sich widersprechender Entscheidungen, da bis dato die letztinstanzliche Zuständigkeit für Straf- und Zivilverfahren sowohl beim Cour de Cassation als auch beim Conseil d'État lag.[1498] Bereits der Entwurf zeigte aber, dass die Regierung vor einer vollständigen Liberalisierung zurückschreckte.[1499]

II. Erste Liberalisierungen: die sog. Ordonnance Balladur (N° 86–1243)

Die sog. Ordonnance Balladur[1500] erging auf der Grundlage von Art. 38 der Verfassung der Fünften Republik.[1501] Danach handelte es sich solange um eine Rechtsverordnung, bis der Gesetzgeber sich die Rechtsverordnung durch Ratifikation zu Eigen machte. Ab dem Zeitpunkt der Ratifikation erhielt die Rechtsverordnung Gesetzesrang. Da die Ratifikation explizit in einem speziellen Ratifikationsgesetz oder aber auch implizit von statten gehen konnte, bestand teilweise Unsicherheit darüber, ob Verordnungen Gesetzesrang zukam. Auch bei der Ordonnance Balladur stellte sich diese Frage. Als reine Rechtsverordnung band sie den Verwaltungsrichter nämlich nicht und konnte leicht abgeändert werden.[1502] Die Cour de Cassation befürwortete letztinstanzlich eine „ratification implicite" und entschied zugunsten der Gesetzeskraft der Ordonnance.[1503]

1496 *Drago,* in: JCP, 1987, Doctrine I, Nr. 3300; *Mello,* in: Gaz. Pal. 1986, 1er sem., Doc., S. 240 ff. (243).

1497 *Drago,* in: JCP, 1987, Doctrine I, Nr. 3300; *Roudard,* in: GRUR Int., 1989, S. 647 ff. (652).

1498 *Fourgoux/Marchi,* in: Gaz. Pal. 1987, 1er sem., Doc., S. 23 ff. (24); *Lob,* in: RIW, 1988, Jg. 34, 1988, S. 92 ff. (97).

1499 *Birmes,* Fusionskontrolle, 1994, S. 73; *Fourgoux/Marchi,* in: Gaz. Pal. 1986, 2ème sem., Doc., S. 702 ff. (702): „Mais la libération n'est pas générale et l'interventionnisme n'est pas totalement condamné".

1500 Ordonnance n° 86–1243 du 1er décembre 1986 relative à la liberté des prix et de la concurrence, JO v. 9.12.1986, S. 14773 ff.; deutsche Übersetzung in: WuW, Jg. 38, 1988, S. 38–48. – *Mainguy/Respaud/Depincé,* Droit de la Concurrence, 2010, S. 36. *Birmes,* Fusionskontrolle, 1994, S. 74 f.

1501 Art. 38 der Verfassung der Fünften Republik: „Le Gouvernement peut, pour l'exécution de son programme, demander au Parlement l'autorisation de prendre par ordonnances, pendant un délai limité, des mesures qui sont normalement du domaine de la loi. Les ordonnances sont prises en Conseil des ministres après avis du Conseil d'Etat. Elles entrent en vigueur dès leur publication mais deviennent caduques si le projet de loi de ratification n'est pas déposé devant le Parlement avant la date fixée par la loi d'habilitation. [...]", in: JO N° 0238 v. 5.10.1958, S. 9151 ff.

1502 *Gaudemet,* in: JCP 1991, Doc. I, Nr. 3486; *Birmes,* Fusionskontrolle, 1994, S. 74 f.

1503 Cour d'Appel de Paris, Section Concurrence, Arrêt v. 4.07.1990, Société Razel SA c. Société Bisseuil, in: JCP, 1991, Doctrine I, Nr. 3486, Annexe; Cour de Cassation,

Die Ordonnance hob die Preisverordnungen von 1945 auf (Art. 57 der Ordonnance)[1504] und führte die Preisfreiheit ein (Art. 1 Abs. 1 der Ordonnance).[1505] Der Grundsatz der Preisfreiheit trat am 1.1.1987 in Kraft (Art. 62 der Ordonnance),[1506] galt allerdings nicht ohne Einschränkungen.[1507] Die Regierung behielt sich vor, durch Décret einzugreifen, und zwar im Falle fehlenden Wettbewerbs sowie bei exzessiven Preiserhöhungen im Krisenfall (Art. 1 Abs. 2 und 3 der Ordonnance).[1508]

Chambre commerciale, Arrêt v. 6.10.1992, SA Screg Est et autres; SA Entreprise Jean Spada c/ Sté Tracyl et autres; SA Borrie SAE et autres, in: D. 1992, Informations Rapides, S. 264. – *Gaudemet,* in: JCP 1991, Doc. I, Nr. 3486; *Birmes,* Fusionskontrolle, 1994, S. 75.

1504 *Schmidt,* Wettbewerbspolitik und Kartellrecht, 2001, S. 196; *Volnay,* in: Gaz. Pal. 1986, 2ème sem., Doc., S. 788 ff. (788).

1505 JO v. 9.12.1986, S. 14773 ff. (14773): „Art. 1er. – L'ordonnance n° 45–1483 du 30 juin 1945 est abrogée. Les prix des biens, produits et services relevant antérieurement de ladite ordonnance sont librement déterminés par le jeu de la concurrence. [...]". – *Bach,* in: RIW, Jg. 33, 1987, S. 419 ff. (426); *Birmes,* Fusionskontrolle, 1994, S. 75 f.; *Hidien,* Investieren in Frankreich, 1991, S. 289; *Hübner/Constantinesco,* Einführung, 2. Aufl., 1984, S. 196; *Jeantet,* in: JCP, 1987, Doc. I, Nr. 3277; *Kleemann,* in: WuW, Jg. 37, 1987, S. 628 ff. (629); *Lob,* Entwicklung, 1988, S. 37; *Malaurie-Vignal,* Droit de la concurrence, 5. Aufl., 2011, S. 6; ausführlich zu den staatlichen Vorbehalten s. *Novella/Ferrier,* Liberté des prix, 1987, S. 11 ff.; *Schwend,* Der Leistungswettbewerb, 1991, S. 104 ff.; *Sestier,* in: JCP, 1987, Jurisprudence II, Nr. 20854; *Sonnenberger/ Dammann,* Französisches Handels- und Wirtschaftsrecht, 3. Aufl., 2008, S. 296.

1506 *Birmes,* Fusionskontrolle, 1994, S. 74; *Chaput,* Le droit de la concurrence, 1988, S. 9; *Fourgoux/Marchi,* in: Gaz. Pal. 1986, 2ème sem., Doc., S. 702 ff. (702); *Kleemann,* in: WuW, Jg. 37, 1987, S. 628 ff. (629); *Labudek,* Diskriminierung und Behinderung im französischen Kartellrecht, 1992, S. 83 f.; *Martino,* in: Der Markenartikel, Jg. 49, 1987, S. 161 f. (161); *Volnay,* in: Gaz. Pal. 1986, 2ème sem., Doc., S. 788 ff. (788).

1507 *Bach,* in: RIW, Jg. 33, 1987, S. 419 ff. (426); *Birmes,* Fusionskontrolle, 1994, S. 75 f.; *Hidien,* Investieren in Frankreich, 1991, S. 289; *Hübner/Constantinesco,* Einführung, 2. Aufl., 1984, S. 196; *Jeantet,* in: JCP, 1987, Doc. I, Nr. 3277; *Kleemann,* in: WuW, Jg. 37, 1987, S. 628 ff. (629); *Lob,* Entwicklung, 1988, S. 37; *Malaurie-Vignal,* Droit de la concurrence, 5. Aufl., 2011, S. 6; ausführlich zu den staatlichen Vorbehalten s. *Novella/Ferrier,* Liberté des prix, 1987, S. 11 ff.; *Roudard,* in: GRUR Int., 1989, S. 647 ff. (657); *Schwend,* Der Leistungswettbewerb, 1991, S. 107 ff.; *Sestier,* in: JCP, 1987, Jurisprudence II, Nr. 20854; *Sonnenberger/Dammann,* Französisches Handels- und Wirtschaftsrecht, 3. Aufl., 2008, S. 296.

1508 JO v. 9.12.1986, S. 14773 ff. (14773): „Art. 1er. [...] Toutefois, dans les secteurs ou les zones où la concurrence par les prix est limitée en raison soit de situations de monopole ou de difficultés durables d'approvisionnement, soit de dispositions législatives ou réglementaires, un décret en Conseil d'État peut réglementer les prix après consultation du Conseil de la Concurrence. Les dispositions des deux premiers alinéas ne font pas obstacle à ce que le Gouvernement arrête, par décret en Conseil d'État, contre des hausses excessives de prix, des mesures temporaires motivées par une situation de crise, des circonstances exceptionnelles, une calamité publique ou une situation manifestement anormale du marché dans un secteur

Die Ordonnance Nr. 86–1243 gab aber nicht nur die Preise frei, sondern ordnete auch das Kartellrecht neu.[1509] Bestimmend für die neue Wettbewerbspolitik war neben der Preisfreiheit der Grundsatz der Markttransparenz (Artt. 31, 33 der Ordonnance),[1510] der zunehmend als wettbewerbsfördernd angesehen wurde.[1511]

Einen Schritt in Richtung der lang ersehnten Entkriminalisierung des Kartellrechts enthielt Art. 57 Abs. 1 der Ordonnance, wonach eine ersatzlose Streichung von Art. 419 Code pénal erfolgte.[1512] Strafrechtliche Maßnahmen griffen allerdings noch als ultima ratio ein.[1513]

Die aus dem deutschen Recht bekannte gesetzliche Trennung zwischen UWG und GWB vollzog die neue Ordonnance indes nicht.[1514] Eine Streichung von widersprüchlichen und sich überschneidenden Vorschriften sowie eine Neuordnung zur besseren Orientierung und Systematisierung fand allerdings statt.[1515]

Die französische Systematik des Wettbewerbsrechts zog die Trennlinie nicht zwischen unterschiedlichen Gesetzen und Rechtsgebieten, sondern zwischen „pratiques restrictives“ (vorher: individuelle Wettbewerbsbeschränkung) und „pratiques anticoncurrentielles“ (vorher: kollektive Wettbewerbsbeschränkung).[1516] Die

---

déterminé. [...]“. – *Jeantet,* in: JCP, 1987, Doc. I, Nr. 3277; *Kleemann,* in: WuW, Jg. 37, 1987, S. 628 ff. (629); *Roudard,* in: GRUR Int., 1989, S. 647 ff. (657); *Volnay,* in: Gaz. Pal. 1986, 2ème sem., Doc., S. 788 ff. (789).

1509 *Schmidt,* Wettbewerbspolitik und Kartellrecht, 2001, S. 196.

1510 *Bach,* in: RIW, Jg. 33, 1987, S. 419 ff. (427); *Fourgoux/Marchi,* in: Gaz. Pal. 1986, 2ème sem., Doc., S. 702 ff. (704); *Labudek,* Diskriminierung und Behinderung im französischen Kartellrecht, 1992, S. 99 f.; *Martino,* in: Der Markenartikel, Jg. 49, 1987, S. 161 f. (161); *Novella/Ferrier,* Liberté des prix, 1987, S. 3, 27 ff.; *Schwend,* Der Leistungswettbewerb, 1991, S. 105.

1511 *Brault,* in: Gaz. Pal. v. 23.09.1978, II, Doctrine, S. 473 f. (473); *Glais,* in: RTDC, Bd. 37, 1984, S. 419 ff. (429); *Hoffmann,* in: Rechtsfragen der Planifikation, 1967, S. 26 ff. (49 f.); *Lob,* Entwicklung, 1988, S. 274; *Novella/Ferrier,* Liberté des prix, 1987, S. 3, 27 ff.; *Schmidt,* in: WuW, Jg. 13, 1963, S. 97 ff. (98, 106): „Die wirtschaftspolitische Auffassung, daß Markttransparenz per se wettbewerbsfördernd ist, muß daher als theoretisch und empirisch verfehlt angesehen werden.“

1512 *Labudek,* Diskriminierung und Behinderung im französischen Kartellrecht, 1992, S. 85; *Lob,* Entwicklung, 1988, S. 282; *Lob,* in: RIW, 1988, Jg. 34, 1988, S. 92 ff. (96); *Malaurie-Vignal,* Droit de la concurrence, 5. Aufl., 2011, S. 6; *Novella/Ferrier,* Liberté des prix, 1987, S. 4; *Schmidt,* Wettbewerbspolitik und Kartellrecht, 2001, S. 196; *Sonnenberger/Dammann,* Französisches Handels- und Wirtschaftsrecht, 3. Aufl., 2008, S. 293; *Volnay,* in: Gaz. Pal. 1986, 2ème sem., Doc., S. 788 ff. (788).

1513 *Jeantet,* in: JCP, 1987, Doc. I, Nr. 3277; *Roudard,* in: GRUR Int., 1989, S. 647 ff. (649).

1514 *Sonnenberger/Dammann,* Französisches Handels- und Wirtschaftsrecht, 3. Aufl., 2008, S. 294.

1515 *Roudard,* in: GRUR Int., 1989, S. 647 ff. (649); *Sonnenberger/Dammann,* Französisches Handels- und Wirtschaftsrecht, 3. Aufl., 2008, S. 294.

1516 *Kleemann,* in: WuW, Jg. 37, 1987, S. 628 ff. (628); *Labudek,* Diskriminierung und Behinderung im französischen Kartellrecht, 1992, S. 85 f.; *Langer,* in: WRP, 1991, S. 11 ff. (13) weist zu Recht darauf hin, dass neben den in der Ordonnance

Verordnung verbot „Pratiques restrictives" per se, ohne dass es der Auswirkungen auf den Wettbewerb bedurfte.[1517] Sie fasste die „Pratiques restrictives" unter dem Titel IV „De la Transparence et des Pratiques Restrictives"[1518] zusammen. Die dazu zählenden Verhaltensweisen lassen sich am ehesten mit den vom deutschen UWG erfassten Delikten sowie dem Verbraucherschutzrecht vergleichen.

Unter dem Titel III behandelte die Ordonnance die „pratiques anticoncurrentielles". Sie verdienten nur dann die Beurteilung als rechtswidrig, wenn sie Auswirkungen auf den Wettbewerb hatten.[1519] Art. 7 der Ordonnance[1520] sprach ein Kartellverbot aus, Art. 8 der Ordonnance[1521] verbot das missbräuchliche Ausnutzen einer marktbeherrschenden Stellung.[1522]

Zwei Ausführungsverordnungen vervollständigten das Regelwerk der Ordonnance Balladur. Zum einen das Décret Nr. 86–1309 vom 29.12.1986[1523] und zum anderen das Décret Nr. 86–1400 vom 31.12.1986[1524]. Das Décret Nr. 86–1309 präzi-

---

normierten Anspruchsgrundlagen im Falle des unlauteren Wettbewerbes auch die zivilrechtliche Schadenshaftung eingreift, Art. 1382 i.V.m. 1383 Code civil; *Malaurie-Vignal,* Droit de la concurrence, 5. Aufl., 2011, S. 6; *Novella/Ferrier,* Liberté des prix, 1987, S. 5; *Roudard,* in: GRUR Int., 1989, S. 647 ff. (649, 658): „Man findet in demselben Gesetzeswerk ein Nebeneinander von Regeln, die unterschiedlichen Zielsetzungen dienen, nämlich auf der einen Seite dem Schutz des Marktes, auf der anderen Seite dem Schutz der Wettbewerber, und die geeignet sind, für Verwirrung beim deutschen Betrachter zu sorgen, für den UWG und GWB zwei klar unterschiedene Regelungsbereiche darstellen."; *Schwend,* Der Leistungswettbewerb, 1991, S. 80 ff.; *Sonnenberger/Dammann,* Französisches Handels- und Wirtschaftsrecht, 3. Aufl., 2008, S. 294.

1517 *Novella/Ferrier,* Liberté des prix, 1987, S. 6.

1518 „Konditionenklarheit und Wettbewerbsbeschränkungen" gemäß der Übersetzung in WuW, Jg. 38, 1988, S. 38 ff. (42).

1519 *Novella/Ferrier,* Liberté des prix, 1987, S. 6.

1520 „Art. 7. – Sont prohibées, lorsqu'elles ont pour objet ou peuvent avoir pour effet d'empêcher, de restreindre ou de fausser le jeu de la concurrence sur un marché, les actions concertées, conventions, ententes expresses ou tacites ou coalitions [...]".

1521 „Art. 8. – Est prohibée [...] l'exploitation abusive par une entreprise [...]: 1. D'une position dominante sur le marché intérieure [...]; 2. De l'état de dépendance économique dans lequel se trouve, à son égard, une entreprise cliente ou fournisseur qui ne dispose pas de solution équivalente. [...]".

1522 *Novella/Ferrier,* Liberté des prix, 1987, S. 6.

1523 Décret n° 86–1309 du 29 décembre 1986 fixant les conditions d'application de l'ordonnance n° 86–1243 du 1er décembre 1986 relative à la liberté des prix et de la concurrence, in: JO v. 30.12.1986, S. 16776 ff. – *Novella/Ferrier,* Liberté des prix, 1987, S. 3.

1524 Décret n° 86–1400 du 31 décembre 1986 relatif à l'observation des prix et des coûts des transports routiers de marchandises et à l'instauration de tarifs de référence à caractère indicatif, in: JO v. 8.01.1987, S. 283. – *Novella/Ferrier,* Liberté des prix, 1987, S. 3.

sierte die Ordonnance prozessual und inhaltlich, während das Décret Nr. 86–1400 für das Transportwesen Ausnahmen von der Preisfreiheit vorsah.

Besondere Bedeutung kam der Ablösung der Commission de la concurrence durch den Conseil de la concurrence (=Wettbewerbsrat) zu.[1525] Seine herausragende Stellung als entscheidungsbefugtes Organ wurde schon im Text der Ordonnance deutlich – direkt hinter Titel 1 (Titre 1er de la liberté des prix), der die Preisfreiheit postulierte, folgte Titel 2 über den Conseil de la concurrence (Titre II du Conseil de la concurrence). Das Budget des Conseil de la concurrence wurde zwar im Haushalt des Wirtschaftsminsteriums veranschlagt, der Präsident des Conseil de la concurrence verfügte aber frei darüber (Art. 4 Abs. 4 und 5 der Ordonnance).[1526]

III. Fusionskontrolle

In einem Titel V regelte die Ordonnance Balladur die Fusionskontrolle (Titre V de la concentration économique). Das Gesetz Nr. 77–806 entfiel im Gegenzug gemäß Art. 57 der Ordonnance.[1527] In Bezug auf die Fusionskontrolle änderte sich nichts an der Allmacht des Wirtschaftsministers.[1528] Wie zuvor war er – sofern keine (fakultative) Notification stattgefunden hatte – weiterhin allein zuständig, den Fall aufzugreifen und ein Verfahren vor dem Conseil de la concurrence zu eröffnen – diese Entscheidung lag aber in seinem Ermessen.[1529] Der Einfluss des Conseil de la concurrence bei der Kontrolle von Zusammenschlüssen verminderte sich im Vergleich zur vorherigen Rechtslage im Rahmen der Reform sogar zusätzlich.[1530] Gemäß des Gesetzes von 1977 steckte das Gutachten der Commission de la concurrence die Grenzen für die Entscheidung des Ministers ab. Art. 42 der Ordonnance von 1986[1531] hingegen verpflichtete den Minister nur noch dazu, „im Anschluss an das

1525 *Birmes,* Fusionskontrolle, 1994, S. 34; *Lob,* Entwicklung, 1988, S. 288.

1526 „Art. 4. – [...] Les crédits attribués au Conseil de la concurrence pour son fonctionnement sont inscrits au budget du ministère chargé de l'économie. Le président est ordonnateur des recettes et des dépenses du conseil." – *Birmes,* Fusionskontrolle, 1994, S. 85, 90; *Drago,* in: JCP, 1987, Doctrine I, Nr. 3300; *Jeantet,* in: JCP, 1987, Doc. I, Nr. 3277; *Lasserre,* Vingt ans après, 2006, S. 5; *Novella/Ferrier,* Liberté des prix, 1987, S. 122.

1527 *Schmidt,* Wettbewerbspolitik und Kartellrecht, 2001, S. 196.

1528 *Bach,* in: RIW, Jg. 33, 1987, S. 419 ff. (421); *Birmes,* Fusionskontrolle, 1994, S. 34, 87; *Bolze,* in: Revue des Sociétés, Jg. 105, 1987, Doc., S. 163 ff. (163, 179 ff.); *Lasserre,* in: 50 Jahre Bundeskartellamt, 2008, S. 52; *Martino,* in: Der Markenartikel, Jg. 49, 1987, S. 161 f. (162); *Roudard,* in: GRUR Int., 1989, S. 647 ff. (650); *Schmidt,* Wettbewerbspolitik und Kartellrecht, 2001, S. 196 ff.

1529 *Bolze,* in: Revue des Sociétés, Jg. 105, 1987, Doc., S. 163 ff. (180).

1530 *Bolze,* in: Revue des Sociétés, Jg. 105, 1987, Doc., S. 163 ff. (181); *Lob,* in: RIW, 1989, Jg. 35, S. 936 ff. (941); *Tonke,* in: WuW, Jg. 38, 1988, S. 952 f. (952).

1531 „Art. 42. – Le ministre chargé de l'économie et le ministre dont relève le secteur économique intéressé peuvent, à la suite de l'avis du Conseil de la concurrence, par arrêté [...], enjoindre aux entreprises [...]".

Gutachten" zu entscheiden.[1532] Die Fusionskontrolle diente damit weiterhin als Instrument der Wirtschaftspolitik.[1533]

Im Hinblick auf eine Entpolitisierung der Fusionskontrolle enttäuschte die Reform somit.[1534] Daran änderte auch die inhaltliche Verschärfung der Vorschriften zur Zusammenschlusskontrolle nichts. Selbst wenn die Eingriffsschwelle herabgesetzt und die Entflechtungsmöglichkeit aufrechterhalten wurde, war es schon 1986 vorhersehbar, dass die politische Mehrheit eine Stärkung des Conseil de la concurrence in diesem Bereich sowie in Zukunft eine effektive Durchsetzung dieser Vorschriften nicht wollte.[1535] Es liegt die Schlussfolgerung nahe, dass auch die neue liberale Regierung unter Chirac auf maßgeblichen Einfluss auf die Konzentration der Wirtschaft vorerst nicht verzichten mochte.[1536]

IV. Der Conseil de la concurrence

1. Kompetenzbereich

Die Ordonnance Nr. 86–1243 behielt grundsätzlich die konkurrierende Zuständigkeit von Wirtschaftsminister und Conseil de la concurrence bei.[1537] Der Conseil de la concurrence besaß unterschiedlich stark ausgeprägte Kompetenzen je nach dem,

1532 *Birmes,* Fusionskontrolle, 1994, S. 86; *Bolze,* in: Revue des Sociétés, Jg. 105, 1987, Doc., S. 163 ff. (181); *Hübner/Constantinesco,* Einführung, 2. Aufl., 1984, S. 197; *Lob,* Entwicklung, 1988, S. 286 f., 290; *Lob,* in: RIW, 1989, Jg. 35, S. 936 ff. (941); *Novella/Ferrier,* Liberté des prix, 1987, S. 95 ff. (102): „[...] Désormais, l'avis du Conseil de la concurrence n'est que consultatif, le pouvoir discrétionnaire de l'Administration ne souffrant plus aucune limite."; *Tonke,* in: WuW, Jg. 38, 1988, S. 952 f. (952); *Volnay,* in: Gaz. Pal. 1986, 2ème sem., Doc., S. 788 ff. (790); a.A. *Bach,* in: RIW, Jg. 33, 1987, S. 419 ff. (421): „Ministerielle Maßnahmen gegen einzelne Fusionen müssen sich freilich weiterhin im Rahmen des Vorschlags des Wettbewerbsrates bewegen."

1533 *Lob,* in: RIW, 1988, Jg. 34, 1988, S. 92 ff. (98); *Lob,* in: RIW, 1989, Jg. 35, S. 936 ff. (942); *Lob,* in: RIW, 1990, Jg. 36, S. 530 ff. (536); *Martino,* in: Der Markenartikel, Jg. 49, 1987, S. 161 f. (162); *Tonke,* in: WuW, Jg. 38, 1988, S. 952 f. (952).

1534 *Lob,* in: RIW, 1989, Jg. 35, S. 936 ff. (942); *Lob,* in: RIW, 1990, Jg. 36, S. 530 ff. (536).

1535 *Bach,* in: RIW, Jg. 33, 1987, S. 419 ff. (423 f.); *Birmes,* Fusionskontrolle, 1994, S. 87; *Bolze,* in: Revue des Sociétés, Jg. 105, 1987, Doc., S. 163 ff. (187); *Kleemann,* in: WuW, Jg. 37, 1987, S. 628 ff. (633); *Langer,* in: WRP, 1991, S. 11 ff. (16); *Lob,* Entwicklung, 1988, S. 287; *Lob,* in: RIW, 1988, Jg. 34, 1988, S. 92 ff. (96); *Lob,* in: RIW, 1989, Jg. 35, S. 936 ff. (941 f.); *Lob,* in: RIW, 1990, Jg. 36, S. 530 ff. (536): dies bewahrheitete sich, da bis 1989 immer noch keine Entflechtung vorgenommen worden war; *Novella/Ferrier,* Liberté des prix, 1987, S. 95.

1536 *Bolze,* in: Revue des Sociétés, Jg. 105, 1987, Doc., S. 163 ff. (187); *Kleemann,* in: WuW, Jg. 37, 1987, S. 628 ff. (633); *Lob,* in: RIW, 1989, Jg. 35, S. 936 ff. (942).

1537 *Drago,* in: JCP, 1987, Doctrine I, Nr. 3300; *Jeantet,* in: JCP, 1987, Doc. I, Nr. 3277; *Lasserre,* L'âge des projets, 2007, S. 2; *Lob,* Entwicklung, 1988, S. 290.

ob er im Bereich der Kartell- und Missbrauchsaufsicht oder der Fusionskontrolle tätig wurde.

Allerdings sind auch grundlegende Kompetenzverschiebungen erkennbar. Der Conseil de la concurrence emanzipierte sich im Bereich der wettbewerbsbeschränkenden Verhaltensweisen endgültig vom Wirtschaftsminister. Das im Entwurf noch vorgesehene Vetorecht des Ministers entfiel, vielmehr stellte der Conseil de la concurrence in seinem Zuständigkeitsbereich der Handelsmissbräuche eine unabhängige und entscheidungsbefugte Kartellbehörde dar.[1538] Der Wirtschaftsminister blieb indes zuständig für die Fusionskontrolle.[1539] Wie schon vor der Reform von 1986 stand es dem Conseil de la concurrence zu, von Amts wegen ein Verfahren einzuleiten (Art. 11 der Ordonnance).[1540] Das Verfahren lief kontradiktorisch ab (Art. 18 der Ordonnance).[1541] Anders als die Commission de la concurrence, die allein die Möglichkeit hatte, durch Stellungnahmen auf die Entscheidung des Ministers Einfluss zu nehmen, schloss der Conseil de la concurrence das Verfahren durch eine eigene Entscheidung ab.[1542] Ihm standen mehrere Handlungsmöglichkeiten zur Verfügung: Eilmaßnahmen (Art. 12 der Ordonnance),[1543] Unterlassungsverfügungen (Art. 13 Abs. 1 der Ordonnance[1544]), Verhängung von Auflagen (Art. 13 Abs. 1 der Ordonnance[1545]), Geldbußen (Art. 13

1538 *Bach,* in: RIW, Jg. 33, 1987, S. 419 ff. (419, 421); *Birmes,* Fusionskontrolle, 1994, S. 85; *Bolze,* in: Revue des Sociétés, Jg. 105, 1987, Doc., S. 163 ff. (166); *Donnedieu de Vabres,* in: Institutionen und Grundfragen des Wettbewerbsrechts, 1988, S. 25; *Hübner/ Constantinesco,* Einführung, 2. Aufl., 1984, S. 196 f.; *Jeantet,* in: JCP, 1988, Doc. I, Nr. 3348; *Kleemann,* in: WuW, Jg. 37, 1987, S. 628 ff. (630); *Lasserre,* Vingt ans après, 2006, S. 5; *Lob,* in: RIW, 1988, Jg. 34, 1988, S. 92 ff. (96); *Lob,* in: RIW, 1990, Jg. 36, S. 530 ff. (533); *Martino,* in: Der Markenartikel, Jg. 49, 1987, S. 161 f. (161); *Roudard,* in: GRUR Int., 1989, S. 647 ff. (650); *Schmidt,* Wettbewerbspolitik und Kartellrecht, 2001, S. 200; *Volnay,* in: Gaz. Pal. 1986, 2ème sem., Doc., S. 788 ff. (790).

1539 *Birmes,* Fusionskontrolle, 1994, S. 34; *Bolze,* in: Revue des Sociétés, Jg. 105, 1987, Doc., S. 163 ff. (166); *Jeantet,* in: JCP, 1988, Doc. I, Nr. 3348; *Lasserre,* in: 50 Jahre Bundeskartellamt, 2008, S. 52; *Lob,* in: RIW, 1988, Jg. 34, 1988, S. 92 ff. (95); *Roudard,* in: GRUR Int., 1989, S. 647 ff. (650); *Schmidt,* Wettbewerbspolitik und Kartellrecht, 2001, S. 196 ff.

1540 *Donnedieu de Vabres,* in: Institutionen und Grundfragen des Wettbewerbsrechts, 1988, S. 29; *Volnay,* in: Gaz. Pal. 1986, 2ème sem., Doc., S. 788 ff. (790).

1541 „Art. 18. – L'instruction et la procédure devant le Conseil de la concurrence sont pleinement contradictoires." – *Donnedieu de Vabres,* in: Institutionen und Grundfragen des Wettbewerbsrechts, 1988, S. 29; *Novella/Ferrier,* Liberté des prix, 1987, S. 124 ff.

1542 *Calvo,* in: Gaz. Pal., 1987, 1er sem., Doc., S. 445 ff. (445); *Novella/Ferrier,* Liberté des prix, 1987, S. 4, 68 ff., 119.

1543 „mesures conservatoires".

1544 „Art. 13. – Le Conseil de la concurrence peut ordonner aux intéressés de mettre fin aux pratiques anticoncurrentielles dans un délai déterminé [...]".

1545 „Art. 13. – Le Conseil de la concurrence peut [...] imposer des conditions particulières."

Abs. 2 der Ordonnance[1546]), die Veröffentlichung der Entscheidung (Art. 13 Abs. 4 der Ordonnance[1547]) und als ultima ratio die Abgabe an die Staatsanwaltschaft zwecks Einleitung eines Strafverfahrens (Art. 11 Abs. 3 der Ordonnance[1548]).[1549]

Die Regierung gestand dem Conseil de la concurrence zudem eine gewichtige Beratungsfunktion für Gesetzgebungsvorhaben und Verordnungen mit wettbewerbsrechtlichen Bezügen zu (Art. 5 Abs. 1 und Art. 6 der Ordonnance).[1550] Ferner veröffentlichte der Conseil de la concurrence Jahresberichte, um die Effektivität des Wettbewerbsrechts und seine Anwendung in der Praxis zu fördern (Art. 7 des Décret Nr. 86–1309).[1551] Sowohl die Entscheidungen des Conseil de la concurrence als auch des Wirtschaftsministers unterlagen einer Veröffentlichungspflicht (Art. 15 Abs. 2 und Art. 44 Abs. 2 der Ordonnance).[1552]

2. Verwaltungsbehörde oder Gericht?

Die Reform von 1985 hatte die Commission de la concurrence als „Autorité administrative indépendante" klassifiziert. Angesichts der Ersetzung der Commission de la concurrence durch den Conseil de la concurrence stellte sich die Frage, ob der neue Conseil de la concurrence ebenfalls als eine Verwaltungsbehörde oder sogar als ein Gericht anzusehen war.[1553] Die im Gesetz von 1985 enthaltene Bestimmung der Rechtsnatur der Commission de la concurrence fehlte in der Ordonnance von 1986.[1554] Es blieb somit Lehre und Rechtsprechung überlassen, die Rechtsnatur des Conseil de la concurrence näher zu bestimmen. Aufgrund des kontradiktorischen Verfahrens, der Zusammensetzung und Unabhängigkeit der Mitglieder war die

1546 „Art. 13. – [...] Il peut infliger une sanction pécuniaire applicable soit immédiatement, soit en cas d'inexécution des injonctions."

1547 „Art. 13. – [...] Le Conseil de la concurrence peut ordonner la publication [...]".

1548 „Art. 11. – [...] Lorsque les faits lui paraissent à justifier l'application de l'article 17, il adresse le dossier au procureur de la République. [...]".

1549 *Bach,* in: RIW, Jg. 33, 1987, S. 419 ff. (421).

1550 *Bach,* in: RIW, Jg. 33, 1987, S. 419 ff. (424); *Birmes,* Fusionskontrolle, 1994, S. 87; *Donnedieu de Vabres,* in: Institutionen und Grundfragen des Wettbewerbsrechts, 1988, S. 34; *Drago,* in: JCP, 1987, Doctrine I, Nr. 3300; *Jeantet,* in: JCP, 1987, Doc. I, Nr. 3277; *Kleemann,* in: WuW, Jg. 37, 1987, S. 628 ff. (631); *Lob,* Entwicklung, 1988, S. 289; *Lob,* in: RIW, 1988, Jg. 34, 1988, S. 92 ff. (96); *Martino,* in: Der Markenartikel, Jg. 49, 1987, S. 161 f. (161); *Roudard,* in: GRUR Int., 1989, S. 647 ff. (650).

1551 *Donnedieu de Vabres,* in: Institutionen und Grundfragen des Wettbewerbsrechts, 1988, S. 35; *Malaurie-Vignal,* Droit de la concurrence, 5. Aufl., 2011, S. 18.

1552 *Birmes,* Fusionskontrolle, 1994, S. 87.

1553 *Birmes,* Fusionskontrolle, 1994, S. 88; *Drago,* in: JCP, 1987, Doctrine I, Nr. 3300; *Fourgoux/Marchi,* in: Gaz. Pal. 1986, 2ème sem., Doc., S. 702 ff. (703); *Martin,* in: JCP, 1990, Doc. I, Nr. 3469.

1554 *Drago,* in: JCP, 1987, Doctrine I, Nr. 3300; *Mello,* in: Gaz. Pal. 1987, 1er sem., Doc., S. 27 ff. (27); *Volnay,* in: Gaz. Pal. 1986, 2ème sem., Doc., S. 788 ff. (790).

Annahme, es handle sich um ein Gericht, nicht ganz unbegründet.[1555] Andererseits sprachen gewichtige Gründe dagegen, den Conseil de la concurrence als Gericht zu klassifizieren.[1556] Denn die Verfahrungen fanden zum einen nicht öffentlich statt, und zum anderen ließen sich die Verteidigungsrechte der Parteien trotz des kontradiktorischen Verfahrens nicht mit den verfahrensrechtlichen Garantien eines Gerichtsverfahrens vergleichen.[1557]

Klarheit brachte die Entscheidung des Conseil Constitutionnel vom 23.01.1987.[1558] In der Entscheidung des Conseil Constitutionnel ging es um die Frage, welchen Rechtsweg ein Kläger bei Anfechtung von Entscheidungen des Conseil de la concurrence beschreiten musste. Da die Entscheidungen des Conseil de la concurrence im französischen Recht kraft Natur der Sache weder den ordentlichen Gerichten noch den Verwaltungsgerichten zuzuordnen waren, musste der Gesetzgeber durch eine verbindliche Rechtswegzuweisung Klarheit schaffen.[1559] Anders als im Entwurf vorgesehen, wies die Ordonnance den Rechtsweg für alle Streitigkeiten im Bereich der Kartell- und Missbrauchsaufsicht ursprünglich dem Conseil d'État zu (Art. 15 der Ordonnance).[1560] Dies geschah vor dem Hintergrund, dass der Conseil d'État während der Beratungen für die Ordonnance verfassungsrechtliche Bedenken gegen eine Rechtswegzuweisung zu den ordentlichen Gerichten geltend gemacht hatte.[1561] Die Rechtswegzuweisung zu den ordentlichen Gerichten indiziere, dass der Conseil de la concurrence eine neue Gerichtsbarkeit bilden würde, was allerdings nicht wirksam durch eine Ordonnance gem. Art. 38 der Verfassung der Fünften Republik geregelt werden könnte.[1562] Ausgehend von der These, dass der Conseil de la concurrence ein Verwaltungsorgan darstellte, wäre grundsätzlich

---

1555 *Bach,* in: RIW, Jg. 33, 1987, S. 419 ff. (425); *Dekeuwer-Défossez,* Droit commercial, 1993, S. 526 Nr. 632; *Drago,* in: JCP, 1987, Doctrine I, Nr. 3300; *Fourgoux/Marchi,* in: Gaz. Pal. 1986, 2ème sem., Doc., S. 702 ff. (703); *Lob,* in: RIW, 1989, Jg. 35, S. 936 ff. (937) sprach von einem richterlichen Selbstverständnis der Mitglieder, die zum Großteil aus der Justiz stammten; *Roudard,* in: GRUR Int., 1989, S. 647 ff. (650) betonte ebenfalls den großen Anteil Richter an der Zusammensetzung.

1556 *Dekeuwer-Défossez,* Droit commercial, 1993, S. 526 Nr. 632; *Novella/Ferrier,* Liberté des prix, 1987, S. 120.

1557 *Drago,* in: JCP, 1987, Doctrine I, Nr. 3300; *Novella/Ferrier,* Liberté des prix, 1987, S. 120.

1558 Conseil Constitutionnel, Decision n° 86–224 du 23 janvier 1987, in: JCP, 1987, Jurisprudence II, Nr. 20854; *Mello,* in: Gaz. Pal. 1987, 1er sem., Doc., S. 27 ff. (27).

1559 *Donnedieu de Vabres,* in: Institutionen und Grundfragen des Wettbewerbsrechts, 1988, S. 32 f.

1560 *Luchaire,* in: D. 1988, Jur., S. 117 ff. (119); *Mello,* in: Gaz. Pal. 1987, 1er sem., Doc., S. 27 ff. (27); *Sestier,* in: JCP, 1987, Jurisprudence II, Nr. 20854.

1561 *Drago,* in: JCP, 1987, Doctrine I, Nr. 3300; *Jeantet,* in: JCP, 1987, Doc. I, Nr. 3277; *Luchaire,* in: D. 1988, Jur., S. 117 ff. (119); *Mello,* in: Gaz. Pal. 1987, 1er sem., Doc., S. 27 ff. (27); *Roudard,* in: GRUR Int., 1989, S. 647 ff. (651).

1562 *Bach,* in: RIW, Jg. 33, 1987, S. 419 ff. (425); *Fourgoux/Marchi,* in: Gaz. Pal. 1986, 2ème sem., Doc., S. 702 ff. (703); *Mello,* in: Gaz. Pal. 1987, 1er sem., Doc., S. 27 ff. (27, 29).

gegen seine Entscheidungen nur der Verwaltungsrechtsweg eröffnet.[1563] Eine Abweichung von den Zuständigkeitszuweisungen des ordentlichen Richters und des Verwaltungsrichters durch Schaffung einer neuen Gerichtsbarkeit wäre als indirekte Durchbrechung des Grundsatzes der Gewaltenteilung nur durch förmliches Gesetz zulässig.[1564]

Aus diesem Grund zögerte die Regierung, die Rechtswegzuweisung zu den ordentlichen Gerichten per Ordonnance vorzunehmen, um nicht die Nichtigkeit der Ordonnance und damit das Scheitern der Reformbemühungen zu riskieren.[1565]

Chirac bedauerte öffentlich bereits am Tag der Verabschiedung der Ordonnance von 1986, dass sie nicht den Rechtsweg zu den ordentlichen Gerichten eröffnete.[1566] Um diesen Mangel zu beheben, erließ das Parlament am 20.12.1986 ein Gesetz, das den in der Ordonnnance vorgesehenen Rechtsweg zum Conseil d'État durch den Rechtsweg zu den ordentlichen Gerichten – in erster Instanz die Cour d'Appel de Paris, letztinstanzlich die Cour de Cassation – ersetzte.[1567]

Abgeordnete der Opposition legten im Folgenden dieses Gesetz dem Conseil Constitutionnel mit der Bitte um Klärung vor, ob dessen Bestimmungen den Gewaltenteilungsgrundsatz verletzten.[1568] Der Gewaltenteilungsgrundsatz fordere nämlich die Trennung von Behörden und Gerichten, so dass es mit der Verfassung nicht vereinbar wäre, dass ordentliche Gerichte über die Verwaltungsentscheidungen einer Verwaltungsbehörde urteilten.[1569] Der Conseil Constitutionnel verneinte die Verletzung des Gewaltenteilungsgrundsatzes. Im Interesse der Rechtsvereinheitlichung

---

1563 *Mello,* in: Gaz. Pal. 1987, 1er sem., Doc., S. 27 ff. (27).

1564 *Bach,* in: RIW, Jg. 33, 1987, S. 419 ff. (425); *Mello,* in: Gaz. Pal. 1987, 1er sem., Doc., S. 27 ff. (27, 29) wies auf Artikel 34 der Verfassung der Fünften Republik hin, wonach dem Gesetzgeber folgender Bereich vorbehalten war, den er auch nicht per Ermächtigungsgesetz an die Regierung delegieren konnte: „la création de nouveaux ordres de juridiction [...]"; *Roudard,* in: GRUR Int., 1989, S. 647 ff. (651).

1565 *Drago,* in: JCP, 1987, Doctrine I, Nr. 3300; *Jeantet,* in: JCP, 1987, Doc. I, Nr. 3277; *Luchaire,* in: D. 1988, Jur., S. 117 ff. (119); *Mello,* in: Gaz. Pal. 1987, 1er sem., Doc., S. 27 ff. (27); *Roudard,* in: GRUR Int., 1989, S. 647 ff. (651).

1566 *Lob,* in: RIW, 1988, Jg. 34, 1988, S. 92 ff. (97); *Mello,* in: Gaz. Pal. 1987, 1er sem., Doc., S. 27 ff. (27).

1567 *Donnedieu de Vabres,* in: Institutionen und Grundfragen des Wettbewerbsrechts, 1988, S. 32 f.; *Drago,* in: JCP, 1987, Doctrine I, Nr. 3300; *Fourgoux/Marchi,* in: Gaz. Pal. 1987, 1er sem., Doc., S. 23 ff. (23); *Jeantet,* in: JCP, 1987, Doc. I, Nr. 3277; *Luchaire,* in: D. 1988, Jur., S. 117 ff. (119); *Mello,* in: Gaz. Pal. 1987, 1er sem., Doc., S. 27 ff. (27); *Novella/Ferrier,* Liberté des prix, 1987, S. 6.

1568 Conseil Constitutionnel, Decision n° 86–224 du 23 janvier 1987, in: JCP, 1987, Jurisprudence II, Nr. 20854. – *Drago,* in: JCP, 1987, Doctrine I, Nr. 3300; *Fourgoux/Marchi,* in: Gaz. Pal. 1987, 1er sem., Doc., S. 23 ff. (23); *Martin,* in: JCP, 1990, Doctrine I, Nr. 3469.

1569 Conseil Constitutionnel, Decision n° 86–224 du 23 janvier 1987, in: JCP, 1987, Jurisprudence II, Nr. 20854.

und der besseren Verwaltung der Justiz in einem eng definierten Fall hatte er keine Bedenken gegen die Rechtswegzuweisung zu den ordentlichen Gerichten.[1570]

In einem Nebensatz präzisierte er zugleich die Rechtsnatur des Conseil de la concurrence, und zwar im Sinne einer Verwaltungsbehörde.[1571] Da der Conseil Constitutionnel dieses Gesetz aber trotzdem für verfassungswidrig erklärte, da wesentliche Verfahrensgarantien nicht eingehalten worden wären, verabschiedete das Parlament am 6.07.1987 das Gesetz Nr. 87–499[1572], um die Rechtswegzuweisung zu den ordentlichen Gerichten in verfassungsgemäßer Weise gesetzlich zu verankern.[1573]

3. Organisation und Zusammensetzung

Die Ordonnance stockte das Personal des Conseil de la concurrence im Vergleich zur Commission de la concurrence auf.[1574] Nunmehr bestand der Conseil de la concurrence aus 16 Mitgliedern (Art. 2 Abs. 1 der Ordonnance).[1575] Hauptamtlich übten der Präsident und die zwei Vizepräsidenten ihre Tätigkeit aus (Art. 3 Abs. 1 der

---

1570 Conseil Constitutionnel, Decision n° 86–224 du 23 janvier 1987, in: JCP, 1987, Jurisprudence II, Nr. 20854: „[...] que la loi présentement examinée tend à unifier sous l'autorité de la Cour de cassation l'ensemble de ce contentieux spécifique et ainsi à éviter ou à supprimer des divergences qui pourraient apparaître dans l'application et dans l'interprétation du droit de la concurrence; – Considérant dès lors que cet aménagement précis et limité des règles de compétence juridictionnelle, justifiée par les nécessités d'une bonne administration de la justice, ne méconnaît pas le principe fondamental ci-dessus analysé tel qu'il est reconnu par les lois de la République [...]". – *Fourgoux/Marchi,* in: Gaz. Pal. 1987, 1er sem., Doc., S. 23 ff. (24); *Lob,* in: RIW, 1989, Jg. 35, S. 936 ff. (938).

1571 Conseil Constitutionnel, Decision n° 86–224 du 23 janvier 1987, in: JCP, 1987, Jurisprudence II, Nr. 20854: „[...] Considérant que, si le conseil de la concurrence, organisme administratif, est appelé à jouer un rôle important dans l'application de certaines règles relatives au droit de la concurrence [...]". – Zur Rechtsnatur der Autorités administratives indépendantes s. *Chevallier,* in: JCP, 1988, Doctrine I, N° 3254; *Dekeuwer-Défossez,* Droit commercial, 1993, S. 526 Nr. 632; *Donnedieu de Vabres,* in: Institutionen und Grundfragen des Wettbewerbsrechts, 1988, S. 27: AAI als „Hybride des Rechts", „unsichtbare Hand" der Exekutive; *Drago,* in: JCP, 1987, Doctrine I, Nr. 3300; *Jeantet,* in: JCP, 1988, Doc. I, Nr. 3348; *Luchaire,* in: D. 1988, Jur., S. 117 ff. (120); *Mainguy/Respaud/Depincé,* Droit de la Concurrence, 2010, S. 36; *Martin,* in: JCP, 1990, Doctrine I, Nr. 3469; *Novella/Ferrier,* Liberté des prix, 1987, S. 5 f., 120; *Sestier,* in: JCP, 1987, Jurisprudence II, Nr. 20854.

1572 Loi n° 87–499 du 6 juillet 1987 transférant le contentieux des décisions du Conseil de la concurrence à la juridiction judiciaire, in: JO v. 7.07.1987, S. 7391 f.

1573 *Drago,* in: JCP, 1987, Doctrine I, Nr. 3300; *Jeantet,* in: JCP, 1988, Doc. I, Nr. 3348; *Luchaire,* in: D. 1988, Jur., S. 117 ff. (122); *Roudard,* in: GRUR Int., 1989, S. 647 ff. (649, 651); *Sestier,* in: JCP, 1987, Jurisprudence II, Nr. 20854.

1574 *Jeantet,* in: JCP, 1987, Doc. I, Nr. 3277.

1575 *Birmes,* Fusionskontrolle, 1994, S. 88 f.; *Jeantet,* in: JCP, 1987, Doc. I, Nr. 3277; *Novella/Ferrier,* Liberté des prix, 1987, S. 120 f.

Ordonnance).[1576] Trotz der personellen Vergrößerung des Conseil de la concurrence ähnelte er nicht einer Behörde wie z.B. dem Bundeskartellamt.[1577] 16 Personen erschienen immer noch viel zu wenig, um effektiv den Wettbewerb in der französischen Wirtschaft zu schützen.[1578] Hinzu kam, dass aufgrund der traditionellen Trennung von Ermittlungsverfahren und Entscheidungsfindung der Conseil de la concurrence überwiegend auf Beamte des Wirtschaftsministeriums zur Ermittlung des Sachverhaltes zurückgreifen musste (Art. 45 Abs. 1 der Ordonnance).[1579] Zwar durften auch die Berichterstatter des Conseil de la concurrence Ermittlungen durchführen, aufgrund der geringen Anzahl an Berichterstattern erwies sich diese Alternative (Art. 45 Abs. 2 der Ordonnance) aber als nicht praktikabel.[1580]

Wie schon in der Commission de la concurrence und ihrer Vorgängerin, der Commission technique des ententes, stammten die Mitglieder aus der Justiz, gehörten Berufsverbänden an oder verfügten über besondere Kenntnisse im Wettbewerbsrecht (Art. 2 Abs. 2 Nr. 1 bis 3 der Ordonnance).[1581] Diese sehr gemischte Zusammensetzung sollte Sachverstand und Unabhängigkeit der Mitglieder gewährleisten.[1582] Die Ernennung erfolgte für sechs Jahre auf Vorschlag des Wirtschaftsministers durch Dekret (Art. 2 Abs. 1 der Ordonnance).[1583]

Es fiel auf, dass der Präsident des Conseil de la concurrence die Hauptrolle im gesamten Verfahren einnahm – er saß allen Formationen vor (Art. 4 Abs. 1 der Ordonnance i.V.m. Art. 5 Abs. 2 des Décret Nr. 86–1309), im Falle der Stimmengleichheit überwog seine Stimme (Art. 4 Abs. 2 der Ordonnance) und er bestimmte den Berichterstatter (Art. 4 Abs. 3 der Ordonnance).[1584] Aus diesem Grund erschien die

---

1576 *Donnedieu de Vabres*, in: Institutionen und Grundfragen des Wettbewerbsrechts, 1988, S. 26; *Lob*, Entwicklung, 1988, S. 290; *Drago*, in: JCP, 1987, Doctrine I, Nr. 3300; *Jeantet*, in: JCP, 1987, Doc. I, Nr. 3277; *Roudard*, in: GRUR Int., 1989, S. 647 ff. (650); *Schmidt*, Wettbewerbspolitik und Kartellrecht, 2001, S. 201.

1577 *Roudard*, in: GRUR Int., 1989, S. 647 ff. (650) – Trotz Inspiration durch das deutsche Bundeskartellamt war der Conseil de la concurrence personaltechnisch mit dem Bundeskartellamt nicht vergleichbar; *Sonnenberger/Dammann*, Französisches Handels- und Wirtschaftsrecht, 3. Aufl., 2008, S. 297.

1578 *Roudard*, in: GRUR Int., 1989, S. 647 ff. (650) fragte danach, wie der Conseil unter diesen Bedingungen überhaupt seine beträchtlich erweiterten Kompetenzen wahrzunehmen vermag.

1579 *Kleemann*, in: WuW, Jg. 37, 1987, S. 628 ff. (631); *Lasserre*, Vingt ans après, 2006, S. 6.

1580 *Kleemann*, in: WuW, Jg. 37, 1987, S. 628 ff. (631).

1581 *Donnedieu de Vabres*, in: Institutionen und Grundfragen des Wettbewerbsrechts, 1988, S. 26; *Lob*, Entwicklung, 1988, S. 288 f.; *Schmidt*, Wettbewerbspolitik und Kartellrecht, 2001, S. 201.

1582 *Donnedieu de Vabres*, in: Institutionen und Grundfragen des Wettbewerbsrechts, 1988, S. 26.

1583 *Donnedieu de Vabres*, in: Institutionen und Grundfragen des Wettbewerbsrechts, 1988, S. 26; *Schmidt*, Wettbewerbspolitik und Kartellrecht, 2001, S. 201.

1584 *Birmes*, Fusionskontrolle, 1994, S. 89 f.

Unabhängigkeit des Präsidenten unabdingbar, was die Regeln zur Ämterinkompatibilität garantierten (Art. 3 Abs. 1 der Ordonnance).[1585]

4. Verhältnis zum Wirtschaftsminister

Trotz der Entscheidungsbefugnis des Conseil de la concurrence außerhalb der Fusionskontrolle band die Ordonnance den Wirtschaftsminister weiterhin in das Verfahren ein.[1586] Zunächst auf der Ebene der Ermittlungen. Wie bereits erwähnt, nahm eine Abteilung des Wirtschaftsministeriums die Ermittlungen vor (Art. 45 Abs. 1 der Ordonnance).[1587] In einem Arrêté vom 31.12.1986[1588] bevollmächtigte der Wirtschaftsminister die Beamten der Direction générale de la concurrence, de la consommation et de la répression des fraudes (DGCCRF), die in der Ordonnance vorgesehenen Untersuchungen und Ermittlungen vorzunehmen.[1589] Der Wirtschaftsminister blieb befugt, die Ermittlungen einzuleiten.[1590] Zwar hatte die Ordonnance von 1986 die Rechte der Parteien gegenüber den Ermittlungen der DGCCRF insgesamt verbessert. Ermittlungsmaßnahmen durften gemäß Art. 48 der Ordonnance grundsätzlich nur aufgrund richterlicher Anordnung stattfinden.[1591] Im Hinblick auf Geschäftsräume und Betriebsgelände gewährte Art. 47 der Ordonnance den Ermittlungsbeamten aber einen schrankenlosen Zugangs- und Auskunftsanspruch.[1592]

Der Direktor der DGCCRF war zugleich der Commissaire du Gouvernement (Art. 7 Abs. 1 des Décret Nr. 77–1189 vom 25.10.1977). Seine Ernennung erfolgte durch den Wirtschaftsminister (Art. 5 Abs. 3 der Ordonnance). Er stellte auf der Verfahrens- und Entscheidungsebene den Einfluss des Wirtschaftsministers sicher.[1593] Der Commissaire du Gouvernement erhielt die Mitteilung der Beschwerdepunkte zu Beginn des Verfahrens (Art. 21 Abs. 2 der Ordonnance). Im Folgenden vertrat er in den (nicht öffentlichen) Sitzungen die Position des Wirtschaftsministerium (Art. 25 Abs. 1 und 3 der Ordonnance).[1594] Sogar bei der Beratung nahm er teil, allerdings

1585 *Birmes*, Fusionskontrolle, 1994, S. 90; *Drago*, in: JCP, 1987, Doctrine I, Nr. 3300.

1586 *Jeantet*, in: JCP, 1987, Doc. I, Nr. 3277.

1587 *Jeantet*, in: JCP, 1987, Doc. I, Nr. 3277; *Kleemann*, in: WuW, Jg. 37, 1987, S. 628 ff. (631).

1588 Arrêté du 31 décembre 1986 portant sur l'ordonnance relative à la liberté des prix et de la concurrence, in: JO v. 10.01.1987, S. 382.

1589 *Birmes*, Fusionskontrolle, 1994, S. 92 f.; *Donnedieu de Vabres*, in: Institutionen und Grundfragen des Wettbewerbsrechts, 1988, S. 27; *Lasserre*, in: 50 Jahre Bundeskartellamt, 2008, S. 52; *Novella/Ferrier*, Liberté des prix, 1987, S. 3, 108.

1590 *Kleemann*, in: WuW, Jg. 37, 1987, S. 628 ff. (631); *Tonke*, in: WuW, Jg. 38, 1988, S. 952 f. (952).

1591 *Novella/Ferrier*, Liberté des prix, 1987, S. 109.

1592 *Novella/Ferrier*, Liberté des prix, 1987, S. 109.

1593 *Birmes*, Fusionskontrolle, 1994, S. 91; *Drago*, in: JCP, 1987, Doctrine I, Nr. 3300; *Jeantet*, in: JCP, 1987, Doc. I, Nr. 3277.

1594 *Birmes*, Fusionskontrolle, 1994, S. 91.

ohne Stimmberechtigung (Art. 25 Abs. 4 der Ordonnance).[1595] Wurde die Entscheidung des Conseil de la concurrence oder des Wirtschaftsministers angefochten, so hatte der Wirtschaftsminister oder sein Vertreter, d.h. der Commissaire du Gouvernement, das Recht, vor Gericht Stellung zu nehmen (Art. 56 der Ordonnance).[1596]

Die Rolle des Commissaire du Gouvernement war schon bei ihrer Einführung umstritten. Die starke Einbindung eines Vertreters des Wirtschaftsministeriums in das Verfahren gefährdete allzu offensichtlich Neutralität und Unabhängigkeit des Conseil de la concurrence.[1597] Der Commissaire du Gouvernement zählte zu den typischen französischen Einrichtungen, die sich an allen Gerichts- und Verwaltungsverfahren beteiligten. Der EGMR rügte in seinem Urteil „Kresse c. Frankreich" daher noch 2001 die Anwesenheit des Commissaire du Gouvernement bei der Beratung eines Gerichtes als Verstoß gegen Art. 6 Abs. 1 EMRK, d.h. gegen den Grundsatz der Neutralität und Unparteilichkeit des Verfahrens.[1598]

V. Würdigung der Ordonannce von 1986

Aus dem oben Gesagten geht hervor, dass die Verordnung von 1986 zwar einen entscheidenden Schritt in Richtung Liberalisierung und Marktwirtschaft bedeutete, andererseits aber Ausnahmen vom Grundsatz der Preisfreiheit vorsah sowie den Einfluss des Wirtschaftsministers auf die Wettbewerbspolitik aufrechterhielt.[1599] Letzteres machte sich vor allem im Bereich der Fusionskontrolle bemerkbar. 1987 z.B. zeigten die französischen Unternehmen 600 Konzentrationsvorgänge beim Wirtschaftsminister an, er leitete davon aber nur zwei Zusammenschlüsse mit Bitte um Stellungnahme an den Conseil de la concurrence weiter, erst 1989 fand die

1595 *Donnedieu de Vabres*, in: Institutionen und Grundfragen des Wettbewerbsrechts, 1988, S. 27.

1596 *Jeantet*, in: JCP, 1987, Doc. I, Nr. 3277.

1597 *Birmes*, Fusionskontrolle, 1994, S. 91.

1598 EGMR, Arrêt du 7.06.2001, Requête n° 39594/98, S. 24, Rn. 79–87.

1599 *Bach*, in: RIW, Jg. 33, 1987, S. 419 ff. (426) „gemäßigte Reform"; *Birmes*, Fusionskontrolle, 1994, S. 34: „die erste, marktwirtschaftlich orientierte Kartellgesetzgebung Frankreichs seit 1945"; *Fourgoux/Marchi*, in: Gaz. Pal. 1986, 2ème sem., Doc., S. 702 ff. (702): „Mais la libération n'est pas générale et l'interventionnisme n'est pas totalement condamné."; *Jeantet*, in: JCP, 1987, Doc. I, Nr. 3277 hoffte darauf, dass der „esprit libéral", der den Gesetzgeber inspirierte, auch bei der Anwendung der Ordonnance walten werde; eher positiv aufgrund der Angleichung des französischen Rechts an das deutsche und das europäische Wettbewerbsrecht *Kleemann*, in: WuW, Jg. 37, 1987, S. 628 ff. (635); *Lob*, Entwicklung, 1988, S. 292 ff. (292): „Kompromiss"; *Lob*, in: RIW, 1988, Jg. 34, 1988, S. 92 ff. (97); *Lob*, in: RIW, 1990, Jg. 36, S. 530 ff. (536); *Martino*, in: Der Markenartikel, Jg. 49, 1987, S. 161 f. (162): „Schritt mit Vorbehalten und gewissermaßen auf Probe"; *Roudard*, in: GRUR Int., 1989, S. 647 ff. (658) bewertete insbesondere die Modernisierung und die Anpassung an die Voraussetzungen des europäischen Binnenmarktes positiv.

erste Untersagung eines Zusammenschlusses statt.[1600] Der Conseil de la concurrence befasste sich – wie zuvor die Commission de la concurrence – nur mit zwei bis fünfzehn Zusammenschlüssen jährlich.[1601]

Andererseits erhöhte der Conseil de la concurrence im Bereich der Kartell- und Missbrauchsaufsicht die Geldbußen merklich und strebte eine Harmonisierung mit dem europäischen Wettbewerbsrecht an.[1602] Der Conseil de la concurrence fällte jährlich ca. hundert Entscheidungen und Gutachten, mit einer Hochzeit Mitte bis Ende der Neunziger Jahre von bis zu 150 Entscheidungen jährlich. Die Bußgeldentscheidungen verdoppelten sich in den Neunziger Jahre im Vergleich zu der Tätigkeit der Commission de la concurrence (ca. 25 Bußgeldentscheidungen jährlich – Mitte bis Ende der Neunziger Jahre sogar 40 bis 50 Bußgeldentscheidungen jährlich).[1603] Die Bußgelder gegen Kartelle schnellten in die Höhe. Verhängte der Conseil de la concurrence Ende der Achtziger Jahre nur Bußgelder in Höhe von maximal 1% des Umsatzes des betroffenen Unternehmens,[1604] nahm er 1990 mit der Verhängung von Geldbußen in Höhe von bis zu 300 Mio. FF (ca. 45,7 Mio. €) eine Angleichung an das Niveau der EG-Kommission vor.[1605]

Zwanzig Jahre nach Erlass der Ordonnance, d.h. im Jahre 2006, zog der damalige Präsident des Conseil de la concurrence, Bruno Lasserre, Bilanz.[1606] Er sprach sich insbesondere für eine stärkere Einbindung des Conseil de la concurrence in die Fusionskontrolle und eine Angleichung an europäische und internationale Kartellbehörden aus, da sich die Zusammenarbeit mit den anderen europäischen Behörden im Rahmen des European Competition Network ansonsten problematisch gestaltete.[1607] Darüber hinaus bedauerte er, dass dem Conseil de la concurrence – anders als der Commission de la concurrence und ihrer Vorgängerin der Commission technique

1600 *Langer,* in: WRP, 1991, S. 11 ff. (16); *Lob,* in: RIW, 1989, Jg. 35, S. 936 ff. (940); *Lob,* in: RIW, 1990, Jg. 36, S. 530 ff. (535); *Tonke,* in: WuW, Jg. 38, 1988, S. 952 f. (952).

1601 *Conseil de la Concurrence,* Rapport d'Activité 1997, Première Partie; *Conseil de la Concurrence,* Rapport d'Activité 1998, Première Partie; *Conseil de la Concurrence,* Rapport d'Activité 1999, Première Partie. – *Lob,* in: RIW, 1989, Jg. 35, S. 936 ff. (940 f.).

1602 *Lob,* in: RIW, 1990, Jg. 36, S. 530 ff. (535); *Roudard,* in: GRUR Int., 1989, S. 647 ff. (658); *Vogel,* in: JCP, 1990, Doc. I, Nr. 3470.

1603 *Conseil de la Concurrence,* Rapport d'Activité 1997, Première Partie; *Conseil de la Concurrence,* Rapport d'Activité 1999, Première Partie; *Conseil de la Concurrence,* Rapport d'Activité 2000, Deuxième Partie. – *Tonke,* in: WuW, Jg. 38, 1988, S. 952 f. (952); *Vogel,* in: JCP, 1990, Doc. I, Nr. 3470 Fn. 4.

1604 *Vogel,* in: JCP, 1990, Doc. I, Nr. 3470 Fn. 4.

1605 *Lob,* in: RIW, 1990, Jg. 36, S. 530 ff. (537); *Vogel,* in: JCP, 1990, Doc. I, Nr. 3470.

1606 *Lasserre,* Vingt ans après, 2006, S. 9: „Nous vivons dans un pays où la plupart des réformes ayant mené à l'ouverture à la concurrence ont été moins guidées par un argumentaire relatif à l'utilité des réformes pour le consommateur français que justifiées par la contrainte bruxelloise. C'est une particularité française. C'est aussi un paradoxe."

1607 *Lasserre,* L'âge des projets, 2007, S. 2.

des ententes – Verhandlungen mit den Unternehmen und das Zustandekommen einer einvernehmlichen Lösung nicht erlaubt war.[1608] Ferner prangerte er die viel zu geringe Anzahl hauptberuflicher Mitglieder an.[1609] Im Übrigen führte nach Lasserre das Nebeneinander von Wettbewerbsrat und DGCCRF zu Ineffektivität und Verwirrung.[1610]

Zusammenfassung zu Kapitel 11

Die Ordonnance von 1986 billigte der französischen Kartellaufsichtsbehörde – umbenannt zum Conseil de la concurrence – erstmals Entscheidungsbefugnisse zu, hob die Preiskontrolle auf und entkriminalisierte das Kartellrecht weitgehend. Die Zusammenschlusskontrolle übte allerdings weiterhin der Wirtschaftsminister aus. Der Conseil de la concurrence durfte im Bereich der Kartell- und Missbrauchsaufsicht selber Bußgelder verhängen, wovon er im Folgenden Gebrauch machte. Die Zahl der eingeleiteten Verfahren und Bußgeldentscheidungen stieg im Vergleich zu der Tätigkeit der Commission de la concurrence sprunghaft an.

Die Aufsicht über den freien Wettbewerbs löste sich damit in ihrer Gesamtheit allerdings noch nicht aus dem wirtschaftspolitischen Bereich heraus. Die Harmonisierung mit dem europäischen Recht blieb unvollkommen.

1608 *Jeantet,* in: JCP, 1988, Doc. I, Nr. 3348; *Lasserre,* L'âge des projets, 2007, S. 2.
1609 *Lasserre,* L'âge des projets, 2007, S. 3.
1610 *Lasserre,* in: 50 Jahre Bundeskartellamt, 2008, S. 52.

Gesamtzusammenfassung

Die Alliierten hielten unmittelbar nach dem Zweiten Weltkrieg das wirtschaftspolitische Schicksal Deutschlands in ihren Händen. Die westlichen Alliierten erließen in ihren Zonen Dekartellierungsgesetze – allen voran die USA, etwas später Großbritannien und Frankreich. Die Durchsetzung erfolgte zunächst durch die Besatzungsbehörden, später gingen die Befugnisse nach und nach auf deutsche Behörden unter Aufsicht des Alliierten Kontrollrates über. Da sich der Ost-West-Konflikt zunehmend verschärfte, zielten die Bemühungen der Alliierten, insbesondere der USA, fortan auf den Aufbau einer Wirtschaft, die auf dem Prinzip des freien Wettbewerbs beruhen sollte, ab. Die Alliierten beauftragten die Bundesregierung der neu gegründeten Bundesrepublik, ein Kartellgesetz entsprechend den Prinzipien der Havanna Charta auszuarbeiten. Auf Druck der USA trat die Bundesregierung für ein Kartellverbot ein. Die USA boten den Deutschen aber auch Hilfestellung, z.B. eine Studienreise in die USA. Mit zunehmender Souveränität ging die Verantwortung für den Erlass des deutschen Kartellgesetzes auf die Bundesrepublik über. Der Gesetzgebungsprozess dauerte zehn Jahre, was insbesondere an der Zerrissenheit der Regierungskoalition sowie an dem massiven Widerstand der Industrie lag. Letztendlich trat der Entwurf als Gesetz gegen Wettbewerbsbeschränkungen am 1.1.1958 in Kraft. Das Bundeskartellamt nahm zeitgleich seine Arbeit auf. Das Bundeskartellamt nimmt seitdem neben den Landeskartellbehörden und dem Bundeswirtschaftsminister die Aufgabe der Kartellaufsicht in Deutschland wahr. Seit der Gründung der Bundesrepublik Deutschland wurde das GWB bis 1989 fünfmal reformiert. Der Gesetzgeber passte das GWB schrittweise den Bedürfnissen der Behördenpraxis und den europäischen Anforderungen an. Unter Berücksichtigung der Erfahrungen des Bundeskartellamtes entwickelte sich das GWB mehr und mehr zu einem praxistauglichen Instrument zur Bekämpfung von Wettbewerbsbeschränkungen.

Die USA beabsichtigten, über den Marshall-Plan das Zusammenwachsen der westeuropäischen Staaten, unter Einschluss von Deutschland als gleichberechtigtem Partner, zu fördern. Die Gewährung der finanziellen Hilfe stand unter der Bedingung, dass die Handelsschranken unter den Teilnehmerländern abgebaut wurden. Ein geeintes Europa sollte aus Sicht der USA ein Gegengewicht zu der erstarkten Sowjetunion bilden. Ein erster Schritt hierfür bestand in der Gründung der Internationalen Ruhrbehörde, die eine Kontrolle der deutsch-französischen Kohle- und Stahlvorkommen im Ruhrgebiet gewährleistete. Entscheidend war aber der Entschluss des französischen Außenministers Robert Schuman, eine Idee des französischen Plankommissars Monnets zur Vergemeinschaftung der deutschen und französischen Kohle- und Stahlindustrie aufzugreifen. Die USA waren bereit, den sog. Schuman-Plan mitzutragen, wenn und soweit er nicht auf ein internationales Kartell hinauslief. Den Verhandlungen um den Schuman-Plan schlossen sich die Benelux-Staaten und Italien an, Großbritannien lehnte aus Furcht vor der Abgabe von Souveränitätsrechten eine Teilnahme ab.

Getrieben von Monnet als „Motor" des Vertragswerks, einigten sich die Mitgliedstaaten im Laufe der Verhandlungen auf eine supranationale Struktur. Ausschlaggebend für die Ausarbeitung des EGKS-Vertrages war die Einigung auf einen Kompromiss in wesentlichen Fragen, die die deutsch-französischen Beziehungen belasteten. Monnet forderte darüber hinaus die Aufnahme eines absoluten Kartellverbots ohne Genehmigungsmöglichkeit und eine Fusionskontrolle in den EGKS-Vertrag. Diese Vorschläge stießen auf Widerstand und fanden letztendlich nur in einer abgeschwächten Form Eingang in den Vertragstext. Trotzdem sah der EGKS-Vertrag eine vergleichsweise moderne Monopolaufsicht sowie eine Kartellbehörde mit echten Entscheidungsbefugnissen – die Hohe Behörde – vor. Die Hohe Behörde trat somit in einer Doppelfunktion auf – einerseits als politisches Organ, andererseits als Aufsichtsbehörde. Der EGKS-Vertrag sollte aus Sicht der Gründerväter den politischen Frieden zwischen Deutschland und Frankreich herstellen und festigen.

Die im EWG-Vertrag vorgesehenen Wettbewerbsregeln blieben zunächst weit hinter dem EGKS-Vertrag zurück. Im Rückblick zeigte sich die Europäische Kommission auf der Grundlage eines Urteils des EuGH, welches die unmittelbare Anwendung der im Vertrag vorgesehenen Wettbewerbsregeln legitimierte, aber entschlossener als die Hohe Behörde der Montanunion. Die Generaldirektion Wettbewerb fungiert als schlagkräftige Fachbehörde innerhalb der Europäischen Kommission. Die Generaldirektion Wettbewerb ist allerdings keine unabhängige Wettbewerbsbehörde, sondern arbeitet der Europäischen Kommission als dem politischen Organ zu.

Die französische Regierung schlug nach dem Zweiten Weltkrieg den Weg der „planification" der Wirtschaft ein. Die „planification" erlaubte nur eingeschränkt einen freien Wettbewerb, die Regulierung von Kartellen blieb daher nebensächlich. Trotzdem entwickelte die Regierung bis 1951 einen Regierungsentwurf für ein Kartellgesetz, der von einer Studienreise einer französischen Delegation in die USA beeinflusst wurde. Eine gesetzliche Regelung des Kartellrechts scheiterte aber immer wieder an den politischen Interessengruppen. Da ein Konsens über eine umfassende Regelung nicht zu erreichen war, begnügte sich die Regierung mit der Einführung eines Verbotes von Preisabsprachen mit weitreichender Genehmigungsmöglichkeit. Die neu gegründete Commission technique des ententes sollte die Aufgaben der Kartellaufsicht ausüben, verfügte aber über keinerlei Entscheidungsbefugnisse. Die Entscheidung über die Einleitung eines Strafverfahrens oder über die Erteilung einer Genehmigung blieb dem Wirtschaftsminister überlassen. Die Aktivität der Commission des ententes war gering. Wettbewerb und die Regulierung des Wettbewerbs blieben Randerscheinungen, die sich den Zielen der Planification unterzuordnen hatten. Marktwirtschaftliche Strömungen, die zu einer Lockerung der Planification führten, setzten sich nur selten durch. Mit zunehmendem Selbstbewusstsein der Europäischen Gemeinschaft vermehrten sich die Impulse für eine marktwirtschaftliche Wirtschaftsordnung in Frankreich. Zeichen dafür war die Einführung der Fusionskontrolle mit der Reform von 1977. Der wirtschaftlich desaströse Rückfall in Planwirtschaft und Verstaatlichung Anfang der 80er führte zu einem Bewusstseinswandel in der Bevölkerung und zu einer Öffnung für liberale Ideen. Während sich die Verwirklichung des gemeinsamen Binnenmarktes 1992 näherte, musste sich in Frankreich etwas ändern, wenn es in Europa und international wettbewerbsfähig bleiben wollte. Die Ordonnance von 1986 billigte der französischen Kartellaufsichtsbehörde – umbenannt zum Conseil de la concurrence – erstmals Entscheidungsbefugnisse zu, hob die Preiskontrolle auf und entkriminalisierte das Kartellrecht weitgehend. Die Zusammenschlusskontrolle übte allerdings weiterhin der Wirtschaftsminister aus. Der Conseil de la concurrence durfte im Bereich der Kartell- und Missbrauchsaufsicht selber Bußgelder verhängen, wovon er im Folgenden in zahlreichen Fällen Gebrauch machte.

Schlussthesen

Gegenstand dieser vergleichenden rechtshistorischen Darstellung ist die Entstehung und das Wirken von Kartellrechtsregimen und Kartellbehörden in der Bundesrepublik Deutschland, in Frankreich und auf europäischer Ebene nach 1945.

Allein aus der Gegenüberstellung der gesetzlichen Regelungen, insbesondere Zuständigkeit und Eingriffsermächtigungen, oder der personellen und sachlichen Mittel der Kartellbehörden kann die Effizienz eines Kartellrechtsregimes nicht abschließend beurteilt werden. Vielmehr ist auch nach den politischen und wirtschaftlichen Rahmenbedingungen zu fragen, die auf die Arbeit und die Entscheidungspraxis der Kartellbehörden nachhaltigen Einfluss ausüben.

Das deutsche Gesetz gegen Wettbewerbsbeschränkungen trat am 1.1.1958 in Kraft. Die zehnjährige Entstehungsgeschichte des Gesetzes gegen Wettbewerbsbeschränkungen zeigt, dass das Vorhaben an den Widerständen u.a. der Industrie zu scheitern drohte. Letztendlich konnten die politischen Kräfte der Bundesrepublik – allen voran Erhard mit hohem persönlichem Einsatz – eine Mehrheit für die Schaffung eines Kartellrechts mit einer entscheidungsbefugten Kartellbehörde gewinnen. Das stabile politische Umfeld unter der Regierung Adenauer (1949–1963) und die Grundentscheidung der unter dem maßgeblichen Einfluss der USA stehenden jungen Bundesrepublik für die soziale Marktwirtschaft bereiteten den Boden für die Einführung eines Gesetzes gegen Wettbewerbsbeschränkungen.

Das Bundeskartellamt litt zunächst unter personell und strukturell schwierigen Bedingungen. Eberhard Günther als erster Präsident des Bundeskartellamts trat für freien Wettbewerb ein. Unter seiner Führung verfolgte das Bundeskartellamt alsbald einen strengen Kurs gegenüber Kartellen und Zusammenschlüssen. Bereits 1963 verhängte das Bundeskartellamt das erste Bußgeld und bearbeitete ca. 300 bis 500 Kartellverfahren jährlich.

Die Hohe Behörde der Montanunion (1952–1967) hatte laut Vertragstext zwar zahlreiche Kompetenzen, sie verhinderte aber weder Zusammenschlüsse noch Kartelle. Die Rückverflechtung und Re-Kartellierung der deutschen Industrie nach 1945 wurde kaum verhindert. Bis 1966 untersagte die Hohe Behörde weniger als zehn Kartelle und genehmigte ganz überwiegend Kartellerlaubnisanträge. Im Rahmen der Kartellaufsicht waren für die Unternehmen keine wirklichen Einschränkungen spürbar. Die weitgehende Passivität der Hohen Behörde beruhte darauf, dass die Vorschriften zur Kartellaufsicht und Fusionskontrolle nicht dem Wunsch nach freiem Wettbewerb im Montansektor entsprachen. Sicherheitsbestrebungen Frankreichs, denen Deutschland unter dem Druck der USA nachgeben musste, sowie die Abhängigkeit von finanziellen Hilfen durch die – kartellrechtliche Regelungen fordernden – USA waren die Ursache für die Artt. 65 und 66 EGKS-Vertrag. Dementsprechend bestand nach Befriedigung des Sicherheitsbedürfnisses Frankreichs und im Zuge einer sich immer stärker abschwächenden Einflussnahme durch die USA auf die Montanunion kein politischer Anreiz mehr zur Anwendung der vorher heiß umkämpften Wettbewerbsvorschriften. Die Hohe Behörde fungierte fortan als Diskussionsplattform und Wegbereiter der Europäischen Gemeinschaft, nicht aber als strenge Kartellaufsichtsbehörde.

Die Europäische Kommission (1958) agierte zu Beginn der 1960er Jahre auf einer äußerst schmalen vertraglichen Grundlage, eignete sich jedoch mit dreißig bis vierzig Entscheidungen pro Jahr innerhalb kürzester Zeit den Ruf einer scharfen Kartellaufsicht an. Stärker als das Bundeskartellamt musste sich die Europäische Kommission in ihrer Funktion als Kartellaufsichtsbehörde rechtfertigen, wodurch sich eine Eigendynamik entwickelte. Zwar stellte sie die meisten Verfahren ohne förmliche Entscheidung ein, dies aber nur deshalb, weil die Unternehmen das beanstandete Verhalten schon unter dem Druck des Verfahrens aufgaben. Die marktwirtschaftliche Orientierung des EWG-Vertrages stand Pate für die Schaffung wettbewerbsrechtlicher Aufsichtsinstrumente und die Harmonisierung der Kartellrechtsaufsicht in den Mitgliedstaaten durch die Europäische Kommission. Ab den neunziger Jahren setzte die Europäische Kommission neue Maßstäbe für die Bußgeldhöhe in den Mitgliedstaaten (1994: 150 Mio. €, 2006: 1,8 Mrd. €). Der Europäischen Kommission kam insofern eine Schrittmacherfunktion im Verhältnis zu den nationalen Kartellbehörden im Bereich einer präventiven Kartellaufsicht zu.

Die 1954 in Frankreich gegründete Commission technique des ententes verfügte von Gesetzes wegen über umfassende Befugnisse, was eigentlich zahlreiche Anwendungsfälle hätte erwarten lassen. Tatsächlich kam es von 1954 bis 1977 zu maximal sieben Gutachten pro Jahr, wobei die Commission technique des ententes neunmal die Einleitung eines Strafverfahrens empfahl. Zwischen 1977 und 1986 stieg die Zahl der Gutachten der inzwischen eingerichteten Commission de la concurrence zwar auf 22 jährlich, mit zwölf Bußgeldentscheidungen pro Jahr bewegte sie sich aber unter dem europäischem Durchschnitt. Die wenigen Verbotsverfahren endeten in den seltensten Fällen mit einem Verbot des Kartells.

Die Instabilität der Regierungen der Vierten Republik prägten Frankreich nach dem Zweiten Weltkrieg. Sie machte durchgreifende Neuerungen nahezu unmöglich. Erst mit de Gaulle an der Spitze – mit der Errichtung der Fünften Republik im Jahre 1958 – trat das kartellrechtliche Regelwerk der Ordonnance von 1953 vollumfänglich in Kraft. De Gaulle verfolgte damit aber keine marktwirtschaftlichen Ziele. Am Herzen lag ihm die „Grandeur de la Nation". Wirtschaftlich bedeutete das die internationale Wettbewerbsfähigkeit Frankreichs. Aus seiner Perspektive ließ sich das am besten durch die sog. Planification bewirken, deren wirtschaftslenkende Zielsetzung stets Vorrang vor kartellrechtlichen Belangen genoss. Mit der „Planification" ging Frankreich nach dem Zweiten Weltkrieg wirtschaftlich zunächst einen eigenen Weg.

Erst der politische Meinungswandel hin zur Marktwirtschaft in den 1980er Jahren ermöglichte die Einführung einer wirklich entscheidungsbefugten Kartellbehörde. Die Ordonnance Balladur von 1986 schwor der „gaullistischen" Denkweise indes nicht gänzlich ab. Als Kind der „cohabitation" eines frisch zur Marktwirtschaft konvertierten bürgerlichen Bündnisses brachte die Ordonnance nur eine eingeschränkte Wende zum freien Wettbewerb. Eine vollständige Entkriminalisierung fand nicht statt und die Entscheidungsbefugnis des Wirtschaftsministers im Bereich der Fusionskontrolle blieb erhalten.

Entscheidend für die Effektivität einer Kartellaufsicht scheint demnach die wirtschaftspolitische Orientierung eines Staates oder einer Staatengemeinschaft zu sein. Aber auch dem persönlichen Moment – dem politischen Vorverständnis der Entscheidungsträger – ist ein jedenfalls mitbestimmender Einfluss beizumessen.

www.ingramcontent.com/pod-product-compliance
Ingram Content Group UK Ltd.
Pitfield, Milton Keynes, MK11 3LW, UK
UKHW021914290926
8980IPUK00015B/1249

9 783631 667262